혁신 복합체

The Innovation Complex: Cities, Tech, and the New Economy

혁신

샤론 주킨 지음
강민규 옮김

도시, 기술 그리고 신경제

복합체

KRIHS 국토연구원

한울
아카데미

일러두기

1. 인명, 지명, 단체명 등 고유명사와 영화, TV 프로그램, 책 제목, 신문의 제목이 처음 나올 때 원문을 병기했다.
2. 미드타운 맨해튼, 다운타운 브루클린 등 뉴욕 각 지역을 가리킬 경우 발음대로 표기했다.
3. 본문의 강조, 괄호 안의 설명은 지은이가 작성한 것이다. 옮긴이의 설명은 따로 표시했다.

차례

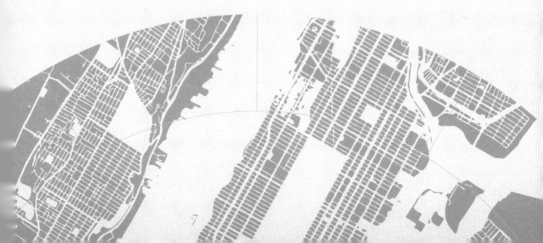

기획의 말

　삶의 질보다는 경제 성장이 우선시되던 시절이 있었습니다. 함께 가는 것은 더디고 품이 많이 드니, 힘을 집중해 효율적으로 문제를 해결하는 방식을 선호했습니다. 그러나 이제는 알고 있습니다. 우리가 이루고자 하는 경제 성장은 국토 발전과 환경 보전, 국민의 삶의 질 향상을 위해 함께 추구할 목표인 것을 말입니다. 이러한 인식의 변화가 도시 및 지역 재생 분야에서 나타나기 시작했습니다.

　정부도 시민과 지역이 주체가 되는 도시의 재생과 발전을 정책적으로 지원하고 있고, 창조적 도시재생을 통해 쇠퇴된 구시가지의 문제를 해결하고 경제 활성화와 문화 사회·복지·복지 기반을 강화하려는 노력이 선진국을 중심으로 공간 계획의 핵심적 패러다임이 되고 있습니다.

　국토연구원에서 기획한 '창조적 도시재생 시리즈'는 창조적인 방법으로 우리 이웃, 우리 동네, 우리 도시, 우리 지역을 살기 좋은 공간으로 만들어가는 노력이 담긴 이야기들입니다. 부디 이 시리즈가 쇠퇴하는 도시와 지역을 살려내고 아름다운 국토를 만들어가는 데 필요한 자료로 널리 활용되기를 기대합니다.

국토연구원 원장

강현수

서문

소용돌이 너머를 바라보며

이 책의 초판이 나온 2020년 3월, 세계는 불확실성의 소용돌이에 빠져들고 있었다. 전염성이 강한 신종 바이러스 코로나19는 전 세계적인 규모의 대유행을 촉발해 모든 사회생활에 심각한 위험을 가져왔다. 각 정부는 검역과 봉쇄를 시행했고 생명공학 실험실에 자금이 쏟아졌으며, 수백만 명이 사망하는 위험한 상황임에도 불구하고 사람들은 여전히 '최전선인' 직장에서 일했다. 오늘날 우리는 성공적인 코로나19 백신(좋은 방향으로 작동하는 혁신 모델)을 가지고 있지만, 백신에 대한 접근성뿐만 아니라 사회적 거리두기, 원격 근무 여부, 그리고 부유한 사람들의 경우 도시에서 지방으로 떠나 전염을 피하는 능력에 이르기까지, 과연 이 상황에서 누가 이익을 얻고 있는지와 관련해 심각한 수준의 불평등을 목도하게 되었다.

기술 분야에서 일하는 사람들은 대체로 선호되는 그룹이었다. 그들이 일하는 회사들은 빠르게 원격 근무로 전환했다. 이미 '지리적으로 분산된' 인력을 고용해 왔던 기업들은 이러한 정책을 모든 직원에게로 확장했다. 서비스 부문 특히 대중을 대상으로 직접 영업하는 식당, 호텔, 기타 사업체 종사자들과는 달리, 기술 분야 종사자들은 일자리를 거의 잃지 않았다. 대유행 기간 동안 이 기업들 중 많은 수는 재정 운용을 잘 해냈다. 거의 모든 사람들이 식료품 쇼핑, 진료 예약, 원격 회의, 학교, 오락을 위해 전자 장치와 디지털 앱에 의존했다. 코로나19 백신 접종을 혼란스럽게 만든 파편화된 배포 시스템에도 불구하고, 대부분의 사람들은 백신 접종 예약을 앱으로 해야 했다.

애플Apple, 마이크로소프트Microsoft, 아마존Amazon, 알파벳Alphabet(구글(Google)

의 모회사), 페이스북Facebook 등 5대 기술 기업은 감염병 대유행 기간 동안 기록적인 수익을 올렸고 주식 가치는 급등했다. 비록 회사의 물리적 업무 공간을 비워두었지만, 구글, 페이스북, 아마존은 뉴욕New York의 가장 큰 금융 회사들을 앞지르며, 뉴욕에서 새로운 사무실을 얻기 위한 가장 큰 임대 계약에 서명했다. 소규모 상점들이 문을 닫고 상점 앞은 텅 빈 반면, 아마존은 도시의 새로운 창고 아홉 개와 주변 교외의 창고 24개를 추가로 인수했다.

뉴욕의 많은 스타트업startup을 포함한 소규모 기술 기업들도 특히 클라우드 컴퓨팅, 핀테크, 게임, 원격 건강 분야에서 일하거나 손으로 만든 코로나19 마스크 또는 암호 화폐 가상 시장 등을 운영해 좋은 성과를 거두었다. 미국에서 기술 산업에 대한 벤처 캐피털과 사모 주식 투자는 그 어느 때보다 높은 수준에 도달했고, 10억 달러 이상의 가치가 있는 유니콘 기업 숫자는 2021년 상반기에 기록적으로 늘어났다.

감염병 대유행 기간 동안 기술 사업의 성장은 마치 2008년 경기 침체 이후 뉴욕시 경제개발공사NYCEDC: New York City Economic Development Corporation가 내린 전략적 선택을 증명하는 것 같았는데, 이는 내가 이 책에서 자세히 설명한 것이다. 그러나 도시의 미래는 1975년 재정 붕괴 이후 그 어느 때보다 더 위험했다. 원격으로 일하거나 하이브리드 방식으로 사무실을 재구성하고 축소하려는 지속적인 계획은, 도시 세입 재산세 중 가장 큰 몫을 차지하는 부동산 산업의 생존 가능성을 위협했다. 임대료가 너무 비싸다고 판단한 젊은 기술 노동자들은 도시 밖으로 이주하고, 도시 밖에서 더 큰 집과 더 나은 공립학교를 선택해 이주한 사람들을 비롯해 지리적으로 분산된 노동력은 도시의 중산층, 특히 기술직, 소위 '미래의 직업'을 가진 계층의 구성원을 크게 감소시킬 수 있다. 최악의 경우 공중 보건 또는 라이프스타일상의 이유로 물리적 밀도에 대한 불신은 경제적·문화적 다양성, 협력자 및 고객과의 지리적 근접성, 기능적·실존적 응집이 만들어낸 덕목과 같은 '혁신 복합체innovation complex'를 건설하기에 가장 좋은 장소라는 뉴욕의 주장을 쉽게 무너뜨릴 수 있다.

코로나19라는 위기의 발생부터 회복의 문턱까지, 100년 된 포퓰리즘 미디어 플랫폼인 뉴욕 ≪데일리 뉴스Daily News≫의 헤드라인을 통해 뉴욕 시민들의 우려를 추적해 볼 수 있다. 2019년 10월, 대유행이 발생하기 5개월 전, 경제개발공사 사장의 한 오피니언 기사에서 뉴욕의 미래 성장 방향을 "진정으로 탁월한 기술 목적지"로 설정했기 때문에 "뉴욕은 경기 침체를 맞을 준비가 되어 있다"는 선언이 이루어졌다. 10개월 후, 즉 코로나19로 인한 사망, 이어지는 공중 보건의 붕괴, 사회적·인종적 정의를 요구하는 야간 시위 이후의 또 다른 헤드라인은 뉴욕을 "죽은 것은 아니지만 생명 유지 장치에 의존 중"이라고 묘사했다. 중도파 싱크탱크의 일원인 오피니언 에세이의 한 필자는, 지방소득세의 가장 많은 비중을 차지하는 집단인 동시에 감염병 대유행 기간 동안 도시를 떠난 도시의 부유층에 대한 세금 인상에 반대한다고 주장했다. 그러나 그로부터 4개월 뒤인 2021년 1월 ≪데일리 뉴스≫ 편집위원회는 "위대한 뉴욕시의 귀환"을 선언하고 "현재 뉴욕시는 코로나19 대유행에 의해 던져진 진창으로부터 빠져나오기 위해 애쓰고 있으며, 도시를 위한 싸움을 멈추지 않을 것"이라고 다짐했다.

≪데일리 뉴스≫ 편집자들은 대유행 기간 동안 민간 부문에서 50만 개의 일자리가 사라졌고, 도시 인구의 거의 절반이 메디케이드Medicaid 혜택을 받고 있으며, 거의 200만 명의 뉴욕 시민이 연방 식량 지급으로 생존하고 있고, 1년도 채 되지 않아 2만 5000명 이상의 코로나19 관련 사망자가 발생했다며 도시가 직면한 엄중한 도전을 무시하지 않았다. 시와 주의 법적 보호와 워싱턴 D.C.Washington D.C. 바이든Biden 행정부의 대규모 긴급 지원이 없었다면, 많은 주민들이 쫓겨났을 것이고 많은 사업체들은 다시는 문을 열지 못했을 것이다. 그러나 가장 중요한 것은 편집자들이 뉴욕시의 역사적 인적

요소를 불러냈다는 것으로, 이는 시간이 지나면서 상업적 기업과 사회적 포용에 의해 형성된 뉴욕 시민들의 독특한 의지와 배짱의 단일한 조합에 대한 집단적 상상이다. 이 인적 요소는 도시가 긴급한 요구, 즉 적정 주택, 괜찮은 학교, 안전한 거리에 대한 새로운 해결책을 고안하도록 이끌 것이다.

사실 모든 거대 기술 도시들은 같은 문제에 직면했다. 뉴욕뿐 아니라 다른 기술 '슈퍼스타 도시'들은 감염병 대유행 기간 동안 소프트웨어 엔지니어와 IT 인력을 잃었는데, 그 수치는 샌프란시스코San Francisco에서 35%, 뉴욕에서 18%, 시애틀Seattle에서 17%였다. 주거비가 급등했고, 식당과 사람들이 모일 만한 곳 들이 문을 닫았고, 사무실과 시내 거리는 텅 비었다. 기후변화를 개의치 않는다면 마이애미Miami, 휴스턴Houston, 댈러스Dallas의 맑은 날씨가 이들을 유혹했고, 마이애미 시장은 주의 소득세가 없다는 점과 도시 노동력의 인종적 다양성을 강조하며 기술 창업자들과 투자자들에게 직접 손을 내밀었다.

그러나 더 작은 도시들이 슈퍼스타 도시들을 대신할 것인지, 아니면 그 도시로 이주한 스타트업 창업자들과 사모 펀드 매니저들이 대유행이 끝난 후에도 남을 것인지는 조금도 분명하지 않았다. 샌프란시스코와 뉴욕을 떠난 대부분의 기술 노동자들은 확장된 대도시 지역 내에서 이주했다. 캘리포니아의 스톡턴Stockton, 프레즈노Fresno, 로스앤젤레스Los Angeles로 이주했고, 뉴욕의 외곽 자치구, 허드슨강Hudson River 계곡의 외곽 지역, 그리고 약 144km 떨어진 필라델피아Philadelphia로 이주했다.

하지만 그들은 여전히 도심에 있는 회사들과 연결되어 있었다. 그리고 데이터에 따르면, 이 회사들은 여전히 그들을 고용 중이었다. 인디드Indeed.com의 채용 공고 목록에 따르면, 심지어 대유행 기간 동안 기술 도시에 기술 일자리가 오히려 약간 **더** 집중되었다. 뉴욕은 포함되지 않았지만, 다른 데이터에 따르면, 여타 기술 도시들과 마찬가지로 2020년 3월부터 11월 사이 뉴욕의 기술 일자리 목록 역시 지속적으로 증가했다. 게다가 기술직은 월가 Wall Street 기업의 일자리보다 더 높은 평균 급여를 계속 지급했는데, 이는 고임금 노동자들을 압박하는 젠트리피케이션의 위협에도 불구하고, '인재'를 유치할 수 있는 뉴욕의 능력에 대한 긍정적인 신호이다. 2021년 3월과 4월에 뉴욕에 본사를 둔 기업 임원 300명을 대상으로 실시한 설문 조사 결과, 사이버 보안, 클라우드 컴퓨팅, 인공 지능과 같이 수요가 특히 높은 분야에서 기술이 계속해서 도시의 경제 회복을 뒷받침할 것이라는 일반적 낙관론이 제시되었다.[1]

그러나 내가 이 책에서 강조했듯이 일자리는 어느 도시의 혁신 복합체에서도 약한 고리에 해당한다. 감염병 대유행 이전에도 뉴욕에 본사를 둔 스타트업들은 경영진과 마케팅 팀이 뉴욕에서 일하는 동안 미국의 다른 도시와 세계의 다른 지역에서 엔지니어를 고용하는 경우가 많았다. 대유행은 원격 고용을 위한 노력을 가속화시켰는데, 본사 사무실보다는 집이나 소규모로 공유 업무 공간coworking space에서 일하는 것을 선호하는 많은 기술 노동자를 위한 노력은 계속될 것이다. 이는 이미 공유 사무실과 제3의 물결 커피숍이 생기고 시 정부로부터 지역 보조금을 제공받은 기존 기술 허브, 특히 외곽 자치구의 거주민에게 혜택이 될 수 있다. 또는 마이애미, 애틀랜타 Atlanta, 시카고Chicago와 같은 도시로 더 많은 일자리가 옮겨 갈 수도 있는데, 이 도시들의 사회적·인종적 노동력의 다양성이 기존 기술 산업 분야가 백인과 아시아 남성을 선호한다는 뿌리 깊은 편견을 극복하는 데 도움이 될 수 있을 것이다.

내가 책에서 프로파일링 한 네 명의 스타트업 창업자들은 여전히 사업을 하고 있는데, 세 명은 브루클린Brooklyn에 있고 한 명은 대유행 훨씬 전에 옮겼던 샌프란시스코에 있다. 도그스폿DogSpot의 공동 설립자인 첼시 브라운리지Chelsea Brownridge는 뉴랩New Lab에 있는 사무실로 돌아갔지만, 그녀의 작은 팀은 임대 가능한 '도그하우스'에 대한 수요가 다시 증가하는 동안 유연한 일정을 유지할 것이다. 내가 그녀를 만나기 전, 소피 와그너Sophie Wagner는 설립했던 전자 상거래 스타트업을 팔고 구글에서 일하던 중 다른 스타트업인 핀테크 앱을 공동 설립했다. 조 랜돌리나Joe Landolina의 회사 크레실론Cresilon은 최근 동물에게 사용할 수 있는 식물성 출혈 방지 젤의 출시를 지원하기 위해 3800만 달러를 마련했다. 그리고 카메라Carmera의 공동 설립자인 로 굽타Ro Gupta는 실시간 매핑 기술을 '비즈니스 모델로서의 서비스'로 확장한 후, 스타트업을 도요타Toyota의 자회사에 매각했다. 이 제품은 대유행 기간 동안 발생한 야외 식당의 폭증과 미래의 '오픈 스트리트' 프로그램을 모두 검색하는 데 유리한 제품이다. 카메라는 브루클린과 시애틀에 있는 사무실에서 원격 및 대면 업무 모두를 계속할 것이다.

내가 책에서 서술한 대면 회의도 감염병 기간 동안 온라인으로 이동했다. 혁신 복합체의 패러다임 공간인 해카톤hackathon, 밋업meetup, 액셀러레이터accelerator는 전 세계적 채용을 확대하고 멘토링 세션과 피칭pitching 행사를 모두 원격으로 제공했다. 직접 멘토링을 선호함에도 불구하고, 벤처 투자가들은 줌Zoom에서 피칭을 듣고 포트폴리오 팀과 원격으로 만나는 데 적응했다. 이 책에서 만나게 될 브루클린에 기반을 둔 벤처 투자가 찰리 오도넬Charlie O'Donnell은 2000년대 초 그의 일을 처음 시작했을 때 보여주었던 커뮤니티 빌딩의 열정을 재충전했다. 대유행 기간 동안 그는 예비 스타트업 창업자들과 가상 및 야외에서 친목을 다지는 오찬을 열었고, 온라인에서 두 개의 주간 뉴스레터를 발행했으며, 2021년 뉴욕 시장 선거에 대한 팟캐스트를 공동 진행했다. 그러나 그는 사무실을 포기했고, 유니언스퀘어 벤처스USV: Union Square Ventures는 암호 화폐 거래소에 500만 달러를 투자해 40억 달러의 이익을 냈음에도 불구하고 투자 규모를 축소했다. 그러나 점차 같은 공간에서 함께 일하는 것의 가치와 같은 거리에서 어울리며 무작위로 이루어지는 만

남의 재미가 그들을 다시 도시로 이끌었다.

핵심은, 혁신 복합체에 어떤 일이 생길지 알 수 없다는 것

 내가 최근 줌에서 본 뉴욕의 기술 경제에 대한 토론에서, 데이터마이너 Dataminr의 전략 파트너십 수석 이사인 모건 히치그Morgan Hitzig는 평생 뉴요커였다고 밝히며 "정부는 지난 15개월 동안 (디지털 기술 측면에서) 15년만큼 전진했다"고 말했고 다른 패널들 역시 이에 동의했다.[2] 그러나 세부 사항에 대한 논의에서 패널들은 시 정부가 기업이 설정한 모범을 따르기를 원한다고 말했다. 예컨대 기존 틀에서 벗어나 생각하기, 도시의 '광섬유 자산'을 개발하기 위해 빠르게 움직이기, 다양한 기술 환경을 하나로 모으기, 그리고 '모든 뉴욕 시민'에게 이러한 기술을 활용 가능하도록 만들기 등이다. 특히 내가 이 책에 쓴 기술 업계 협회인 Tech:NYC의 줄리 새뮤얼스Julie Samuels 전무 이사가 택시 및 리무진 위원회로부터 시범 프로그램을 승인받은 12대의 택시 중 하나인 노란색 테슬라Tesla 택시를 타게 되어 흥분된다고 말했을 때, 그 말은 훌륭하게 들렸다. 그러나 패널들의 말이 의미하는 바는, 유감스럽게도, 시 정부가 그들 회사 제품을 구입하고, 규제를 거의 부과하지 않으며, 기업들이 직접 직원을 훈련시키기 위해 시간과 돈을 들이지 않고서도 운영할 수 있는 충분한 인력을 교육시키기를 원한다는 뜻이다.
 독자들은 이를 시 소유의 토지에서 사실상 가장 큰 혁신 지구를 관리하고 이 책에서 핵심적인 위치를 차지하고 있는 비영리 경제개발법인 브루클린 해군부지 개발공사BNYDC: Brooklyn Navy Yard Development Corporation의 기업가 정신과 비교해 볼 수 있다. 해군 부지는 공급이 부족한 마스크 및 가운과 같은 개인 보호 장비PPE: Personal Protective Equipment를 생산하려는 제조 세입자들의 노력을 지원함으로써 대유행 기간 동안 두각을 나타냈다. 제조용 AI 시스템

을 만드는 한 업체는 다른 회사와 뉴욕시 경제개발공사와 협력해 코로나19 환자가 병원에서 긴급히 필요로 하는 인공호흡기를 만들었다. 대유행은 지역 공급망이 산업화 이후 시대에도 중요하다는 것을 보여주었고, 브루클린 해군 부지의 숙련된 기술력을 가진 제조회사에 대한 임대료 지원, 직업 훈련 및 STEAM(과학·기술·엔지니어링·예술·수학) 견습 과정 조합은 소프트웨어 엔지니어와 앱 개발자가 되지 못할 노동자 및 하위 중산층을 유지하는 데 중요함을 입증했다.

환기 장치를 만드는 회사인 나노트로닉스Nanotronics는 내가 브루클린 수변 지역에 관한 장에서 설명한 공공 부문과 민간 부문 자금을 조합해 마련한 약 4180㎡의 새로운 생산 센터를 2021년 해군 부지에 개소했다. 그러나 JP모건체이스JP Morgan Chase와 골드만삭스Goldman Sachs에 의한 연방 세금 공제, 주 및 시 정부 보조금, 세금 공제 지원 주식의 기업가적 집합은 여전히 큰 의문을 제기한다. 이것은 자본주의가 제공할 수 있는 최고의 것인가 아니면 단지 위험한 동반자 관계인가?

퀸스Queens에서의 아마존 제2본사 설립에 실패한 계획과 브루클린에 있는 인더스트리시티Industry City에서 제안된 특별 혁신 구역의 실패에 대해 썼을 때보다 오늘날 정부 보조금과 기술 회사에 대한 규제는 훨씬 더 첨예한 문제이다. 이것이 뉴욕시 정치를 지속적으로 괴롭히는 두 개의 큰 갈등이다. 거대 기술 기업의 독점력, 소셜 미디어·광고·전자 상거래 플랫폼에 의한 개인 정보의 수익화, 미디어 콘텐츠와 보안 감시 제품에 대한 도덕적 통제 등 거시적 문제는 시 정부의 권한 범위를 넘어선다. 그러나 경찰서에서 교통 부서에 이르는 공공기관은 그 제품의 큰 고객이고 그 회사들에 영향력을 행사할 수 있다. 뉴욕주 당국은 다른 길을 걷고 있다. 주 검찰총장은 대유행 기간 동안 창고 직원들의 공중 보건 상태를 방치하고 노동조합을 결성하려는 노동자들에게 불이익을 주었다는 이유로 아마존을 고소했으며, 주 공무원 연기금을 대행하는 주 감사관은 2021년 연례 주주총회에서 아마존에 결의안을 상정했다. 결의안은 시민권, 형평성, 다양성, 포괄성에 대한 회사 정책의 영향에 대한 독립적인 감사를 의뢰할 것을 요구하는 내용이다. 그러나 그 제안은 무산되었다.

도시의 가장 가치 있는 고정 자산을 놓고 경쟁이 벌어지는 한 국지적 갈등은 계속 토지에 집중될 것이다. 시 정부가 기술 일자리를 지원할 경우, 기술 사무실 공간도 지원할 것이다. 여기에는 지역 사회 공동체들의 의지를 부정하는 구역제와 세금 공제가 적용된다. 그러나 점점 더 도시의 자산에는 광대역 인프라, 와이파이 핫스팟, 거리가 포함된다. 대유행 기간 동안 모든 사람이 의존한 배달은 보행자, **배달원**deliveristas, 전기 자전거와 스쿠터 사용자, 자동차 운전자 간의 치열한 경쟁을 야기했고, 야외 식사를 위한 장소는 그들이 이용할 수 있는 공간을 줄였다. 지역 규제의 필요성은 기술력의 성장과 함께 커질 뿐이고, 이것이 내가 이 책에서 주장하는 바이다.

이러한 문제는 '스마트 도시' 프로그램으로는 해결되지 않을 것이다. 센서는 트래픽 흐름을 조정하는 데에는 잘 작동하지만, '스마트 도시'를 구축하는 기술 회사들과 부동산 개발업자들이 사회적 요구에 더 민감하게 반응하도록 만들 수는 없다. 2020년 블랙 라이브스 매터Black Lives Matter 운동의 엄청난 폭발 이후 많은 벤처 캐피털 회사들이 유색 인종 투자자와 설립자의 수를 늘리기 위한 이니셔티브를 시작했지만, 이것이 갑자기 벤처 캐피털이나 사모 펀드 매니저 들의 주요 목표가 되지는 않을 것이다. 그리고 나는 사회적 형평성이 대부분의 대학에서 기업가적 사업과 공학 프로그램의 핵심이 될 것이라고 기대하지는 않는다.

하지만 놀랍게도, 나는 블룸버그Bloomberg 행정부가 혁신 복합체에 기여한 대표적인 기업가적 공학 학교인 코넬 공대Cornell Tech의 제이컵스 테크니온·코넬 연구소Jacobs Technion-Cornell Institute(이하 제이컵스 연구소)의 새로운 도시기술허브Urban Tech Hub가 발표한 보고서에 실린 많은 제안에 동의한다. 그 이유가 이 책에서 중요한 역할을 하고 있다.[3] 보고서는 2022년 1월에 취임하는 '다음 (시장) 행정부'를 언급하면서, 데이터 수집 및 관리, 신흥 기술이 도시의 경제를 붕괴시키기 전에 규제하고, 도시를 단순한 광대역 개발의 지불자가 아닌 파트너로 만들기 위한 더 엄격한 법을 지지한다. 비록 시의회와 주 의회가 이미 새로운 사생활 보호법을 고려하고 있지만, 나는 이 모든 문제를 다루는 광범위한 공개 토론을 보고 싶다. 또한 현재 여러 정부기관으로 나뉘어 있는 도시의 기술 담당자들이 2008년 이후 경제개발공사가 했던 것처럼 전략적 목표를 달성하기 위해 함께 모일 것을 촉구한다. 이번에는 시의회, 지역 사회 위원회, 지역 사회 조직과도 협력하길 바란다.

대유행 이전에 경제개발공사는 사이버 보안, 인공 지능, 가상 현실의 성장 영역에서 스타트업을 지원하기 위해 공공·민간·비영리 파트너십을 구축했다. 이러한 파트너십은 훨씬 더 많은 대중적 정밀 조사가 필요하다. 그들을 위한 작업 공간을 개발하는 것은 절실히 필요한 적정 주택을 개발하는 것과 조정되어야 한다. 게다가 선출직 공직자들은 신흥 기술의 상업적 응용이 빠르게 확산되는 것의 중요성을 이해할 필요가 있다. 새로운 형태의 디지털 디자인과 암호 화폐 거래소는 이미 세계 최초로 사람들이 온라인 경매에서 구입하는 디지털 예술 작품을 암호 화폐와 교환하는 대가로 NFTNon-Fungible Token의 형태로 벽에 전시한 로어맨해튼Lower Manhattan의 한 미술관에 영감을 주었다. 이것을 빈틈없는 투자라고 생각하든 비합리적인 투기로 생각하든 간에, NFT의 사용은 시 정부가 기술, 예술, 금융 시장의 조합이자 뉴욕만의 변형인 STEAM에 맞설 것을 요구한다.

산업 협회 Tech:NYC는 무엇이 위태로운지 분명히 인식하고 있다. 이 때문에 이 단체는 2021년 시장 및 시의회 예비선거에서 기술 '공동체' 회원들에게 투표 참여를 독려하고 주요 후보들과 줌 인터뷰를 진행했다. 구글에서 스타트업에 이르기까지, 내가 이 책에서 주장하듯이, 공동체는 도시의 미래와 기술 산업의 성장이 단단히 얽혀 있다는 것을 이해하고 있다.

그러나 산업의 규모와 디지털 생산 도구는 어느 한 곳에 얽매이지 않도록 한다. 지역 CEO가 아닌 사람들은 해당 지역에 충성할 이유가 거의 없다. 그럼에도 불구하고 Tech:NYC의 전무 이사 줄리 새뮤얼스는 또 다른 온라인 토론에서 "실리콘밸리Silicon Valley 기술 분야에서 일하는 사람들에게는 기술 인력이 우선입니다. **뉴욕** 기술 분야에서 일하는 사람들에게는 뉴욕 시민이 우선입니다"라고 이야기했다. 나는 당신이 지금 읽고 있는 책이 이러한 인적 요소를 강화시켜 주길 바란다.

옮긴이의 말

지난 몇 년간 계속된 전 세계적 감염병 사태는 인류의 삶을 그야말로 송두리째 바꿔놓았다. 수백만 명이 목숨을 잃고, 국경이 폐쇄되고, 학교와 직장이 문을 닫는 상황에서 우리가 할 수 있는 일은 그저 버티는 것뿐이었다. 인류 역사상 가장 위대한 발명품이라 일컬어지는 도시조차 눈에 보이지 않는 재앙 앞에서는 무력했다. 도시의 주요 기능은 마비되고, 상점과 거리는 통제되었으며, 사람들의 어두운 표정은 마스크로 가려졌다. 마치 인류의 시간이 멈춰버린 것과 같은 불안한 상황 속에서, 우리가 할 수 있는 일은 많지 않았다.

그러나 인간은 그 어떤 상황 속에서도 결국은 뭔가를 배우는 존재다. 역사를 돌이켜보면, 인류의 고난은 결국 하나의 경험이 되고, 하나의 경험은 다시 하나의 지혜가 되어왔다. 인류 최대의 발명품인 도시가 감염병 확산의 진원지로 손가락질 받으며 무력해진 순간에도, 몇몇 선각자들은 여전히 도시에서 희망을 찾았다. 비록 감염병과 같은 절망적 상황이 도시로부터 잉태되었지만, 우리를 구원할 해결책 역시 결국 도시로부터 나올 것이라는 믿음 때문이었다.

이처럼 절망적인 상황 속에서도 자신의 분야에서 묵묵히 공부하면서, 뭉툭한 생각을 날카롭게 벼려내고, 혼란스러운 세상을 명쾌한 언어로 정리하는 학자들, 나는 그런 사람들을 존경한다. 이 책의 지은이인 샤론 주킨 역시 그런 학자들 가운데 하나다. 전작인 『무방비 도시Naked City』(2010)를 통해 이제는 우리에게도 잘 알려진 샤론 주킨은 세계적인 도시학자로 도시 분야의 주요 저서들을 다수 출판했다. 그녀는 현대 도시계획을 대표하는 세계적 사상가이자 활동가인 제인 제이컵스Jane Jacobs의 언행을 날카롭게 지적하고,

리처드 플로리다Richard Florida의 대표적 주장인 창조계급론을 신랄한 언어로 비판한 비평가이기도 하다.

이 책에서 샤론 주킨은 새로운 도시 경제가 디지털 기술에 기반한 기업, 도시 정부, 기술 엘리트 집단에 의해 어떻게 형성되어 가는지 적나라하게 밝힌다. 전대미문의 감염병 사태에도 불구하고 샌프란시스코, 뉴욕과 같은 '슈퍼스타 도시'에서 스타트업 기술 기업들은 엄청난 투자를 받았으며, 기술 인력에 대한 수요는 폭증했다. 이러한 변혁의 뒤에는 거대한 자본이 있었으며, 그 과정에서 디지털 기술에 기반한 금융 세력이 새로운 엘리트 집단으로 등장했다. 샤론 주킨은 자신이 평생을 살아온 도시인 뉴욕을 배경으로 이러한 역학 관계가 만들어내는 도시의 풍경을 예리한 시선으로 바라보고 있다. 그녀는 벤처 투자자, 기술 옹호자, 경제 관료 들에 대한 방대한 인터뷰를 바탕으로, 금융 위기 이후 뉴욕이라는 도시에 혁신 복합체가 어떻게 자리 잡고 도시를 재편해 왔는지 생생하게 보여준다.

특히 이 책에서 주킨은 디지털 기술에 뿌리를 둔 사람들의 행동과 도시의 계획을 살피고, 그것이 뉴욕이라는 도시 공간을 어떻게 물리적·경제적·사회적으로 바꿔나가는지 깊이 천착해 보여준다. 해카톤과 밋업 문화에 대한 가벼운 소개에서 출발한 그녀의 논의는, 스타트업 창업주들, 벤처 자본가들에 대한 날카로운 분석으로 이어지고, 어떻게 브루클린 인근의 수변 지역이 혁신의 공간으로 탈바꿈해 나가는지 보여준다.

번역 작업을 진행하면서, 한국의 '슈퍼스타 도시'인 서울 역시 주킨의 시선으로부터 자유로울 수 없다는 생각을 하게 된다. 지난 몇 년간 한국에서 디지털 기술 인력에 대한 수요는 폭발적으로 증가했고, 벤처 캐피털의 투자와 넘치는 유동성은 디지털 기술 기반 스타트업계의 활황으로 이어졌다. 여기에 더해 중앙과 지방정부의 전폭적 지원 속에서 스마트 도시, 디지털 트윈, 메타버스 등 수많은 디지털 도시 정책이 이러한 기업들과 기술 엘리트의 먹잇감으로 전락하기도 했다. 바라건대, 이 책을 통해 독자들이 그간 비판 없이 수용해 온 우리나라 도시정책의 문제를 명확히 인식하고, 문제 해결을 위한 새로운 길을 여는 데 도움이 되기를 바란다.

마지막으로 이처럼 의미 있는 책의 번역을 기획한 국토연구원의 강현수 원장님과 도시재생연구센터 박정은 센터장님, 더딘 번역 작업을 묵묵히 기다려준 박성경 연구원님, 그리고 작업 초반부터 마지막까지 꼼꼼히 원고를 살피며 도움을 준 서울시립대학교 박사과정 허유경 학생에게 깊은 감사의 마음을 전한다.

2022년 11월
강민규

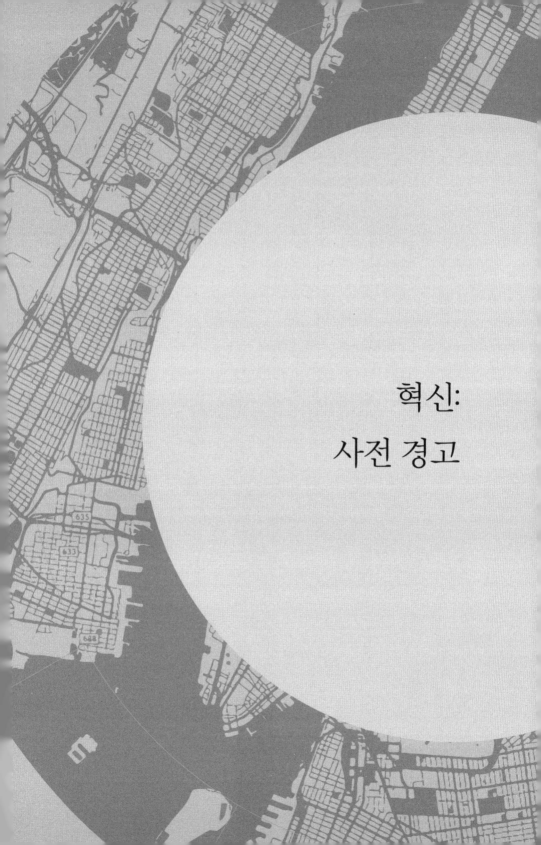

혁신:

사전 경고

모든 사람이 '혁신 경제'에 대해 이야기하지만, 누구도 그 기원을 정확히 알지는 못한다. 만약 '혁신'이 디지털 기술에 기반한 새로운 사업과 작업 방식을 의미하는 것이라면, 그 기원을 20세기 중반 캘리포니아California의 실리콘밸리Silicon Valley나 보스턴Boston의 루트128Route 128과 같은 연구와 전자 기술 생산의 중심지로 추적해 볼 수 있을 것이다. 그러나 만약 현대 '플랫폼 자본주의'에 대해 제대로 알고자 한다면, 샌프란시스코San Francisco를 시작으로 뉴욕New York, 런던London, 상하이Shanghai에 이르는 전 세계 모든 대도시의 새로운 소프트웨어 개발 중심지에서 혁신을 찾아야 한다. 이 과정에서 도덕적 판단 역시 탐색에 영향을 미친다. 비록 신경제를 비판하는 사람들은 불안정한 노동과 디지털 감시에 대해 격분하지만, 자칭 '기술 공동체'에서 일하는 사람들은 '혁신과 기업가 정신'이라는 출세 지향적 담론을 선호한다. 이러한 대조적인 관점에도 불구하고 한 가지 사실은 분명하다. 오늘날 신경제의 근간을 형성하는 토지, 노동, 문화, 자본 간 강력한 상호 작용의 탄생과 그에 대한 저항에 있어 도시는 가장 중요한 곳, 즉 '혁신 복합체innovation complex' 라는 것이다.

이 문장이 의미하는 바와 같이, 신경제는 상징적 차원뿐 아니라 물질적 차원 역시 갖추고 있다. 물질적인 면에서, 도시의 지도자들은 기술 혁신을 이루기 위해 여러 지역 또는 건물의 '복합체complex'를 건설한다. 상징적인 면에서 볼 때, 그들은 권력을 잃지 않으면서 혁신을 통제하고자 하는 문화적 우려 또는 심리적 '콤플렉스complex'를 드러내고 있다. 경제 성장에 대한 현대의 서사 구조 역시 그대로 답습한다. 정부의 지원에 따라 새로운 아이디어가 번창하고, 기업이 투자하고, 일자리가 창출된다고 여긴다. 이러한 '허구적' 기대로 인해 그들은 모든 사람이 번영하는 혁신의 풍경을 상상한다.[1]

그러나 현실은 더 불확실하고 복합적이다. 눈에 보이지 않는 곳에서 시정부는 중요한 역할을 한다. 기술 기업이 일자리를 창출할 수 있도록 기업 투자와 전문 교육을 지원하고, 부동산 개발업자들이 번창할 수 있도록 기술 허브와 혁신 지구를 조성한다. 그리고 지역 시장과 지역 사회에 대해서는 기술에 관한 '변혁disruption'을 다룬다. 즉, 차량 호출 서비스와 주택 단기 임대, 자율 주행 자동차와 전기 스쿠터, '스마트 도시smart city' 장비를 제공하는 기업의 개인 정보 수집 같은 것들 말이다. 이들이 디지털 혁신이라는 호랑이의 등에 올라타려 해도 도시의 시장들은 세계 자본주의 재편이라는 더 큰 맥락에 사로잡혀 있다.

이것이 어떻게 작동하는지 보려면, 뉴욕시 경제개발공사NYCEDC: New York City Economic Development Corporation가 최근 몇 년 동안 취해온 이니셔티브 중 하나인 더그리드The Grid를 살펴보면 된다.[2] 다른 '파트너십 네트워크'와 마찬가지로 더그리드도 민간 기술 회사, 시 정부의 기술 팀, 비영리단체 간의 업무 관계를 설정한다. 지역 대학, 경제 개발 회사, 사업 개선 구역도 포함되어 있다. 이 다양한 조직들은 지식을 공유하고 혁신을 만드는 것을 목표로 한다. 그 과정에서. 경제 위기와 환경 재앙으로부터 도시와 세계를 구할 것이다. 그러나 각 파트너는 자본금 투자, 조달 또는 훈련 계약, 일자리와 같은 계약으로부터 무언가를 얻기를 바란다.

더그리드의 운영 위원인 제프 메리트Jeff Merritt에 대해 알아보자. 그의 웹사이트에는 세련된 연한 갈색 수염이 있는 젊은 남자 사진이 실려 있다. 메리트는 '시민 기술'이라고 불리는 분야에 종사하고 있으며, 그는 미국과 해외의 정부기관 및 비정부기구 들과 함께 시민 참여와 민주적 거버넌스를 위한 프로젝트에 참여했다. 2010년 그가 공공 변호사로 재직할 때 빌 더블라지오Bill de Blasio와 함께 일하게 되었다. 2012년 더블라지오는 뉴욕 시장으로 선출된 후, 메리트를 뉴욕시의 혁신 국장으로 임명했다. 메리트는 뉴욕시에서 일하며 기술혁신 시장실의 설립을 도왔다. 그리고 나서 그는 세계경제포럼WEF: World Economic Forum의 사물 인터넷IoT+스마트 도시 수장으로 현재 자리를 옮겼다. 세계경제포럼은 전 세계 A급 기업, 정부, 연구 기관의 수장들이 모이는 연례 회의를 스위스 다보스Davos에서 개최한다.

이렇듯 사소해 보이는 사실들은 놀라운 현실을 보여주고 있다. 즉, 지역의 삶과 재산이 세계 자본과 불가분의 관계에 있다는 것이다. 이러한 현상은 뉴욕과 같은 대도시에서 가장 잘 볼 수 있고, 뉴욕은 신경제의 중심인 '슈퍼스타 도시'로 떠오르고 있다. 이러한 도시에서는 스타트업startup이 꽃을 피우고, 미래의 일자리가 늘어나고, 디지털 기술 분야에서 훈련받은 실력자들이 폭넓은 자본 풀을 통제하는 투자자의 지지를 받아 새로운 기술·금융 엘리트층을 형성하고 있다. 하지만 이들을 어디에서 찾아야 하는지를 알아야 한다. 이름도 모르는 중요한 인물과 들어보지 못한 사건이 영향력을 주장하고, 규칙을 위조하며 젊은 세대의 사고방식을 형성하고 있다. 제프 메리트는 더그리드 운영 위원회에 참여해 뉴욕의 혁신 복합체와 세계경제포럼의 CEO 및 조직 지도자 들을 연결시켜 주었다.

이런 관계는 20세기 중반의 사회학자 찰스 라이트 밀스Charles Wright Mills가 기업, 정부, 군부의 최상위에 있는 개인의 새롭고 통합된 구조를 설명하기 위해 만든 용어인 파워 엘리트를 떠올리게 할 수도 있다. 여기서 구조란 범위가 더 넓고, 국가 기관에 더 깊게 박혀 있고, 역사상 어떤 지역의 통치자나 영향력을 가진 자보다 더 강력한 것을 말한다.[3] 제2차 세계대전 이후 1950년대에 성장한 밀스와 같은 파워 엘리트들은 전면적인 핵전쟁의 위험과 국내 시장이 지닌 풍요에 대응했다. 오늘날 이와 유사한 엘리트들은 기술 산업에 기반을 둔 이들과 일부 금융 투자자에 해당하는데, 이들은 전면적인 경제 경쟁이라는 위험과 세계 시장이 가져다준 풍요에 대응한다. 더그리드와 같은 공공·민간·비영리 파트너십에 참여하는 기술·금융·정부 엘리트와 그 운영 방침이라 할 만한 성과주의는 도시들이 새로운 세계 자본 시대를 맞이하는 데 큰 역할을 하고 있다.

이것이 대다수의 의견보다 더 논쟁적인 신경제 비전이라는 것을 인정한
다. 한편으로, 경제학자와 지리학자는 몇몇 슈퍼스타 도시에서 높은 보수를
받는 전문가를 위한 소수의 직업을 집약시키는 '새로운 일자리 지형'을 분석
한다. 반면, 혁신을 연구하는 사회학자와 비즈니스 전문가는 결국 시장성
있는 제품과 아이디어로 귀결되는 조직 간의 비공식 소셜 네트워킹 과정에
초점을 맞추고 있다. 두 가지 접근 방식 모두 현재 도시에서 살면서 일하고
싶어 하는, 젊고, 유동적이고, 교육받은 노동력인 '기술 인재'의 결정적인 역
할을 분명히 강조하고 있다. 문화적 선택은 푸드홀food hall, 자전거 도로, 공
유 업무 공간coworking space, 혁신 복합체의 보편적인 상징뿐 아니라 구글
Google, 페이스북Facebook, IBM왓슨IBM Watson, 아마존Amazon의 제2본사(후에
아마존은 거센 항의를 받고 뉴욕 롱아일랜드시티(Long Island City)에 제2본사(HQ2)
를 유치하겠다는 계획을 철회했다)를 가져다주었다.[4]

열망, 취향, 미적 성향과 같은 문화적 선택이 신경제의 매력을 증대시키
고, 촉진하는 서사를 형성했다는 것을 부인하지는 않을 것이다.[5] 그러나 사
회학자 마누엘 카스텔Manuel Castells이 수년 전 보았듯이, 적어도 특히 일부
도시에서 새로운 사업을 시작할 수 있는 자원을 제공하는 부와 시장의 불균
등한 집중은 중요하다. 이는 물론 금융 자본이 주를 이루지만, '스타트업 생
태계'에서 서로 다른 행위자와 조직을 연결해 주는 사회적 자본이다. 특히
대학, 액셀러레이터accelerator, 코딩 스쿨 등 혁신 복합체의 다양한 '파이프라
인'에서 멘토링과 네트워킹을 통해 투자자로부터 기업가 및 기술 노동자로
전달되는 문화적 자본이기도 하다.[6]

비록 이러한 과정의 대부분이 민간 부문에서 전개되지만 시 정부는 결정
적인 역할을 한다. 뉴욕에서는 2008년 경제 위기 이후, 시 정부가 기술 산업
을 지향하는 산업 정책을 주도해 왔다. 때로 NYCEDC는 개별 기술 회사를
유치하기 위해 보조금을 지급한다. 아마존의 HQ2에 입찰하기 위해 뉴욕주

와 협력했던 것이 과도하게 그렇다. 그러나 또한 NYCEDC는 민간 부문과 비영리 파트너가 업무 공간을 마련하고, 교육 프로그램을 만들며, 기술 허브에서 페리 라인ferry line에 이르기까지 비어 있는 건물을 채우고, 토지 가치를 높이고, 미래 일자리를 창출할 수 있는 인프라를 건설하는 데에도 보조금을 지급하고 있다. 시장이 누구든 지배 정당이나 이데올로기에 상관없이 모든 도시 정부가 이러한 프로그램을 운영하는 취지에 상당 부분 공감하고 있다고 생각한다.

하지만 여기에 모순이 있다. 혁신 복합체가 성공할수록 도시는 살기 어려워진다. 개인 투자자들이 대부분의 보상을 챙기는 것도 한 가지 이유다. 그들은 위험을 감수하려는 성향 때문에 이득을 정당화한다. 그러나 경제학자 마리아나 마추카토Mariana Mazzucato가 말했듯이, 정부는 혁신을 뒷받침한 것에 대해 도덕적 신뢰와 금전적 보상을 모두 받을 자격이 있지만, 사모 펀드 매니저와 벤처 투자자는 이 두 가지를 너무 많이 얻는다. 이들 투자자와 기업 공개IPO: Initial Public Offering나 매각으로 지분을 현금화한 스타트업 창업자와 초기 직원 들이 축적한 막대한 재산이 도시의 주택 시장에 넘쳐난다. 대부분의 '토박이' 노동자가 살기에는 땅값이 너무 빠르게 상승한다.[7]

시간이 갈수록 도시 정부는 적정 가격의 주택 공급, 원활하게 작동하는 대중교통 시스템, 공립학교에 대한 공평한 자금 지원을 위한 혁신적인 재정 지원을 충분히 확보할 수 없거나 획득하지 않으려 한다. 최악의 경우, 도시의 스타트업 생태계에서 투자 붐은 지속 불가능한 부동산 투기 거품, 국부 펀드의 자금 조달, 해외 투자자를 위한 비자 프로그램에 의존한다.

그러나 지난 몇 년 동안 대중은 거대 기술 기업의 부, 노동자의 경제적 불안, 소셜 미디어 플랫폼의 힘, 위험에 노출되는 사용자들 사이의 현격한 격차를 깨달았다. 혁신 복합체의 어두운 이면에 대한 인식이 저항을 불러일으켰다. 베를린Berlin에서는 주민과 사회 운동가 들이 고급 주택 지역에 사무실을 열려는 구글의 계획에 항의해 마침내 구글은 철수했다. 캘리포니아주 새너제이San Jose에서는 시 정부가 기술 인력 이외의 저소득층 거주자들이 혜택을 받을 수 있도록 본사 근처에 적정 주택을 건설하려는 구글의 계획에 더 많은 영향력을 행사했다. 뉴욕의 시의회와 주 의회 의원, 사회 운동가, 주민 들은 아마존 HQ2 입찰 절차에서 자신들이 배제되었다는 사실에 매우 크게 분노했다. 주와 시 정부가 직접 지역 사회를 위한 중요한 혜택을 협상하지 않았기에 아마존은 막대한 보조금을 받기로 했음에도 이 계획을 취소한 것이다.

비록 주지사와 시장은 이러한 항의로 인해 뉴욕 시민들이 일생의 경제 개발 기회를 잃었다고 주장했지만, 기술 회사들은 계속해서 사무실을 열었고, 시의회는 경제 개발 계획에 대한 더 광범위한 참여와 이미 시행되고 있는 전문가 검토, 공청회, 단계별 협상 및 승인과 같은 계획 과정을 더 면밀히 검토할 것을 제안했다. 이는 거대 기술 기업과 수십억 달러 규모의 기업 공개가 대변하는 것보다 강렬함은 떨어지지만 더 민주적인 형태의 혁신을 향한 좋은 첫걸음이다.

뉴욕과 같은 도시가 혁신 복합체의 약속과 위험 모두를 보여줄 수 있다고 믿는 필자가 순진하다고 생각하지 않는다. 광대한 자원과 동등한 규모의 부채를 보유한 뉴욕은 공공의 이익을 위해 혁신을 이용할 수 있는 핵심적인 시험장을 제공한다. 우선 2008년 경제 위기 이후, 이 도시에 혁신 복합체가 어떻게 조성되어 왔는지 차근차근 살펴봐야 한다. 이를 위해 층층이 쌓인 역사와 비판적인 해석을 제시하고, 어떻게 신경제가 자리 잡아 우리 시대의 도시가 재편되는지를 보여줄 것이다.

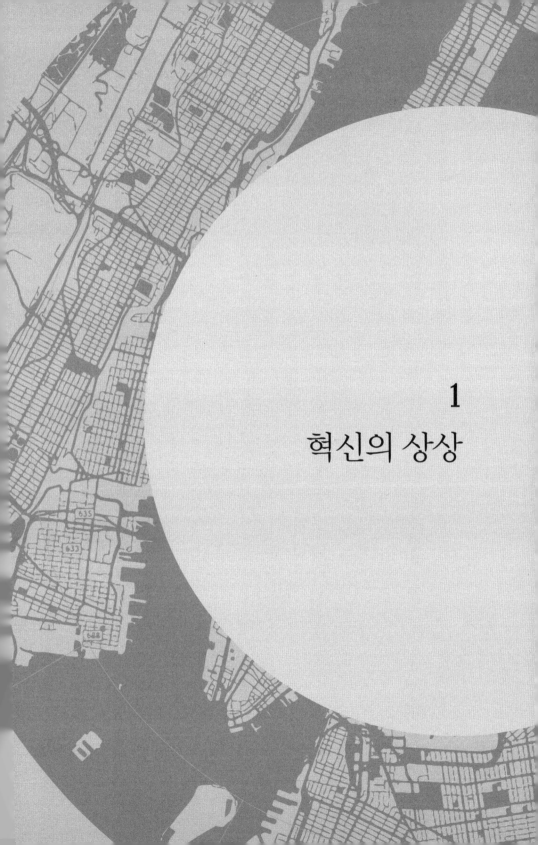

1
혁신의 상상

2018년 11월 거대 기술 기업 아마존이 '제2본사'의 절반을 뉴욕 퀸스Queens
의 수변 지역에 건설하기로 결정하자 많은 사람들이 놀랐다. 뉴욕의 기술
경제는 여전히 젊었고, 기술 경제의 명성은 금융과 미디어 같은 전통적 산업
및 국제적 역사를 가진 예술과 문학적 발명에 가려 그늘이 드리워지는 상황
이었다. 아마존은 빛나는 미래, 즉 높은 임금의 수많은 기술 일자리를 창출
하고, 컴퓨터 엔지니어와 기업가로 구성된 지역의 생태계를 촉진시킬 전 세
계적으로 매우 가치 있는 기업 중에서도 독보적인 기업의 유치 경쟁을 몇몇
도시에 제안했다. 이러한 가능성은 뉴욕 시장과 뉴욕 주지사에게 1조 달러
가치의 기업과 거의 30억 달러의 금융 인센티브를 가진 억만장자 기업 오너
를 유혹하도록 설득했다.

시장은 "(아마존의 등장은) 뉴욕시에 매우 긍정적인 영향을 미칠 것"이며,
"장기적인 측면에서 도시 경제를 안정시키고 도우려는 우리의 역할을 강화
할 것"이라고 말했다. 그의 낙관론은 적어도 초기에는 선출직 공직자들에게
지지받았고 그들 역시 도시 전역에서 그렇게 얘기하고 다녔다. 그러나 아마
존의 결정이 발표되었을 때, 그리고 뉴욕 시민들이 시와 주 정부가 아마존에
제안한 후한 조건을 알아차렸을 때 사람들은 이 사실에 불만을 터트렸다.
아마존이 선택한 롱아일랜드시티 지역을 대표하는 사람들을 비롯해 시의원
들은 분노와 실망의 목소리를 내기 위해 ≪뉴욕 타임스New York Times≫의 편
집 위원회에 참여했다.[1]

아마존과의 격렬한 경쟁에서 살아남은 이 도시의 몇 안 되는 서점 중 하나
로 로어맨해튼Lower Manhattan에서 몇 마일 떨어진 곳에 있는 90년의 역사를
지닌 스트랜드 서점Strand Bookstore은 같은 전쟁에서 다른 전투를 벌이고 있
었다. 기술 회사의 새로운 사무실들이 공격적으로 개발되기 시작하자 서점
과 이웃 주민을 보호하기 위해 역사 보존주의자들은 스트랜드 서점 건물이
건축적인 랜드마크로 지정되기를 바랐다. 상당한 규모의 오래된 건물들을

보호함으로써 그 지역이 화려하고 값비싼 신흥 기술 대도시가 되는 것을 막고 싶었다. 그러나 서점의 3세대 주인들은 이 제안을 받아들이지 않았다. 그녀는 자신이 소유한 건물에 제한을 두고 싶지 않았다.

그녀는 아마존이 제안한 랜드마크 지위에 대한 거절을 견지했다. 그녀는 "미국에서 가장 부자, (나의) 직접적인 경쟁자가 좀 전에 보조금으로 30억 달러를 건넸습니다. 나는 돈이나 세금 환급을 요구하는 것이 아닙니다. …… 저를 내버려두세요"라고 말했다.[2]

전자 상거래 대기업과 독립 상점의 대조는 규모의 차이만이 아니다. 이것은 도시 경제에서 오래된 것과 새로운 것 간의 투쟁을 대표한다. 이 투쟁은 그곳에 깊이 뿌리박고 도시의 성격을 형성한다. 이웃들이 보고 느끼면서 주민들이 좋은 일자리를 구할 기회, 발전하고 성장할 도시의 능력 또는 경제 불황에 영향을 미친다. 그러나 신경제에 적응한다는 것은 기업, 부동산 개발업자, 도시 정부 (이들 엘리트 그룹은 지역 시장을 위한 여건을 조성할 뿐 아니라 그로부터 이익을 얻는다) 사이에 맺어왔던 기존 협정에 대한 도전을 의미하고, 주민들 역시 여기에 연루된다. 아마존과 스트랜드 서점 주변에서 소용돌이치는 갈등처럼, 신경제를 만드는 것은 변화에 대한 이야기를 통제하기 위한 투쟁이다.

권력의 중심으로서 도시는 경제 자원을 동원하고 그것을 거대하고 심지어 세계적인 규모의 투자로 바꾼다. 처음에는 공장에서, 그다음에는 마천루에서, 지금은 인큐베이터incubator에서, 액셀러레이터에서, 공유 업무 공간에서 도시는 문자 그대로 생산을 조직하는 새로운 방법을 실행한다. 동시에 문화의 중심으로서 도시는 이러한 변화를 상상하고 정당화하고 적응하는 새로운 방법을 창조하고 또한 자주 반대한다. 오늘날 도시의 선구자들과 선출직 공직자들은 기술이 만들어내는 새로운 디지털 플랫폼과 잘 팔리는 상품, 정치인에게는 가장 중요한 일자리를 창출하는 혁신의 풍경을 상상한다.

그들은 이러한 상상이 도시 르네상스renaissance를 이끌기를 희망한다. 혁신에 관한 논의는 이미 존재한다.

르네상스는 이러한 변화에 대한 적절한 은유다. 혁신에 대한 상상은 적어도 서구에서는 15세기 유럽에서 있었던 문화적 르네상스에 뿌리를 두고 있다. 그때 도시 피렌체Firenze에서는 귀족 후원자는 재능 있는 예술가를 고용하고 놀랄 만한 독창성을 지닌 공방을 지원했다. 혁신적인 천재와 공동 생산 조합이 도시를 당시 유럽의 문화 수도이자 예술사의 세계 수도로 승격시켰다.[3]

50년 후, 혁신의 상상은 또 다른 원시적인 시간과 장소를 떠올리게 했는데, 그곳은 1990년대 초 현대 산업 시대 여명기의 디트로이트Detroit다. 자전거, 마차, 짐마차 제조업체가 도시에 모여 새로운 제품인 자동차를 만들고, 수많은 자동차를 만들기 위한 공장을 건설했다. 독창적인 디자인과 조립 라인 제조의 조합은 헨리 포드Henry Ford 시대부터 세계대전 후 그 후계자들에 이르기까지 50년 동안 중서부의 작은 도시를 대량 생산의 세계 수도로 변모시켰다.[4]

그러나 21세기의 가장 중요한 것은 혁신 붐이 일어나는 보다 최근의 시간과 장소이다. 1950년대와 1980년대 사이에 후기 산업 시대의 문턱은 빌 휴렛Bill Hewlett과 데이비드 패커드David Packard에서 스티브 워즈니악Steve Wozniak과 스티브 잡스Steve Jobs에 이르기까지 엔지니어, 투자자, 기업가 들이 캘리포니아 북부의 전자제품 작업 공간에서 아이디어와 자본을 통합했다. 스탠퍼드 대학교Stanford University 근처의 이 실험과 협력의 벌집은 실리콘밸리라고 불리는 기술 혁신 헤게모니의 온상으로 성장했다. 오늘날 도시가 구상하는 것은 실리콘밸리의 도시화와 다를 바가 없다. 실리콘밸리는 새로운 디지털 기술을 조밀하고 전략적인 클러스터에 배치하고, 혁신과 생산의 새로운 문화를 창조하고, 경제적 보상을 획득하는 상상에 바탕을 둔 것이다.[5]

모든 도시가 이러한 비전을 공유한다. 1980년 이래 통상적 제조를 위한 경제특구에서 '하드웨어의 실리콘밸리'로 성장한 중국 남부의 1500만 명 이상이 거주하는 도시 선전Shenzhen에는 "혁신이 삶을 바꾼다"고 쓰인 표지판이 세워져 있다. 해외의 스타트업 창업자들이 보다 빠르고 값싼 시제품 제작을 위해 선전으로 아이디어를 가지고 오는 동안, 중국의 기술 회사는 R&D에 엄청나게 투자했다. 선전은 중국에 부여된 모든 특허의 절반 이상을 차지하고 있으며 샌프란시스코 해안 지역San Francisco Bay Area에서는 미국 특허의 16%를 차지하고 있다. 덴마크의 역사적인 수도인 코펜하겐Copenhagen의 인구는 200만 명 미만이다. 코펜하겐시 정부는 최고 혁신 책임자를 임명하고 혁신 거점을 위한 인공적인 섬을 건설하고 있다. 국가는 심지어 최근 실리콘밸리의 대사를 임명하기까지 했다. 이러한 각 도시와 전 세계의 거의 모든 대도시에서 선출직 공직자와 부동산 개발업자는 혁신을 위해 '허브', '생태계', '거주지'를 건설하고 있다. 새롭게 카리스마 넘치는 자본주의의 글로벌 도구에서 '혁신'이란 수사적인 장치이자 운영 방식이며 불확실한 미래에 직면한 도시에게는 거부할 수 없고 분명히 피할 수 없는 전략이다.[6]

혁신innovation이라는 용어는 1940년대에 경제사학자인 조지프 슘페터 Joseph Schumpeter가 새로운 기술이나 생산을 재조직하는 새로운 조건을 이용하는 기업가의 본능적인 능력을 설명하기 위해 사용하면서 유명해졌다.[7] 그러나 그때 이래로 그 의미는 바뀌어왔다. 21세기 초 문화사학자 존 패트릭 리리John Patrick Leary는 이 용어는 "자본주의 시장의 역동적인 격동"을 인정하는 것일 뿐 아니라 항복하는 것이라고 지적했다.[8] 혁신 담론의 만연과 혁신 공간의 확산은 도시가 이러한 격동을 견뎌내지 못할 수도 있다는 끊임없는 불안감을 입증한다.

도시 지도자들은 걱정할 것이 많다. 사업은 세계적인 경쟁에 맞서 살아남지 못할 것이고, 삶의 질은 적절한 '인재'에게 매력을 주지 못할 것이며, 기업가적인 스타트업을 창출하지 못한 실패는 투자자들이 더 역동적인 장소로 가게 할 것이다. 이러한 우려에 눌려 도시 지도자들은 도구적이면서도 이념적인, 즉 양면적인 '혁신 복합체'를 개발한다. 그들은 '혁신'이 나타나기 위해 여러 부지나 건물의 '복합체'를 짓고, 기술과 권력에 대한 심리적 '콤플렉스' 또는 문화적 불안을 드러낸다. 선전, 코펜하겐, 뉴욕과 같은 도시들이 공유하는 혁신 복합체를 통해 세계 자본주의의 힘을 강화한다.

혁신 복합체는 위기와 성장 모두를 먹고 자란다. 미국의 몇몇 도시들은 1990년대 중반 닷컴 붐을 타면서 새로운 미디어 콘텐츠 생산자들이 뉴욕의 실리콘 앨리Silicon Alley와 샌프란시스코의 멀티미디어 걸치Multimedia Gulch에 모여 그들이 만든 콘텐츠를 금으로 바꾸려 했다.[9] 그러나 도시 경제를 변화시키지 못한 그들의 실패는 1970년대 IBM의 셀렉트릭 타자기Selectric typewriter의 흥망성쇠를 상기시킨다. 이 기술은 규모가 너무 작고 때가 너무 이른 탓에 투자자들이 이해하지 못했다. 당시를 잘 기억하는 뉴욕의 한 벤처 투자가는 닷컴 회사들의 제품이 충분한 규모를 가지지 못했기 때문에 실패했다고 말했다. 이 도시에서 가장 존경받는 벤처 캐피털 회사 중 하나인 유니언스퀘어 벤처스USV: Union Square Ventures의 창업자 브래드 버넘Brad Burnham은 그 시대의 비즈니스 모델은 "돈을 모을 줄 알면서 매체에 대한 감각은 없는 사람들"이 지배했다고 말했다. 은행의 투자 담당자들은 닷컴 주식 가치가 상승하는 것을 보고 직장을 떠나 스타트업 공동 창업에 뛰어들었다. 그들은 "상대적으로 얄팍한 사업 계획이나 외주 개발 팀에 거액을 낭비하는 경우가 종종 있었다"고 그가 말했다. 2000~2001년에 주가가 폭락했을 때, 이 투자자들은 "손절하고 은행에서 일하던 자리로 돌아갔다".[10]

소셜 미디어, 아이폰iPhone, 스트리밍 비디오가 끝이 없어 보이는 기회를 소개했을 때, 뉴욕 투자자들은 여전히 큰돈을 잃을까 두려워했다. 기술 분야 밖의 대기업들, 특히 대도시에서 매우 중요한 금융과 미디어와 같은 분야의 대기업들은 떠오르는 디지털 플랫폼과의 경쟁을 두려워했고, 동일한 새로운 기술을 도입하기를 꺼렸다. 도시의 미래를 상상해야 할 지도자들, 선출직 공직자, 부동산 개발업자, 경제 개발 계획자 들은 디지털 개척자들을 따를 이유가 없다고 생각했다. 2008년의 경제 위기가 이 시스템을 통해 일련의 충격을 가하고 나서야 그들의 생각이 '혁신'으로 바뀌었다.

하지만 이 새로운 비전의 밑바탕에는 기술이 어떻게 사회를 변화시킬지에 대한 상상력이 있었다. 1950년대부터 1970년대까지, 사회 비평가와 미래학자는 연기가 나는 공장의 굴뚝을 없애고 조립 라인 노동자를 서비스 직원, 소비자, 로봇으로 대체하는 '후기 산업적' 변화를 상상했다.[11] 이 비전은 과학과 기술의 진보에 대한 기대감 위에 세워졌고, 다양한 대학의 대규모 확장 과정에서 생겨났기 때문에 새로운 용어인 '지식 경제'에 영감을 주었다.[12] 컴퓨터가 '지식'의 확산을 인쇄 매체에서 디지털 플랫폼으로 옮긴 1990년대에 이르러, 용어 역시 '지식' 경제에서 '정보'에 기초한 경제로 옮겨 갔다.[13] 그러나 2000~2001년의 닷컴 주식 투기 붐의 종말은 미래가 어떤 형태일지에 대한 불확실성을 가져왔다. 어떤 사람들에게 새로운 상품을 만드는 데 아이디어와 디자인의 지속적인 중요성은 '창조적', '문화적', 심지어 '인지문화적' 경제의 허구적인 미래를 암시한다.[14] 언론인과 학계 전문가를 포함한 사람들은 비록 그것이 예전 경제보다 더 공평할 것인가 아니면 더 착취적일 것인가에 대한 의견이 달랐지만, '새로운' 경제에 대해서 일반적인 용어로 말하는 것이 더 안전하다는 것을 발견했다. 그것의 모호함에도 불구하고, 신경제에 대한 세 가지 기본적인 가정은 널리 받아들여졌다. 그것은 디지털 기술에 대한 숙달이 요구될 것이며, 일자리를 덜 안전하게 만들 것이고, 또한 그것은 재구성되고 부활하는 자본주의를 가져올 것이다.[15]

신경제를 설명하는 데 사용되는 언어는 변화에 적응하는 능력을 강조한다. 기업은 '민첩'하고 노동자는 '유연'할 것이다. '최초'이면서 '변혁적인' 시장은 많은 이점을 가져다줄 것이다. 가장 중요한 것은, 변화의 핵심 과정은 '혁신'이며, 핵심적인 변화의 주체는 시장성 있는 제품을 만들기 위해 새로운 발명품을 적용하는 방법을 개발하는 기업가다. 비록 이러한 생각들이 좀 더 사회적으로 반응하는 자본주의를 육성하고 싶었으나 결국 개인 기업가에게 혁신의 개념에 바탕을 둔 조지프 슘페터의 작업에서 비롯되었지만, 1980년대에 이르러 미국 비즈니스 세계에서 출세하기 위한 '유행어buzzwords'가 되었다. 당시 경영 이론가였던 피터 드러커Peter Drucker는 『혁신과 기업가 정신Innovation and Entrepreneurship』이라는 제목의 영향력 있는 책을 출간했다.[16] 드러커는 새로운 기술을 개발하는 해커와 엔지니어에게는 끌리지 않았다. 그 대신 슘페터에 이어 그는 물건을 팔 새로운 기회를 발견하고 개발하는 개인 사업 지도자의 능력을 강조했다. 그러나 1980년대 디지털 기술의 놀라운 발전과 애플Apple의 창업자 워즈니악과 잡스와 같은 새로운 기술 기업가의 빠른 등장은 드러커의 용어인 '혁신과 기업가 정신'을 실리콘밸리에서 개발된 특정한 작업 과정과 조직을 연결시켰다. '실리콘밸리'라는 지명이 혁신의 조직적 풍경으로 정의되는 것은 피할 수 없었고, 이 부상은 정부·기업·대학 간의 강력한 협력 관계인 '삼중 나선'으로 이어졌다.[17]

그러나 개인용 컴퓨터와 인터넷으로 이어지는 디지털 혁신은 또한 신경제의 주요 생산 수단에 대한 접근을 넓혔다. 이론적으로도, 이제 **모든 사람**이 기업가가 될 수 있고, 그들은 1990년대에 실리콘 앨리와 멀티미디어 걸치의 새로운 미디어 콘텐츠 생산자들이 내건 약속, 즉 **어디서든** 사업을 시작할 수 있다. 2000년대 초에 디지털 기술이 다시 앞서 나갔을 때, 앱과 소프트웨어 개발 키트SDKs: Software Development Kits의 제작은 계속해서 신경제의 생산 수단에 대한 접근을 확대했다. 이제 컴퓨터 코딩에 대한 기본적인 지식을 가진 사람이라면 누구나 혁신가**이자** 기업가가 될 수 있다. 기술 혁신과 상업적 애플리케이션의 지형 역시 마찬가지로 넓어졌다. 소프트웨어 생산은 실리콘밸리의 황폐화된 세계를 벗어나 샌프란시스코, 런던, 뉴욕과 같은 금융과 미디어가 연결된 허름한 옛 산업 지구의 저렴한 유휴 공간으로 옮겨 갔다.

　많은 닷컴 회사들은 1970년대에 예술가들이 로어맨해튼 지역에서 개발한 산업적으로 세련된 작업 공간인 로프트loft에서 힌트를 얻었다.[18] 그러나 2000년대 들어 새로운 기술 회사와 창조적 회사(혁신적 전략과 마케팅 이니셔티브를 제공할 수 있는 창조적 능력이 있는 회사 - 옮긴이)는 강변에 있는 저평가된 창고와 도심 가장자리의 오래된 사무실 건물에서 공간을 찾아낼 가능성보다 도심의 비싼 로프트를 임대할 가능성이 적었다. 저렴한 임대료는 신흥 기술 회사를 고객이 쉽게 이동할 수 있는 거리에 있고 그들 나름의 투박한 매력이 있는 도시 지역으로 끌어들였다. 장인의 수공예품을 판매하는 온라인 상점 엣시Etsy는 2005년 브루클린Brooklyn의 한 아파트에서 시작했지만 곧 수년 동안 침체되어 있었던 수변 지역 덤보DUMBO의 오래된 공장 건물로 이전했다. 크라우드 펀딩 플랫폼 킥스타터Kickstarter는 맨해튼의 로어이스트사이드Lower East Side에 있는 아파트를 첫 사무실용 공간으로 임대했다. 그러나 회사가 커지자 그린포인트Greenpoint에 있는 오래된 연필 공장으로 이전했다. 그린포인트는 노스브루클린North Brooklyn 강변에 있는 또 다른 노동자 계급 동네다. 돌아보면 지방 정부의 지원을 얻기 위한 지지자들의 엄청난 투쟁에도 불구하고, 로프트 거주가 새로운 후기 산업 경제에 의한 옛 산업 도시들의 공간적·문화적 변화의 시작을 의미했다는 것은 분명하다.

　도시 부양자들은 서서히 신경제의 잠재력에 눈을 떴다. 그들은 여전히 경제력과 기업 본사와 금융 회사의 상징적 가치에 집착하고 있었다. 건물주들은 스타트업이 장기 임대료를 지불할 수 있을지 의심해 볼 만한 충분한 이유가 있었다. 투자자나 당국 모두 2000~2001년의 닷컴 대재앙을 다시 겪고 싶은 생각이 없었다. 그러나 2008년의 경제 위기는 판도를 바꾸었다. 그것은 금융 업계가 도시 경제 성장을 계속 지원할 수 있을 것이라는 예상을 뒤흔들었고, 적어도 금융 업계가 지배적인 뉴욕에서는 시 정부가 대안을 찾도록 강요하는 요인이었다. 2000년대 초, 도시 지도자와 경제 개발 고문은 '창조 도시'에 대해 소란스럽게 떠들었다. 그러나 2010년대에 이르자 '손상된 경제'를 회복해야 한다는 압력에 의해 그들은 지역의 '혁신 클러스터'에 대해 말하게 되었다.[19] 대학은 새로운 비전을 홍보하기 위해 부동산 개발업자와 시 공무원 들과 함께했다. 이들 세 그룹 모두 혁신과 기업가 정신의 담론을 활용해 도시의 미래에 대한 각각의 입장을 방어했는데 이것은 기술 경제의 호황에 점점 더 기반을 두고 있는 것처럼 보였다.

뉴욕은 이 시나리오를 특별한 경험과 기대와 함께 받아들였다. 모든 순위에서, 뉴욕은 세계 최고의 '글로벌' 도시 중 하나이고, 기업 본사의 입지, 금융 시장 및 문화 명소라는 점에서 오랜 기간 선두를 지켜왔으며, 이러한 특징에 걸맞게 생활에 드는 비용 역시 높다. 그러나 뉴욕 인구의 상위 1%가 차지하는 몫은 겨우 살아가고 있는 저소득 및 중산층 주민과 매일 밤 노숙자 보호소에서 잠을 자는 수만 명의 사람 들과 비교할 수 없을 정도로 많았다. 2008년의 경제 위기로 인해 뉴욕 경제를 지배하는 금융 업계에서 지역 총생산, 총개인소득, 세수와 관련된 심각한 감소와 더불어 약 5만 개의 일자리를 잃었다. 그 손실은 1975년의 재정 위기와 2001년의 세계무역센터 테러 공격 모두에 근거를 둔 실존적 두려움을 다시 불러일으켰다. 이러한 상황에서 혁신이라는 아이디어는 엄청난 매력을 발휘했다. 신경제는 전 세계를 선도하는 뉴욕의 지위를 강화하고, 도시 주민에게는 좋은 일자리를 제공하고, 점점 더 신뢰할 수 없는 금융 업계에 대한 뉴욕의 의존도를 낮출 것으로 기대되었다. 이러한 기대는 맨해튼의 실리콘 앨리에서 닷컴 시대에 경력을 시작한 단체와 개인에 의한 야심찬 커뮤니티 빌딩 과정에 의해 길러졌다.

2000~2001년의 닷컴 붕괴 기간 동안 회사가 실패하자 뉴미디어를 개척했던 사람들은 신용을 잃었고, 실망의 대상이 되었다. 세계무역센터에 대한 9·11 테러 공격이 뉴욕 경제의 불황을 일으킨 후, 뉴욕은 두 번의 저주에 걸린 것처럼 보였다. 하지만 미래가 디지털 혁신에 달려 있다고 진정으로 믿은 많은 사람들은 결코 뉴욕을 떠나지 않았다. 벤처 투자가, 스타트업 창업자, 기술 공동체 활동가 또는 전향자 들은 몇 년 동안 눈에 띄지 않고 있다가 다시 등장해 새로운 조직 네트워크를 형성했다. 그들이 구축한 생태계는 세계 경제에서 뉴욕의 지위를 강화시켰고, 뉴욕의 부동산 시장도 활성화시켰다.

뉴욕의 두 시장 마이클 블룸버그Michael R. Bloomberg와 빌 더블라지오의 전략적 계산도 한몫했다. 그들은 성장을 위한 신경제에 대한 서사를 어떻게 활용할지를 알아냈기 때문이다. 두 시장의 접근 방식은 달랐지만, 2002년부터 2014년까지 재직했던 블룸버그가 기업의 요구에 부응하고, 그의 뒤를 이은 더블라지오가 사회적 불평등을 해소하기 위해 성장을 이용하면서 두 사람 모두 디지털 기술을 새로운 도시 산업 정책의 중심에 두었다. 두 시장 모두 시범 프로젝트와 스타트업 작업 공간에 보조금을 지급했고, 공공·민간·비영리 파트너십에 의존하는 경제 거버넌스 방식을 발전시켰다. 가장 중요한 것은, 블룸버그가 2008년 금융 위기 이후 쉬지 않고 설명했듯이, 성장은 도시 경제를 금융에서 분산시키고 문화와 권력의 역사적인 전환을 추구할 것을 요구할 것이다. 더블라지오가 당선된 후, 그는 기술에 대한 지지가 '모두를 위한 좋은 일자리'에 활용leverage될 수 있을 것이라고 장담했다.

이 모든 것을 2008년에는 예상하지 못했다. 그러나 2012년까지 벤처 캐피털 투자와 기술 일자리는 확장의 물결을 탔다. 2015년까지 뉴욕은 전 세계 '스타트업 생태계' 중 실리콘밸리에 이어 2위를 차지했다. 디지털 기술을 생산하고 사용하는 기술 산업과 비기술 산업 모두에서 일자리를 포함하는 기술 생태계의 노동자 수는 오하이오주 신시내티Cincinnati, Ohio의 인구와 거의 같은 29만 1000명에 달했다. 블룸버그 시장의 희망과 후임 시장의 희망 모두를 분명히 하면, 기술직의 증가는 큰 은행과 다른 금융 회사 들에 의한 고용의 '유연성'을 보충했다. 놀랍게도 기술직의 절반 이상이 비기술 회사에서 일했는데, 이것은 기본 기술에 있어서 실리콘밸리의 특별한 강점과는 대조적으로 뉴욕의 전통적인 상업적 다양성이 과거와 마찬가지로 21세기에 많은 경제 성장을 일으킬 수 있다는 것을 보여준다. 시의 선출직 공직자에게 가장 중요한 것은 이러한 종류의 성장이 이전의 경제 호황에서 소외되었던 '토박이' 뉴욕 시민에게 좋은 일자리를 약속했다는 것이다. 비록 기술직이 평균적으로 다른 분야의 직업보다 더 많은 보수를 받지만, 대학 학위를 요구하지는 않는다. 이 놀라운 경향은 기술계와 더블라지오 행정부가 신경제야말로 "모든 뉴욕 시민에게 경제적 기회를 창출하고 있다"고 선언하게 만들었다.[20] 혁신의 허구적 풍경은 좋아 보였다.

뉴욕 시민으로서 말할 수 있는 것은 뉴욕 거리가 예전과 전혀 달라 보이지 않았다는 것이다. 그러나 아침에 유니언 스퀘어에서 지하철을 탔을 때, 나와 같은 칸에 탄 승객 중 절반 이상이 책을 읽거나, 게임을 하거나, 적어도 손에 휴대용 전자기기(대체로 휴대전화)를 들고 있는 것을 알게 된다. 지하철에 있는 광고는, 광고를 낸 회사가 매트리스, 음식 배달, 건강 보험 등 어떤 것을 판매하든, 그들의 인터넷 공급자 주소로 웹사이트를 홍보하거나 사업체를 알려주는 것으로 시작했다. 그리고 몇몇 지하철역의 문이 열렸을 때, 지연된 문자가 도착하면서 주변의 휴대전화가 진동했다. 이것은 지하철의 시스템이 와이파이 네트워크를 계속 설치하는 중이라는 절묘한 뜻이 아니다.

모든 도시 거주자들처럼, 뉴욕 사람들은 이제 쇼핑, 여행, 외식, 돈을 벌기 위해 디지털 플랫폼에 의존한다. 만능 온라인 상점인 아마존과 함께, 승차 공유ride-hailing 회사 우버Uber와 리프트Lyft는 '주문형' 상품과 서비스를 제공하기 위해 점점 더 많은 독립 식료품점, 케이터링, 배달 앱과 경쟁한다. 사람들은 몬스터닷컴Monster.com에서 일자리를 찾고, 프리랜서는 파이버Fiverr에서 고객을 찾으며, 다른 사람들은 태스크래빗TaskRabbit과 핸디Handy에서 일자리를 찾는다. 에어비앤비Airbnb는 새로운 집주인이 관광객에게 아파트를 임대할 수 있게 해주는데, 이것은 많은 면에서 도시의 매우 경색된 임대 주택 시장에서 공급을 감소시키기도 한다. '긱gig' 경제가 의존하고 있는 공격적인 자기 상품화와는 다르게, 디지털 변혁자는 방문객을 가장 평범한 동네로까지 데리고 와서 주민들을 젠트리피케이션 때문에 불안에 떨게 만든다. 이러한 모든 변화는 도시 정부기관에게 특별한 법적·물류적·윤리적 문제를 제기하고 있는데, 이렇게 된다면 시 정부는 도시 서비스를 관리하기 위해 인공지능의 사용을 확대하고 자율 주행 차량을 도입할 가능성은 심화될 것이다.

비록 뉴욕 시민은 디지털 기술의 열렬한 이용자가 되었지만, 지역 생산 시스템의 변화는 보기 어렵다. 물론 식당, 은행, 슈퍼마켓, 개인 병원, 정부기관 등 많은 서비스 거래가 온라인과 아이패드iPad로 옮겨 갔다. 필자가 최근에 운전면허를 갱신한 차량 관리국 후기는 지역 검색 서비스 옐프Yelp에서 높은 별점을 자랑한다. 치열한 경쟁은 금융기관을 위한 핀테크, 병원과 의사를 위한 헬스테크healthtech, 부동산 개발업자, 건설 회사, 집주인과 세입자를 위한 프롭테크proptech와 같은 새로운 사업 분야를 만들어냈다. 그러나 대부분의 기술적이고 창조적인 작업 공간은 일반 사무실 건물의 위층이나 공장의 두꺼운 벽 뒤의 보이지 않는 곳에 위치해 있다. 그들의 생산 방식은 거리에서는 보이지 않는다. 필자가 사는 곳은 원조 실리콘 앨리라 불리는 곳으로, 걸어서 몇 분 거리에 500명 남짓의 직원과 엔지니어 들이 일하는 페이스북 뉴욕 사무실이 있고, 코딩 부트 캠프, 공유 업무 공간, 벤처 투자가의 사무실 옆에 있지만 페이스북이 2014년 문을 연 후 아무리 동네를 돌아다녀

그림 1-1 23번가에서 남쪽을 바라본 원래의 실리콘 앨리, 오른쪽이 플랫아이언 빌딩

자료: Sharon Zukin.

도 그 존재를 전혀 느낄 수 없었다(〈그림 1-1〉).[21]

이것은 2017년 극적으로 바뀌었다. 위워크WeWork는 공유 업무 공간 임대 체인으로 내 집 모퉁이에 있는 12층짜리 사무실 건물을 산 다음에 곧장 IBM 에 모든 사무실을 임대했다.[22] 위워크는 나중에는 약국형 스토어 두에인리 드Duane Reade나 던킨도너츠Dunkin' Donuts처럼 맨해튼에서 매우 흔해진다. 또 다른 사무실 건물에는 '기술 공간Tech Space'이라는 높은 흑백 표지판이 생겼 는데, 이 표지판에는 약간의 지리적 과장과 함께 "실리콘 앨리의 중심부에 있는 3층짜리 사무실 공간"이라고 표현되어 있었다. 사무실을 임대할 가능 성이 있는 세입자는 "창문이 있는 개인 사무실, 직장 동료, 멋진 목재 바닥, 극적인 실내 장식물이 있는 커뮤니티 환경에서 떠들썩한 기분을 느낄 수 있 도록" 초대받기도 한다.[23]

그림 1-2 2005~2020년 동안 맨해튼, 노스브루클린, 퀸스에 집중된 주요 기술 회사. 퀸스 유치를 실패한 아마존 HQ2와 기술 지구를 연결하는 페리 라인과 트램 예상 노선(BQX)을 눈여겨봐야 한다.

자료: Sebastian Villamizar-Santamaria.

몇 블록 떨어진 유니언 스퀘어 근처에는 2만 3000m² 규모의 '기술 허브'가 형성되고 있었다(〈그림 1-2〉). 비록 건물 관리는 시세에 맞추어 사무실을 임대하기 위해 최상층을 남겨둔 영리 부동산 개발업자에게 달려 있지만, 이들의 소셜 프로그램은 보조금을 주기도 하고 스타트업을 위한 업무 공간, 기술 교육 과정을 위한 교실, 기술 공동체 행사를 위한 회의실을 탄력적으로 제공하기도 한다. 이 프로그램은 '시민 기술'에 종사하는 사람들을 위한 비영리 단체이자 회의 장소인 시민회관Civic Hall과 '공익을 위한' 디지털 기술을 개발하는 학제 간 분야에 의해 시범 운영된다. 건물 내 공간과 용도의 '코로케이션colocation'(공간과 인프라를 아웃소싱 — 옮긴이)과 그에 의존하는 기업, 조직, 도시 정부기관의 연합은 공공·민간·비영리 파트너십이 신경제에 기반하고 있음을 강조한다. 뉴욕 시장에게 가장 중요한 것은 14번가의 기술 중심지가 '모든 뉴욕 시민'이 중산층 일자리와 함께 신경제에 진입할 수 있는 입구로 만들어졌다는 점이다.[24]

이스트강East River을 따라 있는 업타운Uptown에서는 혁신의 보다 광범위한 풍경이 늘어나고 있었다. 코넬 공대Cornell Tech 새 캠퍼스의 첫 번째 세 건물은 2017년에 맨해튼과 퀸스 사이의 이스트강 루스벨트섬Roosevelt Island의 시 소유지에 문을 열었다(〈그림 1-3〉). 7년 전 블룸버그 행정부는 뉴욕에 공학 대학원 캠퍼스를 설립하기 위해 전 세계 대학을 대상으로 유치 경쟁을 제안했다. 이 프로젝트는 금융 위기 이후 여러 CEO, 지역 사회 지도자, 대학 관리자와의 논의에서 비롯되었고, 구글과 페이스북에 준비된 '인재' 공급을 늘리는 것이 목표였다.[25]

코넬 공대가 건설되는 동안, 주요 부동산 개발업자들, 뉴욕주 정부, 더블라지오 행정부 사이에 합의가 마침내 이루어졌다. 이로써 맨해튼이나 퀸스의 이스트 강변 (또는 양쪽 모두) 근처에 있는 의과대학과 병원 인근에 생명과학 센터와 연구소 클러스터를 건설하기가 좋아질 것이다. 이 꿈은 적어도 20년 동안 의학 연구자와 경제 개발 관계자 모두를 안달 나게 해왔다. 뉴욕은 국립보건원National Institutes of Health의 자금 지원에 있어서 보스턴 다음가는 곳이지만, 첨단 생명과학 연구를 통한 상업용 제품을 생산할 큰 규모의 연구소가 부족하다. 2016년 말 더블라지오 행정부는 'LifeSciNYC'라는 10개년 계

그림 1-3 루스벨트섬의 코넬 공대 캠퍼스

자료: Iwan Baan(코넬 공대 제공).

획을 발표했는데, 뉴욕이 이 분야를 위한 기술 허브를 만들기 위해 5억 달러를 투자할 것을 제안했다. 코넬 공대 지원책이 발표되고 2년 후 블룸버그 행정부는 생명공학 개발을 위해 1억 달러와 시 소유 토지 세 곳을 제공했다.[26]

그러나 뉴욕 시와 주가 전자 상거래 거대 기업인 아마존을 퀸스 자치구에 유치하기로 결정하면서 이 계획들은 보류되었다. 2017년 아마존이 제2의 북미 본사를 건설할 의중을 발표했을 때, 뉴욕을 포함한 200개 이상의 도시들은 10만 달러 이상의 평균 연봉에 잠재적으로 5만 개의 기술 일자리를 창출할 수 있는 이 회사를 유치하기 위한 후한 보조금 패키지를 제안했다. 생명공학에 대해 논의하던 뉴욕의 지방 관리와 기업 지도자 들은 재빨리 초점을 아마존으로 옮겼다. 1년간의 비밀 협상 끝에 아마존은 본사 프로젝트를 둘로 나누기로 결정했고, 코넬 공대 근처에 빠르게 재개발되는 지역인 롱아일랜드시티를 새로운 본사 사무실의 절반으로 선택했다. 뉴욕주는 경제 발전을 위해 10억 달러 이상의 자율 보조금을 제공했다. "제가 할 수 있는 모든 것을 하고 있습니다"라고 뉴욕 주지사 앤드루 쿠오모Andrew Cuomo는 말했다. "경제적으로 큰 도움이 될 것이기 때문입니다." 이 같은 견해를 더블라지오 시장 역시 공유했고, 그의 행정부는 시 소유 토지와 기반 시설 개선뿐 아니라 10억 달러의 세금 공제와 절감을 약속했다.[27]

동시에 구글은 맨해튼 서쪽에 급증하는 작업 공간을 확장할 계획이었다. 구글은 이미 첼시Chelsea의 하이라인High Line 근처의 오래된 건물에 약 7000명의 기술자, 마케터, 미디어 제작자 들을 고용했다. 2018년 구글은 허드슨 스퀘어Hudson Square 근처 남쪽 지역에 9만 3000여 m² 이상의 새로운 사무실 공간을 임대할 것이라고 발표했는데, 이곳에서 구글은 뉴욕에 기반을 둔 노동력을 2배로 늘릴 수 있을 것이다. 우연은 아니지만, 이 지역은 월트 디즈니Walt Disney Company가 사무실, 스트리밍 서비스, TV 방송사 ABC의 본사를 위해 짓고 있는 9만 3000여 m² 규모의 부지가 바로 코앞에 있다. 같은 동네에는 뉴욕에 본사를 둔 벤처 캐피털 회사, 뉴욕 대학교New York University, 뉴욕시 경제개발공사가 제휴해 지원하는 인공 지능 스타트업을 위한 액셀러레이터 프로그램이 있다.[28]

한편 브루클린 외곽 해안의 예전 출입 금지 구역은 19세기 굴뚝과 창고의 황량한 풍경에서 기술 회사와 창조적인 사무실, 미디어 작업 공간, '친환경' 제조 시설을 위한 발상지로 진화했다. 그린포인트의 킥스타터 사옥에서 남쪽으로 뻗어나간 윌리엄스버그Williamsburg의 바이스 미디어Vice Media, 브루클린 해군 부지의 스타이너 스튜디오Steiner Studios와 뉴랩New Lab, 덤보의 엣시와 휴고Hugo 본사를 거쳐 선셋 공원Sunset Park에 있는 인더스트리시티Industry City 단지와 부시 터미널Bush Terminal, 동굴 같은 창고, 낡은 기계 공장, 시멘트 바닥의 로프트는 디지털 제조, TV 및 영화 제작, 전자 상거래, 기타 기술 및 창조적인 작업을 위한 공간으로 전환되었다(〈그림 1-4〉, 〈그림 1-5〉). '브루클

그림 1-4 2016년 인더스트리시티의 인테리어가

자료: Sharon Zukin.

린 기술 트라이앵글Brooklyn Tech Triangle'은 자치구의 역사적인 도심에서 빈 사무실 공간에 대한 수요를 자극하기 위한 상상 속의 혁신 지구로 떠올랐다. 과대광고에도 불구하고 그 지역은 매우 역동적이었다. 불과 몇 년 만에 강변의 혁신의 허구적 풍경이 브루클린의 '혁신 해안선innovation coastline'으로 변모했다.[29]

혁신 지구, 공유 업무 공간, 인큐베이터 및 액셀러레이터는 도시의 지형만 새롭게 만드는 것이 아니다. 이들은 신경제를 살아나게 하는 상호 관련된 사업, 밋업meetup, 훈련 프로그램의 생태계를 위한 투자 기반을 형성한다. 가장 기본적인 수준에서 이 공간은 디지털 기술의 응용 프로그램을 디자인하고 배치하고 제조하기 위한 생산 현장이다. 동시에 신경제의 공장과 사무실, 카페와 푸드홀이기도 하다. 이들은 사회학자가 말하는 것처럼 새로운

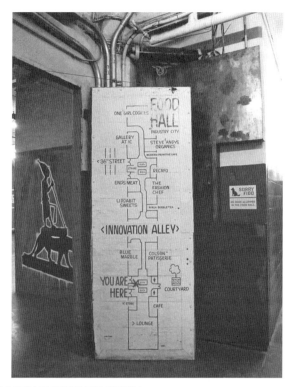

그림 1-5 2016년 인더스트리시티의 건물 인테리어

자료: Sharon Zukin.

노동력의 사회화를 위한 습관, 아비투스habitus를 창조한다. 넓은 바닥과 함께 노출된 벽돌담, 아이러니한 슬로건이 곳곳에 붙어 있는 곳에서 그들은 오늘날의 불안정한 경제 상황에서 일하는 스타트업 창업자와 직원 모두를 납득시킬 수 있는 협력과 혁신을 촉진하기 위한 모양과 느낌을 체계화하고 이것은 모두 의미 있고, 재미있다.

이러한 공간의 폭발은 2000년대 초반 이후 자본의 재편성에 따라 특히 아마존, 애플, 페이스북, 구글과 같은 높은 가치를 지닌 소수의 거대 기술 회사들의 확장과 일자리를 창출하겠다는 시 정부의 약속에 대한 지속적인 의존에 대응한다. 그러나 이는 기술 분야의 투자 관리자의 전략, 즉 벤처 투자가

VCs: Venture Capitalists의 전략도 역시 반영한다. 디지털 기술의 발전에도 불구하고, 기술 회사를 설립하는 비용은 낮추었지만 높은 주식 시장 가치로 인해 투자 비용은 더 많이 든다. 벤처 캐피털은 최고의 유망주를 더 쉽고 저렴하고 시기적절하게 분류할 수 있는 방법을 원하며, 이를 위해 인큐베이터와 액셀러레이터를 고용한다. 소수 정예로 유망한 스타트업을 모으고, 투자자에게 상대적으로 저렴한 소유권을 얻는 대가로 개발에 있어 긴밀하게 협력할 수 있는 기회를 제공한다. 벤처 캐피털은 혁신의 상상을 스타트업 문화의 풍경으로 바꾸기 위해 이와 같은 공간을 이용한다.

블룸버그 시장과 더블라지오 시장은 모두 신경제를 위한 일자리 확대에 강한 지지를 보냈다. 그러나 2017년 여름, 더블라지오 행정부가 최소한 서류상으로는 미드타운 맨해튼 의류 지구Garment District의 의류 제조업체 클러스터에 대한 보호 구역 규제를 철폐하고 남은 시설을 이전하기 위한 최종 조치를 취하면서 서로 다른 산업계가 그들이 사용할 공간에 대한 경쟁적 주장이 최고조에 달했다. 결국 남은 공장과 공급업체는 그들의 의지와는 달리 시 소유 부시 터미널로 이전했다.[30] 기술 사무실이 이 분쟁에 직접적으로 관여하지는 않았지만 기술 생태계 전체는 의류 업계가 미드타운 맨해튼에 대한 한 세기 동안의 소유관계를 끝내고 브루클린의 먼 수변으로 옮기는 과정에서 두 가지 방법으로 이득을 볼 수 있었다. 하나는 의류 제조업체의 이전으로 인해 브루클린, 선셋 공원의 해당 지역은 디지털 제조를 포함한 산업 설계와 생산의 보다 실행 가능한 중심지가 될 것이다. 다른 하나는 공유 업무 공간, 스타트업, 벤처 캐피털 사무실은 이미 플랫아이언 지구Flatiron District에서 쏟아져 나와 매디슨 스퀘어 공원Madison Square Park 북쪽에서 미드타운 북쪽으로 조금씩 이동한 것이다. 의류 지구의 제조업체에 대한 우선적인 구역 설정을 제거하면 해당 지역은 통합될 것이다.

2014년 가을, 신경제를 진지하게 보기 시작했을 때 이 모든 것을 목격하지는 못했다. 그러나 그해 초 ≪이코노미스트The Economist≫의 특별 보고서는 이것을 기술 스타트업에게 "캄브리아기 순간a Cambrian moment"이라고 선언했는데, 이는 사업 형성의 변화를 생명체의 진화에 있어서의 획기적인 변화로 동일시한 것이었다. ≪이코노미스트≫는 "대부분의 대도시", 즉 "베를린과 런던에서부터 싱가포르Singapore와 암만Amman까지" 변화의 특징을 발견할 수 있다고 했다. 그 '특징'에는 '인터넷 기업가'의 새로운 '글로벌 군중'으로서의 면모뿐 아니라 공유 업무 공간, 비즈니스 인큐베이터 및 액셀러레이터가 포함되었다. 이 모든 것이 새롭고 중요했지만 나처럼 대부분의 사람들은 아직 그것을 보지 못했다. 우리에게는 그것을 설명할 언어도 없었다. ≪월스트리트 저널Wall Street Journal≫은 "샌프란시스코, 실리콘밸리, 뉴욕 플랫아이언 지구에 거주하는 기업인과 대화해 보라"고 말했다. "외국에 도착했다고 생각할 수도 있다. 스타트업의 세계는 외부인이 완전히 이해할 수는 없지만 이상하게 들릴 수 있는 전문 용어들로 가득하다."[31]

우선 **스타트업**은 **중소기업**과 매우 비슷하게 들린다. 그러나 ≪포브스 Forbes≫의 2013년 기사에 따르면 이것이 새롭고 멋진 단어라는 점에서 스타트업을 구별하는 바로 그 특징들을 보여준다. "스타트업이 되는 것은 미래의 맥박을 짚어주는 신선함을 주장하는 것이다." 사실 **중소기업**에 대한 언급은 2010년 이후 미디어에서 사라지기 시작했는데, 바로 그때 **스타트업**에 대한 언급이 등장했다. 그러나 만약 옛 용어가 기업의 규모를 정확하게 지칭한다면 **스타트업**의 의미는 더욱 모호하다. 사전적 정의는 분명하게 (기업의) 나이 차이를 지적한다. 스타트업은 젊다. 분명 이 용어의 인기는 디지털 기술의 중요성과 같다. 그러나 많은 성공적인 스타트업을 탄생시킨 액셀러레이터 와이콤비네이터Y Combinator의 설립자 폴 그레이엄Paul Graham에 따르면, 이들 중 어떤 것도 결정적인 요점이 되지 못한다. 2012년 그는 블로그에 스타트업의 주요 특징은 **성장**이라고 썼다. ≪포브스≫ 기사에 따르면 "**지리적 제약 없는 성장**에 초점이 맞춰져 있기 때문"이며, "이것이 스타트업과 중소기업을 차별화하는 것이다".[32]

2008년의 금융 위기 이후, 경제 회복에 대한 시급한 관심은 '혁신과 기업가 정신'의 추구와 충돌했고 스타트업 문화의 폭발을 일으켰다. 2009년 세계적인 베스트셀러 『스타트업 국가: 이스라엘의 경제 기적에 관한 이야기 Startup Nation: The Story of Israel's Economic Miracle』는 이스라엘의 '경제적 기적'의 근간으로 기업가적 혁신 문화를 홍보했다. 2년 후 오바마Obama 행정부는 기업가 활동을 촉진하기 위해 '스타트업 미국Startup America' 계획을 도입했다. 백악관은 "경제 성장, 혁신, 양질의 일자리를 창출하는 새로운 고성장 기업"을 위해 20억 달러의 자금을 제공했다. 이때 비영리 부동산 연구 기관 어반 랜드 연구소Urban Land Institute가 발간한 보고서에는 "정부, 대학, 의료 복합체를 통합하는 센터(연구 보조금과 학문적 재능에 의해 공급되는 기업가적 활동을 육성하고 기술 및 생명공학 스타트업을 창출하기 위한 요소를 제공)"의 중요성이 증가하고 있음을 강조했다. 이 보고서는 부동산 투자자에게 스타트업에 연료를 제공하고 싶다면 "교육, 의학, 연방정부eds, meds, and feds"를 찾아보라고 조언했다. 덴버Denver에 본사를 둔 벤처 투자가 브래드 펠드Brad Feld는 『스타트업 공동체: 당신의 도시에 건설과 기업가적 생태계를Startup Communities: Building and Entrepreneurial Ecosystem in Your City』이라는 책을 썼는데, 그는 투자자에게 지역 기술 '인재'를 지원하라고 조언했다.[33]

4~5년 만에 **스타트업**은 비즈니스 혁신을 위한 하나의 비유로 자리 잡았고, 대학생들은 그 메시지를 받아들였다. 노스웨스턴 대학교Northwestern University의 켈로그 경영 대학원Kellogg School of Management에서는 2011년과 2014년 사이에 기업가 정신에 관한 강좌를 듣는 수강생이 2배 이상 증가했다. 같은 해 폴 그레이엄의 뒤를 이어 와이콤비네이터의 총장으로 취임한 스탠퍼드 대

학교의 중퇴자 샘 올트먼Sam Altman은 스탠퍼드 대학교에서 '스타트업 하는 법'이라는 강의 시리즈를 소개했다. 강의는 압도적인 호응을 받았고 와이콤비네이터가 가장 유망한 스타트업을 액셀러레이터의 네트워크에 도입하는 무료 온라인 10주 과정 스타트업 학교를 설립하게 만들었다. ≪뉴요커New Yorker≫의 작가 네이선 헬러Nathan Heller에 따르면 실리콘밸리뿐 아니라 샌프란시스코 해안 지역 전체가 '서부 해안 스타트업 문화'에 영향을 받아 "발명적인 비즈니스 구축을 궁극적으로 창의적이고 건설적인 활동으로 간주하는 환경"이 조성된 것이다.[34]

뉴욕은 다른 도시들과 차별화하려는 경향에도 불구하고, 스타트업 열기에 큰 영향을 받지는 않았다. 2010년까지 완벽한 요소들이 도시를 혁신과 스타트업의 비즈니스 모델에 대한 새로운 담론과 연결시켰다. 스타트업은 웹 서비스와 같은 새로운 분야뿐 아니라 뉴욕의 전통적인 산업인 미디어, 광고, 소매 상거래에서 크게 증가하고 있었다. 벤처 투자가는 이런 기업을 지원하기 위해 투자금을 쌓아 올리고 있었다. 기업 공개에 동의한 투자 은행들이 유력한 후보를 물색하고 있었다. 부동산 개발업자와 뉴욕시 정부는 2008년 금융 위기로 인해 텅 빈 사무실 건물을 채우기 위해 열정적으로 뛰었다. 도시가 신경제를 성장시킬 수 있다는 일반적인 기대는 구글과 페이스북과 같은 거대 기술 기업과 트위터twitter 같은 서부 해안 스타트업들의 점진적인 성공에 힘입어 강해졌다. 기술은 뉴욕에서 차근차근 그 입지를 얻어가고 있었고, 점점 더 커지면서 상업적인 성공 가능성을 높였다. 이러한 가능성은 단지 카페에 앉아 노트북으로 타자를 치는 사람들뿐 아니라 그들의 가족, 이웃, 대학 동료 들까지 기술 회사에 취직하는 것을 의미했다. 2015년 당시 7000여 명이 구글에서 일하고 있었는데, 뉴욕은 '글로벌 스타트업 생태계'에서 실리콘밸리에 이어 2위로 거론되었다.[35]

매년 창업한 뉴욕의 스타트업 수는 2007년부터 2015년까지 96개에서

1758개로 늘어났다. 2010년과 2017년 사이에 구글의 뉴욕 사무실은 거의 18만 6000m²로 확장되어 실리콘밸리에 있는 구글 본사 다음으로 가장 큰 사옥이 되었다. 같은 시기에 위워크는 소호SoHo에 첫 지점을 열기 시작해 거의 27만 9000m² 사무실 공간을 운영하기에 이르면서 회사를 맨해튼 상업 임대 업자들의 상위권 거래 대상으로 급성장시켰다. 뉴욕 최고의 금융기관인 골드만삭스Goldman Sachs, JP모건체이스JP Morgan Chase는 스스로를 기술 회사라고 부르기 시작했다. 이미 3만 3000명의 골드만삭스 정규 직원 중 9000명이 엔지니어와 프로그래머였고, 그들 대부분은 뉴욕에서 일했다.[36]

그러나 나를 움직이게 한 이 모든 변화의 특징 중 하나는 스트랜드 서점 건너편에 리모델링 중인 내 집 근처 사무실 건물 발판 위의 표지판이었다. 어두운 회색 바탕에 흰색 글씨로 쓰인 표지판이 그곳을 '혁신의 주소'라고 주장했다(〈그림 1-6〉). 디지털 공간에서 활동적인 투자자, 기획자, 노동자 60명 이상의 남녀를 인터뷰하고 밋업, 스타트업, 투자 단계의 세부 사항을 알게 된 후, 갑자기 뉴욕 기술 경제의 힘을 이해하게 되었다.

필자는 이러한 변화에 대해 쓰는 최고이자 최악인 사람이다. 도시, 특히 뉴욕에 대해 많은 글을 썼지만, 사업 전략에 대해서는 아는 것이 거의 없고 디지털 기술에 대해서는 사업 전략에 비해서도 더 모른다. 이 두 세계 모두에 대한 문외한이라는 사실은 오히려 이득이다. '기술 공간'을 방문해서 그 '스타트업 생태계'가 설명이 필요한 근본적으로 이상한 현상에 의해 만들어진다는 사실을 관찰한다. 또한 '커뮤니티 빌딩'과 '생태계 육성'에서부터 이 모든 것에 대한 주된 용어인 '혁신과 기업가 정신'에 이르기까지 이러한 배경에 널려 있는 담론에 순진하고도 회의적인 귀를 기울여본다. 거기다 소셜 미디어 이전의 삶을 기억하는 나이 든 외부인으로서 필자는 디지털 플랫폼이 얼마만큼, 얼마나 많은 방식으로 사회생활을 침해하고 상품화했는지에

그림 1-6 2018년 유니언 스퀘어 인근의 리모델링 중인 사무실 건물에 쓰인 '혁신의 주소'

자료: Sharon Zukin.

대해 매우 관심이 많다. 가장 중요한 것은 금융 위기와 시장 '변혁'의 반복되는 여파 속에서 현대 자본주의를 재편하고, 경제 시스템의 힘을 분명히 하려는 노력의 일환으로 공간, 생태계, 담론이 똑같이 중요한 부분이라는 점을 이해하는 것이다.

뉴욕의 벤처 투자가, 스타트업 창업자, 경제 개발 고위 관리 들을 인터뷰하고, 노트를 피칭pitching과 데모데이demo day에 가져가고, 해카톤hackathon에서 연구 조수들을 지도하면서 민족지학적 관찰을 하는 동안, 필자는 최근에 진화한 기술 생태계의 고고학을 연구하고 머지않은 미래에 출현할 도시 사회학을 구축하고 있었다. 문화와 사회적 위계질서를 이해하고 의미와 권력의 더 큰 구조 측면에서 학문 바깥의 폭넓은 대중에게 해석하기 위해 노력했던 20세기 중반 인류학과 사회학의 거물인 마거릿 미드Margaret Mead 와 찰스 라이트 밀스의 전철을 밟는 것을 목표로 했다. 이것이 전체를 말하기에는 너무 큰 이야기라는 것을 알고 있고, 이것이 정확히 어디로 이어질지를 보기에는 너무 이르다는 것을 안다. 하지만 문화와 권력에 관한 이야기를 하는 것에 초점을 맞춰왔다. 즉, 어떻게 새로운 후기 산업 경제의 문화가 뉴욕에 자리 잡게 되었는지, 그리고 어떻게 이러한 과정들이 서로 다른 자본의 순환과 서로 다른 종류의 행위자와 함께 권력을 추구하는지에 대해서 말이다.

밀스의 추종자로서 필자는 어떻게 이 도시의 '파워 엘리트', 즉 토지 이용과 경제 개발에 대해 가장 중요한 결정을 내리는 협력자, 조력자, 반대자를 형성하거나 재편성했는지를 이야기하고자 한다. 비록 그들이 이를테면 중국 정부의 힘으로 경제 발전을 계획하지는 않지만, 최고 기관의 위치에 있는 이 느슨한 그룹의 사람들은 혁신 복합체가 상상되고, 설치되고, 자금이 지원되는 도시의 가장 중요한 공간을 연결한다. 이들의 집단적인 전략은 공공·민간·비영리 부문을 연결하는 파트너십을 통해 흘러간다. 이 프레임워크 내에서 기술 '공동체'가 어떻게 형성되고, 공통의 정체성과 관심사를 개발하고 공공 영역에서 이러한 관심사를 옹호하는지 문서화한다. 이러한 변화를 도시의 지리적 공간, 현대 자본주의의 조직적 공간, 혁신 경제의 분산적 공간과 연결시킨다.[37]

수년 동안 뉴욕의 후기 산업적 변화 속에서 문화와 권력이 교차되는 경향을 추적해 왔다. 이러한 교차점은 1970년대 후반 '로프트 거주loft living'라고 하는 부동산 시장에 뿌리내렸다. 로어맨해튼에 있는 오래된 공장 건물을 처음에 예술가와 음악가가 저렴하고 불법적인 작업 공간으로 개조했고, 그다음에는 투자자와 부동산 개발업자가 비싸고 세련된 주거 공간으로 개조했다. 뉴욕이 소호와 같은 예술가 공동체의 경제적 가치를 실현하는 데 있어서 다른 도시들을 선도했다고 하지만, 그 이득은 주로 부동산 개발업자가 가져갔다. 로프트에서 살면서 일했던 대부분의 예술가들은 집의 가격이 오르면 이사 가거나 팔 수밖에 없었다. 그러나 '예술가 지구'를 홍보하는 담론은 호화 주택 개발을 위한 상당한 공간을 확보했고, 이미 세계적인 아웃소싱, 경쟁, 자동화로 힘을 잃은 뉴욕의 오래된 제조업 생태계가 직면한 죽음을 예고했다. 필자는 몇몇 로프트들이 결국은 기술 회사와 창조적인 사무실로 바뀔 거라는 사실을 예측할 수 없었다. 그 대신에 젊은 대학 졸업생들이 시간제 및 프로젝트 일자리(다시 말해 미래의 창작자와 해커가 현재 일하는 기술 스타트업)에 이용 가능한 유동적인 인력이 되는 '예술적 생산 방식'의 증가를 예측했다.[38]

또한 브루클린 수변 지역이 '혁신 해안선'이 되기 전에 그 사실에 대해 썼다. 1990년대 초 브루클린의 방치된 창고, 버려진 공장, 썩어가는 나무 부두로 되어 있는 저층 풍경은 이스트강의 맨해튼 쪽에 있는 월가Wall Street의 고층 건물이 이루는 계곡들과 극명한 대조를 보였다. 뉴욕 전철의 지상철 Q라인을 타고 브루클린 대학교Brooklyn College로 가면서 열차가 지하로 들어가기 전, 맨해튼 다리로 강을 건너는 동안, 이 두 풍경을 잠시 바라보았다. 강 양쪽의 대조와 그것이 구현한 자본의 형태는 도시가 힘의 풍경과 힘없는 토착적인 경관으로 나뉘어 있다는 것을 알게 해주었다.[39]

로프트 거주가 유행한 후, 문화는 보다 의도적으로 부동산에 연결되었고, 가장 두드러진 것은 젠트리피케이션이었다. 부유하고, 고학력의 주민들은 오래된 브라운스톤 주택을 유형의 문화재로 보고 구입했다. 미술관은 확장되었고, 새로운 박물관이 지어졌으며, 미학은 관광을 통해 경제 성장의 원인이 되었다. 오래된 건물의 보존, 역사 지구 지정, 미술관·부티크·카페의 증가라는 진정성 추구는 2000년대까지 문화적인 전용과 금융 투기를 위한 전략이 되었다. 주민들이 이러한 전통을 더 이상 가지고 있지 않고, 가지고 있다 하더라도 이는 더 이상 같은 공동체에 의해 통제되지 않는다. 이 모든 것은 '새로운' 도시 경제를 공간과 의미, 토지와 그것을 사용할 권리, 그리고 변화에 대한 맥락을 통제하기 위한 다양한 투쟁으로 보도록 만들었다.[40]

이것은 단지 뉴욕에 관한 이야기가 아니다. 세계의 모든 도시에서 진행되고 있는 변화에 대한 보다 폭넓은 이야기다. 뉴욕은 '토박이' 인구를 하층민으로 몰아넣지 않고, 새로운 경제 수요를 충족시키기 위해 그들이 가지고 있는 자원을 활용하려고 하는 다른 모든 도시 중에서 전형적인 모습을 보이고 있다. 마찬가지로 중요한 것은 선출직 공직자가 낡은 정치 제도나 오랜 정치적 연대를 방해하지 않고 새로운 산업을 개발하기를 원한다는 점이다. 이것은 세계 경제 문화에 '변혁'이 내재되어 있을 때 특별한 도전을 야기한다. 그러나 보편적인 이야기는 다양한 대조를 포함한다. 어떤 도시들은 그들의 문화나 국가와의 관계 때문에 다르다. 몇몇 도시 정부 지도자는 개인 토지 소유자와 산업에 의해 지배받는다. 그리고 어떤 지방 공무원들은 직접적인 변화를 주도할 수 있고 그러한 의지도 가지고 있는데, 그들은 뉴욕이나 중국 선전에 살 수도 있고 아닐 수도 있다. 이는 필자가 뉴욕에 살고 있어서뿐만이 아니라 풍부한 자원과 막대한 책임을 가진 이 도시가 전 세계 자본주의의 재편을 위한 영향력 있는 시험장이라는 점 때문이다.

각 장은 문화적 형태와 경제적 규범이 제정되고, 수행되고, **배치되는** 생산 공간을 검토한다. 이러한 과정에서 건물, 지역, 도시 전체로 구성된 전체 혁신 복합체는 그 규모, 형태, 의미를 발전시킨다. 독자들은 이 책에서 사람들이 방문하는 곳을 잘 모를 수도 있다. 그러나 그곳들을 아는 것은 중요하다. 왜냐하면 그곳들이 혁신 복합체의 설계자builder가 세상을 보는 방식을 형성하는 공간적 상상과 사회적 이야기를 만들기 때문이다.

혁신 복합체의 범위와 다양한 규모로 운영되는 방식을 보여주기 위해, 이어지는 장에서는 작은 공간에서 큰 공간으로 옮겨 갈 것이다. 그 시작은 토요일 아침 덤보에서 열리는 해카톤에서 컴퓨터 코드를 작성하는 100여 명의 사람들과 함께한다. 해카톤은 협업을 위한 사회적 공간이자 참가자들이 새로운 디지털 제품을 만들기 위해 소규모 팀을 이루어 열정적으로 일하는 밤샘 대회이다. 해카톤은 혁신이 일어날 수 있고 일어나야 한다는 기대를 촉진하기 위해 작업 공간과 작업 시간의 전통적인 경계를 모호하게 한다. 이로써 젊은 기술 인력을 새로운 경제 규범에 맞게 사회화하고 가장 중요한 용어인 '기업가 정신과 혁신'을 강화한다. 참가자들은 이것을 재미있다고 하지만 해카톤은 착취와 자기 홍보 모두를 포함한다.

해카톤 이후의 이야기는 뉴욕 대학교에서 열리는 월간 기술 밋업의 데모에 참여하는 800명의 사람들로 이어진다. 밋업의 사회적 공간에서는 직업 공동체가 형성된다. 그러나 이번 밋업은 뉴욕 기술 생태계의 더 큰 구조를 이루는 조직적인 단위이기도 하다. 생태계가 발전하고 복잡해짐에 따라 조직은 공공 정책에 영향력을 발휘하기 위해 공동체의 집단적인 전문 지식을 활용하고자 경쟁한다. 조직 대표들은 업계의 이익을 증진시키기 위해 시 정부에 로비한다. 밋업은 이러한 과정의 일부다.

이제 이야기는 이미 투자 자본을 조달한 스타트업 창업자를 위한 실험실이자 직업학교로도 작용하는 액셀러레이터에 관한 내용으로 이어진다. 액셀러레이터는 투자 자본의 순환만큼이나 문화적 가치의 순환에서도 중요하다. 액셀러레이터는 벤처 투자가에게 투자 비용이 매우 낮은 반면 유망한 스타트업에게 접근할 수 있도록 하면서 벤처 투자가가 자신의 경험과 조언을 창업자에게 제공하기도 한다. 액셀러레이터는 특히 스타트업이 구체적인 일상 업무에서 사업을 시작할 수 있도록 돕는다. 일반적으로 액셀러레이터는 투자자와 스타트업 창업자의 네트워크를 통해 금융, 사회, 문화 자본을 통합한다. 이 장에서는 또한 다양한 분야의 스타트업 창업자의 진로 및 뉴욕에 회사를 설립할 때 발생하는 어려움에 대처하는 방법에 대해서도 보여준다.

혁신 복합체에 관한 이야기는 벤처 투자가의 사무실로 옮겨 간다. 서로 다른 세대의 벤처 투자가의 진로는 벤처 투자업이 제2차 세계대전 후 전자 제품 생산을 지원하기 시작해 소셜 미디어 플랫폼과 암호 화폐와 같은 점점 더 추상적인 투기로 어떻게 발전해 왔는지를 보여준다. 뉴욕의 벤처 투자가들은 이곳의 기술 산업을 발전시키기 위해 많은 일을 해왔다. 그러나 그들의 투자는 풍부한 자본과 부의 불평등한 집중에 의존해 있다는 것을 기억해야 한다. 더군다나 도시에 가장 헌신적이라고 자처하는 벤처 투자가조차 시간이 지남에 따라 투자 분배를 점점 더 뉴욕에서 다른 곳으로 옮기고 있다. 이것은 지역의 스타트업 창업자가 자금을 제공받기 더 어렵게 만들고 혁신에 대한 뉴욕의 지배를 완화시킬 수도 있다.

다음 장은 5만 명의 사람들이 일하는 그린포인트 남쪽에서 선셋 공원에 이르는 노스브루클린 수변 지역의 기술과 창조적인 사무실, 첨단 제조 시설로 확대된다. 이 장은 시가 소유하고, 비영리 개발 회사가 관리하지만 민간 부문 부동산 개발업자와의 제휴와 외국인 투자자의 대출에 의존하는 브루클린 해군 부지의 대규모 산업 단지에 초점을 맞추고 있다. 그러나 브루클린 해군부지 개발공사BNYDC: Brooklyn Navy Yard Development Corporation는 사무실 공간을 개발하고, 푸드홀을 만들고, 인근 지역 사회에 개방하는 동안에도 제조업 일자리를 현대화하고 보존하는 데 전념하고 있다. 수변 공간이라는 맥락에서 브루클린 해군부지 개발공사는 도시 주도의 혁신 정책을 운영하고 있다. 인근 덤보에 입주한 기술 회사, 창조적인 회사 들이 놀라운 인기를 끌자 브루클린 해군 부지의 성공은 이곳과 다운타운 브루클린Downtown Brooklyn의 역사적인 중심 사업 구역을 합쳐 '허구적' 혁신 구역을 창조하도록 영감을 불어넣었다.

이 허구적 지역 '브루클린 기술 트라이앵글'은 부동산 개발업자들의 꿈이다. 수년간 다운타운 브루클린은 유색 인종 공동체를 위한 주요한 저가 쇼핑 지역이었다. 그러나 브루클린 기술 트라이앵글의 일부로 다시 태어난 후, 다운타운 브루클린은 '삼중 나선'이 이끄는 혁신 지구가 되었다. 이 장은 뉴욕 대학교의 기업가적 야망과도 일부 얽혀 있는 상업용 부동산을 재개발하기 위해 다운타운이 트라이앵글 용어를 어떻게 활용했는지를 보여준다.

혁신 복합체의 마지막 공간은 제도적이면서도 은유적이다. 그것은 새로운 기술·금융 성과주의를 형성하는 일련의 교육 '파이프라인'이다. 이 장은 혁신 복합체에서 '학문 자본주의academic capitalism'라는 제도적 의제를 발전시키기 위해 지위를 이용하는 뉴욕의 명문 사립대학 코넬 공대, 컬럼비아 대학교Columbia University, 뉴욕 대학교에서 시작한다. 이는 '기술 인재 파이프라인TTP: Tech Talent Pipeline'으로 이어지는데, 뉴욕 시립대CUNY: City University of New York 졸업생 다수를 포함한 보통의 뉴욕 시민을 숙련시켜 좀 더 폭넓은 기술 인력을 만들기 위한 더블라지오 행정부의 노력이다. 마지막 파이프라인은 제너럴 어셈블리General Assembly나 플랫아이언 스쿨Flatiron School과 같은 영리 코딩 부트 캠프를 말한다. 학생들은 기술직을 구하기 위해 12주간의 집중적인 과정에 필요한 비싼 수업료를 낸다. 이 장은 혁신 경제의 또 다른 삼중 나선인 재능, 성과주의, 학문 자본주의의 결합이 도시 불평등을 심화시킬 것인가 하는 질문으로 끝난다.

마지막 장은 혁신 복합체와 뉴욕에 뿌리내린 산업, 즉 기존 토지 이용 및 오래된 정치적 동맹 사이의 갈등에 초점을 맞추고 있다. 역사적인 토지 사용과 제도적인 공공용지 작업으로 뉴욕은 네 가지 다른 종류의 '혁신 지구'를 만들어냈고, 거대 기술 기업의 새로운 기업 투자로 더 많은 것을 건설하는 과정에 있다. 이것이 지역 사회와 노동자에게 더 많은 기회를 제공할 것인가, 아니면 도시를 훨씬 더 불평등하게 만들 것인가? 도시는 세계적인 규모로 운영되는 금융과 기업의 힘을 통제할 수 있는가?

　최근 몇 년간 디지털 기술의 힘과 거대 기술 회사들이 디지털 기술을 어떻게 사용하는지에 대한 많은 쟁점이 대두되고 있다. 그중 가장 중요한 것은 기술 회사가 금전적 이익을 위해 개인 정보를 이용하고 부도덕한 중개인과 정부에 의한 사용자 조작을 막지 못한 것이다. 또 다른 쟁점은 인터넷을 검열하거나 특정한 방식으로 인터넷을 사용하는 능력, 기술 경력에서의 성별과 인종적 불평등, 그리고 사용자가 플랫폼, 콘텐츠, 장치에서 벗어나는 것을 어렵게 만드는 기술 회사의 의도적인 전략에 관한 것이다. 디지털 플랫폼에 의해 가능한 시간제 및 프리랜서 업무의 '긱 경제'에서도 권력과 불평등이 심각하다. 이러한 문제는 모든 종류의 업무와 그에 따른 인간 노동력의 재편성에 인공 지능 또는 머신 러닝의 지속적인 적용으로 인해 훨씬 더 심각한 위협을 가하고 있다. 그러나 이러한 문제가 중요한 만큼 다른 질문을 던지려 한다. 디지털 기술을 기반으로 하는 신경제의 '포괄적인 기반 시설comprehensive infrastructure'은 어떻게 출현하는가? 혁신 복합체는 우리가 살고 있는 도시를 어떻게 변화시킬까?[41]

　답을 구하기 위해 인터뷰해 준 모든 사람들에게 깊은 감사를 전한다. 그들은 기꺼이 이야기와 시간을 나누어 주었다. 모든 이야기가 가치 있고 여러 방법으로 전달될 수 있다는 것을 잘 알고 있다. 각 인터뷰 주제들이 제시한 대로 표현하려 노력했고 동시에 그것들을 더 큰 맥락에서 배치했다. 그래서 궁극적으로 나만의 이야기를 하는 것이다. 이것은 문화와 권력의 특정한 시대에 관한 이야기이자 모든 도시 그리고 나의 도시, 뉴욕에 관한 이야기이다.

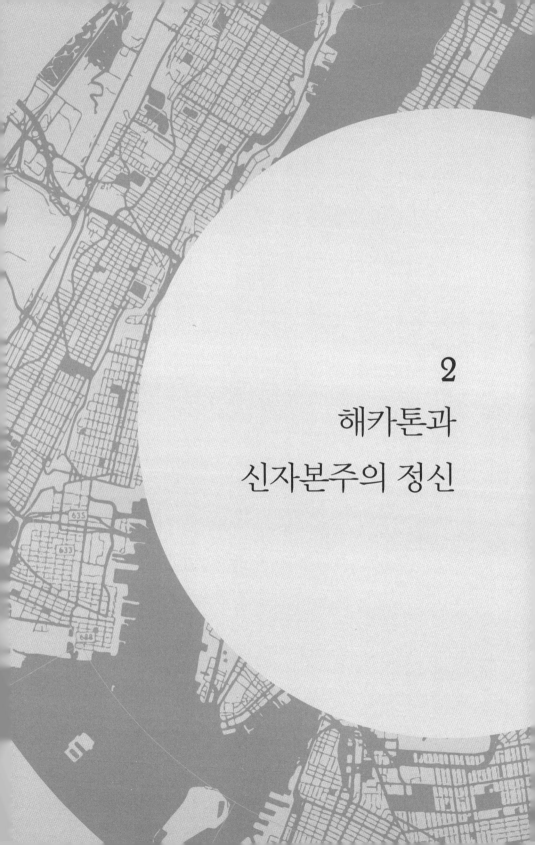

2
해카톤과
신자본주의 정신

지금은 이스트강의 수변 지역 덤보의 토요일 오전 9시다. 이곳은 버려진 오래된 창고와 공장 지역에서 '브루클린 혁신 해안선'의 중심지로 변모했다. 산업용 건물은 이제 브랜딩 에이전시 휴즈Huge, 공유 업무 공간을 임대하는 위워크, 온라인 상점 엣시와 같은 회사의 사무실로 빽빽이 들어찼다. 과대 광고라고 부를 수도 있겠지만 이곳의 경관과 언어 모두 자치구의 기술 및 창조적인 사무실에서 일하는 사람들의 열망을 반영하고 그들의 기대를 기술이 지속하는 역동적인 성장에 두고 있다.[1]

오늘 '혁신 해안선'은 모든 것이 고요하다. 햇빛이 물 위를 희미하게 비추고, 자갈길 위의 고가도로에서는 차량이 우르르 지나간다. 1990년대에 예술가들은 아무도 원하지 않을 때 이곳에 정착했다. 그들은 이곳이 소호처럼 관광지가 되는 것을 막기 위해, 이전에는 풀턴Fulton 페리 선착장이었던 곳에 '맨해튼 다리 고가 도로의 아래 밑Down Under of Manhattan Bridge Overpass'이라는 이상한 약자를 붙여주었다. 그러나 이제 이 다리는 패션과 관광객 셀카 촬영으로 인기 있는 배경이며 덤보의 이미지를 낭만적으로, 나아가 브루클린이 멋지다는 것을 확인시켜 주는 사진이 되기도 한다. 강변에 있는 침실 세 개짜리 콘도를 500만 달러에 사면 걸어서 출근할 수도 있다.

이 시간에는 거리가 텅 비어 있다. 온라인 결제 서비스 스타트업 브레인트리Braintree의 대형 광고판에 쓰인 "천 개의 스타트업을 창업한 코드"가 시야를 차지하고 있다.

그러나 제이가와 존가Jay and John Streets의 모퉁이에 있는 큰 산업 건물 안에서는 1층 공간이 튀어 오르고 있다. 2012년 블룸버그 행정부의 지원하에 "디지털 시대에서 스토리텔러와 기업가가 함께 창조적인 과정을 변화시키기 위한 협력적인 작업 공간과 공동체"로 설립된 비영리 허브이자 독립적인 영화 제작자의 프로젝트 IFPIndependent Filmmakers' Project에 의해 Made in NY 미디어센터Made in NY Media Center의 크고 하얀 탁자에 거의 100명의 사람들이 모였다. 이 센터는 자치구의 글로벌 브랜드인 "전 세계의 경계를 흔드는 창의적인 유형"과 동일시함으로써 혁신에 대한 주장을 펼치고 있다. 또한 신경제의 전형적인 방식으로 경계를 허물기도 한다. 도시 정부의 공공 부문, 벤처 투자가와 기업가가 되기를 원하는 예술가의 민간 부문, 미디어센터를 관리하고 이 모든 사람들을 하나로 모으는 비영리단체 간의 파트너십 '삼중나선'의 지원을 받는 것이다.[2]

토요일 아침부터 일요일 오후까지, 1800m^2 규모의 이 창의적인 허브에서는 맨해튼에 본사를 둔 미디어 회사 허스트Hearst의 후원하에 전 세계 해카톤을 관리하는 사업체 에인절핵AngelHack이 주최하는 해카톤 대회가 열린다. 해카톤은 '전형적인 행사'라고 불릴 만큼 신경제의 지배적인 서사와 문화적 관행을 강하게 구현한 밤샘 대회이다.[3] 해카톤은 '필스베리 베이크오프 콘테스트Pillsbury Bake-Off' 참가자가 보여준 공예에 대한 열정과 리얼리티 TV 프로그램 〈샤크 탱크Shark Tank〉 참가자의 사업 성공에 대한 열망을 결합한 것이다. 비록 해카톤을 본 적이 없을지라도 심각한 시간 압박 속에서 일하는 젊은 요리사로 구성된 팀들이 도전에 응하는 TV 요리 프로그램을 보면 그것이 무엇인지 이해할 수 있을 것이다. 각 팀은 할당된 재료를 가져가서 심사위원의 입맛을 만족시킬 메뉴로 만들어야 한다. 해카톤 참가자 역시 이것을, 그러나 컴퓨터 코드로 한다.

오늘날의 이 행사에서 해커들은 가상 현실VR: Virtual Reality, 증강 현실AR: Augmented Reality, 사물 인터넷에 연결되는 소프트웨어 애플리케이션을 개발하기 위한 일련의 프로그램 단계인 혁신적인 응용 프로그램 인터페이스API: Application Program Interface를 구축하기 위한 컴퓨터 코드를 작성해야 할 것이다. 심사위원은 허스트, IBM, HP의 API 그리고 오큘러스Oculus, 마이크로소프트Microsoft, 삼성이 개발한 몰입형 기술을 사용한 새로운 제품 아이디어를 찾을 것이다. 이들 회사는 참가자들이 사용할 수 있도록 소프트웨어 개발 키트(패키지형 소프트웨어 도구)와 기타 도구 및 장치를 제공해 왔다. 그들은 참가자들이 자기 회사 플랫폼을 위한 새로운 앱을 개발하기를 바라고 있다.[4]

해카톤은 한마디로, 혁신 복합체의 가장 작은 세포이다. 해카톤은 고도로 숙련된 전문가와 훈련 중인 전문가가 일반 업무 공간 및 근무 시간을 벗어나 시장성 있는 상품에 대한 새로운 아이디어를 개발하기 위해 열심히 일할 기회를 제공한다. 팀워크와 기업가 정신은 그들의 DNA 안에 직조되어 있다. 이러한 이벤트들은 실리콘밸리의 조직 지형을 신경제의 '혁신과 기업가 정신'과 연결하고 그것을 어디에나 '설치'한다.

그들은 이 일을 독특하지만 모순되는 두 가지 방법으로 한다. 그중 하나는, 참가자들이 일반적인 업무 공간 및 근무 시간 이외의 새로운 비즈니스 제품과 아이디어를 만드는 데 도전하도록 해카톤은 업무를 놀이로 전환시킨다. 또 다른 하나는 정규 직원이 아닌 사람들의 크라우드소싱crowdsourcing 혁신을 통해 기업 통제의 새로운 패턴을 확장하고 정당화한다. 이러한 각 전략은 기술 문화에 뿌리를 두고 있다. 그러나 해카톤은 경쟁적인 행사로 시작되지 않았고, 기업이 조직한 행사가 분명 아니었다. 1980년대와 2010년대 사이에 그들은 반문화에서 기업 문화로 놀라운 도약을 이루었다. 상업화에 대한 강조, 협력과 경쟁의 예상하지 못한 통합, 참여자를 진정으로 놀이라고 설득하기 위한 감정적 고취의 자극이 있다. 이것이 해카톤이 젊은 세대의 '혁신가와 기업가'의 사고방식을 형성해 그들에게 새로운 기술 지향 자본주의 정신을 불어넣는 방법이다.[5]

해카톤의 기원에 관한 이야기는 1950년대와 1960년대에 포트란FORTRAN과 코볼COBOL이라는 선구적인 언어를 사용해 코드를 배운 컴퓨터 해커 1세대의 고된 노력과 외로운 철야에서 시작된다. 이 해커들은 종종 시행착오를 겪으며 일하는 수학 전공생 또는 공학도였다. 그들은 복잡한 코드를 작성하는 방법에 도전했고, 밤새도록 키펀치 카드에 저장된 대량의 데이터를 대학의 복잡하고 느린 메인 프레임 컴퓨터에 공급하고, 몇 시간 동안 결과를 출력한 후 다시 시도할 수 있도록 기다렸다. 그들은 보통 혼자 일했다. 하지만 그들은 또한 경험과 아이디어를 공유하기 위해 작은 모임을 만들어 모이곤 했다. 이는 인습 타파적인 해커 문화에서 합쳐져서 1960년대 반문화에서 유입된 DIYDo-It-Yourself, 공개 소프트웨어 윤리를 낳았고, 1950년대 MIT의 테크 모델 철도 클럽Tech Model Railroad Club과 1970년대 실리콘밸리의 홈브루 컴퓨터 클럽Homebrew Computer Club으로 이어졌다.[6]

코드를 작성하기 위한 밤샘 해킹의 강렬함, 이런 종류의 일은 놀이라는 유사 오웰적인 교훈에서 해커들이 느꼈던 깊은 즐거움은 1980년대와 1990년대에 빠르게 성장하는 기술 회사에서 일반화되었다. 개인 컴퓨터와 새롭고 정교한 소프트웨어는 프로그램 제작을 더 쉽고 빠르게 만들었지만, 압박감 속에서 일하고 경험을 공유하는 집단적인 행복감은 실리콘밸리에서 나타난 혁신 문화를 형성했다. 애플의 창업자 스티브 잡스와 스티브 워즈니악은 홈브루 컴퓨터 클럽의 회원이었다. 다른 회원들은 스타트업이나 거대 기술 기업에 입사했다. 아마추어 해커들로 구성된 모임은 그다음 새로운 것을 창조하기 위해 컴퓨터 엔지니어, 개발자, 설계자의 직업적인 공동체로 성장했다.[7]

1990년대에는 이러한 소수의 작업 형태는 더 많은 사람에게 알려졌고 이제 기술 회사는 이름만 들으면 누구나 아는 기업이 되었다. 이는 애플의 스티브 잡스와 마이크로소프트의 빌 게이츠Bill Gates 같은 기술 회사 설립자를 다룬 언론 보도와 책이 늘어났기 때문이다. 『골짜기의 불: 개인용 컴퓨터 만들기Fire in the Valley: The Making of the Personal Computer』(1984) 같은 책은 너무 유명해져서 PBS TV 다큐멘터리 시리즈 〈너드의 승리Triumph of the Nerds〉(1996), 영화 〈실리콘밸리의 신화Pirates of Silicon Valley〉(1999)에 영감을 주었고 다양한 매체에서 다루어지기도 했다.

해커 문화도 입소문과 블로그를 통해 기술 분야로 확산되었다. 게임 개발자 캐시 시에라Kathy Sierra의 2005년 블로그 게시물 "24시간 안에 뭔가 멋진 것을 만들라"는 비공식적으로 실리콘밸리 주변에서 생겨나고 있는 창의성에 박차를 가했던 "총체적인 몰입"의 날들을 묘사하고 있다. 이는 1992년부터 방송되었던 인기 있는 MTV 리얼리티 프로그램 〈리얼 월드Real World〉와 약간 비슷하고 지금 보고 있는 해카톤과도 많이 닮았다. 시에라는 "그 개념은 이렇게 말할 수 있다"고 설명한다.

> 마지막에는 무언가를 창조하려는 목표를 가지고 48시간 동안 사람들을 집에 가둬라. 목표의 성격에 따라 참가자들은 협력하거나(함께 게임을 만드는 것처럼) 혼자 일할 수 있다(음악가의 작곡, 작가의 작사 등). 핵심은 과정이다. 창의성을 억누르는 '내면의 심판자'를 제압하고, 가능한 많이, 빨리 해도 된다는 허락뿐 아니라 **명령**을 강요하는 과정이다. 97%의 쓰레기로 끝나더라도 말이다.[8]

"창조해야 할 도전으로 48시간 동안 사람들을 집 안에 가두기." 이게 허스트 해카톤의 작전인가 싶지만 덤보에 위치한 Made in NY 미디어센터는 웬만한 집보다 더 넓고 기능적이다. 메인 룸의 큰 창문으로 햇빛이 가득한 맨해튼 다리의 전망을 볼 수 있다. 머리 위에는 형광등이 있어 실내가 더 밝아진다. 해카톤이 열리는 날의 아침, 전기 콘센트와 연장 케이블은 곳곳에 있다. 노트북, 데스크톱 컴퓨터, 안드로이드 스마트폰이 구글 고글, 360 VR 고글, 게임 패드, 모션 감지기와 함께 탁자에 쌓여 있다. 그 옆의 다른 탁자에는 커피, 주스, 탄산수, 물병, 신선한 과일, 감자칩, 쿠키가 있다. 배경 음악으로 모타운Motown의 부드러운 노래가 흘러나온다.[9]

회의실 중앙에 있는 긴 탁자 주변을 돌아다니는 무리는 여느 뉴욕 해카톤 참가자들처럼 뉴욕시의 기술 성과주의를 보여주는 집단적인 초상으로 보인다. 대부분 20대나 30대의 젊은 남성이다. 그중 50명은 남아시아 또는 동아시아 혈통으로 보이며 40명은 거의 틀림없이 '백인'이고 소수의 사람들은 아프리카인, 아프리카계 미국인 또는 라틴계일 수 있다. 억양과 대화가 그들이 세계 각지에서 왔다는 것을 보여준다. 거의 모든 사람들이 편한 옷을 입고 있고, 몇몇은 운동복을 입고 있고, 또 다른 이들은 반바지를 입고 있다. 몇몇은 비즈니스 캐주얼을 입었고 한두 명은 정장을 입었다.[10]

후원사 대표들은 허스트, IBM, HP의 브랜드 로고가 새겨진 티셔츠와 스티커를 무료로 나눠 주고 있었다. 대형 화면에는 후원사의 인사말, 작업 시간, 상품 및 경품 발표가 쓰인 해카톤 일정이 떠 있고, 더 큰 화면에는 사막, 숲, 우주 사진을 반복해서 계속 보여준다. 메인 룸의 안쪽에는 유리벽과 화이트보드를 갖춘 교실 형태의 공간이 있어 조용한 작업 환경을 제공한다. 다른 쪽에는 탁구대가 보라색 소파와 화분 들로 둘러싸여 있다.

후원사 대표들은 참가자들이 서로 만날 수 있도록 돕고, 해카톤 참여 협정에 모두가 서명했는지 확인하면서 회의실을 돌기 시작한다. 이 양식은 규칙과 경품 목록을 명시하고, 모든 참가자가 행사 중에 만든 코드에 대한 법적 권리를 보유할 것을 보장한다. 지식 재산권IP: Intellectual property은 기술 분야에서 종종 논쟁의 대상이 된다. 후원사는 참가자들이 자기 회사의 소프트웨어를 사용하길 원하지만, 기술과 콘텐츠를 전용하는 것을 규제할 수도 있다. 해카톤에서 작성된 코드에 대한 법적 소유권을 주장하는 것은 쉽지만 실제로 청구하기는 어렵다.[11]

후원사는 보통 해카톤에 참가하는 프로그래머, 개발자, 디자이너 들이 대회가 시작되기 전에 자신만의 와이어프레임(디자인 청사진)과 사용자 흐름(앱을 통한 일반적인 경로)을 만들 수 있도록 허용한다. 모든 코드는 이 행사에서 작성하거나 '새로워야' 한다. 참가자들은 후원사의 툴을 사용해 대회의 난제에 맞는 실행 가능한 시제품을 만들기도 하지만, 때로 아이디어의 기본적인 개요만 보여줘도 된다.

수상자는 무료 소프트웨어와 상금을 몇백 달러에서 몇천 달러까지 받는다. 또한 1위 수상자는 자기가 만든 API를 가지고 다른 지역 해카톤 우승자와 겨룰 수 있는 국내 또는 국제 대회에 참가할 수 있는 기회를 얻는다. 더 큰 행사는 더 큰 상과 관심을 가져온다. 말레이시아 출신의 다섯 명의 젊은 컴퓨터 코더들로 구성된 팀이 마스터카드Mastercard가 후원하는 2015 글로벌 코드 해카톤에서 우승하자, 그들이 낸 아이디어를 발전시킬 수 있는 시드 펀드 10만 달러와 6개월이라는 시간을 제안받았다. 그들은 외국인 노동자가 자기 수입을 추적하고 그 돈을 집에 보낼 수 있는 모바일 앱을 개발했다. 마스터카드는 이 앱이 시장성이 있다는 것을 알았다. 아주 많은 외국인 노동자들은 고국을 떠나 살고 있고, 전 세계에서 집으로 돈을 송금하고 있기 때문이다.[12]

해카톤 운영 규칙에 따르면, 참가자는 혼자 일하거나 보통은 상호 기술 보완을 위해 최대 다섯 명까지 팀을 구성할 수 있다. 한 명은 사용자와 앱 인터페이스를 만드는 데 초점을 맞추는 '프런트엔드' 개발자가 되고, 다른 한 명은 그에 필요한 프로그래밍을 하는 '백엔드' 개발자가 될 수도 있다. 더 큰 팀에는 디자이너, 마케팅 전문가, 심지어 영화 제작을 배운 '선구자visionary'나 '스토리텔러'가 포함될 수도 있다. 팀은 주로 학창 시절 해카톤에 많이 참가해서 함께 경쟁한 친구들로 구성된다. 그러나 오늘 에인절핵의 한 대표는 행사에 앞서 몇 주 농안 참가자에게 이메일을 '퍼부었음'에도 절반 이상이 친구와 오지도 않았고 온라인으로 팀을 구성하지도 않았다고 했다. 그녀는 해카톤이 "기본적으로 반사회적인 사람들을 위한 사회적 행사"라고 말했다. "모두들 얼마나 조용한지를 좀 보세요."

한 시간 동안 참가자들은 컴퓨터로 열심히 일하거나 팀 동료들과 이야기를 한다. 탁자에는 이제 메모지, 펜과 연필, 빈 음료수 캔, 남은 음식으로 가득 찬 접시들이 널려 있다. 더 이상 음악은 없다. 대부분의 사람들은 조용하지만 어떤 사람들은 이쪽에서 저쪽 탁자로 이동해서 결과물을 공유한다(〈그림 2-1〉). 마침내 몇몇은 낮잠을 자기 위해 소파에 웅크리고, 몇몇은 그냥 떠난다. 시제품을 완성하기 위해 남은 사람들은 일요일 오전 11시까지 일할 것이다. 심사위원과 관중은 팀들이 무엇을 했는지 보고 그에 대해 대화를 나누기 위해 탁자 사이를 돌아다닌다. 후원사 대표들은 기술에 대한 질문에 대답한다.

허스트 해카톤에는 세 개의 상이 있다. '대상'은 1만 달러, '스타트업 챌린지 상'은 5000달러, '기발한 코드 챌린지 상'은 5000달러이다. 스타트업 챌린지 상은 혁신적인 제품일 뿐 아니라 기존 사업 계획에 들어맞아야 한다. 기발한 코드 챌린지 상은 VR, AR, IoT를 이용해 독특한 최첨단의 시제품을 만든 참가자 또는 팀에게 수여된다. 상금 못지않게 중요한 것은 각 상을 수상한 팀은 허스트 임원에게 아이디어를 제안할 수 있는 기회를 얻고, 대상을 받으면 팀원에게 Made in NY 미디어센터에 있는 '커뮤니티 업무 공간'의 6개월 무료 회원권이 제공되고, NYC 미디어랩NYC Media Lab이 후원하는 행사에서 데모를 보여줄 수 있는 기회를 얻는다는 것이다. 이 공공·민간·비영리 파트너십은 2010년 뉴욕시 경제개발공사가 시작한 것으로, 뉴욕시의 디지털 및 미디어 회사와 지역 대학을 연계하기 위해서였다.

허스트의 최고기술책임자CTO: Chief Technical Officer 필 와이저Phil Wiser는 오늘의 수석 심사위원이다. 허스트와 관련한 다양한 뉴욕 사업을 대표하는 세 명의 다른 심사위원이 그와 함께한다. 패션 기술 싱크탱크 서드 웨이브 패션Third Wave Fashion의 설립자 리자 킨드레드Liza Kindred, 기술 미디어 플랫폼 앨리NYCAlleyNYC의 CEO 제이슨 샐츠먼Jason Saltzman, '체험형' 마케팅 에이

그림 2-1 해카톤에서 컴퓨터로 코드를 작성하는 모습

자료: Max Papadantonakis.

전시 페이크러브FakeLove의 VR 아티스트 오머 샤피라Omer Shapira이다.[13]

일요일 이른 오후까지 초기 참가자 100명 중 60~70명은 여전히 작업 중이다. "다섯 시간도 못 잔 사람 있어요? 두 시간도 못 잔 사람은요? 잠을 전혀 못 잤어요?" 에인절핵의 대표가 외친다.

심사위원이 최종 심사를 한다. 모든 팀이 hackathon.io의 이벤트 전용 페이지에 프로젝트를 게시했다. 이제 각 팀은 2분간 프레젠테이션을 하고 이어서 심사위원과 1분간 질의응답을 한다. 프로젝트는 창의성, 단순성, '파격성', 디자인에 의해 평가된다.

네 명의 심사위원은 수상자를 발표하기 전에 짧게 상의한다. 물리적인 카드를 사용해 어린이에게 태양계에 대해 가르치는 혼합 현실AR+VR 교육 게임 '올라이트 새틀라이트Allright Satellite'가 대상을 수상했다. 싱가포르 팀이 개발한 애플워치용 뉴스 데이터 시각화 앱 '바이트Bytes'가 스타트업 챌린지 상을 받았다. 음악을 듣는 동안 허스트 미디어 플랫폼의 기사를 핸즈프리 방식으로 검색할 수 있는 프로그램 '비트 리더Beat Reader'가 기발한 코드 챌린지 상을 받았다. 결과 발표 후에도 여전히 깨어 있는 사람들은 주말 동안 처음으로 술이 제공되는 뒤풀이 파티를 즐긴다.

"우리는 왜 이런 일을 할까요?" 허스트의 한 대표가 흥분한 군중에게 묻는다. "세계에서 가장 큰 미디어 회사 중 하나인 허스트는 **생태계**에서 가상 현실의 중요성을 강조하고자 합니다. 우리가 서로에게 노출되기를 바랍니다. **스타트업 트랙**이 유지되고 **생태계** 전체에서 대화가 지속되기를 바랍니다!"

나가는 길에 해카톤 참가자와 대화를 나누었다. 그는 음식 시각화를 위한 앱을 디자인했다고 한다. "그럴 만한 가치가 있었나요?"라고 묻자 그는 "도시는 결코 잠들지 않죠. 우리도 마찬가지예요"라고 대답한다.

해카톤은 컴퓨터 엔지니어 사이에 널리 퍼진 코딩은 '놀이'라는 분위기를 이용하긴 하지만 한편으로 새로운 제품 개발로 이어지는 그런 작업 과정을 촉진시키는 독특한 기회를 제공한다. 1990년대에 기술 회사는 일과 놀이의 경계를 모호하게 만들기 위해 스케이트보드, 테이블 풋볼 게임, 미끄럼틀, 카페를 도입한 것으로 유명하다. 이러한 편의 시설은 재미를 추구하는 남성 중심의 '형제' 문화를 드러내지만 경영진 관점에서 보면 이로써 직원들의 생산성과 일에 대한 정서적 애착이 높아졌다. 해카톤과 같은 행사는 직원들을 특별한 공간에 하룻밤 묵게 하고 뭔가 새로운 것을 창조하도록 강요한다. 그렇다면 적어도 한동안은 기업이 표준 근무 일정, 업무 범주, 위계 구분을 벗어나야 한다는 뜻이다. 그러나 시장성 있는 혁신은 이루어질 수 있고, 이루어질 것이라는 기대를 제도화한다.[14]

첫 번째 사업적 해카톤은 2003년 캘리포니아 북부에서 오라일리 미디어

O'Reilly Media 기술 관계자들과 벤처 투자가들을 대상으로 비공식 콘퍼런스와 캠핑 행사를 열었을 때 시작된 것으로 보인다. 2년 후 캐시 시에라의 블로그 게시물이 올라온 다음, 후에 브루클린의 온라인 상점 엣시의 CEO가 된 채드 디커슨Chad Dickerson은 이 행사를 야후!Yahoo!의 일터로 가져와 소프트웨어 개발자들과 함께 일했다. 디커슨은 상향식 혁신을 하고 싶었다. 그는 핵데 이Hack Day를 가능한 자발적인 행사로 유지하자는 생각에서 학제 간 팀을 모집하는 것부터 시작했다. 디커슨은 나중에 블로그에 "계획하는 동안, 우리는 '규칙'이 무엇이어야 하는지에 대해 많은 토론을 했다"고 썼다. "우리는 본질적으로 규칙이 없다는 결정을 내렸다. 나는 하루 종일 음식과 음료가 충분한지 확인했지만 팀들은 결국 하루 동안 일을 할 수 있도록 스스로 조직하고 자신들의 자원을 확보했다." 비록 일반적인 회사 규칙이 그렇게 하기 위해 타협을 했어야 하더라도 야후!를 위한 새로운 제품을 개선하고 만드는 것이 목표였다.[15]

규칙을 어기는 것은 직원들의 상상력을 사로잡았다. 디커슨은 "해킹은 의심할 여지 없이 코드에 관한 것이다"라고 썼다. "하지만 나는 팀들이 회의실을 진두지휘하며 회사를 작은 전쟁터로 바꿔버리고 하루 종일 매달려야 하는 조직적인 해킹도 똑같이 흥미로웠다." 덤보의 허스트 이머시브 핵Hearst Immersive Hack처럼 그들은 "음식과 음료를 가운데에 두었고, 많은 사람들이 같이 일했다. 마지막에 보여줄 것이 있는 사람은 동료 해커 앞에서 2분 동안 데모를 했다". 디커슨은 "발견된 해킹의 숫자와 질에 완전히 압도당했다"고 인정한다. 그러나 똑같이 "해커가 가진 창의성의 믿을 수 없는 폭발"에 감명을 받았다. 지루한 '기업 팀 빌딩 활동'보다 이 행사가 더 큰 개선을 가져왔다고 썼다.[16]

관리자가 기뻐하는 것은 비밀이 아니다. 핵데이에 직원들이 혁신을 '제조'한 반면, 관리자들은 사실상 기업 통제에 대한 동의를 '제조'해 냈다. 이 행사는 평범한 업무 공간과 시간을 빼앗아 하나의 도전으로 설정하고 예전 해커 문화만큼이나 재미있게 만든다. 그러나 이것은 **집중적인** 재미다. 탁구대나 미끄럼틀 같은 '신레저'가 아니다. 게다가 디커슨의 동료 중 한 명은 핵데이는 '초저가'라고 말한다. 즉, 외부 컨설턴트를 고용하지 않고도 관리자와 직원 들이 스스로 조직할 수 있는 것이다.[17]

핵데이의 실용성에 대한 인식이 비즈니스 전략가 사이에 빠르게 퍼져나갔다. 그들은 성숙한 기술 회사가 혁신적 우위를 유지하기 위해서는 새로운 방법이 필요하다는 것을 이해했다. 오라일리 미디어 설립자인 팀 오라일리 Tim O'Reilly는 "창의성은 더 이상 어떤 회사가 가장 비전 있는 경영진을 보유하고 있느냐가 아니라 누가 가장 매력적인 **참여 구조**를 가지고 있느냐가 중요하다"(강조는 지은이)고 썼다. 잡지 ≪패스트 컴퍼니Fast Company≫의 공동 설립자인 윌리엄 C. 테일러William C. Taylor는 핵데이가 곧 모든 회사의 표준 운영 절차의 기본이 될 것이라고 생각했다. "경쟁자가 너무 많아지고 기술이 지나치게 빨리 변해서 어떤 사장도 모든 것을 생각할 수 없을 때 무슨 일이 일어날까요?" 그는 묻는다. "그러면 이제 혁신에 대한 하향식 접근 방식을 줄이고 **훌륭한 아이디어를 내는 것을 모두의 비즈니스로 만들어야** 할 때입니다(강조는 지은이)." 테일러는 1990년대에 오픈 소스 소프트웨어를 효과적으로 개발했던 무료 협업을 확장하고 활용하는 방법에 대해 궁금해했다. '다음의 개척지'는 "조직 외부에 존재하는 조용한 천재를 활용해서 **비록 회사에서 일하지 않더라도** 함께 일할 준비가 된 사람들로부터 혁신을 이끌어내는 것"(강조는 지은이)이라고 그는 쓰고 있다. 그는 곧 대중적 해카톤에서 자리를 잡을 혁신의 크라우드소싱을 기대했다.[18]

채드 디커슨은 또한 이러한 작업을 위한 참가자 풀을 어떻게 확장시킬 것인가에 대해 생각하고 있었다. 야후!에서 첫 내부 핵데이를 마련한 지 9개월 만에 그와 동료들은 실리콘밸리에 있는 본사에서 주말 '축제'로 첫 **대중적** 해카톤을 시작했다.[19] 그들은 이미 '세 개 대륙의 일곱 개 내부 핵데이'를 운영했다. 이제 그들이 배운 "영감이 세계 유일의 재생 가능한 에너지의 원천이고 그것은 무시무시하게 확장된다"는 것을 받아들이고, 외부 개발자와 디자이너가 야후!의 정규 직원과 일시적으로 협력하게 하고 싶었다. 페스티벌 분위기를 내기 위해 텐트를 설치하고 작곡가이자 가수 벡Beck의 공연을 준비하고 450명의 손님을 위해 피자와 바비큐를 구입했다.

하지만 그들은 핵데이의 사업 목표를 놓치지 않았다. 행사 후 디커슨이 블로그에 글을 올리면서 정규 직원과 외부인 사이의 상호 작용이 훨씬 더 좋아졌다. 직원이 손님에게 시제품을 설명하자 손님은 새로운 반복을 만들어내는 것으로 응답했다. 디커슨은 "만약 이것이 매우 좋은 것이 아니라면 나는 그것이 무엇인지 모르겠다"라고 말한다. "이것은 웹 생태계가 작동하는 모습이다." 그는 이 사건으로 인해 촉발된 집단적 활력이 무한히 지속되어 조직에 혁신 정신을 불어넣을 수 있기를 희망했다. "이것은 …… 버닝맨 Burning Man의 '임시적인 공동체'와는 다르다"라고 디커슨은 썼다. 그는 중요한 사회학적 통찰력의 끝에 있었다. 즉, 비범하고 협력적인 동료 발굴의 감정적인 고조는 혁신의 제도화를 지원할 수 있다는 것이다.[20]

핵데이는 빠르게 확장되고 있는 다른 기술 회사로 곧 확산되었다. 그중 하나가 페이스북이다. 2007년 페이스북의 첫 번째 사내 해카톤을 조직한 페드람 카야니Pedram Kayani는 "페이스북 초창기에는"이라고 운을 떼고, "평소의 많은 밤은 해카톤과 같았다. 누군가가 시제품을 만들기 위해 밤을 새우기로 결정했을 때, 그냥 그렇게 했다. 하지만 페이스북이 성장함에 따라 사람들은 아이디어가 빨리 작동하도록 하기 위해 다른 부서 동료들과 협력하기 위한 방법으로 해카톤을 조직하기 시작했다"라고 말했다. 경영진은 해카톤이 야후!에서 했던 것처럼 페이스북의 혁신에도 놀라운 영향을 미친다는 것을 발견했다. 카야니는 "우리가 성장했음에도 불구하고 2007년 12월과

2008년 2월과 3월에 실시한 해카톤에서 60%의 프로젝트가 이미 내부적으로 또는 페이스북을 이용하는 사람들에게 발송되었다. 이 프로젝트에는 사진 전체 화면으로 보기 기능, 스마트폰의 페이스북 사진 필터, 건물 옥상의 QR 코드, 엔지니어가 버그를 고칠 때마다 포켓몬Pokemon으로 보상하는 재미있는 사내 타임라인이 포함된다"라고 말했다. 그는 "당연한 일"이라고 인정한다. "해카톤에서 만드는 모든 것이 실현되지는 않는다. 하지만 정말 좋은 아이디어는 빠르게 구현되고 우리가 앞으로 나아갈 일에 대해 어떻게 생각하느냐에 영향을 미친다."[21]

다른 회사가 핵데이를 도입하자 야후!는 대중적 해카톤을 개최하기로 결정했다. 2009년 타임스 스퀘어Times Square에 있는 한 호텔에서 행사가 열렸다. 2008년 금융 위기의 여파로 인해 이 핵데이는 특별한 반향을 일으켰다. 이날은 대학생을 위한 해카톤을 조직하도록 컬럼비아 대학교와 뉴욕 대학교의 컴퓨터공학과 교수 두 명에게 영감을 주었다. 이것은 뉴욕에서 처음 있는 일이 될 것이었다.

1990년대 후반 뉴욕대 컴퓨터과학과 대학원생이었던 에번 코스Evan Korth는 코딩과 기업가 정신에 대한 관심을 발전시켰다. 그러나 "그 시절에는" 그는 이스트빌리지East Village의 우크라이나 식당 베셀카Veselka에서 아침식사를 하면서 "대학과 스타트업 사이에는 거의 관계가 없었다"고 말했다.[22] 2002년 당시 뉴욕대의 임상 컴퓨터공학과 교수인 그는 스타트업과 함께 일했던 경험을 교실로 가져오려고 노력하고 있었다. 그러나 학생들이 금융 분야에서의 경력을 선호함에 따라 어려움을 겪었는데, 대학의 취업 지원 부서가 이를 더 강화시켰다. "최고의 엔지니어들이 월가로 가고 있어요!"라고 그는 간신히 분노를 감추면서 말했다. 그러나 금융 위기의 도움을 받은 해카톤은 기술 혁신에 다시 초점을 맞출 것이었다.

2010년 초, 해커와 스타트업 창업자, 기술 회사에서 일했던 사람 들의 비공식 모임인 뉴욕기술밋업NYTM: NY Tech Meetup의 회장 네이트 웨스트하이머Nate Westheimer는 코스를 컬럼비아 대학교의 크리스 위긴스Chris Wiggins에게 소개했다. 위긴스는 이미 해카톤이 대학생에게 기술 업계 진로를 고려하도록 장려하겠다는 생각을 하고 있었다. 뉴욕은 기술직 노동자에게 많은 일자리를 제공했다. 구글은 첼시의 방대한 사무실 공간을 임대했고, 브루클린에 기반을 둔 엣시와 같은 스타트업은 코더와 엔지니어를 찾고 있었다. 당시 링크 관리 플랫폼 비틀리Bitly의 데이터 과학자 힐러리 메이슨Hilary Mason과 함께 두 교수는 새로운 조직 핵NYhackNY를 위한 아이디어를 생각해 냈다. "우리는 물건을 창조하기 위해 물건을 만드는 것을 좋아하는 젊은이들의 문화를 만들 수 있을 것"이라고 코스는 회상했다. "우리는 그런 게 없었어요."

첫 번째 해카톤에 비용을 마련하기 위해 코스와 위긴스는 최근 브루클린에서 시작한 크라우드 펀딩 웹사이트 킥스타터를 이용했고, 웹사이트에 올릴 비디오에 출연할 학생을 모집했다. "안녕하세요, 저는 아키바Akiva입니다"라고 검은색 구글 티셔츠를 입은 한 남학생이 말한다. 그는 해카톤을 조직하기 위해 뉴욕 대학교, 뉴욕 시립 대학교, 컬럼비아 대학교의 다른 학생들과 함께 일하고 있다고 말한다. 분명히 그는 대부분의 사람들이 해카톤이 무엇인지 전혀 알지 못할 것이라고 예상한다. 그래서 그는 자신의 열정을 전하기 위해 '놀라운'이라는 단어를 많이 사용해 설명한다.[23]

"우리는 모든 사람들이 이곳에 오게 할 것이고, 강의를 좀 들은 다음에, 코드를 쓰기 시작할 것입니다!" 아키바가 말한다. "밤새 코드 쓰기가 무슨 뜻이야? 해킹이 뭐야? 어떤 사람들은 해킹이 미국 정부에 침투하려는 사악한 행위라고 생각합니다. 그것은 50%의 확률입니다. 하지만 40%의 경우 완전히 다른 뭔가입니다. 그리고 10%는 다시 그런 것입니다." 아키바는 그 후 뉴욕 외곽에서 열리는 해카톤에 학생들이 올 수 있도록 피자와 음료 비용과 교통비를 위해 2000달러를 기부해달라고 호소한다. 주최 측은 '고질라Godzilla 같은' 거대한 행사를 원한다. 다양한 기술 수준을 가진 사람들이 등록하도록 장려하기 위해 그는 컴퓨터기계협회ACM: Association for Computing Machinery 뉴욕대 지부 회장인 에릭Eric을 카메라에 담았고, 그는 참가자들이 '자바Java를 막 배운 초보자들'에서부터 학위 논문을 끝낸 박사 과정 학생까지 다양할 것이라고 말한다.

에번 코스는 학생에게 코딩이 협력적이고 창의적이며 재미있을 수 있다는 것을 알리는 것이 핵심이었다고 회상했다. "우리는 컴퓨터 엔지니어가 엄마 집 지하실에서 소다를 마시고 감자칩을 먹는 젊은 백인 남자라는 고정관념을 깨고 싶었습니다"라고 그는 말했다. "우리는 협업을 장려하고 싶었어요." 킥스타터 캠페인은 주최 측의 기대 이상으로 성공했다. 이 행사는 2주 만에 24명의 후원자로부터 5005달러를 모금했다. 2010년 4월 해카톤이 열렸을 때 100명의 학생이 참가했고, 그중 12명이 핵NY의 첫 번째 여름 인턴이 되었다. 그 행사는 일련의 뉴욕 스타트업과 파트너십을 맺는 데 도움을 주었다. 또한 뉴욕의 혁신 복합체에서 해카톤이 설립되는 것을 도왔다.

해카톤은 빠르게 하나의 현상이 되었다. "페이스북의 전설적인 해카톤, 그 비밀을 폭로한다"라는 2012년 ≪패스트 컴퍼니≫의 숨 가쁜 헤드라인을 읽는다. 경영 컨설턴트와 비즈니스 이슈를 다루는 작가 들은 "조직의 타성을 타파하고 보다 혁신 중심적인 문화를 주입하기 위한" 기업 전략으로 해카톤을 홍보했다. 같은 이유로 해카톤은 전 세계 정부기관과 비정부단체에 호소했다. 그들 역시 대중적 해카톤을 후원하기 시작했고, 어디에서나 같은 방식으로 운영했다. 몇 년 안에 해카톤은 컴퓨터 기술 경력을 쌓기 위한 가장 중요한 통로였던 컴퓨터사이언스101Computer Science 101에 합류했다.[24]

2015년까지 미국 대학생을 위한 해카톤은 연간 5만 4000명의 참가자를

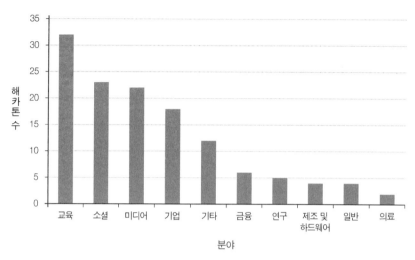

그림 2-2 뉴욕의 모든 대중적 해카톤 부문(2015년)

자료: https://devpost.com/; https://nyhackathons.com/(2015.1.1~12.31)을 참고해 월터 라이(Walter Lai) 정리.

모았다. 2016년 개발자를 위한 웹사이트 데브포스트Devpost는 1000개 이상의 (해카톤) 목록을 게시했다. 행사가 확대되면서 이를 운영하는 것이 사업으로 성장했다. 덤보의 허스트 해카톤 주최자인 에인절핵은 2011년 샌프란시스코에서 설립되었다. 처음 5년 동안 에인절핵은 전 세계에서 거의 300개의 해카톤을 운영했다. 2017년까지 에인절핵은 베이루트Beirut, 보고타Bogota, 호찌민Ho Chi Minh에 이르는 해카톤 행사를 관리하기 위해 현지 '홍보 대사'를 모집했다. 하지만 대부분의 해카톤은 뉴욕에서 열렸다.[25]

뉴욕시에서만 대학, 기업, 정부기관이 2015년에 140개의 대중적 해카톤을 후원했다(〈그림 2-2〉). 30개 이상의 해카톤이 주로 컬럼비아 대학교와 뉴욕 대학교와 같은 연구 대학과 공립 고등학교 같은 교육기관의 후원을 받았다. 23개는 우먼인테크Women in Tech 같은 비영리단체와 뉴욕시 정부기관이 조직했다. 허스트와 같은 미디어 회사들이 거의 대부분이라고 할 정도로 수많은 해카톤을 후원했지만, 뉴욕의 다른 주요 전통 산업인 금융, 부동산, 패

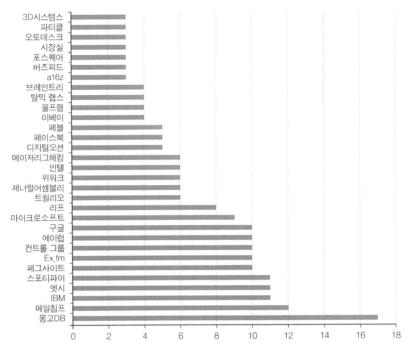

그림 2-3 뉴욕시의 최소한 세 개 이상의 대중적 해카톤을 후원한 기관(2015년)

자료: https://devpost.com/; https://nyhackathons.com/(2015.1.1~12.31)을 참고해 월터 라이 정리.

선은 후원자로서 뒤처졌다. 같은 해, 뉴욕에서 가장 대중적인 해카톤 17개를 후원한 기업은 연쇄 창업가 케빈 라이언Kevin Ryan이 설립한 오픈 소스 데이터베이스 회사인 스타트업 몽고DBMongoDB였다. 몽고DB를 이어 인공 지능 왓슨 사무실이 있는 로어맨해튼의 IBM과 브루클린 소재의 전자 상거래 웹사이트 엣시, 글로벌 본사가 스톡홀름Stockholm에 있으나 미국 본사는 뉴욕에 있는 음악, 비디오, 팟캐스트 스트리밍 서비스인 스포티파이Spotify가 각각 11개의 해카톤을 후원했다. 뉴욕 시장실은 해카톤 단 세 곳을 후원했지만, 공공 부문에서는 가장 적극적인 후원자였다(〈그림 2-3〉).[26]

교육 및 비영리 후원자들이 해카톤 분야를 장악하는 데에는 이유가 있다.

모든 연구 대학은 명성을 얻고, 지식 재산을 창출하고, 학생을 취업에 대비시키기 위해 컴퓨터공학 능력을 적극적으로 개발하고 있다. 뉴욕은 비영리 단체와 자선단체의 국가적인 중심지이기 때문에 시민 기술 분야의 허브로 부상했다. 시민 기술이란 시민 참여를 확대하고 정부를 보다 반응적이고 효율적으로 만드는 디지털 기술의 비영리, 초당적 응용 프로그램을 말한다. 이와는 대조적으로 컴퓨터 하드웨어와 생명공학 회사들이 후원한 소수의 해카톤(세 곳)은 실리콘밸리와 보스턴에 비해 뉴욕의 작은 공간을 반영한다. 뉴욕에서 큰 비중을 차지하는 은행과 금융기관은 금융 거래에 쓰이는 핀테크 디지털 기술을 공격적으로 도입함에도 불구하고 대중적 해카톤을 거의 후원하지 않는다. 이런 기업은 해카톤을 사내에서 개최하고, 더 많은 컴퓨터 엔지니어를 고용하고, 핀테크 스타트업을 사들여 새로운 기술을 습득하는 쪽을 선호할지도 모른다.[27]

뉴욕에서 해카톤을 후원하는 기업 중에는 구글, 마이크로소프트, 페이스북, 아마존의 사업부 오더블Audible이라는 다섯 기술 대기업 중 네 곳이 있다. 지역 기반 기업이 특히 대표적이다. 골드만삭스와 엣시는 뉴욕에 본사를 두고 있고, 구글, 마이크로소프트, 페이스북은 뉴욕에 큰 사무실을 가지고 있으며, IBM과 오더블은 뉴욕과 가까운 교외에 법인 사무실을 가지고 있다. 인텔Intel, 마스터카드, 삼성 스튜디오와 같은 일시적인 후원 기업은 뉴욕과 무관하고, 메일침프Mailchimp 같은 몇몇 스타트업 후원 기업은 미국의 다른 지역에 있다. 참고로 메일침프의 일부 엔지니어는 브루클린의 공유 업무 공간에서 일하고 있긴 하다.

해카톤 후원은 상금이나 상품권 같은 자금 지원에서부터 현물 기부까지 다양한 형태가 있다. 많은 후원자들이 행사에 사용할 독점적인 데이터베이스와 소프트웨어 개발 키트를 참가자에게 제공한다. 제너럴 어셈블나 위워크와 같은 후원 기업은 공유 업무 공간 이용권을 제공함으로써 기여하는 데, 보통 이런 곳들은 월별 또는 일일 요금을 내는 회원을 대상으로 한다. 비록 자리에 제한이 있긴 하지만, 해카톤 입장료는 무료부터 10달러 또는 20달러까지 다양하며 일반적으로 저렴하다. 게다가 보통 참가 대상이 대학생이기 때문에 대부분의 행사는 10월과 5월 학기 사이에 예정되어 있다.

섬세하게 공들인 온라인 행사 발표는 바쁜 뉴욕 시민들이 무상으로 코드를 작성하며 잠 못 이루는 주말을 보내도록 유혹하려는 달콤한 말을 건넨다. 마스터카드가 웹사이트 https://nyhackathons.com/에 올린 코드 마스터 해카톤 발표문에는 "(프로그래머, 디자이너, 개발자 등) 진정한 재능이 있는 코더는 어떻게 구분되는가?"라는 질문을 던지고 있다. [28]

"수천 년 동안 장인은 재능을 인정받아 휘장을 수여받았다. 핀이나 모자와 같은 뚜렷한 상징물이 해당 분야에서 그들의 지배력을 확립했다."

"코더는 세계에서 가장 새로운 장인이 되었다. 400년 전 훌륭한 건축가가 비즈니스 창출에 필수적이었던 것처럼 코더는 웹사이트 창조부터 서버의 유지 보수, 새로운 사내 플랫폼 개발에 이르기까지 모든 일에 필요하다"라고 발표문은 이어간다.

"그러나 코더의 질, 동료 사이의 지위, 심지어 그들의 시도와 업적까지 보여주는 인증 도장은 없다."

그냥 듣기에도 아부가 과하지만, 발표는 본론으로 들어가 "마스터카드 코드 마스터 경연에 참여하라"고 선언한다. "이러한 일련의 치열한 해카톤을 통해 우리는 전 세계를 가로지르며 **최고의 코더들과 함께한다**(강조는 지은이)는 하나의 목표를 가진다."

마스터카드는 전 세계의 기술 중심지에서 열리는 일련의 지역 해카톤을 통해 '최고의 코더'를 가려낼 것이다. 마지막에 대상 수상자는 현금 10만 달러를 받고, 아일랜드 더블린Dublin, Ireland의 마스터카드 액셀러레이터에서 2주 동안 콘셉트를 연구하게 된다. 대상 수상자는 또한 마스터카드의 중역 프로그램 팀으로부터 6개월간 멘토링을 받을 것이고, 마스터카드의 온라인 결제 플랫폼 심플리파이 커머스Simplify Commerce 1년 무료 사용권과 최대 25만 달러 상당의 마스터카드 상품을 받는다. 지역 대회 수상자들은 대상을 겨루기 위해 실리콘밸리로 날아갈 것이다. 샌프란시스코와 도시 북쪽의 와이너리 지역에서 며칠간 머물며 '마스터카드의 대단히 중요한 경험'이라는 역할과 책임R&R을 가지게 될 것이다. 지역 대회의 2위 팀에게는 마스터카드 상품권이 주어진다.

코드 마스터 해카톤은 이렇게 펼쳐진다. 11월 어느 토요일 아침, 150명의 개발자, 디자이너 및 기업가 들이 로어맨해튼에서 공유 업무 공간과 행사장을 임대하는 임팩트허브Impact Hub 두 층을 채우기 시작한다. 그들은 마스터카드의 '팀원 및 멘토 팀원' 라벨을 단 25명의 약간 나이 든 남녀로부터 미소와 함께 인사를 받는다. 많은 참가자들은 컬럼비아대, 뉴욕대, MIT, 스탠퍼드대의 로고가 새겨진 스웨터를 입는다. 허스트 해카톤처럼 아시아인이 우세하다. 하지만 이번에는 여성이 참가자의 10%밖에 차지하지 않는다. 그러나 이 방에서 가장 중요한 사람은 여성이다. 그녀는 마스터카드의 최고재무책임자CFO: Chief Financial Officer 마티나 훈드미진Martina Hund-Mejean이다. 그녀는 ≪재무와 리스크 매니지먼트Treasury & Risk Management≫가 '금융계에서 가장 영향력 있는 100인' 중 한 명으로 세 번 선정, ≪아메리칸 뱅커American Banker≫가 '금융계에서 가장 영향력 있는 여성' 중 한 명으로 3년 연속 선정, 금융여성협회Financial Women's Association가 '올해의 여성(민간 부문)'으로 선정했다.

훈드미진은 스니커즈를 신고, 마스터카드 후드 티를 입고서 친근하게 보이기 위해 노력하고 있다. 그녀는 "저는 독일 이민자일 뿐 아니라" 하고 청중에게 자신의 이야기를 전하면서 "인터넷 이민자이기도 합니다. 여러분은 인터넷 토박이이고 세계 최고입니다. 여러분은 아름다운 것을 만드는 놀라운 능력을 가지고 있습니다"라고 말을 이어나갔다. 마치 대본을 읽듯이 그녀는 온라인 발표에서 쓰였던 "여러분은 중세 시대의 위대한 예술가입니다"라고 입에 발린 용어를 반복한다. "여러분은 아름다운 것을 만드는 능력이 있습니다. 사람들이 원하는 아름다운 것이 전 세계에 퍼져 나갈 것입니다."

그리고 나서 본론으로 들어간다. "왜 마스터카드가 당신에게 관심을 보일까요?" 하고 물었다. "최근 케냐 나이로비Nairobi, Kenya에서 재정 지원 프로그램을 후원했는데 마스터카드는 대체로 내부적인 혁신을 보였습니다. 그러나 이 프로젝트는 **모두 외부 혁신에 관한 것입니다.**"

마스터카드의 목표는 혁신을 크라우드소싱하는 것(참가자들이 무상으로 만든 새 앱을 얻는 것)이지만, 훈드미진은 해카톤에서 **참가자**에게 **기업가적인** 큰 기회를 제공한다. "우리는 당신이 벤처 투자가, 창업 경로, 펀드, 사모 펀드에 가 닿을 수 있도록 돕고 싶습니다"라고 그녀가 말한다. "우리는 사람들을 연결하고 싶습니다." 이 점을 더욱 설득력 있게 하기 위해, 그녀는 마스터카드가 사업이라는 사실을 무시한다. "우리는 궁극적으로 네트워크입니다." 그리고 또 이렇게 말한다. "우리는 은행이 아닙니다." 그러나 참가자의 진로 포부를 마스터카드의 사업 전략과 조심스럽게 연결시킨다. "당신의 아이디어, 열정, 창의성을 보여주고 싶습니다." 그녀가 말한다. "**최고의 소비자 경험을 만들기 위해.** 정말 신나는 일이지요. 여러분은 전 세계 사람들과 경쟁하고, 네트워킹을 하고, 투자자들을 만날 것입니다!"

거의 모든 해카톤 후원자들이 사용하는 표준 대본은 출세 지향적인 용어와 상업적 압력의 동일한 조합으로 형성된다. 때때로 복음적 미사여구는 훨씬 더 높은 곳을 향한다. 마스터카드 행사 2주 후, 브레이크 더 뱅크 핀테크 해카톤 위켄드Break the Banks Fintech Hackathon Weekend 개막식에 에스토니아의 핀테크 스타트업 트랜스퍼와이즈Transferwise의 마케팅 매니저는 참가자들에게 "우리는 **회사**가 아니라 **사명**을 세우기 위해 여기에 왔습니다. **은행을 무너**

뜨리는 것이 우리의 사명입니다!" 어떻게 이것이 가능한 것인가? "**해카톤으로 한 걸음씩 금융을 혁명하라!**"[29]

이 메시지는 특히 남아시아와 동아시아의 젊은이들에게 반향을 일으켰다. 몇몇 팀은 이미 허스트 이머시브 핵이나 마스터카드 해카톤 또는 둘 다에 참가했다. 그들은 모두 핀테크에 대한 아이디어를 가지고 브레이크 더 뱅크 해카톤에 왔다. 헤지 펀드를 다루는 헨리Henry는 "사람들이 헤지 펀드를 가지고 함께 모여서 소통하게 해줄" 플랫폼에 대한 아이디어가 있다고 말했다. 브롱크스Bronx에 있는 포덤 대학교Fordham University에서 수학과 컴퓨터공학을 전공한 어니스트Ernest는 문자 메시지로 은행 계좌에서 돈을 송금하는 방법을 개발하기 위해 친구 셋과 함께 왔다. 하지만 그는 또한 코드 쓰는 것을 좋아하기 때문에 온 것이기도 했다. "해킹이 우선입니다." 그가 말했다. "그다음이 사업. 나는 '해킹'이라는 말을 좋아하지 않아요. 그건 (불법적인) 해커를 떠올리게 해요. '빌딩'이 더 좋습니다. 그것이 여기서 우리가 하는, 우리가 만드는 것입니다. 제품이 없더라도 문제 해결과 관련이 있기 때문에 상관없습니다."

그러나 골드만삭스에서 일하는 하리Hari는 이 행사를 사업 전략 측면에서 보고 있다. "이번 해카톤은 다른 것들과 다릅니다"라고 그가 말했다. "이것은 기술보다 더 큰 비즈니스이며 시장성이 있는 제품을 만드는 것입니다." 근처에 있는 한 아시아인 젊은이가 팀에 참가할 다른 참가자들을 적극적으로 모으려고 했을 때 비슷한 의견을 피력했다. "저는 고객들이 투자에 관한 데이터에 접근할 수 있도록 하는 API를 연구하고 있습니다"라고 그는 말했다. "저처럼 (기술적) 능력이 있다면 매우 쉬운 일입니다. 이걸 비즈니스 모델로 만들 수 있도록 도와줄 사람이 필요합니다. 여러분이 저에게 피드백을 주셨으면 합니다. 저는 배우고 싶습니다. 그것이 바로 제가 우리 팀에서 찾고 있는 것입니다."

'혁신과 기업가 정신'의 주요한 용어가 모두의 열망을 자극하지만, 해카톤 참가자들은 자기 계발에 대한 의욕 역시 강하다. 그들은 해카톤 기간 동안의 무급 노동이 새로운 기술을 배우고, 일자리를 위한 인맥을 형성하며, 그리고 어쩌면 이력서를 멋있게 만들 수 있다고 깊이 믿고 있다. 사회학자 지나 네프Gina Neff는 이것을 '벤처 노동venture labor'이라고 부르는데, 사람들이 무급 노동을 경력에 대한 투자로 삼는 것을 말한다. 이것은 패션모델에서부터 그래픽 아티스트에 이르기까지 신경제에서의 많은 직업이 보이는 전형적인 모습이다. 그러나 경험으로부터 이익을 얻을 것이라는 참가자들의 진심 어린 믿음을 의심할 수 없다.[30]

소프트웨어 사업에 종사하는 레이Ray는 코드 마스터 해카톤에 참가하려고 친구 두 명과 함께 노스캐롤라이나North Carolina에서 뉴욕으로 차를 몰고 왔다. "우리는 코드를 더 잘하는 방법을 배우기 위해 이곳에 왔습니다"라고 그가 말했다. "그리고 우리의 아이디어를 보여줄 수도 있습니다." 그들은 '쇼핑 업계의 틴더Tinder'가 될 앱에 대한 아이디어를 가지고 있다. 영화 제작자 신시아Cynthia는 이제 막 코드를 배우고 있다. 그녀는 "저와 다른 일을 하는 사람들을 만나는 경험을 하기 위해 이곳에 왔습니다"라고 말했다. 그러나 그녀 역시 제품에 대한 아이디어가 있었다. "저는 사람들이 뉴욕의 진정한 공간의 사진과 영상을 올릴 수 있는 플랫폼을 만들고 싶습니다."

40대의 베트남인 반Van은 허스트 이머시브 핵 대회 참가자 중 절반은 다른 행사에서 본 적이 있다고 말했다. "저는 네트워크의 이익을 얻기 위해 이곳에 왔습니다"라고 그는 말했다. "후원자를 만나기 위해서요. 이런 것에 대해 이야기할 때, 여기서 무슨 일이 일어나고 있는지 정말로 이해하게 됩니다. 저는 여기 와서 논쟁을 할 필요가 있습니다." 그는 '감정 분석'을 위한 새로운 알고리즘을 개발하려고 노력했지만, 해카톤은 모든 것이 비즈니스라는 것 역시 이해했다. "이들은 팔고 싶어 합니다"라고 그는 말했다. "더 나아저야 합니다. 만약 이 사람들이 나를 바라보기를 원한다면 최고가 되어야 합니다." 그러나 돈이 중요한 것은 아니라고 그는 주장했다. "이것보다 더 쉽게 돈을 벌 수 있는 방법이 있습니다"라며 그는 웃었다. "그러나 여기서는 평범한 곳에 머물렀을 때 대화할 기회가 없었던 사람들과 이야기를 나눌 수 있습니다."

뉴욕에서 직장을 구하고 있는 로스앤젤레스Los Angeles 출신의 아프리카계 미국인 에드워드Edward도 같은 이유로 참가했다. 그는 허스트 행사에 '멋진 사람들을 만나기 위해' 그리고 '창조하기 위해' 왔다. 그는 누가 이기는지를 보고 싶어 한다. "저는 두세 명 정도의 사람이 정말로 놀라운 것을 디자인했다고 생각합니다."

뉴욕에서 1년을 보내고, 허스트 이머시브 핵의 기발한 코드 챌린지 상을 수상한 싱가포르 대학교 팀의 공Kong은 이런 도시에서 열리는 해카톤 간의 차이점을 주시하고 있다. "뉴욕의 해카톤은 좀 더 스타트업 지향적인 경향이 있어요"라고 그는 말했다. "참가자들은 해카톤 아이디어를 스타트업 회사에 포함시키는 것과 같은 수준으로 끌어올립니다." 그는 뉴욕 해카톤이 "단시간 내에 새로운 기술을 배우고 비즈니스 문제를 해결할 수 있는 능력"을 제공하기 때문에 좋아한다.[31]

그러나 많은 참가자들에게 코드를 쓰고 문제를 푸는 것은 놀이의 한 형태라는 것을 기억하는 것이 중요하다. "저는 해카톤이 재미있어요"라며 테크크런치 디스럽트 해카톤TechCrunch Disrupt Hackathon이라는 대형 행사에 참가하기 위해 뉴욕주 북부에서 3시간 동안 차를 몰고 온 제이크Jake가 말한다. "창조적인 자극으로도 완벽합니다. 저는 기업 컨설턴트로 일하는데, 때로는 뭔가를 만들고 연구할 시간을 놓치곤 합니다. 해카톤은 제가 이런 걸 할 수 있게 해줍니다."

소호에서 일하는 소프트웨어 개발자 찰리Charlie는 해카톤을 사교적인 행사로 본다. "저는 새로운 사람을 만나기 위해 여기에 옵니다"라고 그가 말했다. "하지만 대부분 옛 친구들을 만나고, 일에 대한 책임과 너무 멀어진 거리 때문에 더 이상 만나지 못했던 사람들과 만납니다." 그는 또한 비상한 '몰입감'을 주기 때문에 일이 보통의 업무 공간과 근무 시간을 벗어난 데에서 즐거움을 찾는다. "저는 다른 사람들과 직접 일하는 게 즐거워요"라고 찰리가 말했다. "특히 이른 아침 시간까지요. 이건 일상생활에서 경험할 수 없는 일입니다."[32]

아직 정규직이 아닌 참가자들은 코드로 뭔가를 만들고, 무료 음식과 간식을 먹는 '재미'에 대해 이야기했다. 하지만 그들에게는 경력을 쌓는 것에 대한 우려가 분명히 있었다. 컬럼비아 대학교의 대학원생 크리스Chris는 오더블의 퓨처 오브 리스닝 해카톤Future of Listening Hackathon에 참가했는데, "왜냐하면 제가 소프트웨어 엔지니어로서 경력을 시작할 것이기 때문입니다. 이것은 저 또한 무언가를 얻을 수 있는 주말 여름 캠프와 같은 것입니다. 이 경험이 이력서를 내고, 기본기를 갖추는 데 도움이 될 것입니다".

인도 출신의 20대 후반 컴퓨터과학자로 월가의 대형 은행에서 일하며 스타트업을 계획하고 있는 라지Raj는 훨씬 더 실용적이었다. 그는 '똑똑한 사람들'을 만나 인맥을 쌓기 위해 두 달에 한 번씩 해카톤에 간다고 말했다. 그가 인도에서 학부생이었을 때 해카톤에 더 자주 참가했다. 그러나 그는 "아이디어가 좋지 않았습니다"라고 말했다. 이와는 대조적으로 뉴욕 해카톤은 창의적인 아이디어가 훌륭하고, 그것이 그를 전문적으로 도울 수 있다고 생각한다. 브레이크 더 뱅크 해카톤에서 라지는 헤지 펀드 스타트업에서 일하는 인도 출신의 다른 남자와 비건식 점심을 먹으며 가벼운 대화를 나누었고, 이 만남이 미래에 유용할 것이라고 생각했다. 게다가 대학원생인 크리스와 데이브Dave처럼 라지는 해카톤에 참가해서 수상하는 게 이력서에 중요하다고 믿는다. 비록 해카톤이 참가자를 취업시키는 데 집중하지는 않지만 채용 담당자는 구직자가 어떻게 일을 해왔는지 보고 싶어 한다고 그는 말했다. 대중적 해카톤을 후원하기도 하는 그 은행에서는 직원 1만 명 중 약 5%가 정기적으로 해카톤에 참가하고 있다고 그는 말했다.

참가자들은 밤새도록 코드를 작성하기 위해 공동체에서 일하는 집단적 인 행복감이 해카톤의 매력 중 한 부분에 불과하다는 것을 알고 있다. 테크 크런치 디스럽트 해카톤에서 폴로 셔츠와 비싼 시계를 착용하고 있던 민Min 은 "기업이 제품을 시험하고 재능 있고 똑똑한 사람을 채용할 수 있는 좋은 방법이기도 합니다"라고 말했다. "해카톤은 재미와 사업 사이의 공생 관계 에 관한 모든 것입니다."

해카톤의 '사업적인 측면'이라 하면 무엇보다도 돈에 관한 것이다. 웹 디 자이너이자 해카톤 발표를 '큐레이션'하는 웹사이트의 공동 설립자인 루카 스Lucas는 "기업 행사에서, 이 회사들은 의제가 있습니다"라고 말했다. "그들 은 이윤을 남기고 싶어 합니다. 주말에 해카톤을 조직하는 데 수천 달러를 씁니다. …… 선의를 베풀기 위해 하는 게 아닙니다." 그는 후원 기업이 참 가자를 착취한다고 생각한다. "그들은 똑똑한 사람들이 문제를 해결하도록 하기 위해 값싼 방법을 찾습니다"라고 그는 말했다. "무상으로 일을 해주는 인턴과 같습니다." 30대의 게임 개발자인 네이트Nate 역시 해카톤을 후원 기 업을 위한 값싼 R&D 형태로 해석했다. 기업은 "기술을 시험해 보는 동안 그 걸 즐기는 괴짜를 고용하는 게 더 싸다"는 것을 발견했다고 그는 말했다. "누군가 이것을 기업 환경 내에서 하는 것보다 말이죠."[33]

이 행사에서 '멘토' 역할을 하는 후원사 대표들은 참가자에게 회사가 원하 는 것을 신중하게 안내한다. 한 오더블 멘토가 "당신은 고객을 참여시켜야 합니다"라고 퓨처 오브 리스닝 해카톤에서 두 명의 참가자에게 말했다. "고객은 정보를 쉽게 추정할 수 있어야 합니다." 또 다른 멘토는 "앱이 사용자들을 똑똑하고, 교육받았고, 흥미로운 사람들이라는 사실을 반영하도록 해야 합니다. 단순한 것이 좋습니다. 앱은 사용하기 쉬워야 합니다"라고 말했다.

그러나 시제품을 얻는 것은 기업이 해카톤을 후원하는 하나의 이유일 뿐이다. 허스트 이머시브 핵의 한 후원사 대표는 "나를 고용한 허스트 관계자는 채용을 위해 해카톤을 합니다"라고 말했다. "요즘은 인재를 구하기가 힘들어요. 그리고 그건 돈이 많이 듭니다! 채용 담당자는 해카톤을 통해 직원을 채용할 경우 (초봉의) 20~30%를 청구합니다. 그럼 왜 애를 쓰겠어요? 이건 시스템을 우회하는 방법입니다." 오더블 행사의 후원사 대표들은 참가자에게 회사가 "재능 있고 야심찬 소프트웨어 엔지니어와 UX(사용자 경험) 디자이너, 즉 팀의 일원이 되고, 좋은 코드를 작성하고, 아이디어를 실행하고, 현상에 도전하는 말하자면 상황을 개선할 사람"을 찾고 있다고 말했다.

후원 기업은 또한 브랜딩과 평판 효과에서 큰 이익을 얻는다. 오더블 행사의 한 대표는 "해카톤 행사의 또 다른 중요한 점은 가시성과 마케팅입니다. 학생은 학교로 돌아가서 친구에게 오더블에 대해 이야기하겠죠. 오더블이라는 브랜드가 더 많은 대중에게 확장되는 것입니다"라고 말했다. 같은 행사에서 일하는 오더블 API 멘토는 해카톤은 "기업이 '멋진' 프로필을 유지해야 하기 때문에 중요합니다. 혁신적이고 새로운 것을 보여줄 수 있어야 합니다. 이런 이야기는 널리 퍼져야 합니다"라고 말했다.

다시 말해서, 해카톤 참가자는 어떤 회사의 급여도 받지 않고 제품 혁신을 제안할 수 있을 뿐 아니라, 돈을 받지 않는 기업의 전도사가 될 수도 있는 것이다. 오더블 API 멘토는 기업이 "**사람들**을 위해 경쟁하고 있습니다"라고 말했다. 해카톤이란 "**열정적인** 사람을 찾는" 방법이다.

하드웨어와 소프트웨어 회사 모두 참가자가 제품을 사용하고, 개선하고, 추천하기를 바란다. 주말에 해카톤을 개최하는 공유 업무 공간의 주인들은 참가자들이 주중에 책상을 빌리러 오길 원한다. 에인절핵은 다른 방식으로 이득을 얻는다. 이 회사는 각 행사를 기획하는 데 수수료를 부과할 뿐 아니라 에인절핵의 액셀러레이터를 통해 스타트업을 모집하는 데 이 행사를 이용한다. "상을 받은 해카톤 팀의 대부분은 우리의 핵셀러레이터HACKcelerator 프로그램에 참여합니다"라고 최고 마케팅 책임자가 말했다. "작년에 우리가 개최한 50개 행사에서 36개 팀을 다음 단계로 초대했습니다. 그리고 지역 멘토뿐 아니라 글로벌 멘토와도 접촉할 수 있도록 지원했습니다. 실력이 있다면 실리콘밸리에서 큰손 투자자와의 만남도 주선할 수 있습니다." 대부분의 액셀러레이터와 마찬가지로 에인절핵도 스타트업의 지분을 보유하고 있다. 마케팅 매니저에 따르면 평소의 절반인 3%의 지분만을 가져갔지만 포트폴리오는 2016년 당시 2800만 달러의 가치가 있었다.[34]

사람들이 말하는 바에 따르면 해카톤은 아이디어, 제품, 재능, 채용 측면에서 후원 기업과 참가자 모두에게 전략적인 투자다. 그러나 놀랍게도 이러한 목표 중 많은 것들이 실현되지 않는다.

그들이 명시하는 목표와는 대조적으로, 후원사 대표들은 대중적 해카톤이 시장성 있는 시제품이나 심지어 개념 증명을 만들기 위한 최적의 환경은 아니라고 말했다. 그들은 보통 만난 지 얼마 되지 않았고 같은 '언어'를 공유하지 않는 팀원들과 빠르게 일하는 것은 기껏해야 흥미 있는 아이디어를 만들어내는 데 불과하다고 말했다. 2005년 캐시 시에라의 블로그 게시물 "24시간 안에 뭔가 멋진 것을 만들라"를 연상시킨다. 그녀는 혁신에 대한 열정적이고 몰입적이며 협력적인 연습은 종종 '97%의 쓰레기 같은 결과'를 초래할 수 있다고 말했다. 게임 개발자 네이트는 해카톤의 주요 가치는 교육적인 것이라고 좀 더 너그럽게 말했다. 해카톤은 '기술 분야의 사회적 유대'로서 해커들을 사업적 규범에 맞게 사회화하는 기관인 것이다.

해카톤은 인재 채용에도 효과적이지 않다. "우리는 채용을 위해서 이곳에 왔습니다"라고 트래블테크 해카톤 티핵tHack에서 일하고 있던 한 후원 기업의 관계자가 말했다. "이번이 올해 다섯 번째 해카톤입니다." 그러나 그는 "솔직히 말하자면, 우리는 전혀 성공하지 못했습니다. …… 그러니까 인턴 둘을 고용했지만 그게 다입니다"라고 인정했다. 해카톤에 다니는 게임 개발자 네이트는 그가 스타트업에서 채용 담당자로 일했기 때문에 이 행사가 좋은 채용 도구가 되기에는 '너무 비체계적인' 행사라고 생각한다고 말했다. 참가자들이 해카톤에서 보여주는 방식은 '진짜' 팀에서 어떻게 성과를 보여줄 것인지를 나타내지는 않는다. 비록 몇몇 인재들이 이 행사에서 '채용'될 수 있긴 하지만, 채용 담당자는 전통적인 직업 면접과 인성 검사에 의존하는 것을 선호한다고 그는 말했다.

그런데도 기업, 정부기관, 대학, 심지어 고등학교까지도 이 행사를 계속 후원하고 있다. 월가의 은행에서 일하지만 스타트업을 준비하고 있는 라지는 해카톤이 "대기업이 현장에서 일어나고 있는 일을 접하게 하고 네트워킹과 협력을 증진시킨다"고 생각한다. 아마도 자신의 미래를 생각하면서 라지는 그것이 나쁘다고 생각하지는 않는다.

반면 네이트는 거대 기술 기업의 힘이 커지면서 해카톤이 덜 혁신적으로 변하고 있다고 우려한다. "작은 물고기를 막고 있는 …… 빅 파이브, 즉 구글, 페이스북, 마이크로소프트, 넷플릭스Netflix, 아마존"이 지배하는 디지털 생태계에 남아 있는 이런 행사를 보며 그는 말을 이었다.

네이트는 해카톤이 옛 해커 문화의 열정을 지속할 때 가장 효과가 있다고 생각한다. 그는 "이걸 '팬보이즘fanboyism'에 비유할 수 있을 겁니다"라고 말했다. "팬보이, 젊은 남성들이 만화책과 비디오 게임에 보여준 맹목적이고, 공격적인 헌신 말입니다. 이 모든 것은 기술 회사의 편협한 성격을 바꾸는 것입니다." 그러나 권력의 비대칭성은 항상 후원 기업에게 유리하다. 이런 행사가 '몰입해' 들어가 집단적인 활력을 불어넣음에도 불구하고 "개방적이고, 낭만적이며, 접근하기 쉬운 생태계는 신화다".

그럼에도 불구하고 해카톤 참가자 중 후원 기업에게 이용당하거나 기업 가치에 노출되는 데 불평하는 사람은 거의 없었다. 오히려 정반대다. 허스트 이머시브 핵에서 만난 코넬 공대 학생 딜립Dilip은 "팀 빌딩, 우리가 이른 시간까지 하는 일, 아이디어 공유, 새로운 기술에 대한 학습, 다른 팀이 어떻게 하는지 보기, IBM, 디즈니, 마이크로소프트 같은 회사와 같은 공간에 있는 것은 정말 놀라운 일입니다!"라고 말했다. 이런 사고방식에 대한 비판은 드물기 때문에 두드러진다. 코드 마스터 해카톤에 참가한 뉴스쿨The New School 대학원생 마야Maya는 "돈을 강조해서 실망했어요"라고 말했다. "저는 브레인스토밍, 창조, 세상을 바꾸는 일에 관심이 있습니다. 제가 전에 방문했던 AT&T 해카톤이 훨씬 더 좋았어요. 그들은 뭔가 의미 있는 일을 하고 있었어요. 여긴 시장 확대에 매몰되어 있어요."

외부인에게 해카톤은 처음에 이국적인 의식으로 보인다. 보상은 불확실하고 참가자의 동기는 이해할 수 없다. 하지만 인류학자 클리퍼드 기어츠Clifford Geertz가 1950년대 말 아내와 현장 연구를 진행한 것을 바탕으로 분석한, 여러 세대에 걸쳐 대학생들이 읽었던 발리Bali인의 닭싸움처럼, 해카톤은 더 큰 사회와 문화의 핵심 모티프를 구체화한 전형적인 행사이다. 기어츠는 사회 시스템의 의미는 규칙이나 생각의 추상적인 집합으로는 존재하지 않는다고 말했다. 구성원의 기호, 상징, 행위, 특히 자주 일어나는 주요 사건의 의식에 의해 만들어지며, 강박적으로 이야기되고, 큰 위험을 수반한다. 기어츠가 발리에 머무는 동안 불법이긴 하지만 닭싸움이 그런 행사 중 하나라는 것을 발견했다. 남자들은 친척, 가족, 마을의 수탉이 다른 집단을 대표하는 수탉을 불구로 만들거나 죽일 것이라고 터무니없이 높은 금액을 걸었다. 그것은 켄터키 더비Kentucky Derby나 월드컵World Cup보다 더 치열하고 더 개인적인 것이었다. 우승은 승리한 닭의 주인뿐 아니라 더 뛰어난 사람에게 명예와 지위를 의미했다. 적어도 기어츠의 관점에서 닭싸움의 세부 사항은 발리 사회의 더 큰 의미를 보여주었다.[35]

발리인의 닭싸움처럼 해카톤은 일상적인 사교 모임이자 예측할 수 없는 사회적 상황이다. 그것은 경쟁뿐 아니라 협력도 포함한다. 참가자를 해카톤이 확립한 신념과 지위 체계에 따라 한자리에 모이게 하고, '설계자', '개발자', '선구자', 미래의 스타트업 창업자로서 사회적 역할이라고 여기는 행동 양식을 제공한다. 하지만 이런 종류의 행사는 결코 혼자만의 것이 아니다. 그것은 실존적 의미와 힘을 주는 더 넓은 틀을 나타낸다. 닭싸움의 경우, 더 넓은 구조는 가족과 지위에 기초한다. 해카톤은 1980년대 이후, 특히 2008년의 금융 위기 이후 시장 경제의 재편에 기반을 두고 있다. 경쟁이 치열해지면서 노동자는 불안정하고 일시적이며 프로젝트 중심적인 협업을 수용해야 했다. 그러나 혁신을 '제조'하기 위한 자본의 필요성 역시 강화되었다.

해카톤 참가자는 직업에 대한 희망, 승부에 대한 열망에 의해 동기 부여를 얻는다. 그러나 무엇보다도 마음속 깊은 곳에서는 재미가 있다. 업무 공간과 근무 시간이 뒤섞인 유동적인 상황에서 이러한 감정적 보상이 해카톤을 신경제의 전형적인 행사로 만드는 근본적인 핵심이다. 이는 기술 기업이 지속적인 혁신의 흐름을 창출하기 위해 필요한 가장 젊고 숙련된 '인재'를 접하고 훈련시키는 매우 효과적인 방법이다. 강압적이지 않고 설득력 있는, 즉 해카톤은 자본주의의 새로운 정신을 구현한다. 기업적이고 장난기 많고, 좋은 경력을 원한다면 소프트웨어 개발자에게는 필수적이다.

새로운 업무 규범과 문화적 관행의 설득력 있는 조합, 기업가 정신과 혁신의 장을 촉진하는 해카톤은 혁신 복합체의 토대를 마련한다. 이는 인력을 사회화하고 기술 공동체를 구축하는 데 도움이 된다. 그러나 혁신을 축하하고 기술 공동체의 규범이 실행되는 유일한 모임은 아니다. 2000년대 초반부터 밋업도 똑같이 중요한 역할을 해왔다.

해카톤과 달리 밋업은 경쟁적인 행사가 아니다. 그들 역시 사업에 집중하려는 의도가 아니다. 대신에 밋업은 같은 생각을 가진 사람들이 '멋진 기술'을 시연하고 이야기할 수 있는 온오프라인 플랫폼이다. 이러한 행사는 개발자, 스타트업 창업자, 투자자 간의 네트워킹 기회도 제공한다. 해카톤처럼 혁신을 제도화하기 위해 참가자들의 포부를 '레버리지'한다. 그 과정에서 밋업은 영향력, 돈, 권력을 위한 플랫폼이 된다. 이것은 2015년에 최고조에 달했던, 매달 열리는 데모와 뒤풀이 파티에 최대 800명의 사람이 모인 뉴욕기술밋업에 관한 이야기다.

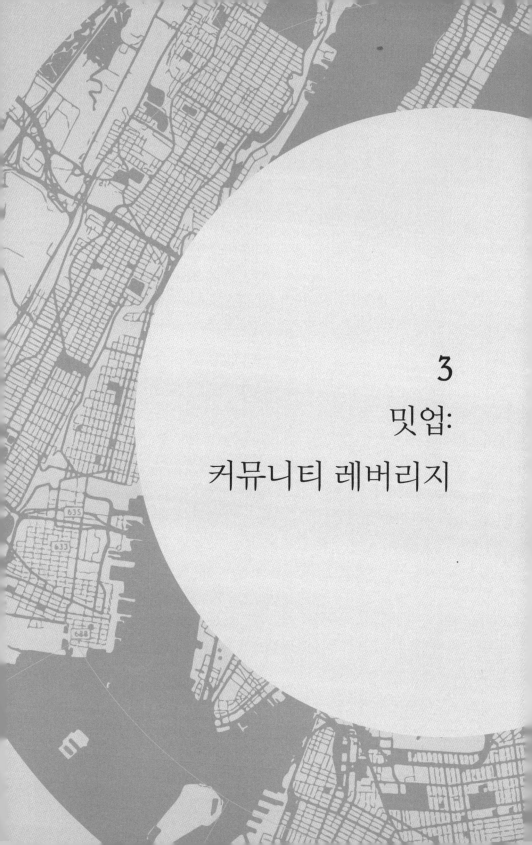

3

밋업:
커뮤니티 레버리지

긴 적갈색 머리에 작은 키의 활동적인 여성 돈 바버Dawn Barber에게 모든 사람은 '친구'이고, '오래된 친구', '매우 오래된 친구' 또는 '새로운 친구'라는 범주 안에 놓인다. 오늘 밤 그녀는 검정 청바지를 입고 그리니치빌리지 Greenwich Village의 뉴욕대 캠퍼스에 있는 스커볼 센터Skirball Center의 강당을 훑어보고 있다. 30분 뒤면 오후 7시에 월간 뉴욕기술밋업NYTM이 시작되는데, 대부분 20대에 청바지를 입고 있는 500여 명의 남녀들이 벌써 줄지어 앉아 수다를 떨며 웃고 있다. 바버는 강당 앞 중앙 왼쪽의 3열 좌석을 지휘하고 있다.[1]

바버는 이 자리에 초대해 참석한 귀빈들을 안내하는데, 이들은 뉴욕 기술계에서 '수년간' 활동해 온 두 남자와 세 여자 그리고 이 방에서 유일하게 '정장'을 입은 다섯 명의 중년 남성들, 그녀가 벤처 투자가라고 소개하는 사람들과 나를 말한다. 각자의 소개와 함께 돈의 '친구들'은 명함을 교환하고 다음 친구가 도착하고 새로운 소개가 시작될 때까지 몇 분 동안 수다를 떤다.

바버는 밋업이 어떻게 진행되는지 보여주고 있다. 비록 이 행사의 명시적인 목적이 혁신가가 발명했거나 혁신적인 방법으로 조립한 몇몇 멋진 신기술을 '데모'(시연)하는 것이지만, 진정한 목표는 작업에 유용할 수 있는 참석자를 광범위하게 네트워킹하는 것이다. 벤처 투자가나 에인절 투자자인 경우 스타트업에 자금을 댈 수 있을 것이다. 만약 소프트웨어 엔지니어나 디자이너라면 훌륭한 아이디어에 기술력을 더하고 파트너가 될 것이다. **그들이 당신**을 고용하지 않는다면 **당신**이 **그들**을 고용할 수도 있다. 이 행사는 뉴욕의 기술 공동체를 건설하고 뉴욕의 스타트업 생태계를 홍보하기 위해 고안되었다.

20년 이상 동안, 바버는 디지털 기술을 가지고 일하는 사람들, 즉 기술 '공동체'와 기업, 비영리단체 같은 지원 조직과 정부기관에 속하는 뉴욕 사람들 사이의 복잡한 관계를 형성하는 데 도움을 주었다. 많은 사람들이 그러하듯이 '스타트업'을 '기술'의 대들보로 삼는다면, 공동체와 조직이 함께 이 도시의 스타트업 생태계를 형성한다.[2]

NYTM은 생태계의 양면에서 특이한 위치를 차지하고 있다. 이 단체는 기술에 대한 공동의 헌신에 대해 유대감을 가지고 있는 사람들의 공동체이자 주기적으로 이 사람들을 모으는 비영리단체다. 이 단체는 또한 그들의 이익을 대변하고 종종 선출직 공직자와 대화를 나누거나 항의함으로써 이익을 방어하기 위해 그들을 동원한다. 일을 더 복잡하게 만드는 것은 NYTM이 전 세계의 다른 지역에서 운영되지만 동일한 디지털 플랫폼을 사용하는 그룹 네트워크인 밋업 시스템의 일부라는 점이다. 밋업이라고도 불리는 플랫폼의 독점 소프트웨어를 소유하고 있는 회사는 2002년에 설립되었고, 2017년에 확인된 2억 달러에 위워크에 인수되었다. NYTM은 거의 6만 명의 회원을 보유하고 있고, 전 세계 밋업 시스템의 25만 그룹 중 가장 크다.[3]

2004년 돈 바버는 밋업 플랫폼의 창시자이자 밋업의 CEO인 스콧 하이퍼먼Scott Heiferman과 함께 NYTM의 공동 설립자로 합류했다.[4] 1990년대에 플랫아이언 지구에 있는 시민회관에서 그녀를 만났을 때, 그녀는 어퍼웨스트사이드Upper West Side에서 작은 골동품 가게를 운영하다가 뉴욕뉴미디어협회NYNMA: New York New Media Association의 임원, 닷컴 창업자와 벤처 투자가 협회의 임원, 실리콘 앨리에서 가장 집중된 기술 회사를 구성하는 다른 전문직종으로 직업을 옮겼다고 말했다. 그녀가 말하는 것을 듣고 있으면 그녀가 전도사가 되기 위해 태어났다는 것을 알 수 있다. 그녀는 또한 뉴욕 토박이이고 뉴욕을 대변하는 것을 부끄러워하지 않는다. "사람들이 왜 여기로 이사하고 싶어 하죠?"라고 그녀가 묻는다. "왜냐하면 우리는 엄청 멋지니까요! 우리는 최고의 위치에 있고 창의적인 기술 공동체와 다양한 인구를 보유하고 있으며 그로 인해 뉴욕은 보다 포괄적인 팀을 구성할 수 있는 (모든 종류의 고객과 관계를 맺을 수 있는) 훌륭한 장소가 되었어요."

그녀와 함께 일하는 대부분의 사람들과는 달리, 바버는 기술 전문가도 아니고, 투자자도 아니다. 그러나 그녀는 이 생태계에서 훨씬 더 중요한 틈새 niche를 차지하고 있다. 그녀는 위원장이자 연결 고리이며 기술계 사람들과 그들과 함께 일하기를 원하는 조직들 사이의 중요한 연결점이다.

오늘 밤의 밋업은 '아트테크'의 밤이라고 할 수 있다. 각 발표자는 10분 동안 창작물을 보여줄 수 있다. 이들은 디지털로 생성된 이미지나 어떤 면에서는 '예술적'인 웨어러블 기술로 구성되어 있다. 그런 다음에 5분 동안 청중의 질문에 답한다. 돈은 엄격하게 시간을 제한하는 이유로 벤처 투자자를 들었다. "그들은 주의력 결핍 장애를 가지고 있어요"라고 웃으며 말했다. "그들은 바로 본론으로 들어가길 바랍니다. 피칭은 짧고 간결해야 하죠!"

해카톤과 마찬가지로 기술 밋업은 시간이 촉박하고 사전 계획이 철저한 행사다. 하지만 여기 모인 사람들은 경쟁자가 아니다. 심사위원도 없고, 상도 없고, 뒤풀이 때는 맥주를 마시는 어른들을 위한 과학 박람회 같은 것이다. 중요한 것은 모든 사람들이 서로의 작품을 보고 그것에 대해 이야기할 수 있다는 것이다. 아마도 몇몇 발표자들은 벤처 투자가의 관심을 끌고 명함을 교환할 것이다.

데모가 열리는 2시간 동안 강당 안의 공기는 에너지로 들썩인다. 해카톤에서 모든 집단적인 활력이 각 팀에 동기를 부여한다면 각각의 연속적인 밋업 프레젠테이션의 활력은 모멘텀을 형성한다. NYTM의 세 직원이 차례로 사회를 맡으면서 관객의 열기는 더욱 뜨거워진다.

오늘 밤의 첫 번째 사회자는 2011년부터 2017년까지 뉴욕기술밋업의 전무 이사였던 제시카 로런스 퀸Jessica Lawrence Quinn이다. 퀸은 즉시 단호하지만 우호적인 방식으로 밋업의 최우선 원칙은 기술에 집중하는 것이라고 발표한다. "한 가지 질문은 금물입니다"라고 그녀는 말한다. "당신의 비즈니스 모델은 무엇입니까?" 하지만 기술계의 다른 모든 곳과 마찬가지로 사업은 결코 멀지 않다. 제시카는 오늘 밤 행사를 후원하는 모든 회사와 시 정부 프로그램을 열거한다. 그녀는 또한 다가오는 '여성 데모의 밤'을 발표하는데, 이것은 전 시장이 아니라 미디어 기업인 블룸버그가 후원한다. 이는 NYTM이 여성 기술 개발자와 기업가를 격려하는 것을 목표로 하는 행사다.[5]

첫 두 개의 프레젠테이션은 브루클린 수변의 선셋 공원에 있는 오래된 산업 건물의 대규모 단지인 인더스트리시티의 '연구, 생산, 교육 및 영감을 위한 비영리 스튜디오' 아이빔Eyebeam의 상주 예술가들이 진행할 것이다. 아이빔은 "예술과 기술이 만나는 지점에서 새로운 연구를 주도하고 혁신적인 신작을 개발하는" 문화 제작자에게 최대 2년의 상주 공간을 제공한다.[6]

소프트웨어 디자이너와 실험적인 음악의 작곡가가 무대에 오른다. 그들의 데모에서는 사용자가 만들고 제어할 수 있는 디지털로 녹음된 소리와 연계되어 끊임없이 변화하는 색상의 시각화 줄기를 보여준다. 3D 프린팅 회사에서 제작 엔지니어로 일했던 한 여성이 아이폰으로 조종하는 컴퓨터로 작동하는 베틀을 보여주고 있다. 몇 번의 잘못된 시작 끝에 그녀는 베틀이 말을 듣도록 애쓰고 있다. 관객들은 서너 가지 질문을 하고, 그다음 사회자는 네트워킹을 위한 짧은 휴식을 알리며 옆에 앉아 있는 다른 청중에게 자신을 소개하라고 권한다.

다음은 구글 어스Google Earth 제품인 리퀴드 갤럭시Liquid Galaxy를 사용하는 스타트업인 엔드포인트End Point의 데모다. 이 제품은 화면 전체에 투영된 이미지에서 풍경의 몰입감 있고 파노라마 같은 경험을 만들어낸다. 데모를 발표하는 사람은 사업 계획에 대해서는 직접적으로 말하지 않은 채, 회사가 박물관, 도서관, 부동산 개발업자에게 제품을 팔기를 희망한다고 말한다. 한 청중이 다른 종류의 시각적 경험을 창조하기 위해 기술을 사용할 수 있는지 묻자 그는 "우리는 엔지니어가 있고, 고객은 그저 비용을 지불하기만 하면 됩니다"라고 말한다.

그 후 또 다른 사회자는 '이달의 핵'에 선정된 브롱크스의 한 스타트업 액셀러레이터에서 일하는 두 명의 여성을 소개한다. 그들은 주로 사진과 비디오 등 '어떤 매체에서든' 가족사를 편집하고 정리하는 웹사이트를 개발했다. 가계도는 그 웹에서 두 번째로 인기 있는 검색어라고 말하고, 제품의 거대한 잠재 시장을 보여준다. 그들은 개발 자금을 댈 투자자뿐만 아니라 콘텐츠를 구축할 역사학자를 찾고 있으며, 그들은 이미 제너럴 일렉트릭General Electric에 그 제품을 '회사를 인간적으로 만들기 위해' 제안했다.

그리고 세 번째 사회자가 마이크를 잡는다. 그는 '세계 최초의 프로그램 가능한 우정 팔찌'인 주얼봇닷컴Jewelbots.com의 젊은 여성 그룹을 소개한다. 그들은 모두 팔찌를 차고 있는데, 팔찌는 근처에 있거나 사용자가 작성한 코드로 제어할 수 있을 때 다른 주얼봇에 반응하는 불빛을 깜빡인다. 이것은 '열정 프로젝트'라고 발표자 중 한 명이 말한다. "저는 열두 살 때 친구를 사귀고 싶어서 코드를 배웠습니다." 관객들은 예의 바르게 웃는다. 다음 발표자인 디자인 전공 학생은 작은 구름처럼 보이는 푹신한 흰색 램프를 시연했는데, 팔찌처럼 소프트웨어와 센서로 제어할 수 있음을 보여주었다. 청중들이 낄낄 웃는다.

이제 관객을 사로잡는 밤의 마지막 시연이다. 인디 음악가가 될 수도 있는 한 청년이 길고 납작한 하모니카처럼 보이는 약 45cm의 가늘고 하얀 악기를 들고 무대에 올라온다. 아티폰Artiphon은 손으로 연주한다. 키보드처럼 칠 수 있고, 기타처럼 튕길 수 있고, 바이올린처럼 켤 수 있다. 아이폰, 아이팟iPod, 아이패드에 연결하면 더 전통적인 악기와 관련된 모든 소리를 낸다. 발표자는 "당신과 함께 확장 가능합니다"라고 말했는데, 이것은 어떤 수준의 음악적 능력이라도 그것을 연주할 수 있다는 것을 의미한다. 아티폰은 내슈빌Nashville에서 4년간 연구 개발을 한 후, 맨해튼 로어이스트사이드에 있는 뉴 뮤지엄New Museum의 아트테크 인큐베이터인 뉴 주식회사New Inc.에서 1년 동안 발전해 왔고, 이 회사의 공동 설립자들은 이미 킥스타터에서 130만 달러의 기금을 모았다. ≪타임Time≫은 아티폰을 올해 최고의 발명품 중 하나로 선정했다. 명백히 흥분한 관객들은 다른 어떤 데모보다도 아티폰에 대해 더 많은 질문을 한다.[7]

질의응답 시간이 끝나자, 내 뒤에 앉아 있던 벤처 투자자들이 떠날 준비를 한다. 오른쪽에 있는 남자는 돌아서서 그들 중 한 명에게 곧 이메일을 보낼 것이라고 알려준다. 어떤 사람들에겐 이 밋업이 성공적이었다.

2004년 설립된 이래로, 뉴욕기술밋업은 이 도시의 신경제에서 중요한 구성 요소였고, 다른 도시의 기술 공동체에 영감을 주었으며, 오바마 백악관의 상향식 혁신 이니셔티브의 모델이었다. 그러나 처음에는 스콧 하이퍼먼, 돈 바버, 소수의 다른 사람이 유일한 회원이었다. 10년이 걸리긴 했지만 2015년 12월 아트테크 데모가 있던 밤까지 이 단체의 회원 수는 4만 7000명까지 늘어났고, 매달 700~800명의 사람들이 참석하게 되었다.

여기에 가입하기란 매우 쉽다. 온라인으로 등록하기만 하면 된다. 밋업에 등록하기 위해 10달러를 지불한다. 데모를 보여주고 싶다면 이 역시 온라인으로 신청하면 되고, 창작물은 제시카 로런스 퀸과 그녀의 오른팔 격인 앤디 살다냐Andy Saldaña에게 심사받게 된다. 앤디는 기술이 제대로 작동하는지, 참가자가 그 기술에 대해 설명할 수 있는지를 확인한다. 기술 산업과 마찬가지로 NYTM의 회원 수는 2008년 금융 위기 이후 2010년과 2015년 사이에 4배로 크게 증가했다. 그러나 이러한 모든 성장이 처음부터 예견될 수는 없었다.[8]

밋업의 기원에 관한 이야기는 닷컴 시절 뉴욕으로 이주한 스콧 하이퍼먼으로 거슬러 올라간다. 스콧은 2001년 9월 11일 세계무역센터 테러 공격 후 불안한 날들이 이어지는 동안 그의 동료 뉴욕 시민들이 어떻게 함께하기를 원했는지를 관찰했다. 그는 초기에 이미 온라인 광고 대행사를 설립하고 팔았기 때문에 닷컴 공동체에 기반을 두고 있었다. 9·11 테러 이후, 돈 바버는 "스콧은 공동체 정신을 이용하기를 원했어요"라고 말했다. 로버트 퍼트넘 Robert Putnam의 『나 홀로 볼링Bowling Alone』이라는 책이 출간되고 나서 1~2년 간 베스트셀러가 되었는데, 그 책에서 시민 참여가 감소하는 현상을 묘사한 것에 영향을 받았는지, 아니면 인터넷을 통해 공통의 관심사를 가진 낯선 사람들로 이루어진 작은 모임이 함께 가져온 사업적 기회를 감지했는지 모른다. 하이퍼먼과 세 명의 공동 창업자는 각각 실리콘밸리와 홍콩에 있는 두 벤처 캐피털 회사로부터 받은 시리즈 A (초기 단계) 자금으로 2002년에 디지털 밋업 플랫폼을 설립했다. 디지털 플랫폼을 사용해 서로를 연결하고 각 도시에서 밋업 행사를 개최한 사람들은 온라인과 오프라인 공동체라는 새로운 종류의 하이브리드를 형성했다.[9]

그러나 9·11 이후의 역사적인 순간과 닷컴의 붕괴는 뉴욕시에서 기술 공동체를 호출하기에 가장 좋은 시기는 아닌 것 같았다. 2004년 하이퍼먼이 첫 기술 밋업을 발표했을 때, 거기에 온 것은 바버뿐이었다.[10] 하지만 사람들은 하이퍼먼을 좋아했다고 바버는 말했다. "초기에 스콧은 오프라 윈프리 Oprah Winfrey 스타일의 사회자였어요. 그는 사람들에게 '당신 관점에서 생각하고 있다'는 걸 보여주었습니다." 밋업을 조직하는 것을 도와달라는 스콧의 제안을 받아들여 돈은 1990년대 뉴욕뉴미디어협회NYNMA에서 얻은 경험과 연락처에 의존했다. "저는 모든 친구들에게 (새로운 기술 밋업에 대해) 말했고, 우리는 홍보에 집중했습니다"라고 말했다. 그때 "(우리는 곧) 커뮤니티 빌딩이 가능하고 이를 수용할 수 있는 플랫폼을 갖춘 것으로 알려지게 되었습니다".

바버는 그 밋업은 항상 절제되어 있고 비공식적이었다고 강조했다. "우리는 더 공식적인 네트워킹(행사)을 위해 노력하지 않았습니다"라고 말했다. "우리는 맥주와 감자칩만 먹었어요." 비공식성은 그룹의 포괄성을 강조했고, 바버가 NYNMA에서의 반대되는 경험으로부터 배운 환영의 표어는 "브루클린의 웹 개발자든, 마이크로소프트의 매니저든, 아니면 벤처 투자가든, 우리의 지붕 아래에서는 모두가 평등하다"는 거라고 말했다. 그녀는 모든 이를 향한 개방성이 뉴욕기술밋업이 인기를 끈 열쇠 중 하나였다고 말했다.

데모 방식도 마찬가지로 중요했다. "당신이 작업하고 있는 멋진 것을 여기에 와서 공유하세요"라고 바버가 말했다. "그것은 무엇이든 될 수 있지만, 멋진 기술이어야 하고 공유할 가치가 있어야 합니다." 그녀는 밋업에서 '멋진 것'을 데모하고 재정적으로 성공을 거둔 몇몇 지역 창업자를 지명했다. 조시 색터Josh Schachter의 딜리셔스Delicious는 나중에 야후!에 3000만 달러에 팔렸고, 잭 클라인Zach Klein과 제이크 로드윅Jake Lodwick은 비메오Vimeo를 만든 후 인터랙티브 기업IAC: Interactive Corp.에 매각했으며, 2009년 뉴욕에서 설립된 모바일 위치 앱 포스퀘어Foursquare는 2억 달러 이상의 자금을 모았고 데니스 크롤리Dennis Crowley와 나빈 샐바두라이Naveen Salvadurai가 여전히 소유하고 있다. 2012년 바버가 더 나은 뉴욕 협회Association for a Better New York로부터 시에 대한 서비스로 상을 받았을 때, 이 사실은 뉴욕시의 가장 단단한 기업과 비영리단체로부터 뉴욕기술밋업이 인정받았음을 알리는 것이었다.[11]

그 무렵 NYTM은 완전히 확장하고 있었다. 전 세계 도시에서 스타트업 생태계 개발을 촉진하고 있던 전문가들은 밋업을 그 과정의 핵심 부분이라고 불렀다. 콜로라도주 볼더Boulder, Colorado에 기반을 둔 유명한 벤처 투자가 브래드 펠드에 따르면, 밋업이나 해카톤과 같은 정기적인 행사는 지역 기술 공동체의 모든 사람들을 함께 모이게 한다. "정보를 공유하고, 새로운 트렌드를 채택하고, 혁신을 레버리지하고, 새로운 조건에 민첩하게 대응할 수 있는" 방법을 제공한다.[12] 목적이 지식 이전이든 협력 촉진이든 간에, 월간 밋업은 실리콘밸리의 비공식 조직 간 네트워크 체제와 같이 혁신을 위한 공

간을 재현하는 것을 목표로 한다.[13]

그러나 기술 밋업은 그 이상의 일을 한다. 특정 디지털 제품과 프로세스에 대한 대회에서 서로 다른 종류의 사람들을 직접 대면시키면 데모뿐만 아니라 서로 평가할 수 있다. 이들이 수집하는 정보는 개인에 대한 신뢰와 기술 공동체 전체에 대한 신뢰를 구축한다. 신뢰를 확립하는 것은 이제 막 전문적인 경력을 시작하는 학생과 창업자에게 중요하다. 또한 벤처 투자가와 에인절 투자자는 프로젝트 조사를 위해 멀리 나가지 않는 것을 선호한다. 바버가 NYTM의 성공에 대해 말하듯이 "(여기에 온 사람들은) 가치를 얻는 것 같았어요. 그들은 문화와 산업에 대해 알게 되었어요".[14]

뉴욕기술밋업은 또한 초기 기술 공동체와 도시 정부의 널찍한 미로 사이에 직접적인 의사소통 수단을 제공했다. 지역 사회를 대변해 NYTM은 1990년대 뉴욕뉴미디어협회가 그랬던 것처럼 선출직 공직자에게 기술 관련 정책에 대한 로비를 벌였다. 2012년 NYTM은 불법 콘텐츠 방지법anti-piracy laws을 지지하는 뉴욕주 상원의원에게 항의하기 위해서 그의 뉴욕시 사무실 앞에서 시위를 벌였다. 더블라지오가 그해 시장에 출마했을 때 NYTM은 각 후보에게 10개의 '정책 요점'을 제시했고, 당선된 후의 더블라지오에게 "강하게 밀어붙였다"고 제시카 로런스 퀸은 말했다. 더블라지오 시장이 광대역 접속 확대를 새 행정부의 우선 과제로 삼고 자신의 팀과 예산으로 시의 첫 최고기술책임자CTO를 임명했을 때 사람들은 만족감을 느꼈다. NYTM은 시장에게 도시 마케팅이나 경제 개발의 일부가 아니라 '전체적으로' 기술을 고려할 책임자를 임명할 것을 촉구했었다.[15]

그러나 뉴욕기술밋업은 또한 시 공무원에게 정책을 설명하고 기술 공동체에 직접 이니셔티브를 홍보할 수 있는 플랫폼을 제공했다. 더블라지오 시장은 2014년 9월 행정부의 새로운 CTO 미너바 탄토코Minerva Tantoco를 소개하기 위해 월간 밋업에 왔다. 탄토코는 2016년 4월 고등학생을 위한 뉴욕시의 여름 인턴십 프로그램을 진행하기 위해 밋업에 다시 왔다. 투자자와 창업자처럼 NYTM과 시 정부 둘 다 이런 절제된 상호 작용으로부터 '가치를 얻었다'. 즉 탄토코가 유명인처럼 친절하게도 그녀 옆에 앉아 있는 젊은 여성과 셀카를 찍었을 때와 같은 순간을 포함한다.[16]

게다가 이러한 공개적인 상호 작용은 소규모의 사적인 모임에서 보다 상세하고 후속적인 논의를 위한 토대를 마련했다. 2015년 더블라지오 행정부가 기술 일자리 창출을 위해 정부 자금 지원 훈련 및 인턴십 프로그램을 조직하고 기술 인재 파이프라인을 만든 후, 뉴욕기술밋업은 파이프라인의 책임자와 비영리 인력 개발 단체 대표 및 영리 코딩 스쿨 간의 회의를 꾸렸다. 여기에서 바버는 자기가 하려고 하는 게 뭔지, 이러한 조직들이 계획에 어떻게 들어맞을 수 있을지에 대해 설명할 수 있었다. NYTM은 또한 뉴욕주 검찰총장을 위해 소규모 회의를 소집하고 혁신에 대한 접근 방식을 설명했다.[17]

심지어 블룸버그 시장도 기술 공동체와 연결하기를 원할 때 뉴욕기술밋업이 도움이 된다고 생각했다. 그는 2011년 10월 블루리본 시장기술혁신협의회blue-ribbon Mayor's Council on Technology and Innovation 구성을 발표하기 위해 월간 밋업에 방문했다. 큰 함성과 박수갈채를 받으며 '월가의 낙오자'로 소개된 후, 블룸버그는 무대 위에서의 20분 중 대부분을 '기술의 수도'로서 뉴욕의 성장하는 활력을 관객들에게 알리기 위해 사용했다. 블룸버그는 공유 주방에서부터 코넬 공대까지, 행정부가 진행 중인 다양한 시 정부 계획을 나열하고, 동행한 뉴욕시 경제개발공사의 사장 세스 핀스키Seth Pinsky에게 환호성을 지르며 시 정부가 "여기서 계속 기술 사업을 해나가기 위해 모든 것을 할 것입니다"라고 말했다. "이곳은 21세기에 이 도시와 이곳의 경제를 규정할 지역"이라고 그는 선언했다. "저는 우리가 더 빨리, 더 크게 성장하기를 바랍니다. 그래서 사람들이 기술 스타트업에 대해 말할 때 **다른 어떤 곳보다 실리콘밸리와 뉴욕을 먼저 이야기할 것입니다.**"[18]

2011년 뉴욕과 실리콘밸리의 결합은 대담했다. 그러나 블룸버그는 밋업에 모인 기술 인재를 뉴욕시의 경제 성장을 위한 주요 자원으로 보았다. 시장은 그들에게 "뉴욕은 세계의 지적 수도"라고 말했다. "여기는 가장 좋은 곳이자 가장 밝은 곳이고, 큰 연못입니다." 블룸버그는 2006년에 문을 연 '(실리콘밸리) 마운틴뷰Mountain View 빼고 가장 큰' 구글의 뉴욕 지사와 블룸버그 기업에 고용된 직원 7000여 명, 트위터의 훨씬 작은 새로운 뉴욕 지사를 가리켰다. 분명히 시장은 젊은 청중들을 유머러스하게 '내 사람들'이라고 부르며 이들을 설득해 뉴욕에서 일을 하게 만들고 싶었다. 그는 "당신은 뉴욕을 **혁신과 기업가 정신의 세계적 수도**로 만드는 힘을 가지고 있습니다"고 말했다.

뉴욕기술밋업은 2000년대 초에 이 도시에서 광범위한 기술 공동체를 육성하는 유일한 단체는 아니었지만, 점차 가장 눈에 띄고, 많은 면에서 공동체의 핵심 이익을 대변하는 가장 효과적인 조직이 되었다. 제시카 로런스 퀸이 말했듯이, 데모가 기술 업계를 '성스럽게' 유지했다면, 대면 회의, P2P peer-to-peer 네트워크, 신뢰의 증대는 기술 전도자와 옹호자 들이 말하는 '공동체'를 형성했다.

사회과학자들은 이런 종류의 사회 형성에 대해 더 정확한 용어를 가지고 있다. 그들은 그것을 '인식론적 공동체'라고 부르는데, 이는 공통된 지식 기반을 가진 훈련된 전문가들이 공유된 정체성과 세계관을 개발하는 사회적 공간을 말한다. 실리콘밸리와 같은 연구 기반 산업 지역의 경제 개발을 연구해 온 마이클 스토퍼Michael Storper에 따르면, 인식론적인 공동체가 지역 규범과 시대정신을 결정한다. 그것은 경제 개발에 필요한 지적 자본과 사회적 자본 모두를 창출한다.[19]

하지만 뉴욕 기술 공동체의 모든 사람들이 같은 세계관을 공유하고 있는

지는 분명하지 않다. 블룸버그 시장이 2011년 기술 밋업에서 연설한 후, 한 청중은 (블룸버그를 향한) 환호성만큼 월가 점령 시위를 대표하는 연사를 향한 환호성 역시 똑같이 컸다고 말했다. 기술 공동체는 광대역 접속, 지역 학교에서 기술 교육 확대, 고학력 이주민에 대한 국경 개방 등 공통의 요구를 많이 가지고 있다. 인터뷰한 모든 사람들은 뉴욕 기술 공동체가 또한 사회, 인종, 젠더 다양성에 대한 강한 관심을 공유하고 있다고 한다. 이러한 공통의 목표를 위해 뉴욕기술밋업은 플랫폼과 발언권 모두를 만들었다.

그러나 공동체가 확장되고 조직적으로 다양해지며 점점 자원이 풍부한 환경에서 운영되기 시작하면서 기술 공동체 내의 차이는 더욱 커졌다. 디지털 기술과 관련된 일자리가 모든 종류의 조직에서 증가하는 동안, 지역 사회 구성원들은 조직적 제휴와 경제적·정치적 자본에 대한 접근에 의해 더욱 차별화되었다. 이와 동시에 벤처 투자가와 시 정부가 기술에 투자하는 자원의 확장은 역설적인 효과를 가져왔다. 혁신의 빠른 속도는 협력을 요구했지만 혁신을 통제하는 큰 위험 부담은 경쟁을 촉발시켰다. 시간이 지나면서 뉴욕기술밋업은 더 복잡한 생태계를 탐색해야 했다.

제시카 로런스 퀸은 2011년과 2015년 사이에 뉴욕기술밋업에서 일하기 시작한 '공동체'에 큰 변화가 있었음을 목격했다. "작은 무리에 속한 사람들이 등장했습니다"라고 그녀는 말했다. "대부분 스타트업 설립자나 창업에서 생각할 수 있는 초기 단계의 사람들입니다. IBM과 같은 거대 기술 기업에서 일하는 사람은 많지 않았습니다." 그러나 NYTM이 2014년 뉴욕시의 기술 생태계에 대한 종합적인 조사를 후원했을 때, 그들은 공동체가 변했다는 것을 알게 되었다. 퀸은 "우리는 비기술 분야의 기술직 일자리를 보고 큰 깨달음Aha!의 순간을 경험했습니다"라고 말했다. "전 세계 기술직의 50% 이상이 골드만삭스와 뉴욕 타임스에 있었습니다. 이제 스스로를 새로운 기술 회사라고 부릅니다. …… 그들이 공동체의 '자연스러운' 부분이 되는 방법입니다. 심지어 10년 전(2005년)만큼 균일하지도 않습니다." 돈 바버는 퀸이 한 말이 맞다며 기술이 도시 경제의 다른 모든 부분에 파급된 영향에 대해 말했다. '기술 공동체'에 누가 있느냐고 물었을 때, 바버는 "초기에는 기술에 초점을 맞춘 특정한 종류의 투자자와 기업가의 공동체였습니다. 하지만 그것은 성장했습니다. (기술) 분야는 금융, 패션, 음식, 미디어 등 모든 분야에 침투해 있습니다. 기술이 손대지 않은 분야는 하나도 생각나지 않습니다".[20]

이러한 변화는 NYTM의 회원 자격과 월간 밋업의 청중 모두에게 반영되었다. 퀸은 "내 생각에 회원 자격은 크게 혼합된 것 같습니다"라며 "이것은 투자자와 기업가를 포함합니다"라고 말했다. "우리는 스타트업을 세우는 것에 대해 생각하고 있는 대기업에서 일하는 사람들을 끌어들이고 있습니다. 또한 혁신을 위해 내부적으로 무엇을 해야 할지 고민하는 경우도 많습니다. 많은 회사들이 자체적인 벤처 자금을 마련했고, 투자처를 찾고 있습니다. …… 관객들은 영감이 튀는 것을 찾고 있습니다."

뉴욕의 더 많은 사람과 단체 들이 혁신에 대한 관심을 발전시키면서 그들은 정부의 공공 부문, 영리사업의 민간 부문, 교육·자선·시민 기관의 비영리 부문 간의 중복된 협력의 확산으로 연결되었다. 어느 정도 이러한 파트너십은 실리콘밸리를 포함한 모든 기술 연구 센터에서 공통적으로 사용되는 지역 기업·대학·정부기관 간의 다중적이고 공식적이며 비공식적인 협력의 '삼중 나선' 모델을 채택했다. 그러나 그들은 또한 1970년대 이후 많은 도시에 기반을 둔 미국 기업과 세계경제포럼과 같은 고위급 국제기구 들이 선호해 온 거버넌스를 대표했다. 2008년 이후 1980년대 이래로 뉴욕에서 공공 공간의 자금, 관리, 거버넌스를 위한 도구로 점차 등장한 공공·민간·비영리 파트너십은 기술 공동체의 자금 조달, 관리, 대표의 기본값이 되었다.[21]

2008년 이후 뉴욕의 기술 생태계를 구축하기 위한 모든 이니셔티브는 공공, 민간, 비영리단체에 의해 제공되어 왔다. 전부는 아니지만 많은 일들이 뉴욕시 경제개발공사가 설득해 실행되었다. 뉴욕기술밋업에서 '깨달음의 순간'을 촉발한 2014년의 연구는 NYTM과 비영리단체 더 나은 뉴욕 협회가 후원했으며 금융 회사 시티그룹Citigroup과 기술 회사 구글이 참여했다. 마찬 가지로 2015년에 출시되었을 때, 웹사이트와 '뉴욕시 스타트업 및 기술 생 태계의 공식 온라인 허브' 뉴스레터 digital.nyc는 영리 기업 거스트Gust가 제공하는 플랫폼, 뉴욕 시장, NYCEDC와 뉴욕 최대의 기술 및 미디어 회사 의 공동 후원, 종종 소규모 디지털 회사의 서비스 후원에 의존했다. "공공·민간 파트너십 이상입니다." 거스트의 설립자이자 투자자인 데이비드 S. 로 즈David S. Rose는 필자에게 말했다. "이것은 모든 사람들의 장점을 레버리지 합니다."[22]

'레버리지'는 투자자 및 경제 개발 관계자와의 대화에서 자주 나오는 단어 이며 뉴욕의 기술 생태계가 발전한 방식을 이해하는 데 중요한 개념이다. 가장 강력한 조직, 특히 연방 정부와 도시 정부가 이 생태계에 더 많은 자원 을 가져오거나 억제하겠다고 위협할수록 우선순위에 영향을 미치는 공동체 의 강점을 '레버리지'하는 것이 더 중요해진다. 2010년대에 뉴욕기술밋업은 공동체가 선출직 공직자에게 로비를 하고 거리에서 시위를 함으로써 결과 를 얻을 수 있다는 것을 보여주었다. 그러나 생태계의 지도자들은 정기적으 로 공동체를 대변하는 것이 훨씬 더 이른 단계에서 영향력을 보장할 수 있다 는 것을 깨달았다. 그들은 조달 결정뿐만 아니라 회사와 투자에 영향을 미 치는 규제 정책 등 중요한 도시 정책이 만들어지는 자리에 앉기를 원했다.

1970년대 재정 위기 전에는 그러한 정책 논의에 시의 가장 큰 회사의 CEO, 시 전역에서 선출된 공직자와 보좌관, 주요 공공 및 민간 부문 노조 위원장 이 포함되었을 것이다. 2010년대에는 정부 관계자와 기업 CEO가 기술 분야 에 깊이 관여했지만, 노조는 별다른 영향력을 행사하지 못했다. 2015년까지 기술은 매우 크게 성장했고, 우버와 에어비앤비는 디지털 플랫폼을 사용해 영향력 있는 산업을 '변혁'했고 이에 따라 이러한 사업체를 규제하려는 시의회의 요구가 너무 많았다. 그래서 기술 회사와 그들을 지지했던 벤처 투자가는 정책 요구를 더 직접적으로 표현할 때가 왔다고 결정했다. 기술 공동체도 새 정부가 어떻게 업계에 도움을 줄지 공개적으로 계획을 세우는 데 있어 더블라지오 행정부의 망설임 때문에 불안했다.[23]

그러나 성장하는 기술 공동체는 한목소리를 내도록 조직되지 않았다. 게다가 샌프란시스코 해안 지역보다 더 다른 종류의 대기업과 중소기업으로 나뉘었다. 기술계에 속해 있다고 주장하는 대부분의 사람들은 젊고 정치적으로 연결되어 있지 않았다. 점점 더 궁지에 몰리는 상황에서 두 개의 새로운 조직이 나타나 공동체의 이익을 대변했다. 하나는 Tech:NYC였는데, 이것은 기술 기업 및 벤처 투자자의 연합체였다. 다른 하나는 뉴욕기술밋업과 소프트웨어 산업을 위한 지역 무역 단체인 뉴욕기술위원회New York Technology Council의 합병에 의해 만들어진 뉴욕기술동맹NY Tech Alliance이었다. 두 기관 모두 기술 노동자를 대변할 것을 주장하지는 않았고 어느 기관이 기술 **자본**을 대변할지 역시 분명하지 않았다.

Tech:NYC는 유명 벤처 캐피털의 영향력과 블룸버그, 페이스북, AOL, 구글을 포함한 뉴욕의 선도적인 기술 회사를 보유하고 있었고, 2016년 5월 출범한 지 일주일 만에 400명의 회원을 가입시켰다(〈그림 3-1〉). 이 단체의 공동 의장인 팀 암스트롱Tim Armstrong에 따르면 당시 AOL의 CEO는 "대학 시스템, 스타트업 공동체, 대기업 공동체, 많은 비영리단체를 하나로 모으는 것"을 목표로 했다. 이 단체는 정책에 영향을 미치는 한 가지 목표인 기술 공동체의 자산을 활용할 수 있다. 암스트롱과 마찬가지로 공동 의장이자 뉴욕의 주요 벤처 투자가 중 한 명인 프레드 윌슨Fred Wilson은 이 점을 훨씬 더 분명히 했다. 윌슨은 Tech:NYC의 목표는 "주 또는 지방 차원에서 중요한 문제

그림 3-1 기술 공동체를 동원하기 위한 트위터 계정(2019년 6월 19일)

자료: https://twitter.com/TechNYC.

가 논의될 때마다 기술 부문이 반드시 논의의 대상이 되도록 하는 것이고 **말 그대로 회의 석상에 앉는 것**"이라고 말했다. 윌슨은 브루클린에서 열린 테크 크런치 디스럽트 콘퍼런스에서 암스트롱과 함께 반쯤은 인내심을 갖고, 반은 아이러니하게 말했다. "일어날 일이 일어난 것입니다. 시청 안, (뉴욕주 수도) 올버니Albany, 정부의 다른 부문, 심지어 정부 밖에서도 회의가 소집됩니다. 정부 관리들은 부동산 산업이나 금융 산업 관리자들과 함께 모여서 이런저런 이야기를 합니다. **그리고 우리는 저 자리에 앉고 싶습니다.**"[24]

윌슨은 그런 자리에 어떤 가치가 있는지 이해했다. 닷컴 시대의 베테랑이었던 그는 1980년대 후반 MIT에서 공학 학위를 취득하고, 와튼 스쿨Wharton School에서 MBA를 취득한 후 뉴욕에 왔고, 10억 달러의 투자를 관리하면서 두 개의 작지만 매우 성공적인 벤처 캐피털 회사를 설립했다. 그는 초기에 엣시, 킥스타터, 트위터에 투자했고, 자신의 견해를 솔직하게 자주 블로그에 올렸으며, 공립학교에서 컴퓨터과학 교육을 확대하기 위한 이니셔티브를 지원했다. 윌슨은 뉴욕시를 위한 위대한 옹호자였으며, 뉴욕에서 경력을 쌓으면서 지역의 뿌리를 길러왔다. 이제 윌슨과 암스트롱은 시 정부가 기술 공동체의 최우선 과제로 여기는 것을 해결하도록 압력을 넣고자 했다. 윌슨은 "우리는 여기서 경제를 성장시키기 위해 노력하고 있습니다"라고 말했다. "우리는 지난 10년간 뉴욕 경제의 20%를 차지했습니다. 우리 산업이 우리가 필요로 하는 것을 얻고 있는지 확인하고 싶습니다."

암스트롱은 '주택 자금 지원'이 우선순위 중에 가장 위에 있었고, "그리고 (산업용) 사업 구역이 어디로 갈 것인가. 기술은 미국의 다른 지역이 아닌 이곳에서 사업을 해나갈 때 재정적으로 성공을 얻을 수 있을까요?"라고 말한다. 윌슨은 "새로운 규칙과 규정이 매번 발표되고 있습니다. 올해 시의회에 드론에 관한 법안이 5건이나 있다고 들었는데요. …… 말이 되네요, 규칙을 **좀** 세워야겠어요. 하지만 기술 분야의 사람들, 특히 드론에 대해 많이 아는 사람들이 그 대화에 참여하는 것 역시 이치에 맞습니다".

암스트롱과 윌슨은 정책 입안자가 기술 공동체의 전문 지식을 활용해 보다 합리적인 정책 결정을 내릴 것을 촉구했다. 그러나 그들은 또한 기술 회사의 이익을 옹호하고 있었다. 즉, 덜 엄격한 규제, 더 유리한 세금과 재정적 인센티브, 신제품에 대한 규제 완화 같은 것들이다. 다른 많은 도시처럼 뉴욕은 새로운 기술 회사에 의해 야기된 사회적 '변혁'을 다루는 방법에 대한 길고 논쟁적인 토론에 휩말렸다. 오랫동안 차량 호출 서비스를 공식 독점했던 허가제 면허 택시에서 고객을 데려온 우버와 같은 주문형 승차 공유 car-hailing 서비스, 경색된 주택 시장에서 주거용 아파트를 흡수하고 실제 호텔과 경쟁하는 에어비앤비 형태의 불법 호텔, 급여를 받지 못한 프리랜서에게 임시직을 주선하는 업워크Upwork와 태스크래빗과 같은 디지털 플랫폼 등이 이 논쟁 속에 있다. 뉴욕에 본사를 둔 벤처 캐피털 회사가 이들 기업에 투자했다. 만약 암스트롱과 윌슨이 그 자리에 앉게 된다면, 회사들이 겪는 고충을 더 귀 기울여 듣고, 더 호의적으로 대할 수 있을 것이다.[25]

그러나 윌슨의 제안처럼 시청은 Tech:NYC의 유일한 대상이 아니었다. 뉴욕 올버니에 있는 주 의회는 에어비앤비에게 매우 중요한 주택 임대료와 같은 문제에 대해 통제권을 행사했다. 또한 아마존과 엣시와 같은 전자 상거래 기업에게는 부당하게 지워지는 부담이지만, 주 의회에게는 뉴욕주에서 만들어지고 배송되어 구매된 상품에 대한 판매세를 징수할 권한을 가지고 있었다. Tech:NYC는 다른 집단의 이익으로부터 회원 기업의 이익을 보호하려고 노력한 두 가지 사례가 있다.[26]

가장 중요한 것은 기술 공동체를 '레버리지'할 수 있는 능력이 Tech:NYC가 잠재적으로 구속력 있는 국가 입법, 특히 이민에 대해 영향을 미칠 수 있다는 것이다. 2017년 도널드 트럼프Donald Trump 대통령의 새 행정부가 들어선 직후에 그는 특정 국가에서 온 이민자를 막고, 입국을 제한하며, '드리머Dreamer'(불법적인 경로를 통해 미국에 왔지만 수년간 살고 공부하고 일한 아이들)를 추방하겠다고 밝혔다. Tech:NYC는 트럼프 대통령에게 모든 구성원을 대표해 서한을 보냈고, 정책에 반대하는 내용의 브리핑을 여러 차례 발표했다. 또한 '뉴욕 기술 공동체가 이상을 위해 일어설 수 있는 도구' 테크 테이크 액션Tech Takes Action을 소개했는데, 이민자의 권리를 옹호하기 위해 기부, 자원 활동가, 선출직 공직자를 동원하기 위한 웹과 소셜 미디어 기반의 플랫폼이다.[27]

그러나 팀 암스트롱이 '사업 구역'에 대해 언급한 것처럼, 뉴욕의 기술 공동체 또한 뉴욕의 가장 인기 있는 상품인 부동산과 관련된 정책에 상당한 관심을 가지고 있다. 기술 회사가 뉴욕에서 확장을 하다 보면 종종 제조업만을 위해 구획된 땅을 점유하고 있는 전통적인 제조업자와 대립하게 된다. 컴퓨터 하드웨어 업체가 '제조업체' 자격을 갖추고 합법적으로 산업용 사업 구역 내 공간을 임대할 수 있지만 기술 및 창조적인 사무실은 그럴 수 없다. 제조업체보다 높은 임대료를 내고 상승세에 있는 경제 생태계의 명성을 누리기 때문에 기술 및 창조 기업이 위약금을 물지 않고 산업 지대를 '침범'하는 것이다. 건물주가 제조업자보다 기술 회사를 선호하고, 시 정부는 기술 회사의 확장을 위협하지 않으려 한다. 이러한 이유로 기술 및 창조 기업은 강력한 부동산 로비 단체와 공통의 이해관계를 가지고 있다. 그들은 제조업을 위한 땅을 줄이고, 사무실을 더 많이 사용할 수 있도록 구역제를 개정하기를 원한다. 시 정부에 가하는 압력은 특히 브루클린에서 강력하지만, 또한 맨해튼 미드타운에 있는 의류 산업 지구에도 영향을 미친다.

2015년 도시계획부DCP: Department of City Planning는 산업 비즈니스 구역IBZ: Industrial Business Zone에 관한 법률을 개정하기 시작했다. 수년간의 자료에 따르면 제조업 고용이 지속적으로 감소한 것으로 나타났지만, 뉴욕시에 남아있는 제조업자들은 제조업 구역의 불법적인 토지 사용이 임대료를 지불할 수 있는 능력 이상으로 상승했고, 제조업의 가능성을 확장시키는 것은 제한했다고 불평했다. 1960년대 이후, 용도 변경은 제조업보다 주거를 선호했고, IBZ의 기존 보호를 시행하지 못했기 때문에 공장 소유주들은 씁쓸해했다. 2005년 윌리엄스버그의 재개발과 주택지 재지정 이후, 특히 노스브루클린 IBZ 내부와 주변의 토지 경쟁이 치열해졌다. 2015년 도시계획부는 지하철 노선과 가장 가까운 IBZ 부근에 기술 및 창조적 사업을 위한 새로운 '혁신 지구'를 설립하는 아이디어를 내놓았다. 공장은 심하게 오염된 뉴타운강 Newtown Creek을 따라 있는 '핵심 산업' 회랑으로 제한될 것이다. 동시에 브루클린 남쪽 선셋 공원 강변에서는 대규모 인더스트리시티 단지의 소유주들이 중국과 라틴계 노동자 계급의 거주 공동체가 제조 지역을 '혁신 경제 허브'로 바꾸는 용도 변경을 지지하도록 하기 위해 노력하고 있다. 이렇게 되면 소유주들은 비어 있는 산업 부지의 일부를 호텔로 바꿀 수 있을 것이다.[28]

가장 두드러지게는, 더블라지오 행정부가 의류 지구에 남아 있는 제조업자와 공급업자에게 맨해튼의 가치 있는 미드타운 부동산에서 인더스트리시티 근처의 시 소유의 산업 건물로 옮기도록 강요하고 있다는 것이다. 의류 지구는 위워크가 입주 예정인 본사 건물과 새로 지어진 기업 사무실의 호화 주거 및 문화 지구인 허드슨 야드Hudson Yards 사이에 위치해 있었다. 구글과 마이크로소프트가 근처에 있고, 공유 업무 공간과 벤처 투자자 사무실이 이미 남쪽의 플랫아이언 지구에서 의류 지구로 쏟아져 들어오고 있었다. 혁신 생태계가 본격적으로 확장되면서 이곳의 모든 지역의 토지에 접근할 수 있는 이해관계도 커졌다. Tech:NYC가 용도 변경을 결정하는 '자리'를 얻는다면, 이는 기술 생태계에게는 더 많은 사무실 공간을, 다른 사람에게는 더 적은 땅을 의미할 수 있다.[29]

또 다른 새로운 조직인 뉴욕기술동맹은 "뉴욕 기술 공동체와 생태계가 모두를 위한 더 나은 미래를 창조할 수 있도록 대표하고, 영감을 주고, 지원하고, 도움을 주는 것"을 목표로 했다. 뉴욕기술동맹의 두 창립 단체인 뉴욕기술밋업과 뉴욕기술위원회는 비영리 동업자 협회였다.[30] 그들은 유사한 강령과 상호 보완적인 프로그램 및 멤버십을 가지고 있었다. 기술위원회는 기업 회원으로, NYTM은 개인 회원으로 구성되어 있었다. 제시카 로런스 퀸이 설명하기를, 만약 후원자가 둘 중 한 단체를 후원했다면 다른 단체에는 기부하지 않았다고 한다. 그녀는 이러한 현실적인 이유로 2016년에 두 단체가 합병하기로 결정했다고 말했다.[31]

뉴욕기술밋업과 뉴욕기술위원회는 모두 기술 산업을 옹호하고 상정된 법안에 대해 정부에 로비를 한 전력이 있지만, 새로운 조직인 뉴욕기술동맹은 Tech:NYC와 같은 종류의 활동 계획을 세우지도 않고, '자리'를 요구하지도 않는다. 대신 뉴욕기술동맹은 NYTM의 월간 기술 밋업을 지속적으로 후원하고 정보 미팅을 개최해 기술위원회가 했던 것처럼 스타트업 창업자에게 비즈니스 이슈에 대해 교육했다. 그럼에도 매년 NYTM에 가입한 모든 사람들과 뉴욕기술밋업과 뉴욕기술동맹의 대표 앤드루 라셰이Andrew Rasiej, 제시카 로런스 퀸이 계속 존재했기 때문에 새로운 조직은 6만 명의 회원을 대변한다고 주장했다.[32]

이 상황이 그리 복잡하지 않아 보이듯이, 뉴욕의 기술 공동체를 옹호하는

Tech:NYC와 뉴욕기술동맹과 함께 세 번째 조직인 시민회관이 영향력과 자원을 놓고 경쟁했다. Tech:NYC와 뉴욕기술동맹과 대조적으로 시민회관의 인식론적 공동체는 '공익을 위해' 비영리 디지털 플랫폼을 사용하는 **시민** 기술에 기반을 두었다. 시민 기술 실무자는 사용자가 정부기관에서 수집한 데이터를 찾고, 정부기관에 불만을 보고하고, 정부 혜택 프로그램에 접근할 수 있도록 앱을 개발한다. 또한 정부 관료 및 비영리단체를 더 효율적이고 효과적으로 만들기 위한 소프트웨어를 설계한다. 포부가 있는 기관답게 시민회관은 디지털 기술을 사용해 미디어의 자유를 보호하고, 정부의 투명성을 증진하며, 민주주의를 위해 일하는 세계적인 수준의 정책에 영향을 미치는 것을 목표로 했다. Tech:NYC와 뉴욕기술동맹처럼 시민회관 역시 지역 자원에 눈독을 들이고 있었다. 시민회관은 시가 소유한 부동산의 영구적인 공간을 원했다.

프레드 윌슨과 돈 바버와 마찬가지로 시민회관의 설립자이자 CEO인 앤드루 라셰이는 뉴욕 기술 공동체의 옹호자이자 연결자이다. 희끗희끗한 곱슬머리에 다부진 체형의 라셰이는 플랫아이언 빌딩 근처에 있는 시민회관의 옛 사무실에서 나와 만나 자랑스럽게 구경시켜 주었다(〈그림 3-2〉). 그는 2003년 ≪네이션The Nation≫의 전 편집장이었던 미카 시프리Micah Sifry와 함께 '기술이 세계 정치 지형을 진화시키는 데 어떤 영향을 미치는지 살펴보고 분석하는 초당적 국제 콘퍼런스 시리즈'인 개인 민주주의 포럼Personal Democracy Forum을 창립하면서 '커뮤니티 빌딩'을 시작했다고 말했다. 언뜻 보기에 그가 예전에 했던 음반 홍보 업무나 나이트클럽 소유 경력의 자연스러운 성장으로는 보이지 않을지도 모른다. 그러나 앤드루는 실시간 스트리밍과 아카이빙 작업을 위한 초기 디지털 네트워크인 디지털 클럽 네트워크Digital Club Network를 설립하면서 기술 분야로 진출하기 시작했다. 1990년대 말에 라셰

그림 3-2 시민회관의 공유 업무 공간

자료: Sharon Zukin.

이는 MOUSE.org^{Making Opportunities for Upgrading Schools and Education}를 설립했
는데, 이곳은 소외된 공립학교에서 기술 교육을 확대하기 위한 비영리단체
이다. 그는 자선 사업가라는 사명을 받아들였고, 벤처 투자가이자 Tech:NYC
의 공동 대표인 프레드 윌슨, 뉴욕대 컴퓨터과학과 교수이자 핵NY의 공동
설립자인 에번 코스와도 알게 되었다.[33]

그 후 수십 년 동안 라셰이는 활동가로서 경력을 꽃피웠다. 그는 2004년
민주당 대통령 후보를 선출하는 당내 경선에 나선 하워드 딘^{Howard Dean} 캠
프에서 일했고, 뉴욕시의 공익 옹호관^{public advocate} 선거에 출마해 디지털 기
술에 대한 접근을 확대하겠다고 약속했으며, "지역 사회와 혜택받지 못한

이들에게 힘을 실어주기 위해" 디지털 기술을 사용하는 전략을 개발하는 데 힘썼다. 많은 스타트업 창업자와 마찬가지로 라셰이도 가족의 역사가 형성된 경험에서 자신이 가진 야망의 유래를 찾는다. 그는 아버지와 함께 가족의 고향 폴란드를 여행하던 중 1930년대에 할아버지가 카틴 숲 학살Katyn Forest Massacre로 소련 비밀경찰에 체포되어 살해되기 전까지 마을에 커뮤니티 센터를 지었다는 사실을 알게 되었다. 어찌된 일인지 그는 이것을 오늘날의 뉴욕에 적용했다. 라셰이는 "이타적인 시민 혁신을 중심으로 공동체를 구축하는 비결 중 하나는 정부, 비영리, 기술, 언론인, 활동가, 기업 등 다양한 분야의 다양한 사람들을 한데 모아 협업을 장려하는 것"이라고 말했다.[34]

스콧 하이퍼먼이 9·11 테러 이후, 이웃의 이야기를 듣고 통찰력을 끌어냈다고 말한 것과 마찬가지로, 라셰이는 개인 민주주의 포럼이 주관하는 콘퍼런스 참석자와의 대화를 통해 "사람들은 연례 콘퍼런스에서만이 아니라 정기적으로 만날 물리적 공간을 갈망하고 있다"는 것을 알게 되었다고 한다. 공간은 범위가 넓어야 하지만 강렬한 상호 작용을 제공해야 하며, 하루 이틀의 단발성 행사를 넘어 이러한 상호 작용을 지속시켜야 한다. 그는 "해카톤 이상의 공간"이 필요했지만, "인큐베이터보다는 적었다"고 말했다. 그리고 기능적·전문적·제도적으로 다양해야 했다. "우리는 공무원이 앱을 개발하고 싶다면 올 수 있는 공간을 원했습니다. 또는 페이스북이나 구글의 엔지니어가 여가 시간에 복지 개혁을 위해 힘쓰고 싶을 수도 있습니다." 그는 활동가의 공간을 상상했지만 공익을 위해 디지털 기술을 사용하는 모든 사람들에게 열려 있는, 이념과 소속 정당으로부터 자유로운 공간, 즉 협력과 파트너십을 위한 경쟁 시장에서 틈새를 찾을 수 있는 작업 공간을 상상했다. 라셰이는 시민회관이라는 "물리적 공간을 지역 사회와 함께 오랜 기간 지속된 시민과 사회 문제를 해결하기 위한 지렛대lever로 사용할 것"이라고 말했다. 의심할 여지 없이 이러한 레버리지는 조직 자체의 규모와 영향력이 더

욱 커지는 데에도 도움이 될 것이다.[35]

　2015년 시민회관은 플랫아이언 지구의 5번가에 있는 20세기 초에 세워진 장엄한 건물에 1700m² 규모의 사무실을 임대하고 시민 기술을 위한 협업 작업 공간을 열었다. 보통 평일 오후에는 길고 하얀 탁자에서 노트북으로 작업하는 100여 명이 넘는 사람들이 주방과 카페에서 어슬렁거리고, 200여 명까지 수용할 수 있는 행사 공간을 만나볼 수 있었다. 시민회관은 마이크로소프트, 〔이베이(eBay) 창업자의 후원을 받은〕 오미디아 네트워크Omidyar Network, 구글의 후원을 받아 IBM에서 뉴욕시 경제개발공사와 뉴욕시립예술협회Municipal Art Society에 이르기까지 시의 공공, 민간, 비영리 부문에 걸친 24개 단체를 포함한 약 800명의 회원을 집계했다. 시설 접근성을 결정하는 월 사용료는 다른 협업 공간과 동일한 수준의 회원권을 제공하지만, 앤드루는 시장 가격에 휘둘리지 않는 회원 모집 방식을 선호했고, 사회적 문제 해결에 대한 시의 깊은 의지를 반영했다고 말했다. 그는 많은 자선 단체와 비영리 단체, "세상을 더 나은 방향으로 바꾸고자 하는, 동등하게 공감하는 기술 공동체" 덕분에 뉴욕시가 "역사적으로 공감할 수 있는 장소"가 되어왔다고 말했다.

　시민회관은 곧 '비영리 연구소'인 시민회관연구소Civic Hall Labs를 추가했다. 이 연구소는 '시민 기업가'와 '시민 발명가'를 위한 훈련 프로그램을 운영하고, 지역 기업의 '디지털 전문가'를 연결해 자발적인 "더 공정하고 정의롭고 민주적인 사회를 향한 일을 하는 지역 NYC 조직을 위한 의미 있는 프로젝트"를 진행하고, 공중 보건의 '혁신을 촉진'하기 위한 인큐베이터의 개발 등의 활동을 한다. 시민회관연구소는 또한 블룸버그 행정부가 시작하고 더 블라지오 시장 시기 지속된 연례 대회인 NYC 빅앱NYC Big Apps 2017 참가자를 위한 워크숍을 마련했는데, 여기서 공공 서비스를 개선하기 위한 새로운 디지털 플랫폼을 개발한 사람과 단체에 상을 수여한다. 빅앱 프로젝트를 통

해 시민회관은 뉴욕시 경제개발공사의 사회적 파트너이자 독립적인 계약자가 되었다.[36]

라셰이는 마이크로소프트의 뉴욕 지사에서 일하는 기술 및 혁신 담당 이사인 존 폴 파머John Paul Farmer라는 매우 열정적인 파트너를 구했다. 시민회관에서 파머와 대화를 나누었을 때, 그는 마이크로소프트의 시민 기술에 대한 오랜 헌신을 강조하며 직속상관인 댄 르윈Dan'l Lewin, 전략 및 신규 사업 개발 담당 부사장, 몇몇 고위 임원의 아이디어를 근거로 들었다. 파머는 그들은 "회사와 세계 사이의 순환 고리를 원했습니다"고 말했다. 이것은 시민회관이 장려하는 이타주의처럼 들린다. 존 폴 파머는 "매우 지역적이고, 참여적이며, 네트워크로 연결되기를 원했습니다"고 말했다. "그들은 모든 해답을 가지고 있지 않다는 것을 깨달았습니다. …… 도시화로 인해 많은 임박한 도전이 있습니다."[37]

그러나 마이크로소프트의 초기 시민 기술 채택은 이타주의 이상의 것을 포함했다. 캘리포니아 새너제이의 기술 칼럼니스트에 따르면 댄 르윈은 1990년대에 회사와 지역 사회 사이의 '유독한' 관계를 크게 개선시킨 '실리콘밸리 마이크로소프트의 영향력 있는 옹호자'였다고 한다. 그가 이렇게 한 한 가지 방법은 해카톤의 후원 기업처럼 스타트업에게 무료 마이크로소프트 제품을 제공하고 사용하도록 설득하는 것이었다. 무료 제품을 '시민 기업가'의 손에 쥐어줬듯이 이런 전략을 확장하기 위해 시민회관을 사용하는 것은 마이크로소프트의 '파트너'가 되도록 장려하는 것일 수 있다. 만약 이 전략이 뉴욕에서 통했다면 어디에서나 통할 수 있다.[38]

빨간 곱슬머리에 어깨가 넓은 30대 후반의 존 폴 파머는 앤드루 라셰이만큼이나 열정적인 시민 기술 전도사다. 그는 또한 아이비리그 교육과 짧지만 마이너리그 야구 선수로서의 경력을 겸비한 몇 안 되는 미국인 중 한 명이다. 라셰이처럼 파머는 시민 기술에 대한 관심을 공동체를 개선하려는 가족의 헌신에서 찾는다. 그의 가족 중에는 도시 계획가가 있다고 했다. 하버드 대학교Harvard University를 졸업하고 컬럼비아 대학교에서 MBA를 취득한 후, 존은 리먼 브라더스Lehman Brothers에 입사해 2007년 회사가 파산할 때까지 월가에서 일했고, 그 후에는 크레디트 스위스Credit Suisse에서 일했다. 그는 "사람들을 돕고 싶었고 …… 영향력을 갖고 싶어서" 금융계를 떠났다고 말했다. 운이 좋게도 워싱턴 D.C.Washington D.C. 전 시장은 그를 "(대통령) 오바마에게 소개하며 고용"을 추천했다.

존은 오바마 행정부에 합류해 민간 부문에서 환자 보호 및 부담 적정 보험법Affordable Care Act의 국회 승인을 위해 금융계에서 쌓은 경험을 활용하는 업무를 맡았다. 그는 곧 의료 데이터를 온라인에서 이용할 수 있는 '신기술을 도입'했고, 백악관 과학 기술 정책실에 영입되었다. 그곳에서 파머는 대통령 혁신 펠로 프로그램을 시작하고, 조달 및 공개 데이터 프로그램을 포함한 '중요 프로젝트를 결정'하는 데 도움을 주었다. 환자 보호 및 부담 적정 보험법을 시행하기도 전에 좌초될 위험이 있는 웹사이트 Healthcare.gov 첫 번째 버전의 처참했던 오작동을 고치려고 노력하기 전에 "우리는 스타트업에 집중했다"고 말했다.

백악관에서 4년을 보낸 후, 파머는 마이크로소프트에 취직해 시민 기술 분야를 담당하게 되었다. 그는 "여기서 우리가 제공할 수 있는 것은 자원"이라며 "하드웨어, 소프트웨어, 돈, 공간, 소집력을 제공할 수 있습니다. 이들 중 일부는 사용하지 않은 채 휴면 상태에 놓여 있었습니다. 기회를 놓친 것이죠. 마이크로소프트는 부동산 비용을 지불하고 있었고, 똑똑한 사람들과 일하고 있었습니다"라고 말했다. 당시 30명 이상의 마이크로소프트 직원들이 워싱턴주 레드먼드Redmond, Washington에 있는 본사로부터 멀리 떨어진 미국 도시에서 일하고 있었다. 어떨 때는 그중 6~10명이 뉴욕에 있었다. 직원들은 제품과 서비스의 시제품을 개발해 지역 사회를 지원하는 일을 했다.

이 제품은 후에 전 세계 도시에서 판매할 계획이었다.

파머는 마이크로소프트와 시민회관 사이에 시너지를 일으켜 뉴욕 기술 공동체에 회사를 포함시켰다. 이것이 마이크로소프트의 유일한 사업 전략은 아니었지만 중요한 일이었다. 일부 마이크로소프트 직원은 시민회관을 작업 공간으로 사용하며 그곳에서 일하는 시민 사업가와 디지털 활동가를 알아나갔다. 파머와 그의 조수는 행사를 조직해서 사람들이 모임에 참여해 도울 수 있는 일이 있는지 알아보게 만들었다. 시민회관의 회원인 '시민 기업가'와 학생을 데리고 시민회관을 방문하는 나 같은 교수 들이 접촉할 수 있도록 만남을 주선하기도 했다. 마이크로소프트는 이익을 얻기 위해 시민 기술 공동체를 레버리지하는 기회를 사용할 수 있었다. 그러나 존 폴 파머는 좋은 정책에는 좋은 기술이 필요하다고 믿었다. 이것이 바로 환자 보호 및 부담 적정 보험법의 오작동 웹사이트의 대실패에서 그가 배운 것이다. 이렇게 생각하자 존은 앤드루 라셰이에 더 가까워졌다.

라셰이는 뉴욕 정책에 영향을 줄 수 있는 지위가 아니었다. 라셰이에게는 자리가 없었던 것이다. 수년 동안 그는 개인적으로 사람을 만나 로비를 하고, 사설란에 글을 쓰면서 영향을 미치려고 노력한 두 가지 정책은 광대역 접속과 컴퓨터과학 기술 교육이었다. 때때로 성공하기도 했지만 과정은 느리기만 했다. 더블라지오가 당선된 후, 라셰이는 기술 공동체에 새로운 뉴욕 시장에게 기회를 주고, 새로운 시장의 기술 이니셔티브에 적극적으로 나서서 활동하도록 사람들을 격려했다. 한편 그러는 몇 년 동안 라셰이는 시민회관에 도움이 되는 자원 활동의 가능성을 알아차렸다. 많은 뉴욕 시민들과 마찬가지로, 시민회관도 임대료 문제가 있었다. 사무실 임대 계약을 갱신할 때가 되자 건물 주인은 임대료를 40% 올리려고 했다. 시민회관은 인근의 다른 공간으로 이전할 수도 있었지만, 이전의 절반에도 못 미치는 크기였다. 더 나은 해결책이 필요했다.[39]

이 무렵 더블라지오 행정부는 도시 주변의 '혁신' 공간을 개발하는 데 깊이 관여하게 되었다. 부동산 업계와 독립적인 전문가 모두 기술 및 창조 사무실을 위한 상업 공간이 심각하게 부족하다고 생각했다. 블룸버그 행정부 시절 뉴욕시 경제개발공사는 뉴욕시 소유 건물을 활용해 기술 스타트업을 위한 인큐베이터와 액셀러레이터를 가까스로 열었다. 영리기업과 비영리 대학과 제휴해 진행했다. 이것이 삼중 나선 활동이다. 더블라지오 행정부는 역시 이러한 활동을 이어나갔고 거기에 중요한 '사회적' 요소를 추가했다. 한편으로 새로운 시장은 도시 전체에 혁신 현장에서 특히 저소득층과 소수민족 및 인종적 소수자가 살았던 지역의 경제 발전을 확산시키려 했다. 또 다른 한편에서 NYCEDC는 유니언 스퀘어 근처 플랫아이언 지구 남쪽 중심가에 있는 시 소유 부지에 '새로운 기술 허브'라는 인력 훈련 대표 프로젝트를 수행할 시설을 세우려 했다.[40]

기술 허브는 '기술, 창조, 혁신 기업을 위한 상업 공간'과 '21세기 인력 기술 개발을 지원하는' 교육 시설을 모두 갖춘 '상징적인 상업 개발' 복합 프로젝트로 구상되었다. 시민회관이 교육 시설을 관리한다면 흥미로운 기회가 될 수 있었다. 하지만 그러기 위해서 앤드루 라셰이는 건설을 담당하는 부동산 개발업자와 파트너가 되어야 했다.[41]

그 후 몇 달간 시민회관은 지역 부동산 개발 회사 RAL과 제휴를 맺고, 유니언 스퀘어 근처의 땅을 임대하기 위해 NYCEDC에 입찰했다. 부동산 개발업자가 건축 법규, 환경 영향 평가, 지역 사회 이사회 승인 등의 문제를 해결하는 동안, 비영리단체는 시설의 **사회적** 프로그램을 담당한다. 시민회관은 주로 소외 계층을 대상으로 교육 프로그램을 운영하고, 사회적 통합을 위한 기술 행사를 개최해 '모두를 위한 좋은 일자리'라는 뉴욕 시장의 목표를 추구할 수 있도록 돕고, '어떤 출신 배경을 가졌든 모든 뉴욕 시민'을 위한 기술 공간을 조성한다. 이에 대한 보답으로 시민회관은 21개 층 중 여섯 개 층에

입주해, 시세에서 '실질적으로 인하된' 임대료로 25년간 임대하게 된다.[42]

2016년 12월 NYCEDC는 RAL에 기술 허브 부지를 99년간 임대했다. 두 달 후 플랫아이언 지구에 위치한 디지털 광고 회사인 앱넥서스AppNexus 사무실에서 열린 세간의 이목을 끄는 행사에서, 더블라지오 시장은 개발업자의 건축 예비 디자인과 시민회관의 훈련 프로그램에 관한 잠정적인 계획을 공개했다. 건물의 꼭대기 층은 기존 기술 회사에게 시세에 맞춘 임대료를 받고 사무실을 빌려주지만, 그 아래층인 5400m²는 더 낮은 임대료로 탄력적으로 단기 임대를 하는 스타트업을 위한 '유동 공간'으로 전용할 것이다. 1층에는 일반 사람들에게 개방된 카페와 식료품 상점이 들어설 것이다. 지역 사회 위원회의 주장에 따르면 적어도 판매업자의 25%는 개발업자가 지역 소상공인이라고 부르는 사람이 될 것이었다. 시민회관은 "기술자, 제작자, 사회적 기업가의 다양한 네트워크를 지원하는" 강의실과 회의실이 3400m² 규모로 건물 중간의 여러 층에 갖춰질 것이다. 교육 과정 설립을 위해 라셰이는 이미 정부 지원, 주로 외곽의 자치구에 있는 저소득층 및 중산층 뉴욕 시민을 위한 기술 인력 개발에 참여하고 있는 비영리단체를 모았고, 2011년 근처에 설립된 영리 코딩 스쿨 제너럴 어셈블리를 추가로 섭외했다. 시장은 기술 허브에 대해 "미국 전역의 어느 도시에도 이와 같은 것은 없다"고 말했다. "이것은 강력하고 포괄적인 기술 생태계에 대한 뉴욕의 헌신을 나타낸다."[43]

행사에 참석한 더블라지오 시장과 앤드루 라셰이가 차례로 한 연설은, 놀랍도록 마음이 통한다는 것을 보여주었다. 첫 번째로, 라셰이는 뉴욕을 "21세기의 가장 위대하고 가장 평등한 도시"라고 불렀다. 그리고 더블라지오는 "이 나라에서 가장 사회적인 의식이 있는 기술 공동체"에 경의를 표했다. 두 사람 다 기술 허브가 시장의 가장 중요한 목표인 '모든 뉴욕 시민', 즉 코넬 공대 졸업생뿐만 아니라 뉴욕 시립대 졸업생, 대학에 진학하지 않을 고등학교 졸업생을 위한 경제 발전과 일자리 창출을 달성할 것이라고 말했다.[44]

이 건물은 사실상 블룸버그와 더블라지오 행정부의 경제 개발 전략의 연속성과 대조를 보여준다. 한편 기술 사무실은 블룸버그 시장이 원했던 바와 같이, 즉 스타트업 설립자를 뉴욕에 계속 머무르게 해야 한다. 반면에 교육 프로그램은 더블라지오가 원했던 바와 같이, 즉 기술 공동체를 더 포괄적으로 만들어야 한다. 게다가 더블라지오는 라세이가 시민회관의 사명을 묘사한 데 열의를 느꼈고, 이 기술 허브는 "민주주의를 지키는 것, 열린 사회를 보호하는 것에 관한 것"이라고 말했다. 연봉 6만 5000달러를 받는 기술직 훈련은 "모든 뉴욕 시민에게 더 좋고 공정한 삶"을 만들어주고, 기술 허브는 "모든 사람들을 위한 장소인 열린 도시를 유지하는 것"을 도울 것이다.

새 시장이 당선된 지 3년 후, 더블라지오와 앤드루 라세이는 같은 이상주의를 내세웠다. 시민회관은 기술 공동체를 이용해 도시의 혁신 복합체에 자리를 잡았다.

뉴욕의 이야기는 부동산에 관한 경우가 많은데, 뉴욕 기술 공동체도 예외는 아니다. 부동산이 정부 보조를 받는 업무 공간이든, 기술 허브든, 아니면 '(정책을 결정하는) 자리'든 공동체를 대표한다고 주장하는 조직들은 혁신 복합체에 자리를 잡기 위해 자산, 즉 인원, 사회적 자본, 벤처 투자를 활용한다. '커뮤니티 빌딩'이 더 많은 사람과 기업을 추가하는 것을 뜻한다면, '공동체를 **레버리지**하는 것'은 이들에게서 더 많은 자원을 얻는 것을 의미한다. 뉴욕기술밋업, Tech:NYC, 시민회관은 혁신 경제에서 '공동체'라는 조직의 전략적 중요성을 보여준다. 자금력을 모으기 위해 사회적·정치적 자본을 동원하는 것이다.

하지만 한 사람 한 사람이 중요하다. 디지털 기술과 시정의 변화에도 불구하고, 2002년과 2015년 사이에 조직적 연결점으로 자리 잡은 연결자와 주최자, 즉 프레드 윌슨, 앤드루 라세이, 돈 바버와 같은 사람들은 생태계를 형성하는 데 결정적인 역할을 했다. 그들은 상호 작용을 촉진하고, 규칙을 개발했으며, 정책과 자원 접근에 영향을 미치기를 원하는 신흥 인식론적 공동체의 주장을 대변했다.

월슨, 라셰이, 바버 모두 1990년대 닷컴 붐 동안 초기 기술 공동체에서 첫 경험을 쌓았다. 그 시대가 금융 위기로 끝나자, 상처를 치료하기 위해 지하로 들어갔다. 2003년이 되자 다시 등장했고, 다시 모였으며, 공동체를 재건하기 시작했다. 2008년의 금융 위기 이후, 기술 공동체는 도시 경제에서 더 크고 더 중요해졌다. 디지털 기술, 이를 개발하고 판매하는 기업, 지원을 아끼지 않는 정부기관 및 비영리단체를 중심으로 한 생태계가 형성되었다. 그 뒤 몇 년 동안 우버, 에어비앤비와 같은 디지털 플랫폼이 폭발적으로 성장하면서 기존 산업과 경쟁하고 사회 공동체를 위협하면서 기술 기업은 영향력과 자원을 얻기 위해 기술 공동체의 전략적 지식, 숫자, 명성을 활용해야 한다고 결정했다. 새로운 조직이 기술 옹호자가 된 것이다. 많은 기술 기업과 마찬가지로, 이 조직도 자체적인 기업 통합을 거쳤다. 위워크가 밋업을 인수하고, 뉴욕기술밋업이 뉴욕기술위원회에 합병된 후 돈 바버를 만났을 때, 그녀는 "지금은 M&A를 할 만한 시기"라고 말했다.[45]

뉴욕 닷컴 시대의 베테랑들만이 이 생태계를 구축한 것은 아니었다. 2010년 이후 제시카 로런스 퀸, 존 폴 파머와 같은 젊은 사람들은 비영리 분야, 거대 기술 기업, 연방 정부(또는 주)에서 일한 경험을 뉴욕으로 가져왔다. 그들의 경력은 이제 신경제를 지배하는 기본 방식이 된 공공·민간·비영리 파트너십의 중요성을 강조했다. 부분적으로 이것은 실리콘밸리와 같은 지역 연구 센터의 역사적 성장을 지원했던 산업·정부·대학 간의 협력 '삼중 나선' 모델의 광범위한 채택을 반영했다. 부분적으로도 공공·민간·비영리적 거버넌스는 공공·민간 파트너십을 활용해 뉴욕의 쇼핑 거리와 공원의 관리에서 경제 개발을 관리하는 것으로 확장시켰다. 이러한 파트너십은 공공 및 비영리 파트너(도시 정부와 대학)에게 세계경제포럼과 같은 최고경영자와 기업의 요구에 근접한 목표인 '기업가적'이 되어야 한다는 압박을 증가시켰다. 하지만 투자자로서 데이비드 S. 로즈는 필자가 digital.nyc의 설립에 대해 이야기했을 때, 기술 분야의 사람들은 공공·민간·비영리 협력 모델을 모두가 윈윈하는 전략으로 본다고 말했다.

해카톤과 마찬가지로, 밋업은 대면 상호 작용이 기술 분야에서 계속해서 중요하다는 것을 보여준다. 밋업은 지식을 쉽게 전달하고 협업할 수 있도록 해주기 때문에 전략적으로 중요하다. 그들은 또한 생태계를 먹여 살리는 다른 종류의 사람들, 혁신적인 아이디어를 가진 사람들, 투자 자본을 가진 사람들 사이의 신뢰를 구축한다.

이러한 관계를 벤처 투자가보다 더 잘 이해하는 사람은 없다. 지난 20년 동안, 벤처 투자가는 기술 스타트업을 위한 중요한 공간인 액셀러레이터를 구축함으로써 자본과 혁신의 직접적인 연계를 강화해 왔다. 발표자가 사업 계획에 대해 논의할 수 없는 월간 뉴욕기술밋업과 달리, 액셀러레이터의 **모든 사람들**은 항상 돈을 모으기 위해 노력한다.

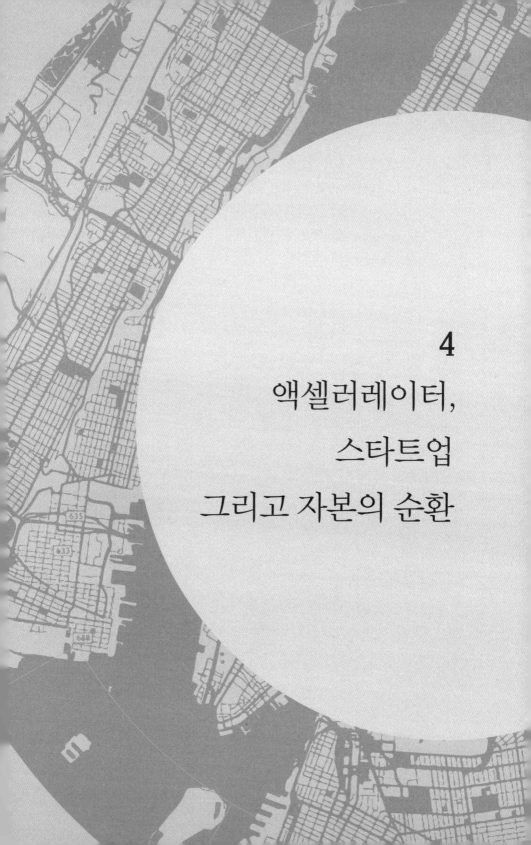

4

액셀러레이터,
스타트업
그리고 자본의 순환

'10월의 아름다운 토요일' 첼시 브라운리지Chelsea Brownridge는 스타트업 아이디어를 얻었다. 첼시는 크라운 하이츠Crown Heights에 있는 근처 식당에서 친구를 만나기 전에 반려견 윈스턴Winston을 브루클린의 프로스펙트 공원Prospect Park에서 산책시키려 했다. 그러나 테리어 견종은 식당에 들어갈 수 없기 때문에 윈스턴을 산책시키려는 계획을 취소해야만 했다. 뉴욕시 보건부에 따르면 개는 음식을 섭취하는 장소 밖에 머물러야 한다. 많은 뉴욕 시민과 다른 도시의 개 주인 들과 마찬가지로, 첼시도 윈스턴을 가로등 기둥에 묶어 길거리에 방치하고 싶지 않았다.[1]

첼시가 2011년의 그날 이후로 이 유래에 대해 이야기할 기회가 많았던 이유는, 사람들이 볼 일을 보는 동안 개가 안전하고 깨끗하고 편안한 장소에서 기다릴 수 있도록 식당과 상점 밖의 보도에 설치하는 '사이드워크 생크추어리sidewalk sanctuary'를 만든 회사 도그스폿DogSpot의 공동 설립자이자 CEO이기 때문이다. '도그하우스'는 첼시의 도움으로 디자인이 완성되었고 제조는 뉴욕에서 이루어진다. 그중 45개는 브루클린의 거리에 설치되며 '회원'은 온라인으로 가입 후 도그하우스를 사용한다. 사용료는 1분에 30센트로, 사람들은 대부분 짧은 시간 이용하고 몇 달러로 환산된다. 그러나 이용료가 안심, 즉 개의 실시간 영상을 스트리밍해 연결된 앱을 통해 주인이 원격으로 개의 안전과 건강을 확인할 수 있다는 점을 고려해 보자. 브루클린의 힙스터만 이 앱을 사용하는 게 아니다. 도그스폿은 새로운 도시 서비스이자 사물 인터넷의 일종이다.[2]

첼시는 브루클린 해군 부지에 있는 초현대적이고 '잠깐 방문하기 좋은 공간' 뉴랩의 중앙 아트리움이 내려다보이는 탁 트인 2층의 부드러운 노란색 의자에 앉아 자신의 이야기를 시작했다. 뉴랩은 비즈니스 성장의 '포스트 인큐베이터, 포스트 액셀러레이터 단계'에 있는 디지털 하드웨어 스타트업을 위해 설계되었다. 작업 공간은 해군 조선소에 있는 크고 오래된 기계 제작

소의 내장을 개조해 만들어졌는데, 이는 인상적인 광경이다. 7800m²의 탁트인 공간에는 밝은 색상의 안락의자와 쿠션이 있고, 20m 높이의 투명한 유리 천장을 통해 가느다란 야자나무에 햇빛이 쏟아지고 천장 아래로는 강철빔이 교차한다(〈그림 4-1〉). 흰색의 긴 작업대에는 노트북이 있고 아래층에는 카페가 있으며 뒤쪽에는 3D 프린터가 유리벽으로 된 작업장에서 모델을 쏟아내고 있다. 검은색으로 칠해진 철제 대들보, 붉은 파이프, 몇몇 큰 기중기 들이 이런 장식에 역사적인 의미를 부여한다. 20세기 동안 이 건물은 군함을 건조하는 데 쓰였다. 2016년부터는 드론, 전기 자전거, 실내 온실 등을 만드는 스타트업의 기술 허브로 자리 잡았다. 이곳은 혁신 복합체 내의 생산 현장이다.[3]

뉴욕이 기술 중심지로서 확장되면서 벤처 캐피털의 성장과 함께 스타트업을 위한 공유 업무 공간, 인큐베이터, 액셀러레이터 등 3대 기본 생산 시설이 크게 늘었다. 뉴욕시에는 거의 1만 개의 스타트업이 있고, 100개가 넘는 인큐베이터와 액셀러레이터가 있는데, 이들 모두는 2000년대 초 이전에는 존재하지 않았다. 이들은 장기 임대를 하기에는 신용 내역이 없고, 사업이 빠르게 확장될 수도, 중단될 수도 있는 첼시와 같은 개인과 소규모 스타트업 팀을 위해 업무 공간을 제공한다. 뉴랩과 같은 공간은 입주 기업 대부분이 이미 벤처 투자자나 에인절 투자자로부터 소액의 자금을 조달했고, 성장을 위해서 더 많은 자금을 조달해야 하기 때문에 스타트업에 투기성 투자를 공급하는 데 도움이 된다.[4]

뉴욕의 대부분의 인큐베이터와 액셀러레이터는 소프트웨어 개발, 디자인, 마케팅을 위해 구성된다. 그러나 물리적으로 무언가를 만들기 위해 전문 장비와 공간이 필요한 스타트업이 사용할 수 있는 공유 주방과 패션 인큐베이터와 뉴랩과 같은 정교한 메이커 스페이스가 있는 것이다. 뉴랩과 인더스트리시티처럼 개인 소유도 있지만 부시 터미널, 브루클린 육군 터미널

그림 4-1 브루클린 해군 부지의 뉴랩

자료: Rich Gilligan(뉴랩 제공).

Brooklyn Army Terminal, 뉴랩이 건물을 임대하고 있는 브루클린 해군 부지는 뉴욕시가 소유하고 있다.

도그스폿은 뉴욕시 의회, 브루클린 자치구장실, 뉴욕지역경제개발국New York Regional Economic Development Council, 뉴욕주에 의해 설립된 공공·민간 파트너십의 추가 자금으로 뉴욕시 경제개발공사NYCEDC가 지원하는 뉴랩의 일부인 도시기술허브Urban Tech Hub의 14개 젊은 기업 중 첫 번째 집단으로 선발되었다. 도시기술허브가 명시하는 목표는 "비즈니스 인큐베이터, 액셀러레이터 및 기타 초기 프로그램을 능가하는, 빠르게 성장하는 클린테크 및 스마트 도시 기업을 위한 유연하고 저렴한 공간"을 제공하는 것이다. 암묵적으로는 유망한 스타트업과 이들이 창출하는 일자리를 뉴욕시에 가져오는 것이 목표다.[5]

도그스폿에서 일하는 아홉 명으로 이루어진 팀과 산업 디자이너, 로봇 제작자, 웨어러블 기술 및 드론 개발자를 비롯해 뉴욕기술밋업 데모에서 본 아이폰 제어 디지털 악기인 아티폰을 만든 회사와 같은 뉴랩에 입주한 스타트업은 도시의 환경 지속 가능성과 더 전통적인 관계를 가진다. 뉴랩의 도시기술허브에서 일하기로 한 다른 회사로는 자율 주행차에 사용할 수 있는 실시간 크라우드소싱 교통 상황 지도를 만드는 카메라Carmera, 전 세계 어디에서나 배터리를 충전할 수 있는 소형 휴대용 태양광 패널을 만드는 볼테익 시스템Voltaic System, 자전거 공유부터 실내 농업과 같은 수십 개의 다른 스타트업이 있다. 첼시 브라운리지는 "우리는 이곳이 좋아요"라고 말했다. "우리는 협업 공간을 원하진 않았지만, 나는 (여기에) 걸어 들어갔고, 완전히 놀라게 되었어요. …… 당신은 당신이 일하는 것에서 무언가를 얻는 사람들의 공동체 안에 있어요. 우리는 모두 하드웨어로 작업하고, 이곳은 특별한 장소입니다."

　도시기술허브는 첼시의 말처럼 같은 생각을 가진 창업자들로 구성된 공동체와 함께 작업 공간, 멋진 환경, 잠재적인 멘토와 투자자와의 만남 등, 기간제 프로그램을 수료하거나 이를 거치지 않은 기업에게 액셀러레이터의 이점을 제공한다. 개인 투자자가 지원하는 액셀러레이터와 달리, 도시기술허브는 형평성이 없다. 이 모든 것은 젊은 기업들이 뉴저지New Jersey나 해외에서 더 저렴한 산업 공간을 찾을 수 있지만 뉴욕에 머무르게 하는 데 도움이 된다. 이것이 바로 뉴욕의 경제 개발 기업이 자금을 지원하는 이유이다.

　그러나 더 큰 회사처럼 도시기술허브의 스타트업은 경제적 타당성이 있다면 어디든지 지역, 국가, 글로벌 공급망에 업무를 '분배'한다. 한 회사는 뉴랩에 사무실이 있지만 제조는 해군 부지에 있는 다른 건물에서 한다. 도그스폿은 캘리포니아에서 제조된 보드를 퀸스에서 조립해 벽면을 만들고 뉴랩에서는 도그하우스에 들어가는 에어컨 시스템을 만든다. 볼테익 시스템 사무실은 뉴랩에 있지만 말레이시아, 인도, 필리핀으로 제조 공정을 나

뭐 3D 도면, 영상 통화, 왓츠앱What's App 등을 통해 협력 업체와 소통하고 있다. 그러나 볼테익 시스템을 창업한 셰인 매쿼이드Shayne McQuade도 뉴랩에서 다른 회사와 아이디어, 지식, 나아가 제품을 공유하는 것을 좋아한다. 그는 "우리는 다른 스타트업의 시제품 제작과 디자인 단계에서 회의와 조언으로 아낌없이 지원하는 편입니다"라고 말했고, 그 결과 뉴랩의 이웃 소셜바이크Social Bike(지금은 우버의 사업 부문 중 하나인 점프바이크(JUMP Bikes))는 볼테익의 고객사가 되었다.[6]

특이한 제품임에도 불구하고, 도그스폿은 떠오르는 아이디어를 실행 가능한 사업으로 발전시키는 전형적인 신기술 스타트업의 길을 따랐다. 첼시와 공동 창업자이자 남자친구였던 토드Todd는 물리적인 시제품을 개발했고, 작동 기술을 습득했다. 처음에 첼시와 토드는 정규직으로 일하는 수입과 가지고 있던 저금으로 스타트업을 '부트스트랩'(자력 경영 스타트업 – 옮긴이)했다. 뉴랩에 오기 전에는 벤처 캐피털 액셀러레이터에서 잠깐 일한 다음, 공적 자금으로 지원되는 대회에 참가해 개발을 위한 자본을 조달했다. 그들이 비즈니스 모델, 시 정부 규제, 제품을 비방하는 온라인 댓글에 대응하는 방법을 배우던 1년 동안, 스타트업에서 나오는 수입은 없었다. 30대의 금발 머리인 브라운리지는 노스캐롤라이나 출신임에도 뉴욕 사람처럼 빠르게 말하면서 도그스폿을 식당이나 상점 앞에 설치하는 데 동의하는 가게 주인을 찾으려 했다. 처음으로 도그하우스 두 개를 거리에 설치한 후, 또한 깨끗하게 관리하는 일도 했다.

그 화창했던 10월의 날이 지나고 몇 주 후, 윈스턴을 식당에 데려가지 못하자 첼시는 해결책을 모색했다. 매우 간단한 일을 하는데 개를 데리고 가고 싶어 하는 주인에게는 강아지 놀이방이 통하지 않을 것이다. 바퀴가 달린 도그하우스는 안전하지 않다. 첼시와 토드는 '멋져 보이는 도그하우스를 사고', 문을 잠글 수 있는 기술을 찾아내고, 인도에 설치한 다음 '그 기술을 사용할 수 있는 면허증을 사는' 계획을 세웠다. 둘 다 코드를 쓰는 법을 몰랐지만, 기본적인 개념은 알았다. "그것은 움직이지 않는 집카Zipcar 같은 차량 공유나 자전거 공유처럼 될 것이다." 그러나 실행 가능한 기술을 찾지 못했다. 전기 기술자 구인 광고를 페이스북에 올렸고 첼시의 브루클린 아파트에서 겨우 다섯 블록 떨어진 곳에 사는 친구의 친구를 찾았다. 그 친구는 다른 스타트업과 일했을 때와 마찬가지로 프리랜서로 일하기로 했다.

사회적 기업에서 계속 일하면서 첼시는 개 주인을 인터뷰하고 시장 조사를 했다. 그녀는 뉴욕의 보도 사용에 관한 법을 이해하려고 노력했다. 가게 주인은 자기 가게에서 0.9m 이내에 광고와 상품을 진열할 수 있기 때문에 가게 주인이 도그하우스를 '소유'하는 계약을 맺도록 설득할 수 있다면 첼시와 토드에게 허가증이 필요하지 않을 것이라는 사실을 알아냈다. 하지만 '관련 시 기관들로부터 명확한 설명을 듣는 데' 4개월이 걸렸다. 그러는 동안 전기 기술자는 처음 10개의 '브레인'을 만들었다.

첼시와 토드는 알리바바Alibaba.com에서 100달러 미만의 모듈식 도그하우스와 디지털 라벨의 바코드를 읽을 수 있는 RFID 리더기를 온라인으로 샀다. 그들은 이미 한 달에 200달러를 내고 차고를 빌린 상태였는데, 이제 차고에서 개의 크기에 맞추어 다른 크기의 도그하우스 시제품을 만들었다. 그들은 한 사이즈로 모든 것을 맞출 수 있다는 것을 깨달았을 때, 바로 움직일 준비가 되었다. "첫 번째 도그스폿을 인도에 설치하자마자, 나는 직장을 그만뒀어요"라고 첼시가 말했다.

첼시와 토드는 처음 두 개의 도그스폿을 포트그린Fort Greene의 고급 지역에 있는 거리에 두었고, 그곳에서 피드백을 하면 무료 구독을 제공함으로써 25명의 고객을 모집했다. 초기 사용자는 개를 원격으로 확인할 수 있는 방법을 원한다고 말했고, 이것은 웹캠으로 제안되었다. 첼시는 "그러자, 우리는 앱이 필요해졌어요"라고 말했다. 또한 더 많은 도그하우스를 만들 필요가 있었다.

토드는 최근 뉴욕 지하철 플랫폼에 설치된 인터콤 시스템을 갖춘 헬프 포인트 키오스크를 구축한 퀸스의 중견 제조 회사 보이스 테크놀로지Boyce Technologies에 이메일을 보냈다. 전기 통신 기술자이면서 회사의 설립자이자 사장인 찰스 보이스Charles Boyce는 '기업가를 돕기로 결정했기 때문에' 그들에게 디자인과 엔지니어링 서비스를 무료로 제공했다. 브라운리지는 "그때가 우리의 상황이 바뀐 순간이었다"라고 말했다.

시범 프로그램은 잘 진행되었다. "뉴욕에는 아이보다 개가 더 많아요!" 첼시가 말했다. 도그스폿은 ≪뉴욕 포스트New York Post≫ 기사와 페이스북을 포함한 언론의 주목을 받고 있었는데, 이 사업을 프랜차이즈로 만들고자 하는 다른 도시 사람들의 문의가 빗발쳤다. 그러나 브루클린에서 위치를 전략적으로 선정하는 것에서부터 센서가 도그하우스의 온도를 통제하도록 하는 것까지 여전히 해결해야 할 실질적인 문제들이 있었다. 첼시는 자금 지원을 위해 "우리는 투자가 필요하다는 것을 알았어요"라고 말했다.

공동 설립자들은 경쟁에 참가하기 시작했다. 브루클린 공공 도서관Brooklyn Public Library의 스타트업 공모전에서 최고의 사업 계획으로 5000달러를 받았다. 뉴욕시에서 열린 전국 하드웨어 컵National Hardware Cup 대회에서 우승을 차지했고, 나아가 전국 대회에 참가했다. 전국 로봇 학회National Robotics Conference에서는 1만 5000달러의 상금을 받았다. NYCEDC의 퓨처워크Futureworks NYC 프로그램에서는 '기술자에게 지불했던' 뛰어난 제조에 대한 1만 달러의 보조금을 받았다. 그 프로그램은 또한 무료 법률 자문을 제공했다.

첼시와 토드는 자금을 계속 모으기 위해 실리콘밸리의 대표적인 액셀러레이터 와이콤비네이터가 개발한 오픈 소스 투자 상품 SAFESimple Agreement for Future Equity를 이용했다. SAFE와 함께 투자자는 미래의 투자 단계에서 주식을 살 수 있는 기회의 대가로 스타트업 자금을 준다. 즉, 회사는 공식적인 평가 과정을 거치지 않고 자금을 조달하는 것이다. SAFE는 도그스폿이 거의 40만 달러를 투자받는 데 도움을 주었다. 한 투자자는 미디어에서 그 회사에 대해 읽은 후에 공동 창업자에게 질문을 보냈다. 그는 20만 달러를 투자했다. 첼시와 토드는 전국 하드웨어 컵 대회에서 만났던 에인절 투자자에게 나머지 20만 달러를 투자받았다. 그들은 또한 여러 액셀러레이터에 응모했고, 맨해튼 미드타운에 있는 기업가 라운드테이블 액셀러레이터ERA: Entrepreneurs Roundtable Accelerator의 지원을 받게 되었다. 1년에 두 번, ERA는 4개월에 걸친 집중적인 훈련 프로그램을 지원할 10개의 스타트업을 선정하고, 각 스타트업에 대해 지분 8%의 대가로 10만 달러의 자금을 제공한다. 2010년 이후 약 180개의 스타트업이 ERA의 프로그램을 완료했고, 모두 합쳐서 3억 달러 이상을 투자받았다. 첼시와 토드는 액셀러레이터에 선발되어 스타트업 사무실을 살고 있는 아파트 밖으로 옮길 수 있게 되었다.[7]

해카톤이나 밋업처럼 액셀러레이터가 스타트업 생태계의 일부가 되었지만, 이 세계 밖에서는 액셀러레이터가 무엇인지, 어떤 기능을 하는지 아는 사람은 거의 없다. 이들은 종종 공유 업무 공간 또는 인큐베이터와 혼동되는데, 이들 각각은 신경제 내에서 고유의 틈새를 가지고 있다. 비즈니스 인큐베이터는 그 이름에서 알 수 있듯이, 젊은 기업을 육성하고 시장 세력으로부터 이들을 보호하는 것을 목표로 했다. 반대로 액셀러레이터는 스타트업이 시장 세력에 빨리 적응하는 능력을 키우고, 창업자에게 비즈니스 모델을 연마하고 수정하고 나아가 다른 비즈니스 모델로 '전환'시키는 방법을 가르치고 훈련시킨 다음, 투자자에게 회사를 추천한다.

2000년대 초반에는 액셀러레이터가 많지 않았지만, 2016년까지 전 세계적으로 최소 1000개가 운영되고 있다. 절반 이상인 65% 정도가 투자자의 자금을 지원받은 영리사업이었고, 나머지는 정부, 대학, 비영리단체의 지원을 받았다. 미국에는 벤처 캐피털의 최대 중심지인 샌프란시스코, 실리콘밸리, 뉴욕, 보스턴에 대부분의 액셀러레이터가 집중되어 있었다. 뉴욕에는 주로 맨해튼의 금융 회사 사무실 근처에 70개 이상의 액셀러레이터가 있었다.[8]

액셀러레이터는 스타트업의 '공장'이자 창업 예비 학교인 부트 캠프이자 업무 공간이다. 일반적으로 성공한 창업자와 벤처 투자가가 액셀러레이터의 매니저가 되어 집중적인 현장 멘토링을 제공하며, 외부 멘토와 동문은 네트워킹과 자금 조달을 위한 기회를 제공한다. 1990년대부터 문을 열어 월세를 낼 수 있는 누구에게나 시설을 제공하기 시작한 공유 업무 공간과 1960년대 초반 사무실과 비즈니스 서비스를 공유하며 지역 일자리 창출을 독려하는 존재로 떠오른 비즈니스 인큐베이터와 달리, 액셀러레이터는 2000년대 초반 이후로 벤처 캐피털의 급격한 성장과 함께 나타난 것으로 보인다. 벤처 투자자는 액셀러레이터를 이용해 유망한 스타트업에 초기 투자하고 몇 년 안에 스타트업이 더 큰 회사에 인수되거나, 기업 공개로 높은 가격에 주식을 매각하는 등 성공적인 '출구'를 갖기를 바란다. 벤처 투자자가 상업적 잠재력을 보이는 많은 스타트업을 모아 힘을 실어주고, 출구를 향해 인도함으로써 가치를 끌어내리려고 노력하는 것은 경제적이다.[9]

액셀러레이터는 초기 기술 투자자이자 테크스타Techstars 액셀러레이터 네트워크의 공동 설립자인 벤처 투자가 브래드 펠드가 "강렬하고 집중적인 관심이 창업자에게 빠른 속도로 배울 수 있는 기회를 제공하는 인상적인 교육"이라고 부르는 것을 제공한다. 하지만 이 교육에는 비용이 든다. 창업자에게 사업적 결정과 피칭을 가르치고 '몰두'된 몇 주 또는 몇 달 동안 스타트업을 지원하는 대가로 액셀러레이터의 후원자는 각 회사에서 보통 5~10%의 지분을 갖는다. 때로는 자금을 부채로, 때로는 단순 자본으로 구조화한다. 어느 경우든 그들이 선택한 스타트업이 IPO에서 좋은 성적을 거두면 투자 수익률이 상당히 높아진다. 다만 2016년 전 세계 설문 조사에서 액셀러레이터의 3분의 2가 주식 투자로 돈을 벌지 못할 것이라고 답했다. 일반적으로 벤처 투자가의 상식에 따르면 스타트업의 열 곳 중 아홉 곳이 실패한다.[10]

액셀러레이터와 인큐베이터의 경계가 항상 명확하지는 않지만, 액셀러레이터는 선별적이고 창업자 집단과 협력하며 3~6개월의 기간제 레지던시에 집중적인 교육과 멘토십을 제공한다. 레지던시는 한 번에 한 팀씩 모든 스타트업이 투자자와 저널리스트를 초대해 청중에게 콘셉트, 제품 및 비즈니스 모델을 피칭하는 데모데이로 절정을 이룬다. 액셀러레이터의 작업 대부분은 최종 공개 피칭에 맞춰져 있으며, 밋업이나 해카톤의 데모처럼 빡빡하게 시간제한이 있고, 대본도 있다. 그러나 피칭이 궁극적으로 더욱 중요하다.

매일매일 제품과 팀을 만드는 동안 참가자는 회사에 대해 말하는 연습을 한다. 때로는 창업자가 프로그램을 수료하면 스타트업에 취직하기를 희망하는 액셀러레이터의 저임금 인턴의 도움을 받아 설득력 있는 슬라이드나 파워포인트 프레젠테이션을 개발하려고 노력한다. 정말 매일매일 창업자는 지역의 에인절 투자자, 기업 임원, 벤처 투자가로 구성된, 지지를 아끼지 않는 비판적인 멘토와 함께한다. 피칭을 잘하는 법을 배운다면, 스타트업은 성장하기 위한 투자를 받을 것이다. 그러지 못하면 죽을 것이다.[11]

준비 과정과 불안감은 필자가 본 피칭데이마다 확연히 느껴지고, ELab의 피칭데이도 마찬가지였다. ELab은 생명공학 및 생명과학 분야의 창업자를 위해 6개월 동안 집중적인 프로그램을 제공하는 NYCEDC가 구축한 액셀러레이터이다. ELab에서 피칭하는 모든 사람은 의학 박사 학위 또는 박사 학위를 가지고 있으며 일부는 두 학위 모두를 가지고 있다.

필자는 타임스 스퀘어 근처에 있는 마이크로소프트의 사무실에서 열린

ELab 피칭데이를 방문했다. 뉴욕의 많은 비즈니스 미팅처럼, 버터와 훈제 연어가 얹어진 베이글로 된 아침 식사를 먹으며 수다를 떠는 것으로 시작되었다. 처음에는 사람들이 어떤 옷을 입고 있는지 알아차리지 못했지만, 자리에 앉았을 때 어두운 회색 정장을 입은 60명의 남자와 똑같이 단정한 비즈니스 복장을 한 소수의 여성으로 구성된 청중 속에 섞여 있는 나를 발견했다. 이날 피칭을 하던 창업자 19명의 옷차림이 똑같았다. 그러나 그들은 대부분의 관객보다 적어도 스무 살은 어렸고, 옷에는 클립 온 마이크가 빛났다. 피칭데이에 참석한 사람은 대부분 남성이었다. 그러나 투자자, 제약회사 대표, 초대 손님 등 대부분의 청중은 백인으로 보였지만, 창업자의 절반 가까이는 눈에 띄게 동아시아와 남아시아 혈통이었고, 출신지 태생이 아님을 보여주는 억양으로 말했다. 데모를 하는 동안 그들은 큰 화면 두 개에 슬라이드를 띄우고 앞에서 테드TED 강연을 하듯 활발하게 몸을 옮겼다.[12]

모든 슬라이드는 신약 치료나 의료 기기의 큰 시장, 예상 생산 비용과 판매 가격의 상당한 차이를 예측하는 다채로운 차트와 그래프를 보여주었다. 한 창업자는 자신이 개발한 기기를 "생산하는 데 8달러가 든다"고 말했다. "그리고 우리는 그것을 500달러에 팔 수 있습니다." 모든 프레젠테이션에는 향후의 사업 성장에 대한 '로드맵', '타임라인', '마일스톤'이 포함되어 있다. 이러한 내용은 앞으로 움직이는 화살표를 통해 연결되어 있다. 한 창업자는 '신장 질환 분야'에서 '면역 종양학'을 언급하며 '미개척 I-OImmune-Oncology 분야'에 있다고 말했지만, 모든 사람들은 투자자와 '전략적 파트너'를 '찾고' 있었다. 대부분의 창업자는 생명을 구할 수 있는 잠재력을 가진 치료법을 자랑했지만, 엄청난 장애율과 질병률에 묶여 있는 수많은 제품을 보는 건 슬픈 일이었다.

그래도 돈에 관심이 있다면 이 피칭은 나쁘지 않았다. 거의 모든 창업자가 제품 개발, 시장 출시, 큰돈을 벌기 위한 6개년 사업 계획을 보여주었다.

몇몇 발표자는 제품을 많이 팔아서 성공할 것이라고 말했다. 더 큰 기업에 인수되거나 IPO를 거치기를 기대한다는 의견이 더 많았다. 한 발표자는 이미 재단과 해외 파트너로부터 자금을 지원받았고, 킥스타터에서 펀딩 캠페인을 진행하고 있었다. 또 다른 사람은 시드(초기 단계) 펀딩에서 300만 달러를 받았고, 이어 그가 A(첫 번째 벤처) 라운드에서 투자받으려 했던 2년간의 펀딩에서 970만 달러를 구하고 있었다. 그와 공동 창업자들은 6년째에 손익분기점을 찍고, 7년째에 IPO를 계획하고 있었다. 세 번째 팀은 더 겸손하게 "출시 전에 10만 달러를 모으기 위해" 노력하고 있었다.

창업자에게는 국립보건원의 중소기업 혁신연구 ⅡSBIR: Small Business Innovation Research Ⅱ를 찾는 것이 더 현실적인 방법일 수 있다. 초기 ELab 수료생도 여기서 지원을 받았다. 이 보조금은 스타트업이 돈을 지불하는 고객을 얻게 되면 연방 정부로부터 매칭 펀드를 가져오는 형태이다. 또는 투자자에게 미리 약간의 자금을 조달한 후, ELab을 수료한 스타트업이 다른 액셀러레이터에게 2차 멘토링과 네트워킹을 받을 수도 있다. 한 수료생은 실리콘밸리에 있는 와이콤비네이터에서 에인절 투자자를 끌어들였다. 아니면 운 좋은 창업자는 청중 가운데에 있던 대형 제약 회사의 대표자 몇몇에게 관심을 받을 수도 있다. 프로그램의 휴식기에 만난 ELab의 한 수료생은 "지난 해 6건의 피칭이 제약사의 임상 시험을 거쳤는데, 그중 5건이 화이자Pfizer였어요"라고 말했다.

하지만 그들의 열망이 정말 얼마나 현실적이었는지 궁금했다. 1849년 브루클린에서 시작되어 아직 그랜드 센트럴 터미널Grand Central Terminal 근처에 세계 본사를 두고 있는 거대 제약 회사 화이자는 법인세를 낮추기 위해 최근 아일랜드 기업과 1500억 달러 규모의 합병을 시도했는데, 이는 미국 재무부의 분노를 가라앉힌 기업 '전도'라는 전략이었다. 최근 몇 년간 대형 제약사는 R&D에 많이 투자하지 않았다. 하지만 스타트업과 '전략적 제휴'를 통해 유망한 치료법을 얻는 것이 기업 입장에서는 자체 R&D를 하는 것보다 더 저렴할 수 있다는 점에서 이것이 스타트업에게는 기회가 될 수 있었다. 스타트업 창업자가 자금을 댈 기업 투자자를 찾는 것처럼 기업도 크게 성공할 제품을 생산할 가능성이 높은 스타트업을 찾고 있다.

생명과학 분야의 스타트업은 투자를 많이 받아야 한다. 임상 시험을 수행하고, 안전하고 상업적으로 실행 가능한 제품을 개발하는 것은 매우 비용이 많이 들고, 정부기관으로부터 필요한 승인을 받는 데 수년이 걸릴 수도 있다. 하지만 뉴욕시 역시 위험 부담이 크다. 그날 아침 ELab에서 피칭이 시작되기 전, 유언 로버트슨Euan Robertson NYCEDC 전무는 청중에게 경제개발공사가 "기업이 뉴욕에 머물며 수천 개의 일자리를 제공하길 바랍니다"라고 말했다. 그는 "우리는 지금 (생명공학) 분야에서 정점에 도달해 있습니다"라며 기업가에 대한 더블라지오 행정부의 헌신을 강화하기 위해 피칭데이에 왔다. "우리는 투자 공동체에서 여러분 모두와 파트너 관계를 맺고 싶습니다."

해카톤과 밋업의 참가자처럼 액셀러레이터의 피칭데이에 있는 모든 사람들은 그 행사로부터 약간의 이익을 얻기를 희망한다. 스타트업 창업자는 동료와 아이디어를 집중적으로 작업하고, 액셀러레이터의 매니저와 이사 중 상당수인 성공한 창업자나 투자자, 여러 회사의 경영자 등 멘토로부터 건설적인 비판을 받으며 준비해 왔다. 새로운 창업자는 네트워킹하는 법도 배웠다. 그들은 집단 내에서 인맥을 형성하고, 다른 창업자와 새로운 팀을 형성하고, 뉴랩의 점프바이크와 볼테익 시스템처럼 서로의 고객이 되기를 기대하고 있다. 이러한 유대 관계는 이전 수료생의 네트워크로 확장되며 이들은 각각의 연속적인 집단에게 더 크고 더 강력한 자금 및 연결 풀을 제공한다. 충성심, 신뢰, 노하우가 축적된 자원은 사회적 자본의 중요한 반복된 형태이다.

액셀러레이터의 매니저와 이사를 포함한 액셀러레이터 네트워크의 투자자도 이익을 볼 것으로 기대하고 있다. 액셀러레이터가 크고 명성이 높을수록 높은 가치의 기업, 즉 승자 독식 경제의 벤처 캐피털 버전을 생산할 가능성이 높아진다. 와이콤비네이터를 수료한 에어비앤비와 드롭박스Dropbox처럼 창업자가 액셀러레이터에서 시간을 보낸 대부분의 고평가 회사는 여러 차례 투자 자본을 조달하면서 수년간 개인 소유로 남아 있다. 예외적으로 클라우드 기반 이메일 플랫폼 센드그리드SendGrid와 또 다른 클라우드 기반 커뮤니케이션 플랫폼 트윌리오Twilio 같은 성공적인 기업은 IPO와 함께 액셀러레이터로 상주하고 있다. 벤처 투자가에게 중요한 것은 스타트업이 젊을수록 투자 비용이 저렴하다는 것이다. 액셀러레이터에 있는 스타트업은 큐레이션이 잘 되어 있고 가격도 저렴하다.[13]

이러한 통찰력은 소프트웨어 기업가에서 에인절 투자자로 변신한 폴 그레이엄이 2005년에 와이콤비네이터를 열도록 영감을 주었을지도 모른다. 뉴욕에는 이미 일부 사무실 건물주들이 닷컴과 금융 스타트업을 위한 공유 사무실로서 층을 만들고, 지분을 나눠 갖는 대가로 유연한 임대를 해주었던 일종의 인큐베이터들이 있었다. 그러나 수년 동안 와이콤비네이터를 따라다녔던 기술 저널리스트 스티븐 레비Steven Levy에 따르면 그레이엄은 그의 모교인 하버드 대학교의 학부 컴퓨터 동아리에서 강연을 하던 중 액셀러레이터에 대한 아이디어를 얻었다고 한다. 그레이엄은 최근 야후!에 4900만 달러에 웹 회사를 매각했다. 학생들이 자신만의 사업을 시작하는 방법에 대한 조언을 구하자, 그는 이미 스타트업을 설립한 에인절 투자자가 이런 질문에 대해 답할 수 있는 최고의 경험을 할 수 있을 것이며, 이것이 새로운 형태의 사업 조직의 토대가 될 수 있다는 것을 깨달았다. 그는 젊은 기업가를 모아 그가 배운 몇 가지를 가르쳐주고, 지분을 나눠 받는 대가로 그들에게 투자 자본을 제공했다. 처음에 그레이엄과 공동 창업자들은 선택한 회사마다

5000달러를 투자했고, 모든 창업자에게 추가로 5000달러를 투자했다. 그 대가로 5~6%의 지분을 가져갔다. 이것이 대부분의 액셀러레이터가 여전히 따르고 있는 프로그램을 만들었다. 즉, 벤처 투자가들의 묵시적 지식과 지분을 교환하는 것이다.[14]

그레이엄은 첫 번째 집단을 위해 스타트업 여덟 개를 모집하고, 매사추세츠주 케임브리지Cambridge, Massachusetts에서 3개월간 집중적인 여름 프로그램을 진행했다. 레비는 "그레이엄의 그룹 코칭은 한 번에 한 회사씩 했는데, 학교를 다니는 것보다 더 효율적이었다"며 "참가자들은 서로가 겪었던 난관으로부터 배웠다"고 썼다. 2006년 첫 번째 집단의 스타트업인 레딧Reddit이 컨데나스트Condé Nast에 인수되었다. 2007년까지 처음 두 집단의 20대 창업자들이 백만장자가 되었다.[15]

몇 년 후 와이콤비네이터는 실리콘밸리로 옮겼고, 전 세계에서 수천 명의 지원자를 끌어모았다. 엄격한 선정 과정을 통해 살아남은 소수의 사람을 유혹한 건 투자자의 관심을 끌 수 있는 기회였다. '2005년' 레비는 "15명의 투자자가 첫 데모데이에 나타났고, (2011년까지) 365명이 참석할 것으로 예상된다"고 말했다. 와이콤비네이터는 곧 가장 크고, 가장 잘 알려져 있으며, 가장 선별적인 작업을 하게 되었다. 2017년에 와이콤비네이터 레지던시에 선정된 각 스타트업은 12만 달러를 받았고, 액셀러레이터의 지분율은 7%로 상승했다.[16]

비록 와이콤비네이터의 스타트업 중 거의 절반은 실패했지만, 에어비앤비, 드롭박스, 스트라이프Stripe 같은 다른 스타트업은 창업자의 가장 엉뚱한 기대를 뛰어넘어 성공했다. 2018년까지 액셀러레이터의 기업 포트폴리오는 1000억 달러 이상에 도달했다. 적어도 50개는 각각 1억 달러 이상의 가치가 있었다. 비교적 투자 지분이 적은 와이콤비네이터는 최소 10억 달러에 인수된 '유니콘' 회사 한 곳의 수익을 '(모든) 스타트업 투자에 2년 이상을 지

불'하는 데 사용할 수 있었다.[17]

　이 전략의 경제성은 다른 투자자에게 빼앗기지 않았다. 와이콤비네이터가 실리콘밸리에서 중앙 집중적 지위를 유지하며 더 큰 집단을 수용하고 가상의 공동체를 만들면서 규모를 키웠지만, 그들이 개척한 강렬한 대면 몰두 프로그램은 빠르게 모든 곳에서 복제되었다. 벤처 투자가 브래드 펠드와 데이비드 코언David Cohen은 2006년 콜로라도주 볼더에서 테크스타를 시작해, 2011년 뉴욕으로 진출했다. ERA는 이미 2010년에 문을 열었다. 더 많은 액셀러레이터가 멘토와 자금 조달을 할 수 있는 많은 투자자와 벤처 투자가를 네트워킹할 수 있는 뉴욕에 끌렸다. 액셀러레이터가 늘어나는 동안 일부는 뉴욕이 강세를 보였던 핀테크나 헬스테크와 같은 분야를 '수직화'하거나 전문화하는 방식으로 경쟁에 대처했다. 테크스타가 핀테크 분야의 바클리Barclays와 협력했던 것처럼 일부는 거액의 자금을 가진 기업과도 제휴했다. 이들 모두는 동일한 일반적인 형식을 따르고, 도시뿐만 아니라 전 세계에서 지원자를 선발했다.[18]

　그럼에도 불구하고 몇 가지 차이점이 있었다. 첼시는 2016년 액셀러레이터에서의 경험을 소개하며 "와이콤비네이터는 내가 들은 것과 달리 불간섭주의지만 ERA는 심하게 간섭하는 편"이라고 말했다. "화요일은 피치덱pitch deck데이였습니다. 처음 2분간 피칭을 할 수 있고, 이어서 1분간 피칭, 30초간 피칭으로 이어집니다. 피칭이 형편없다고 말할 진짜 투자자를 데려옵니다. 만약 그들이 동의한다면, 하루 종일 사무실에서 멘토와의 면담을 신청할 수 있어요." 그때 첼시는 더 이상 도그하우스를 직접 청소하지 않았고, 토드와 함께 직원을 고용하고 감독하면서 다섯 곳에 추가 설치할 도그하우스를 제작하고 있었다. 첼시는 "회사를 운영하면서 (액셀러레이터 프로그램에서) 일을 하는 게 정말 힘들었어요"라고 회상했다. "제가 했던 모든 경험 중 가장 강렬한 4개월이었습니다."

첼시와 토드는 멘토의 피칭 향상 코칭 외에도 사업 운영 방법에 대한 실무 지식을 쌓았다. 첼시는 "핵심 성과 지표KPI: Key Performance Indicator 검토 방법을 가르쳐주었고, 우리는 이걸 매주 했습니다"라고 말했다. "'예약을 더 받고 있나요? 회원 가입이 늘어나고 있나요? 회원이 더 있나요? 그렇지 않다면 왜 안 되죠?' 이 모든 것이 인스타그램Instagram의 좋아요를 얻는 것보다 훨씬 더 중요합니다." 몇 달 후 공동 창업자들은 벤처 캐피털 회사와 두 명의 에인절 투자자로부터 100만 달러를 투자받았다. 2016년 10월 뉴랩에서 임대 계약을 체결하고 확장을 모색했다.

그러나 확장을 위해서는 창업자가 지속적으로 투자를 위한 피칭을 해야한다. 첼시는 "우리는 항상 자금을 모으고 있어요"라고 말했다. "우리는 이미 2차 시드 투자 단계에서 주요 투자자와 협상 중입니다." 몇 달 후 도그스폿은 다른 전략을 시도했다. 2013년 창업한 스타트업 위펀더WeFunder는 크라우드 펀딩 투자를 위한 디지털 플랫폼을 운영하는데, 도그스폿은 여기에서 100만 달러를 모으기 위한 캠페인을 시작했다. 도그스폿을 63개의 새로운 도시로 확장하기 위해 돈을 사용할 계획이었다. 벤처 투자가의 훨씬 더 큰 투자와는 대조적으로 위펀더의 투자자는 59센트의 주식을 매입하기 위해 250달러만 투자할 수 있다. 위펀더의 공동 창업자들이 테크스타 액셀러레이터 프로그램과 와이콤비네이터를 모두 수료한 사람들이라는 사실을 알고도 놀라지 않았다.[19]

첼시의 기업가로서의 경력은 다른 스타트업 창업자의 경력과 어떤 면에서는 비슷하지만 어떤 면에서는 다르다. 뉴욕에 있는 약 2000명의 스타트업 창업자를 대상으로 한 2014년 연구에 따르면, 대부분은 20대이고, 평균 나이는 31세이다.[20] 대부분은 교외 출신이고, 많은 이들이 아이비리그 졸업생이다. STEM(과학·기술·공학·수학) 분야를 전공한 비율은 40% 미만이며, 상당수가 첼시처럼 경제학을 전공했다. 대학원 과정을 밟은 42% 중 3분의 2가 MBA, 석사, 행정학 석사 학위를 가진 첼시처럼 박사 학위를 취득한다. 조사가 진행되었을 당시, 뉴욕에는 액셀러레이터가 몇 개만 운영되고 있었고, 2010년 뉴욕에서 시작한 위워크는 현재 있는 곳에서 가까운 어느 곳도 차지하지 못했다. 따라서 조사에 참여한 뉴욕 스타트업 창업자 중 11%만이 3대 액셀러레이터, 인큐베이터, 공유 업무 공간에서 시간을 보낸 적이 있다는 사실이 놀랍지 않은 것이다. 그 이후로 벤처 캐피털의 자금 순환에서 중심적인 위치로 인해, 액셀러레이터는 많은 스타트업 창업자들의 경력에서 핵심 요소가 되었다.

ERA에서의 경험이 첼시를 이상적인 스타트업 창업자에 가깝게 만들어주었다면, 기술과 자금 동원력은 부족하지만 제품에 대한 강한 헌신, 즉 비즈니스 모델을 '전환'할 동기가 낮았던 것은 차이점으로 꼽을 수 있다. 이런 차이점은 필자가 만난 또 다른 여성 창업자 소피 와그너Sophie Wagner의 경력을 형성했는데, 소피는 첼시와 같은 액셀러레이터를 거쳤으나 다른 길을 택했다. 30대 후반의 소피는 와이콤비네이터를 수료하고 뉴욕에서 전자 상거래 플랫폼을 시작했지만 이를 팔고 캘리포니아의 구글에 입사했다.[21]

소피는 역사를 전공했지만 컴퓨터과학 입문 과정을 들었을 때 자신이 기술을 정말 좋아한다는 것을 알게 되었다. 더 중요한 것은 기술 사업을 시작하겠다는 생각이 좋았다는 것이다. 소피는 스탠퍼드 대학교에서 제작되어 아이튠즈iTunes에서 판매되고 있는 회사 창업자와 교수 들의 강연 시리즈를 언급하며 "저는 〈기업가적 사고 지도자들Entrepreneurial Thought Leaders〉 팟캐스트 수백 개를 들었어요"라고 했다. 성공적인 론칭을 하기까지 겪었던 실패에 대해 이야기한 트위터의 에번 윌리엄스Evan Williams 같은 창업자에게 깊은 인상을 받았다. 대학 졸업 후, 소피는 해외에서 공부하고 잠시 일하다가 MIT에서 MBA 학위를 취득했다. 벤처 캐피털 펀드에서 여름 인턴십을 하는 동안 〈기업가적 사고 지도자들〉의 말을 듣고 깨달음을 얻었다. 만약 스타트업 창업자이고 스타트업이 실패한다면, 투자자의 돈을 갚을 필요가 없다는 것이다! "그건 빚이 아닙니다"라고 소피가 말했다. "그리고 그걸 돌려줄 필요가 없어요." 실패의 자유는 벤처 투자가와 에인절 투자자가 감수하는 위험과 대조되며, 이러한 자유는 소피가 스타트업 프로젝트 개발을 위해 노력하게 만들었다. 소피는 와이콤비네이터에 지원하고 싶었다.

소피는 MIT에서 만난 엔지니어 두 명과 함께 체계적인 계획을 세웠다. 그녀는 "나는 결정을 내리는 데 매우 신중해요"라며 "사람들이 그렇게 하듯이 우리는 팰로앨토Palo Alto로 가야 한다고 말했어요"라고 했다. "학기와 학기 사이인 1월에 우리는 차고를 빌리고 거기에 앉아서 플라스틱 접이식 탁자에서 일했습니다." 와이콤비네이터 수료생인 레딧의 성공에 감명받아 가상 커뮤니티를 만드는 데 사용되는 지역 뉴스 제품인 메시지 게시판을 구축하려고 했다. 소피는 "2주 후에는 그것을 없앴어요"라고 말했다. 그다음 4주 동안 다른 것을 개발하려고 노력했지만 그것 역시 효과가 없었다. 마침내 다른 메시지 게시판을 출시했고, 이것을 와이콤비네이터에 신청했고 선발되었다. 그러나 레지던시에 도착했을 때 "폴 그레이엄은 거절했고, 그것을 없애버렸죠". 하지만 모든 것을 잃은 것은 아니었다. "와이콤비네이터는 아이디어가 아닌 팀을 선택했어요"라고 소피는 말했다. 다시 말해, 많은 인터뷰에서 들었던 것처럼 벤처 투자가는 상품이 아니라 사람에게 투자하는 것이다. 일단 **들어가기**만 하면 되는 것이다.

소피와 공동 창업자들은 인재를 모집하기 위한 웹사이트를 구축하다가 다시 비즈니스 모델을 전환해 와이콤비네이터 데모데이에서 채팅방을 발표했다. 조금이지만 투자도 받았다. 그러나 1년 만에 스타트업을 폐쇄했다. 소피는 "공동 창업자 중에 한 명이 대학원으로 돌아갔고, 나는 무작위로 컨설팅을 했어요"라고 말했다. 1년 후 뉴욕에서 소피와 새로운 공동 창업자 두 명은 이커머스e-commerce라는 다른 분야에서 웹사이트를 개설했다.

소피는 "난 소셜 미디어에 완전히 지쳤어요"라고 말했다. "저는 현금 흐름이 있는 뭔가를 원했어요. 공동 창업자들은 계약 관리 분야에 대해 생각하고 있었고 우리는 스스로에게 질문했죠. '현금 흐름이 있는 상위 10개 시장은 무엇인가? 그건 바로 헬스케어.' 그런데 이 시장에는 진입하기가 어렵고 우리는 경험도 없는 데다 규제도 심해요. 금융도 비슷했죠." 게임 산업을 고려하기도 했지만 "저는 게임에 관심이 없었고, 돈을 벌기가 어려워요". 그때 전구가 나갔다. "우리 셋 다 가전제품에 관심이 있다는 걸 알고 있었어요. '베스트바이Best Buy는 사라질 거고, 대형 할인점은 곧 나올 거야. 최첨단 기기를 판매하는 웹사이트는 없잖아.' " 그래서 그런 플랫폼을 만들었다.

CEO로서 소피의 일은 선구자가 되어 인재를 모집하고, 자금을 모으는 것이었다. 그녀는 투자자 사무실에 업무 공간을 가지고 있었고, 그곳에서 만난 사람들을 통해 10건의 투자를 받았다. 또한 '일자리를 구하기' 위해 '모든 행사에 참석'하며 쌓은 연락망을 이용했다. 사업은 성장하기 시작했다. 소피는 "100만 달러를 더 투자받을 예정이었어요"라고 말했다. "그런데 한 행사에서 (거대 온라인 상점의) 크리에이티브 디렉터를 만났어요. 대화를 하자고 하더니, 좋은 제안을 했습니다." 비록 웹사이트가 큰 성공을 거두지는 못했지만, 소피는 감정적인 '애착'을 가지고 있었고, 그게 그렇게 나쁜 출구는 아니었다. "10년 동안 일하지 않아도 될 만큼 합법적으로 괜찮은 돈을 벌 수 있을 것"이라며 "투자자들은 (투자금의) 3배에서 4배의 수익을 낼 것"이라고 말했다.

소피는 스타트업을 산 기업에서 잠시 일하다가 샌프란시스코로 이사한 후 구글의 새로운 사업 분야에서 일을 구했다. 소피는 "기술 분야에서는 일한다는 건 삶에서 (사업이 아닌) 다른 모든 것을 배제하는 게 관건이죠"라고 말했다. "중요한 건 다음 (사업)으로 넘어가는 것이죠."

그림 4-2 2017년 7월 뉴욕기술밋업의 '피치 더 시티'에서의 데모를 프레젠테이션하는 로 굽타(오른쪽)와 카메라 팀

자료: BlankSpace NYC, https://vimeo.com/228823911, August 2017(검색일:2018.8.31).

3D 매핑 도구를 개발하는 하드웨어 스타트업 카메라의 CEO 겸 공동 창업자인 로 굽타Ro Gupta는 제3의 진로를 대표한다. 카메라는 도시기술허브에 들어가기로 되어 있었지만, 로와 그의 작은 팀은 회의를 하기 위해 주로 뉴랩의 멋진 공간을 사용한다. 평소에는 뉴랩과 같이 NYCEDC와 부동산 개발 회사 투트리스Two Trees가 후원하고 뉴욕 대학교의 탠던 이공 대학Tandon School of Engineering이 관리하는 덤보의 인큐베이터 디지털퓨처랩Digital future Lab에 기반을 두고 일을 한다. 이곳은 필자가 로와 대화를 나눈 장소로 몇몇 공유 업무 공간에서 볼 수 있는 어수선한 책상과 특색 없는 DIY 장식으로 둘러싸여 있다.[22]

첼시, 소피와 마찬가지로 로는 30대이다(〈그림 4-2〉). 그들과는 달리 기술 산업에 종사하는 많은 사람들처럼 그는 인도에서 태어났다. 그는 아이비리그에서 운송을 전문적으로 공부한 후 토목공학 학사 학위를 받았다. 첼시와 소피처럼 그는 대학 졸업 후 남반구를 여행한 다음, 소피처럼 MBA 석사 학위를 받았다. 그러나 로는 프로젝트에서 이 모든 경험을 결합하기 전에 기술 스타트업에서 사업 개발뿐 아니라 운송과 디지털 데이터를 다루는 직업을 가졌었다. 카메라는 뉴욕시를 운전하고 돌아다니는 차량에 장착된 3D 카메라를 사용해 실시간으로 교통과 도로 상황을 '전문적으로 크라우드소싱'한 지도를 만든다. 로에 따르면 그 제품은 "좋고, 효율적이며 저렴하고 접근하기 쉽다"고 한다. 가장 중요한 것은 3D 건설 소프트웨어를 사용하는 자율 주행차 제조사, 회사 차량 관리자, 설계사, 엔지니어, 부동산 개발업자가 관심을 가진다는 것이다.[23]

로는 매력적인 기원에 대해 이야기한다. 그가 네 살이었을 때 할아버지는 자동차 사고로 죽었다. 이것이 로가 언젠가 자동차 운전을 더 안전하게 할 수 있을 것이라는 꿈을 꾸게 만들었다. 프린스턴 대학교Princeton University에서 교통공학을 공부하면서 그는 '우버와 같은 주문형 승차 공유 서비스의 지적 기원'인 무인자동궤도 운행차량에 대해 배웠다. 그러나 그가 말하기로, 당시 엔지니어들은 이동성에 초점을 맞추었고, 모노레일을 만들고 싶어 했다. 로는 언젠가 더 안전한 차량에 동력을 공급하고, 할아버지의 목숨을 빼앗아간 사고를 예방하는 데 도움을 줄 수 있는 무인자동궤도 운행차량을 이용하는 꿈을 계속 간직했다.

그러나 카메라에는 또 다른 기원 이야기가 있다. 로가 자율 주행차 신흥시장에 대한 인지도를 높이고 3D 매핑 기술을 통해 시장을 연결하려는 아이디어를 바탕으로 한다. 이 이야기는 로의 어린 시절에서 시작되지 않는다. 2010년쯤의 일이다. 로는 경력에서 "다음에 무엇을 할 것인가에 대해 생각하던" 시점에서 자율 주행 자동차가 "실제화하기 시작했다"고 보았다. "구글의 자율 주행 프로그램이 비밀 유지 상태에서 벗어나고 있었고, 테슬라Tesla가 오토파일럿 기능을 출시하기 시작했어요."

남반구 여행에서 돌아와 비영리단체에서 일할 때 이런 생각을 했다. "개발 도상국에서는, 사회 기반 시설을 당연하게 여길 수 없습니다"라고 말했다. "도로는 인터넷이 가상 네트워크인 것처럼 삶의 물리적 네트워크입니다." 로는 모잠비크Mozambique에서 코코넛 농장을 여행하는 데 어려움을 겪었던 걸 회상했다. 그러나 정부가 도로를 건설하자, 그 주변에 사회생활이 싹트고 사람들이 비공식적인 시장에 모여드는 것을 보았다. 그는 '북극성'은 "자율 주행 차량을 만들기 위한 것"이라고 말했다. 구글이 인터넷을 검색하기 위해 만든 크롤링 봇crawlbot에 영감을 받은 로는 도로에 대한 데이터를 검색하기 위해 크롤링 봇을 만든다는 생각에 흥분했다. 그는 "자율 주행차에 대한 열정을 발견했다"며 "다른 분야를 잘라내기 위해" 계획, 부동산, 건설 등의 용도로 데이터를 수집했다고 말했다. 그는 크라우드소싱 지도 데이터를 "자율 주행 차량 분야에 (이미 있던) 사람들과 대화"하며 아이디어를 다듬었다.

공동 창업자를 찾는 데는 6개월 이상이 걸렸다. 로는 뉴욕 소재의 초기 소형 3D 프린터 제조업체 메이커봇Makerbot의 최고기술책임자CTO 출신인 저스틴 데이Justin Day를 일종의 네트워킹 '창업자 데이팅'을 통해 만났다. 저스틴을 선택한 이유는 "그의 기술이 내 능력을 보완했기 때문"이다. 2015년과 2016년 로와 저스틴은 중국 민간 투자 회사의 팰로앨토 지사에서 투자를 받는 등 두어 차례의 시드 펀딩을 받았다. 다음 해 그들은 (브루클린에 본사를 둔) 노테이션 캐피털Notation Capital과 몇몇 에인절 투자자를 포함한 소규모 벤처 투자 회사로부터 640만 달러를 투자받았다. 로는 "자율 주행차는 타이밍이 좋았다"며 "우리 둘 다 예전에 스타트업을 해본 적이 있습니다. 제품을 만들기 시작하기 전에 이미 투자자를 찾았어요"라고 말했다. 또한 (진짜) 카메라를 차량에 장착하기 위해 배달 회사와 제휴를 맺고, 그 대가로 운전자의 안전과 책임을 관리하는 데 카메라Carmera의 모니터링 기술을 사용했다.[24]

회사의 개발 작업의 대부분은 뉴욕에서 이루어지고, 창업자들은 직원 10

명으로 구성된 팀과 함께 뉴욕에 머무를 계획이라고 로는 말했다. 또한 시애틀Seattle에 사무실을 열고 신입 사원 다섯 명을 고용했다. 인재 풀이 넓은 점 때문에 시애틀을 선택했는데, 특히 아마존, 구글, 마이크로소프트와 같은 회사의 지도 제작에 참여한 지리 공간 기술을 가진 엔지니어들이 그렇다. 자동차 산업과 협업하기 위해 디트로이트 근처에 또 다른 사무실을 열 계획이다. 카메라는 미시간 대학교University of Michigan와 미시간 주립 대학교Michigan State University 교수의 인재 풀을 활용할 수 있을 것이다.

로와 저스틴은 액셀러레이터에 들어가지는 않았다. 당시 직장에 다니면서 기술력과 사업 기술을 개발했다. "험난했지만" 자력으로 "스토리텔링을 배워야 했다"고 로는 말했다. 그러나 자금을 구하는 것은 어렵지 않았다. 만약 와이콤비네이터에서 시간을 보냈더라면 더 많은 자금을 구할 수 있었을지도 모른다. 그들에게 중요한 것은 뉴욕에는 인공 지능, 하드웨어, 소프트웨어 엔지니어 고용에 따른 주의 세금 혜택 그리고 시 정부가 제공하는 공개 데이터가 점점 더 많이 공급되고 있다는 것이었다. 또한 도로와 기상 상황이 악화될 때도 있는데, 뉴욕시는 카메라가 제품 테스트를 할 수 있는 좋은 자리를 제공한다. 2018년 카메라는 구글 벤처스로 알려진 GV로부터 시리즈 B 벤처 캐피털 2000만 달러를 조달했다. 이 스타트업은 현재 직원 25명이 있고, 더 많은 직원을 고용할 계획이다.[25]

여러모로 로는 ELab의 피칭데이에서 만난 젊은 생체의학 엔지니어보다 스타트업에서 더 쉬운 시간을 보냈다. 하지만 이 스타트업 창업자는 정말 설득력 있는 이야기를 가지고 있다.

조 랜돌리나Joe Landolina는 깨끗이 면도를 한 얼굴에 어두운 머리색을 가진 20대 남성으로 유쾌한 미소를 짓고 있다. 로를 비롯한 청바지 차림의 다른 창업자와 달리 그는 사무실에서 흰색 셔츠에 보수적인 넥타이를 매고 어두운 회색 정장을 입었다. 창업자치고는 어리지만 조는 이미 ELab 출신이며 2016년 ≪크레인스 뉴욕 비즈니스Crain's New York Business≫가 선정한 '비즈니스 리더 40세 이하 40명40 Under 40'에 꼽힌 사람 중 한 명이다. 그는 또한 필자가 참석한 ELab 피칭데이에서 경력에 대해 이야기해달라는 요청을 받았다. 3주 후 브루클린에 있는 인더스트리시티의 크고 골조만 있는 공간의 회사 사무실에서 그를 만났다.[26]

조는 스타트업 크레실론Cresilon의 공동 창업자이자 CEO이며, 그가 발명한 식물성 폴리머에서 추출한 기적의 젤을 몇 초 안에 바르면 어떤 상처도 피가 흐르지 않고 멈춘다. 평범하게 집의 부엌에서 요리를 하다 다친 사람부터 적의 포화를 맞은 군인까지, 젤의 잠재 시장의 거대한 크기와 범위를 상상할 수 있을 것이다. 조가 열일곱 살의 뉴욕대 공대 학부 1학년생이었던 2010년, 조와 당시 학부 경영학과 학생이었던 공동 창업자 아이작 밀러Isaac Miller는 수네리스Suneris라는 이름으로 회사를 설립했다. 그들은 먼저 동물에 사용할 젤을 제조하기로 계획했다. 식품의약국Food and Drug Administration의 승인을 받기 위해 필요한 엄격한 임상 시험을 마친 후 그들은 사람에게 사용하기에 안전한 버전을 제조하는 것으로 전환했다.

조는 고등학교 때 ≪타임≫의 표지에 실린 쥐 등에 사람 귀가 자라난 사진을 본 적이 있다고 말했다. 그러고는 조직공학자에게 매료되었다. 왜냐하면 조직공학자는 형태를 바꿀 수 있는 재료를 가지고 작업하기 때문이다. 뉴욕 북부에서 어린 시절을 보낸 그는 숲에 야생 식물을 모아놓고 실험을 했다. 이러한 실험과 화학자 할아버지가 운영했던 와인 양조장, 응급 구조사 아버지의 경력, 이 모든 것은 인간의 삶을 향상시키기 위해 천연 물질을 변형시키는 것에 대한 그의 과학적 호기심을 형성했다.

고등학교 마지막 해에 조는 뉴욕 대학교 공대(현재의 탠던 공대)에서 전액 장학금을 받았고, 그는 4년 안에 생명의공학과 생체 재료에서 학사 및 석사 학위를 받는 게 목표였다. 뉴욕대는 최근 브루클린 폴리테크닉 대학교Brooklyn Polytechnic University를 합병해 공대 학생들과 그리니치빌리지의 본 캠퍼스에서 온 경영학과 학생들이 어울리게 하려고 애쓰고 있었다. 신입생이었던 조가 경영 대학원 대회에서 공동 창업자 아이작을 처음 만났을 때, 그들은 공대의 모토인 'i2e', 즉 발명invention, 혁신innovation, 기업가 정신entrepreneurship을 작동시켰다.

17살의 조는 혈소판을 함께 고정시키는 세포외 기질을 개발함으로써 외상성 출혈을 막을 수 있는 식물성 조직과 합성 조직을 모두 사용한 젤을 개발했다. 조와 같은 반 친구 케니 메이Kenny Mai는 학내에서 열리는 2011 타임 워너 케이블 이노벤션 학생 혁신 및 아이디어 공모전Time Warner Cable Inno/Vention Student Innovation and Idea Competition에 메디젤Medi-gel을 가지고 참가했다. 조, 케니, 아이작은 최고 7만 5000달러 상금을 내건 같은 대학 경영 대학원의 기업가 대회Entrepreneurs' Challenge에도 참가했다. 그들은 이 대회에서 유일한 학부생이었지만 2위를 수상했고 이노벤션 대회에서는 1위를 수상했다.[27]

조와 아이작은 이제까지 저축한 돈과 가족의 지원으로 '베티젤Vetigel'을 개발하는 사업을 시작했다. 조가 기숙사 부엌에 초보적인 실험실을 만들었고 그들은 거기서 일을 했다. 2013년 피가 흐르는 날고기에 젤이 미치는 효과를 보여주는 짧지만 극적인 비디오를 온라인에 올렸다. 젤을 바른 후 몇 초 안에 흐르는 피가 멈추는 내용이었다. 비디오는 사람들의 관심을 끌었다. 그들의 스타트업은 뉴욕시 경제개발공사가 막 개설한 생명공학 액셀러레이터 ELab의 첫 번째 그룹으로 선정되었다. 그때쯤 조와 아이작은 약간의 투자를 받았고, 소규모 팀의 직원들과 함께 크레이그리스트Craigslist의 광고를 보고 구한, 사용하지 않는 학교 건물에 실험실을 만들어 일하고 있었다.

그다음 해 조는 테드의 펠로로 선정되었고, 전 세계에서 그의 작업을 다룬 테드 토크TED Talks를 열었다. 그리고 한 달 후, 그는 미디어 플랫폼 블룸버그 기자와 인터뷰를 했다. 인터뷰 영상은 날고기에서 나오는 피를 멈추게 하는 젤의 놀라운 시각적 이미지를 포함했다. 놀란 진행자는 눈썹을 치켜올리며 "이것은 미래의 반창고일지도 모릅니다!"라고 말했다. 우연히 같은 날 테드 강연과 인터뷰가 온라인에 올라왔고, 그 결합이 입소문으로 퍼졌다.[28]

그 이후로 조는 다른 스타트업 창업자들과 같은 길을 걸어왔다. CEO로서 자금을 투자받고, 상품을 개발하고, 생산하고 마케팅할 사람들을 고용하느라 바쁘다. 그는 ELab과 탠던 공대 네트워크의 일부이다. 그러나 회사는 어려운 환경에 직면해 있다. 뉴욕에서는 생명공학 연구소가 인기가 있기 때문에, 이 분야는 항상 논란이 된다. 그리고 비록 젤이 동물에게 사용하기 위해 팔릴 수는 있겠지만, 조는 여전히 사람이 사용하기에 안전한지 확실히 하기 위해 임상 실험을 하고 있다.

조, 로, 소피, 첼시는 필자가 만난 스타트업 창업자들 중 가장 성공한 사람도, 가장 덜 성공한 사람도 아니다. 하지만 그들은 뉴욕시의 많은 스타트업 창업자들의 경력을 대표한다. 첫째, 그들은 20대와 30대로 대부분의 뉴욕 스타트업 창업자와 거의 같은 나이다. 첼시와 소피의 경우, 브루클린 스타트업 창업자 중 28%가 적어도 한 명의 여성 창업자가 있는 것에 비해 그들은 보통보다 더 많은 비율의 여성을 데리고 있으며 그 비율은 꾸준히 증가하고 있다. 조, 로, 소피, 첼시는 뉴욕 스타트업 창업자의 전형인 명문 대학에서 교육을 받았다. 사실 가장 많은 기금을 모으는 창업자는 아이비리그 학위를 가지고 있는 경향이 있다. 이 중에서는 오직 첼시만 기술이나 STEM 경력을 가지고 있지 않았다. 그러나 첼시를 포함한 네 명 중 세 명은 뉴욕의 대부분의 스타트업과 달리 STEM 분야, 즉 생명과학, 컴퓨터 하드웨어, 첨단 제조 분야에 종사하고 있다. 뉴욕의 다른 스타트업은 B2B, 맞춤형 웹, 헬스테크, 핀테크 앱이나 서비스로 뭉치는 경향이 있다. 설립자 네 명 중 세 명은 아직 초기 제품이나 콘셉트를 개발하고 있다. 네 명 모두 어떤 식으로든 여전히 기술 분야에서 일하고 있다.[29]

스타트업 운영을 계속하고 있는 창업자 세 명은 제품 개발과 사업 확장을 위한 투자 자본을 지속적으로 구하고 있다. 첼시는 "우리는 항상 돈을 구하고 있어요"라고 말했다. 세 사람 모두 제품을 위한 시장 개발에 깊이 관여하고 있지만, 로와 첼시는 NYCEDC가 후원하는 작업 공간과 공공 부문과의 계약에 의존하고 있는데, 생명과학 센터를 건립하려는 NYCEDC 이니셔티브는 결국 조의 회사에 이익이 될 수 있을 것이다. 시 정부의 고용 장려금, 공개 데이터, 보조금을 받은 업무 공간은 스타트업에게 큰 도움을 준다.

그러나 이 네 명의 창업자들은 주로 사금융 시장을 책임지는 액셀러레이터의 도움도 받아왔다. 첼시는 ERA, 소피는 와이콤비네이터, 조는 뉴욕 대학교의 디지털퓨처랩과 ELab의 레지던시를 수료했고, 반면 로는 와이콤비네이터에서 시작한 디스커스Disqus에서 일했으며 뉴랩과 디지털퓨처랩에서 일하기도 했다. 공공 또는 민간 부문의 후원에 관계없이 액셀러레이터는 현재 시장 기준에 따라 운영되는 기업가들을 양산한다. 훈련, 네트워킹, 멘토링, 자금 지원이라는 액셀러레이터의 특징은 비즈니스 구축의 필수적인 부문이며 자본의 재생산에 있어 중요한 과정이기도 하다.

스타트업에는 종종 '변혁적'이라는 표현이 따라다니지만, 창업자가 액셀러레이터에서 받는 훈련은 금융 엘리트의 지배적인 규범을 재현한다. 집단 내에서의 동료 압력에 의해 강화되는 집중적인 일일 상호 작용을 통해 이전 세대의 벤처 투자가와 회사 설립자는 이러한 규범은 야심찬 창업자에게 전달할 수 있다. 멘토링은 일대일 상호 작용, 감정적 유대감, 상호주의에 대한 기대감에 바탕을 둔 세대 간 문화 재생산의 신중한 전략이다. 가치는 또한 액셀러레이터 프로그램 수료생과의 네트워킹을 통해 전달된다. 네트워킹은 개인 창업자가 금융 자본과 멘토에 접근할 수 있는 방법일 뿐만 아니라,

그룹 전체가 사회적 자본의 재귀적인 형태를 개발하는 강력한 전략이다.

게다가 자금은 옛 창업자와 새 창업자 사이에 경제적·사회적·문화적 자본을 순환시키는 중요한 방법이다. 인류학자들의 관점에서 그것은 증여자와 수증자 사이의 상호 관계를 확립하는 '선물'이다. 스타트업이 피칭을 해서 데모데이에 투자금을 모으는 것은 사업적 성공에 대한 기대감으로 반향을 일으킬 뿐만 아니라 창업자의 이야기를 좀 더 나이가 있는 창업자와 투자자의 사회적 규범과 문화적 신념으로 반향을 불러일으킨다. 이 모든 것은 벤처 투자가가 아이디어에 투자하는 것이 아니라 사람에게 투자한다는 속담에 미묘한 의미를 부여한다. 아이디어에 투자하는 것은 금전적인 수익을 가져올 수 있지만, 사람에게 투자하는 것은 차세대 비즈니스 리더를 사회화시키는 것이다.

많은 스타트업 창업자가 액셀러레이터에서 시간을 보낼 필요가 있거나 적어도 그게 유리하다고 생각하기 때문에, 액셀러레이터에 들어가기 위한 경쟁은 더욱 치열해졌다. 설립자 풀은 이전보다 더 커졌을 뿐만 아니라 글로벌하기까지 하다. 여러 곳에서 온 사람들은 가장 큰 벤처 투자 센터의 '최고' 액셀러레이터에 들어가고 싶어 한다. 그리고 몇몇 창업자는 스스로 이루어내기 전에 멘토링, 네트워킹, 도움을 한 번 이상 원한다. 그 결과 이제 신규 창업자는 이미 액셀러레이터 레지던시를 수료한 더 경험 많은 창업자나 '연쇄 창업가'와 자리를 놓고 경쟁해야 한다. 위펀더의 창업자는 테크스타에서 와이콤비네이터로, 부동산 분야의 스타트업 창업자는 테크스타나 와이콤비네이터에서 부동산 액셀러레이터인 메타프롭NYC^{MetaPropNYC}로 갈 수 있다.[30]

액셀러레이터 간의 경쟁도 치열해졌다. 투자하기에 '최고'의 창업자를 위해 경쟁할 뿐만 아니라, 창업자에게 상을 주기보다는 사무실과 서비스에 대한 수익과 같은 수수료를 받을 수 있는 다른 수단을 찾고 있다. 와이콤비네이터와 테크스타 같은 가장 큰 네트워크와 투자 자금을 가진 큰 액셀러레이터는 이점을 가지고 있다. 뉴욕의 테크스타에서 열리는 데모데이를 보면서, 저널리스트 에린 그리피스Erin Griffith는 이러한 행사들이 스타트업뿐만 아니라 액셀러레이터를 창업하는 데도 사용되고 있다고 지적한다. 피칭의 과대 선전과 투자 자금의 액수가 분야를 잠식한다. 그러나 일부 창업자는 액셀러레이터가 필요하지 않다고 생각한다. 패키지 소프트웨어를 사용하든, 3D 프린트를 사용하든, 브루클린이나 리가Riga에서 프리랜서 엔지니어를 고용하든, 킥스타터나 위펀더에서 투자금을 모금하든 간에 기술 회사를 설립하는 비용은 그 어느 때보다 저렴하다. 역동적인 분야의 설립자들은 액셀러레이터에 지분을 넘겨주지 않고 벤처 자본을 조달할 수 있을 것이다.[31]

이것이 뉴욕시에 주는 의미는 무엇인가. 뉴욕에 본사를 둔 벤처 투자가와 그들에게 자본을 공급하는 기관 투자가는 러닝 머신 위에서 뛰고 있다. 도시의 기술 생태계가 성장하기를 원한다면 더 많은 액셀러레이터를 두어야 한다. 하지만 액셀러레이터는 다른 곳에 많은 경쟁자를 가진 세계적인 산업이 되었다. 아마도 그들은 상당히 한정된 벤처 자본을 위해 너무 많은 스타트업을 만들고 있는 것 같다. 아마도 시장성 있는 제품에 초점을 맞춘다는 것은 너무 많이 반복되었고 심지어 경박한 아이디어를 개발하는 것일지도 모른다. 게다가 테크스타, 에인절패드AngelPad, 스타트업부트캠프Startupboot camp와 같은 액셀러레이터는 사실상 프랜차이즈다. 액셀러레이터의 경영자가 반드시 지역 경제를 활성화시키는 데 헌신하는 것은 아니다.

그러나 첼시 브라운리지가 뉴욕시 정부로 인한 딜레마에 빠져 있다는 것을 알았을 때 발견했듯이, 지역 기관과 긴밀하게 일하는 것은 쉽지 않다. 시장의 기술혁신실이 첼시의 스타트업 경험에 대해 이야기하기 위해 바르셀로나Barcelona에서 열리는 스마트 도시 콘퍼런스에 가는 비용을 댄 반면, 시의 교통부는 브루클린 보도에서 도그하우스를 치우라고 명령했다. 첼시가 뉴욕시로부터 제품의 법적 지위에 대해 '명확한 답변'을 얻었다고 생각한 지 2년 뒤, 교통부는 이미 공공 재산에 설치된 30개의 도그하우스가 시의 행정 법규를 위반했다고 결정했다. 그러나 동시에 이 회사는 뉴욕주 고속도로 당국과 계약을 맺고 미국 전역의 다른 도시뿐만 아니라 주요 고속도로의 휴게소에 도그하우스를 설치했다.[32]

또 다른 차원에서 더 적고 더 강력한 액셀러레이터에 자본이 축적되면 유망한 스타트업을 강력한 기업과 영향력 있는 투자자의 궤도에 진입시키고, 잠재적 혁신을 제거함으로써 초기 단계의 경쟁을 줄일 수 있다. 와이콤비네이터의 온라인 스타트업 학교는 최고의 스타트업을 액셀러레이터 네트워크로 연결시킨다. 메타프롭NYC는 컬럼비아 대학교의 경영학과 도시 계획 및 부동산을 연구하는 대학원생을 대상으로 '사전 액셀러레이터' 프로그램을 가지고 있으며, 대학원생은 아주 초기 단계에 직접 파이프라인에 배치된다. 이러한 조치는 소수의 인기 있는 창업자가 금전적인 보상을 받을 수 있는 '출구'로부터 돈을 벌 것이라는 것을 보장할 수 있다. 그들은 지역 혁신 생태계에 부를 재투자하는 연쇄 창업가와 에인절 투자가가 될 수 있다. 그러나 현재로서는 액셀러레이터의 광범위한 효과는 아직 불확실하다. '고부가 가치' IPO에 대한 지속적인 강조가 창업자가 오래 그리고 수익성 있는 삶을 위해 회사를 세우려는 시도를 멈추게 할 것인가? 새로운 부를 부동산을 사는 데 쏟아부어서 도시를 더욱 비싸게 만들 것인가? 거대 기술 기업이나 제약 회사가 인수해 기업의 힘이 더욱 강력해질 것인가?

젊은 회사가 액셀러레이터 레지던시를 마친 후, 사무실 임대료와 생활비가 비싼 뉴욕이나 샌프란시스코 같은 도시에서는 혼자 사교 모임에 나갈 여유가 없을 수도 있다. 뉴욕의 공공 부문은 정부 보조 기술 허브와 시 소유의 산업 재산으로 저렴한 업무 공간의 수요를 채울 수도 있지만, 여기에는 부동산 산업과의 지속적인 협력뿐만 아니라 시 정부의 지속적인 노력이 필요하다. 이 지원조차도 뉴욕에 스타트업과 일자리를 유지하기에 충분하지 않을 수도 있다. 한 스타트업 창업자는 뉴욕이라는 장소는 신입 사원급의 인재를 채용하는 데는 좋지만, 이 업계에서 경험이 많은 관리자를 찾는 데는 그다지 좋지 않다고 말했다. 자본이 넉넉한 거대 기술 기업은 더 높은 급여를 지불할 수 있다. 우버가 핀테크에 뛰어든 것처럼 기술 산업이 다양해짐에 따라 스타트업에게 기회는 줄어들 수도 있다.

게다가 창업을 지원하는 정부의 공공·민간 파트너십은 핵심 난제를 해결하지 못한다. 즉, 정부는 더 많은 일자리를 원하지만, 투자자들은 '더 가벼운' 생산을 원한다. 벤처 투자가는 첨단 자동화 및 '분산' 생산을 촉진하고 개발 및 제조 관련 일자리를 세계의 저비용 지역에 보낸다. 그러나 NYCEDC는 창업자들이 뉴욕에서 일자리를 창출하기를 원한다. 이것이 뉴욕시가 액셀러레이터에 자금을 지원하는 이유이다. 그렇다면 액셀러레이터는 정말로 일자리를 창출하는가 아니면 자본이 원하는 것을 창출하는가?

2000년대 초부터 액셀러레이터를 지원하는 벤처 투자가는 자본의 순환에서 중요한 연결점이 되었다. 벤처 투자가는 밋업, 피칭 행사나 데모데이에 눈에 띄는 '수트'이다. 그러나 그들의 전략적 사고는 공공의 시야 밖, 그들의 사무실에서 일어난다. 이들은 눈에 보이지 않지만 혁신 복합체에서 중요한 분야이다.

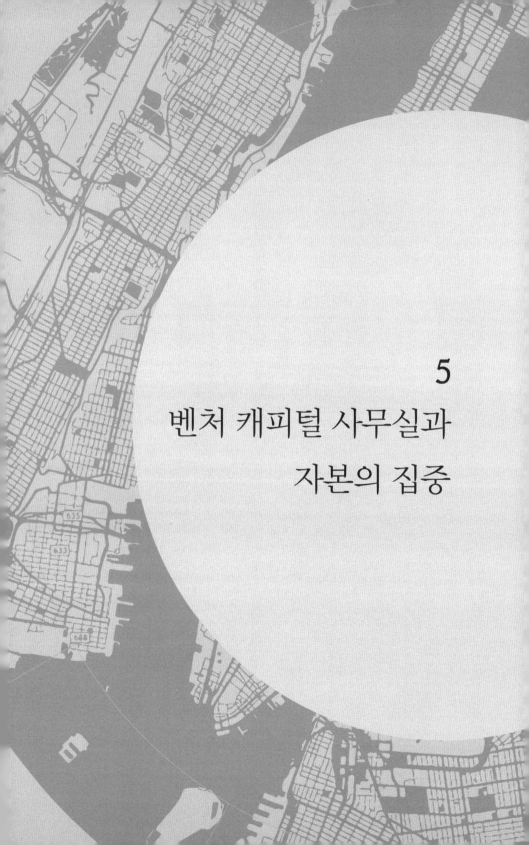

5
벤처 캐피털 사무실과
자본의 집중

은유적 표현으로 실리콘 앨리의 지리적 심장이라고 할 수 있는 플랫아이언 지구에 있는 사무실에서 브래드 버넘을 만났을 때, 그는 청바지에 운동화를 신고 진한 파란색 스웨터를 입고 있었다. 조금 놀랐다. 밋업이나 피칭데이에 나타나는 벤처 투자가는 항상 정장을 입은 성인이기 때문이다. 그러나 2003년 버넘이 프레드 윌슨과 공동 창업한 회사 유니언스퀘어 벤처스는 기술 창업자들과의 정체성을 조심스럽게 육성한다. 브래드의 근무 복장은 파트너들의 초기 창업 문화 도입과 벤처 캐피털의 상대적 신규성, 소규모, 뉴욕 금융계의 낮은 위상을 반영한다. 뉴욕 최대의 벤처 투자자인 골드만삭스의 최고경영자나 맨해튼에 난립하는 헤지 펀드 매니저에 비해 벤처 투자가는 자신이 부자가 아니라고 말한다. 그들은 부자 중 최고 부자는 아니다. 이것은 사실이다. 최고의 헤지 펀드 매니저는 1년에 약 10억 달러를 번다. 뉴욕의 벤처 투자가는 샌프란시스코 해안 지역의 벤처 투자가보다 적은 자본금을 운용하고 개인 재산도 적다. 한편 뉴욕 기술계의 고위 인사인 윌슨은 미국에서 '최고 100대 벤처 캐피털 전문가' 순위에서 19위에 올랐고, 유니언스퀘어 벤처스는 10억 달러 이상의 투자를 관리하고 있다.[1]

버넘의 스웨터와 청바지처럼 유니언스퀘어 벤처스의 사무실은 관심을 끌기 위해 소리를 지르지 않는다. 로어맨해튼의 금융가나 미드타운의 건물과는 대조적으로 거리에 콘크리트 방벽이 없고, 로비는 외부인의 출입을 막기 위해 개찰구를 잠그지 않는다. 그리고 엘리베이터에서 나와 회사 사무실로 들어갈 때, 출입 서명을 하지 않는다. 프런트 데스크 근처에 서 있는 직원 중 한 명과 이야기만 하면 된다.

리셉션에 놓인 작은 소파 옆에 낮은 탁자에는 읽을거리가 많이 있다. ≪와이어드Wired≫, ≪컨데나스트 트래블러Condé Nast Traveler≫, ≪배니티 페어 Vanity Fair≫, 해변과 정글 사진집, 그리고 은행이나 다른 중개인을 통하지 않고 투자자와 대출자를 연결하는 온라인 대출 서비스 렌딩클럽Lending Club의 안내 책자 들이다. 유니언스퀘어 벤처스는 스타트업의 시리즈 D(네 번째) 자금 지원을 주도했다.[2] 표지에 손으로 그린 흑백 스케치가 그려진 『비즈니스 모델의 탄생: 선구자, 게임 체인저, 도전하는 사람을 위한 핸드북Business Model Generation: A Handbook for Visionaries, Game Changers, and Challengers』이라는 책이 끈에 묶여 한편에 놓여 있다. 이 책의 DIY 디자인과 출세 지향적인 부제는 윌슨과 버넘이 스스로를 어떤 벤처 투자가로 생각하는지 보여준다. 버넘은 이 회사가 시장을 주도하는 지도자들에게 도전하고, 공동체를 형성하며, 강력한 중간 상인을 배제하고자 하는 소수의 '의제 주도' 기업에 투자한다고 말했다.

2000년대 초반 이후 이러한 종류의 투자는 플랫폼 자본주의와 그 '변혁적인' 비즈니스 모델의 많은 발전을 이끌어왔다. 유니언스퀘어 벤처스는 당시 개발자가 만들기 시작한 소비자용 소프트웨어를 옹호하면서 등장했고, 적어도 그들의 플랫폼과 담론이 소셜 네트워크, 커뮤니티, 특정한 방법의 정보 전파를 약속하기 때문에 사용자에게 독특한 캣닢(사용자를 현혹하는 — 옮긴이)인 엣시, 텀블러tumblr, 트위터, 밋업과 같은 앱과 서비스를 지원함으로써 성장했다. 브래드는 "좀 더 개방적이고 역동적인 사회로 이어질 것"이라고 말했다. 앤드루 라셰이와 빌 더블라지오 시장이 추진한 '열린 사회'에 대한 시장 기반 반론도 기술 산업의 신화와 일치한다. 모든 벤처 캐피털 회사와 마찬가지로 유니언스퀘어 벤처스도 월가와 실리콘밸리의 중복되는 기술과 금융 사이에서 위험하지만 특권적인 위치에 서 있다.

2003년 버넘과 윌슨이 첫 기금을 모으기 위해 힘을 합쳤을 때 그 무엇도 월가라는 우선순위에서 멀어질 수 없었다. 컴퓨터와 실리콘 칩의 전통적인 하드웨어 인프라 대신 디지털 기술 애플리케이션 계층(앱과 소프트웨어)에 투자하는 것에 대한 비전을 피칭했다. 하지만 가장 거대하고 잘 확립된 기관 투자자는 설득되지 않았다. 버넘은 2000년의 닷컴 붕괴는 뉴욕의 기술 회사들에게 '암흑시대'를 불러왔다고 말했다. 그래서 그 당시 뉴욕은 벤처 캐피털 펀드를 설립하기에는 최악의 장소였다. 소셜 미디어는 초기 단계에 있었고, 앱은 아직 수익 창출 잠재력을 보여주지 못했다. 투자자는 컴퓨터와 반도체를 만드는 회사를 지원함으로써 좋은 성과를 거두었고, 진로를 바꿀 이유가 없다고 생각했다. "한 사람이 승낙하는 데 80번의 회의가 필요했습니다"라고 버넘이 말했다.

두 창업자가 경험이 부족한 것도 아니었다. 프레드 윌슨은 1980년대에 MIT에서 공학 학위를 받았고 와튼에서 MBA 학위를 받고 뉴욕에 왔다. 그는 주로 생명과학과 정보 기술에 투자했던 작은 벤처 캐피털 펀드인 유클리드 파트너스Euclid Partners에서 일했다. 그는 10년 동안 컴퓨터에 대해 많이 배우거나 회사를 운영하는 경험을 쌓지 못한 채 "벤처 캐피털 사업 주변에서 방황하고 있었다"고 나중에 말했다. 1990년대 중반에 윌슨은 다운타운으로 이사해 작은 벤처 투자 회사 플랫아이언 파트너스Flatiron Partners를 창업했고, "기업가들과 친구가 되기" 시작했다. 윌슨의 공동 창업자는 이미 회사를 운영한 적이 있고 "인터넷 사업을 시작하는 미친 기업가들을 훨씬 더 많이 알았다". 윌슨은 닷컴 붐이 최고조에 달했을 때 초기 1억 5000만 달러 자금이 7억 5000만 달러로 늘어났으며 "초기 벤처 캐피털을 투자하기에 가장 좋은 3년"이었다고 쓴 적이 있다. 그러나 2000년의 닷컴 붕괴로 이 잠깐의 성공이 무너졌다. 윌슨은 "우리는 큰돈을 벌었고 눈 깜짝할 사이에 그걸 잃었죠"라고 회상했다. "우리는 2001년 초 플랫아이언을 접었고, 나는 그다음 2년 동안 상처를 어루만지고 교훈을 내면화하면서 지냈습니다."[3]

그때 윌슨은 버넘과 협력했는데, 그는 이 파트너십에 비즈니스 개발 기술과 기업 경험을 도입했다. 버넘은 1980년대부터 컴퓨터 산업에 종사했다. 그는 웨슬리언 대학교Wesleyan University를 졸업한 후, 20세기 초 미국 기술 혁신의 전설적인 중심지인 뉴저지의 벨 연구소^{Bell Labs}의 거대 기업 AT&T에서 일했다. 윌슨처럼 그는 기술 분야에서는 일하지 않았고, 그의 업무는 영업과 마케팅이었다. 그러나 버넘은 AT&T의 벤처 투자를 개발하는 것을 도왔던 뉴욕뿐 아니라, 샌프란시스코, 덴버, 노스캐롤라이나의 기술 센터에서 지냈다.

윌슨처럼 버넘은 소프트웨어 개발에 열정을 가진 별난 기업가에게 끌렸다. 단순히 개별 고객을 위한 웹 서비스를 설계하는 것이 아니라 대형 시장을 위한 새로운 '소비자용 서비스'를 만들 수 있는 그들의 잠재력을 일찍부터 인식했다. 닷컴 붕괴 후 "기업가들은 잿더미에서 빠져나오고 있었습니다. 그들은 매우 달라졌습니다. 돈을 벌기 위해서가 아니라 매체를 바꾸기를 원했습니다". 그가 인상 깊었던 것은 그들이 '유혹적이고, 즐겁고, 가볍고, 효율적인' 앱을 만들기 위한 코드를 작성할 수 있다는 것이었다. 이러한 사람들은 어디에나 있었다. 서부 해안의 명문 대학 컴퓨터공학부뿐만이 아니었다. 그들은 뉴욕에도 있었는데 "뉴욕이 앱을 개발하기에 흥미로운 장소라는 것을 나중에야 알았습니다".

그 후 몇 년 동안 뉴욕에 "소비자용 서비스를 창출하는 중요한 기업가 집단"이 출현했다고 버넘이 말했다. 그들은 컴퓨터 괴짜였을지도 모르지만, 실리콘밸리의 해커와는 다른 방식으로 일했다. 제품을 사용할 수 있도록 하는 데 초점을 맞췄고, 신뢰할 수 있을 정도가 되면 백엔드를 조작했다. 대표적인 예로 브래드는 2007년 소프트웨어 개발자로 변신한 고등학교 중퇴자인 데이비드 카프^{David Karp}가 설립한 블로그 웹사이트 텀블러를 지목했다.

그러나 데이비드 카프와 같은 혁신가들은 똑같이 비판적인 투자자 집단이 없었다면 똑똑한 코드를 사업으로 바꿀 수 없었을 것이다. 뉴욕은 오랫동안 금융 자본의 중심지였고, 2000년대 초에 그러한 종류의 자본은 빠르게 증가하고 있었다. 부를 집중시키고 불평등을 심화시킨 주식 시장과 부동산 시장에서도 같은 이득이 새로운 기술 회사들을 위한 잠재적인 자금의 깊은 풀을 만들었다. 그러나 이 자본의 대부분은 전통적인 경로를 통해 전통적인 자산으로 유입되었다. '월가'라 불리는 대형 은행과 투자 담당자는 공적 연기금, 사립 재단, 외국 정부의 국가 기금 등 주요 고객을 위해 회사 주식과 채권, 정부 부채 및 부동산에 자본을 투자했다. 뉴욕에 기반을 둔 다른 중요한 투자자들로는 연기금 투자를 관리하는 기업 부서와 부유한 뉴욕 '왕조' 가족 사무실, 도금 시대 강도 남작의 후손과 부동산이나 제조업에서 부자가 된 이민자들이 있었다. CEO에서 연예인, 의사, 변호사까지 뉴욕의 순자산 가치가 높은 거주자 중 어떤 사람은 '에인절' 투자자로서 소규모 투자를 했고, 월가 회사의 파트너처럼 연간 보너스를 많이 받았다.

대부분의 투자 자문업자는 수면 위로 떠오르기 시작한 유망한 기술 스타트업에 어떻게 자본을 투입해야 할지 전혀 몰랐고, 월슨과 버넘 같은 벤처 투자가들이 여기에 딱 맞았다. 버넘은 "2003년 뉴욕에는 순수 벤처 캐피털 투자가 거의 없었고, 자금이 필요한 스타트업의 수는 증가하고 있었습니다"라고 말했다. "2005년부터 2008년까지 뉴욕에는 돈보다 더 많은 인재가 있었기 때문에 우리는 유리했어요. 결국 서부 해안과 보스턴에 본사를 둔 벤처 캐피털 회사들이 이 사실을 알아냈고, 많은 사람들이 뉴욕에 투자하기 시작했습니다. 몇몇은 (심지어) 사무실을 차리기도 했죠."

뉴욕의 젊은 '인재'에게도 이것은 중요한 순간이었다. 만약 브롱크스에 있는 가톨릭 대학인 포덤 대학교를 최근에 졸업한 찰리 오도넬Charlie O'Donnell처럼 금융 분야에서 일하고 있었다면, 신경제 혁신의 물결을 잡는 것에 대해 조금은 알고 있었을지도 모른다. 이제는 40대 초반인 오도넬은 머리를 깎고, 반소매 회색 티셔츠와 청바지를 입고 있으며, 브루클린에 본사를 둔 벤처 캐피털의 총수이다. 2000년대 초 프레드 월슨과 브래드 버넘을 처음 만났을 때, 그는 맨해튼에 있는 제너럴 모터스GM: General Motors 연기금에서 25세의 브루클린 출신 투자 분석가로 일하고 있었다. 오도넬은 고와너스 운하Gowanus Canal 근처에 작은 산업용 건물이 모여 있는 구역의 수수한 사무실에서 나와 이야기를 나눌 때 "GM은 장기 투자자가 되기로 약속했습니다"라고 말했다. 연기금은 1990년대 후반 콜로라도주 볼더에서 브래드 펠드가 설립한 벤처 캐피털 펀드인 모비어스Mobius에 대규모 투자를 했고, 오도넬은 사무실에 들어섰을 때 "벨트에 전화기 여섯 개를 매단" 펠드가 "정말 멋진 사람"처럼 보였다고 회상했다. 강인한 인상의 투자자가 가질 법한 "양복을 입고 온 인수자가 '이 공장을 살 겁니다'라고 말하는" 이미지와 크게 대조된다.[4]

GM에서 일하는 동안, 찰리는 프레드 윌슨과 브래드 버넘의 피칭을 받는 입장이었다. 그들은 투자자를 간절히 원했고, 찰리는 심지어 젊은 직원이지만 제안을 다시 거절할 수도 있었다고 회상했다. "나는 그 회의에 참석하지 않을 뻔했습니다." 오도넬이 말했다. "GM의 모든 투자처는 실리콘밸리와 보스턴에 있었습니다. 2004년은 (사람들이 말하기로 뉴욕의) 실리콘 앨리가 실패했다는 겁니다." 그러나 유니언스퀘어 벤처스의 자금 모집 대리인이 말하기를 GM은 "제안한 어떤 투자도 (진지하게) 검토하지 않았습니다". 찰리는 신중하게 검토한다는 걸 보여주기 위해 회의에 참석했다고 말했다.

처음에 윌슨과 버넘은 큰 인상은 주지 못했다. 뉴욕에서의 벤처 캐피털은 "작은 규모였습니다"라고 찰리는 말했다. "그들은 지역 투자자입니다." 그러나 윌슨이 블로그를 사용해 대중에게 자신을 소개한 방식은 그 당시에는 새로운 것이었다. 그건 오도넬이 좋아했던 기업가적인 스타트업 분위기였다. 찰리는 새로운 매체가 정보 공유와 자기 홍보에 어떻게 유용할 수 있는지를 보았다. "저는 2004년 2월 (윌슨과) 거의 비슷한 시기에 블로그를 시작했습니다"라고 그가 말했다. "그리고 저는 프레드의 블로그와 브래드 펠드의 블로그를 읽고 있었습니다." 찰리는 또한 윌슨과 버넘이 현재 디지털 기술의 다음 물결을 불러냈다는 것을 감지했다. "저는 그 전략이 정말 좋았습니다"라고 그는 말했다. "다른 모든 사람들이 칩에 빠져 있을 때, 그들은 네트워크와 구글에 빠져 있었습니다. 그들은 적은 투자금을 가지고 있었는데" 이것은 찰리와 같은 야심찬 벤처 투자가에게 행동할 기회를 제공했다. "25세의 투자 분석가로서, 첫 번째 투자자가 된다는 것은 더욱 흥미로웠습니다." 오도넬의 지원에도 불구하고, 윌슨과 버넘의 피칭은 실패했다. "GM은 투자금이 너무 적어서 지나쳤던 것입니다"라고 찰리는 말했다. "GM의 투자 규모는 훨씬 더 컸습니다."

GM에서 4년을 보낸 후 찰리는 새로운 직업을 찾기 시작했다. 그는 "프레드와 브래드에게 연락했고" 윌슨은 그를 투자 분석가로 고용했다. 스타트업을 준비하기 위해 오도넬은 뉴욕의 초기 기술 공동체와 네트워킹에 뛰어들었다. 그는 윌슨, 버넘과 함께 뉴욕기술밋업의 초기 100명 중 한 명이었다.[5] "그때 뉴욕은 믿을 수 없을 정도로 달랐습니다"라고 찰리는 말했다. "아이폰, 페이스북, 트위터 전의 일입니다. 개인 블로그가 막 시작되었고, 바이럴리티는 페이지와 페이지 사이에서 일어나는 일이었습니다. 뉴욕기술밋업은 (창업자) 스콧 하이퍼먼의 사무실 뒤쪽에 겨우 25명이 (모여) 있었습니다."

비록 윌슨과 버넘이 한 세대 더 나이가 많았지만, 그들은 재빨리 커뮤니티 빌딩 전략을 채택했다. "회사로서 블로그를 하고 있었기 때문에 유니언스퀘어 벤처스라는 이름을 지도에 올렸습니다"라고 오도넬은 말했다. "우리는 열린 공동체를 시도했습니다. 이벤트를 만들고, 피구 경기를 개최하고, 프레드와 브래드는 경기에 참여하기도 했습니다. 그리고 기업가를 만났습니다. 다른 투자자뿐만 아니라 그들과 만나기를 원하는 (다른) 기업가를 만났습니다. 당시 회사는 기업가에게 에인절 투자자와의 만남을 주선하고 신청 수수료를 부과했습니다."

유니언스퀘어 벤처스는 10년쯤 뒤에 브래드 버넘과 이야기했을 때 예측했던 것과 같은 절제된 투명성과 사회적 자본에 대한 강한 믿음에 의존했다. "우리는 우리가 학습자라고 느꼈습니다"라고 찰리 오도넬이 말했다. "우리는 '세션'을 실행하고, 공개적으로 대화를 나누고, 원본 기록을 웹에 올렸고, (회사 밖의 자원 활동가가) 그걸 지우고 깨끗한 기록을 올렸습니다! 뉴욕 공동체는 회사와 블로그와 함께 **공동체**를 발전시켰습니다. 그것은 매우 특별했고, 벤처 투자가에 대한 나의 접근 방식을 변화시켰습니다."

그 후 몇 년 동안 찰리는 그의 넥스트NYnextNY를 결성하기 위해 '기술 밋업을 레버리지'했고, 3000명의 이름을 적힌 메일링 명단을 작성했다. 넥스트NY는 매달 세 개의 행사를 조직했다. "사람들은 행사와 공동 설립자를 통해 사무실을 찾아왔습니다"라고 그가 말했다. 찰리와 같이 뉴욕의 떠오르는 기술 공동체는 젊고 굶주렸는데, 그는 이 행사를 "프레드와 브래드의 세대를 차세대 사람들과 연결하는" 사업 기회로 활용했다.[6]

163명의 넥스트NY 회원을 대상으로 한 2008년의 조사는 연결이 절실했던 젊은 기술 기업가와 개발자의 작은 그룹을 보여준다. 여러 면에서 그들은 당시 해커 집단과 비슷했다. 그들 중 83% 이상이 남성이었고, 절반 이상이 20대 후반에서 30대 초반이었다. 상당수인 34%가 여전히 오프라인 사업에서 일했다. 투기적인 스타트업과 기업 기술직은 지금은 매우 많지만 그 시기에는 거의 없었다. 30%도 안 되는 응답자가 '부트스트랩' 중이거나 자급자족형 스타트업에서 일하는 반면, 벤처 캐피털을 조달한 기업에서는 9%만이 근무했다. 또한 2008년에는 공유 업무 공간과 인큐베이터가 실제로 존재하지 않았다. 응답자의 거의 절반이 '전통적인 사무실'에서 일했고, 일부는 집에서 일했고, 또 다른 일부는 스타벅스Starbucks나 다른 카페에서 일한다고 말했다.[7]

바로 그때 소셜 미디어는 폭발적으로 증가했다. 젊은 대학 졸업생은 불확실한 금융의 미래에서 기술 분야로 도망치기 시작했으며 스타트업 문화도 떠오르고 있었다. 그게 벤처 캐피털에 있어 중요한 순간이었다. 그러나 그것은 당시에는 확실하지 않았다.

미국의 벤처 캐피털은 기업 인큐베이터와 마찬가지로 20세기 초 뉴잉글랜드New England의 섬유나 신발과 같은 전통적인 산업의 장기적인 쇠퇴를 극복하기 위한 노력으로 시작되었다. 1940년경 지역 경제 위원회의 '신제품 위원회'에서 일했던 보스턴 지역의 기업인과 대학 지도자 들은 뉴딜 프로그램을 이용해 MIT의 기술자와 과학자 들이 혁신을 이루도록 연방 정부 기금을 끌어오기를 원했다. 그러나 자본 조달은 제2차 세계대전 이후까지 기다려야만 했다. 전후 경제 회복을 위해 신제품 위원회는 프랑스 태생의 하버드 경영 대학원 교수인 조르주 도리오Georges Doriot를 영입했다. 전쟁 동안 도리오는 새로운 플라스틱 갑옷과 군화를 생산하고 보급하는 것을 도왔고, 중요한 운영 경험을 발전시켰다. 그는 스탠퍼드 대학교가 팰로앨토에서 하고 있던 것과 대응되는 초기 버전의 '삼중 나선'에서 기술 혁신가, 제조업체, 정부를 연결하는 방법을 배웠다. 1946년 MIT 총장과 하버드 경영 대학 학장과 함께 도리오는 오늘날의 표현으로 스타트업이고 당시의 플래징 회사fledgling company에 투자하기 위해 최초의 공공 소유 벤처 투자 기업인 미국연구개발사ARD: American Research and Development Corporation를 설립했다. 이 회사는 보스턴 지역에서 신기술을 개발하고 상용화할 계획이었다.[8]

ARD는 두 가지 면에서 혁신적이었다. 첫째, 당시 뉴욕에 본사를 둔 벤처 캐피털과는 대조적으로, 이 회사는 전통적인 가족 펀드 이상으로 자본의 조달을 확대하려고 했다. 도리오의 전기 작가인 스펜서 E. 안테Spencer E. Ante가 쓰기로 그것은 "최초의 전문 벤처 투자 기업"이었다. 안테는 "그 회사는 보험회사, 교육기관, 투자신탁과 같은 기관 투자자로부터 돈을 모으려고 했습니다"라고 적었다. ARD의 또 다른 혁신은 기술에 초점을 맞추는 것이었다.

그 새 회사는 소유권에 대한 대가로 기술적으로 혁신적인 소규모 기업에 투자할 계획을 세웠다. 투자 자본을 조달하기 위해, 그들은 주식을 팔았고, 증권거래위원회SEC: Securities and Exchange Commission로부터 승인을 받았다. 하지만 프레드 윌슨과 브래드 버넘이 반세기 후에 발견했듯이, 낯선 비전을 사고 싶어 하는 투자자는 거의 없었다. ARD는 350만 달러를 모았는데, 그중 절반 이상이 "아홉 개의 금융기관, 두 개의 보험회사, 네 개의 대학(MIT, 라이스 연구소(Rice Institute), 펜실베이니아 대학교(University of Pennsylvania), 로체스터 대학교(University of Rochester)) 기부금"에서 나왔다. ARD가 투자한 첫 기업은 돈을 벌지 못했다. 그러나 도리오와 그 회사의 대부분인 학계 지도자들은 기술 스타트업에 대한 초기 단계의 투자에 집중하기로 결정했다. 안테는 이러한 투자를 "가장 위험한 투자"라고 썼지만, 조르주 도리오는 "가장 큰 재정적 수익과 가장 높은 개인적 만족을 창출할 수 있는 잠재력을 가지고 있다"고 믿었다.[9]

1950년대와 1960년대 동안, ARD는 보스턴의 128번 도로를 따라 매우 성공적인 투자를 했고, 1967년 8월 ≪포춘Fortune≫에서 "도리오 장군의 꿈 공장"이라는 찬사를 받기에 충분했다. 하지만 불과 5년 후, 그 회사는 운영을 중단했다. 회사는 SEC와 국세청IRS: Internal Revenue Service과의 지속적인 분쟁과 싸워야 했고, SEC 규정상 ARD의 포트폴리오에 있는 회사의 스톡옵션을 보유하는 것이 금지되어 있었기 때문에 최고경영자들이 계속해서 일하게 할 수 없었다. 회사를 운영한 일반 파트너나 벤처 투자가는 관리비와 적은 자본 이익을 받았지만, 이러한 수익은 스톡옵션을 현금화함으로써 얻을 수 있는 잠재적 보상에 겨룰 수 없었다. 일반 파트너들이 스톡옵션으로 **벌어들일 수 있는** 것과 스톡옵션 없이 **벌어들인** 것 사이의 대조는 회사 중 하나인 디지털 이큅먼트 코퍼레이션Digital Equipment Corporation이 IPO를 시작했을 때 극적인 비율에 도달했고, ARD의 가치는 초기 단계 투자액 7만 달러에서 2억

달러로 불어났다.[10]

그러나 초기 단계의 투자에 대한 회사의 강조는 1970년대 실리콘밸리에서 생겨났고, 젊은 기술 회사의 주식을 보유함으로써 부자가 된 벤처 투자 회사를 포함해 후에 벤처 투자 회사가 따를 패턴을 정했다. ARD는 또한 벤처 자금 조달의 패턴을 설정했다. 현재도 벤처 투자 회사는 여전히 공적 연금 펀드(20~25%)가 투자에서 가장 많은 비중을 차지하고, 그 뒤로 대학 기금 및 재단(17%), 가족 펀드(14%), 펀드에 투자하는 펀드(오직 다른 펀드에만 투자하는 펀드로 13%), 기업 연금 펀드(7%), 보험사(7%)가 있다.[11]

1970년대 초 도리오는 벤처 캐피털이 느리고 꾸준한 성장을 위해 기업에 투자하는 것이 주가 상승을 위한 투기로 전환한 데 실망감을 나타냈지만, 이러한 변화는 금융 시장에서 위험을 감수하는 것을 강조할 '금융화'의 큰 물결의 서막을 알렸다. 그것은 또한 성공적인 투자 관리자에게 큰 보상을 가져다줄 것이었다.[12] 그러나 도리오는 벤처 투자가에게 투자를 얼마나 오래 지속할지에 상관없이 투자 수익을 올리기 위해 많은 노력을 기울여야 한다고 계속해서 가르쳤다. 다른 투자 관리자와 대조적으로 벤처 투자가는 포트폴리오에서 기업을 지도하는 실무 방식을 취한다. 나와 이야기를 나눈 모든 벤처 투자가는 스타트업 팀에 조언하는 데 쏟은 시간의 양을 강조한다. 이러한 조언은 매일, 매월, 또는 필요에 따라 간단히 이루어질 수 있다.[13]

그러나 금전적 보상은 상당할 수 있다. 벤처 캐피털 회사의 제한된 파트너 또는 투자자는 일반적으로 벤처 펀드에 10만 달러에서 25만 달러를 투자해 매입하고, 이 펀드는 대체로 5년에서 10년 정도의 특정 기간 동안 투자한다. 사모 펀드 운용사와 같이 벤처 투자가는 연간 운용 수수료를 부과한다. 그들은 펀드 수익 여부와 상관없이 투자 운용을 위해 투자 풀의 각 펀드 투자액의 2~3%를 번다. 투자 풀이 클수록 관리 수수료의 액수가 커지고 일반 파트너의 수익 또는 벤처 투자가의 수익도 높아진다. 만약 그 펀드의 투자 중 어떤 것이라도 마침내 성과를 낸다면, 일반 파트너는 수익의 20%를 얻게 된다. 이러한 자본 이득은 급여보다 낮은 비율로 세금이 부과된다. 벤처 투자가는 스타트업이 인수나 IPO를 통해 높은 가치를 내고 '나갈' 경우에 훨씬 더 많은 수익을 낸다. 수십억 달러 규모의 IPO에서 얻은 막대한 수익은 "한 세대 기업가들이 다음 세대의 투자가가 되는 것"으로 부를 더욱 극적으로 집중시킨다.[14]

그러나 벤처 투자가는 심각한 압력에 직면해 있다. 대부분의 경우, 그들이 투자한 자본은 그들 자신의 것이 아니고, 만약 그들이 최소한 각각 한정된 파트너의 투자 금액을 반환할 수 없다면 다시는 돈을 모을 수 없을지도 모른다. 벤처 캐피털의 실무 멘토링에도 불구하고 실패할 확률은 높다. 스타트업을 높은 주식 시장 가치로 이끌어야 한다는 끊임없는 압박이 있지만, 수십억 달러 규모의 IPO는 드물다. 마지막으로 벤처 투자가는 자신의 회사를 관리하고 포트폴리오에 포함된 기업에 자주 사업적 조언을 제공해야 하기 때문에 시간이 부족하다.

그럼에도 불구하고 벤처 캐피털 회사의 수와 그들이 제공하는 거래의 달러 가치는 계속 증가했다. 1960년대에는 미국에서 운영되는 벤처 투자 기업이 거의 없었지만, 2000년대에는 1000개 이상의 벤처 투자 기업이 있었다. 벤처 캐피털 회사의 각 일반 파트너에 의해 관리되는 자본의 양은 평균적으로 1980년 약 300만 달러에서 2010년 3000만 달러로 증가했다.[15]

2006년까지 유니언스퀘어 벤처스는 여덟 개의 회사에 투자할 수 있는 충분한 자본을 모았고, 그중 일곱 개는 뉴욕에 기반을 두고 있었다. 프레드 윌슨은 뉴욕이 초기 투자를 하기 좋은 곳이라고 블로그에 올렸는데, 유니언스퀘어 벤처스의 두 회사가 같은 건물에 있었으며, 그와 브래드 버넘이 CEO와 CFO에게 직접 조언할 수 있었고 이게 이메일보다 더 효과가 좋았다는 것이다. 근접성은 시간과 비용 면에서 멘토링의 비용을 낮췄다. 게다가 뉴욕에 기반을 둔 스타트업에 대한 낮은 기대는 소수의 뉴욕 기반 벤처 캐피털에게 부상하는 분야에 대한 접근성과 재량권을 제공했다. 윌슨은 자신과 버넘이 다른 어느 곳보다 "뉴욕 지역에서 가장 좋은 거래의 비율이 훨씬 높다"고 주장했다. 이 거래들 중 하나는 모건스탠리Morgan Stanley에서 재무 분석가로 일했던 엔지니어가 개발한 소셜 북마크 웹사이트 딜리셔스에 대한 회사의 투자였다. 유니언스퀘어 벤처스가 500만 달러에 대한 자금 지원을 주도한 지 8개월 만인 2005년 이 회사는 야후!에 1500만 달러에서 3000만 달러에 인수되었다.[16]

그러나 유니언스퀘어 벤처스가 현지 투자만 한 것은 아니었다. 2007년 이 회사는 샌프란시스코에 본사를 둔 스타트업을 위한 펀딩 시리즈인 A 펀딩을 주도해 명성을 날렸다. 트위터의 공동 창업자인 잭 도시Jack Dorsey가 기억하듯이, 프레드 윌슨은 트위터의 얼리 어답터였고 스타트업이 필요로 하는 실제 멘토링의 종류와 같은 지속적인 제안을 제공했다.[17] 그 무렵 자신의 스타트업을 위한 자금을 모으기 위해 유니언스퀘어 벤처스를 떠났던 찰리 오도넬은 다른 관점을 제시했다. "유니언스퀘어(벤처스)가 트위터에 투자하자 사람들은 그들을 바보라고 생각했다"라고 말했다. 유니언스퀘어 벤처스는 샌프란시스코 소재의 소셜 네트워크 및 모바일 기기용 비디오 제조업체인 징가Zynga와 뉴욕 소재의 지역 기반 모바일 앱 포스퀘어의 시리즈 A 라운드를 이끌었으며, 두 스타트업 모두 성공을 거두었다. 그 기회 구조는 갑자기 뉴욕의 벤처 캐피털에게 매우 좋아 보였던 것이다.

브래드 버넘은 당시 뉴욕 기술 생태계가 빠르게 성장했다는 점을 구조적인 변화 측면에서 설명했다. 그는 "일련의 새로운 에인절(투자자)과 자본의 이용 가능성"뿐만 아니라 "우리 사회의 본질적인 도시화, 즉 이곳에 있는 젊은이들의 관심 때문에 (2009년부터) 기술이 급성장했다"고 말했다. 찰리 오도넬은 포스퀘어와 같이 실리콘밸리의 아우라를 도시에 가져온 가능성 있는 스타트업의 성장을 강조하는 것을 선호했다. 그는 "포스퀘어는 모바일이고 소셜이며, 다음의 트위터가 될 것"이라고 설명했다. "사람들은 그것이 실리콘밸리에 속한다고 말했지만 그것은 뉴욕에 있습니다. 그러고 나니 심지어 뉴욕 기업들도 초기 단계에 (투자)해야 한다고 말하기 시작했습니다. 몇 주 동안 20명의 벤처 투자가가 제게 이메일을 보냈습니다. 그들은 뉴욕에 오고 싶어 했습니다." 그러나 오도넬은 또한 도시에 상당한 자본이 집중되어 있다고 지적했다. 그는 "기술이 생태계를 뛰게 한 것이 아니"라 "기술 **자금**이 대단한 것이다"라고 말했다.

2008년 이후, 뉴욕 이외의 벤처 캐피털 회사가 뉴욕에 사무실을 열기 시작했다. 필라델피아Philadelphia에 본사를 둔 퍼스트라운드 캐피털First Round Capital은 찰리 오도넬의 스타트업이 실패한 후 비공식적으로 그를 고용해 초기 단계의 거래를 돕게 했다. 보스턴에 본사를 둔 플라이브리지 캐피털 파트너스Flybridge Capital Partners도 뉴욕 사람들을 고용했다. 오도넬은 "갑자기 영토 침해가 시작되었습니다"라고 말했다. "뉴욕은 뜨겁습니다. ······ 실리콘밸리 펀드는 기꺼이 이곳에서 거래를 할 것입니다." 2006년과 2010년 사이에 문을 연 투자사의 수라는 측면에서 볼 때, 현재 뉴욕의 상위 15개 벤처 캐피털 회사 중 더욱 '토박이'인 다섯 개가 이때에 벤처 캐피털 사무실을 연 것이다. 투자 관리자와 스타트업 창업자 둘 다 근처에 위치하는 것의 중요성을 강조하면서 대부분의 벤처 캐피털들은 실리콘 앨리와 미드타운 사우스에 회사를 열었다(〈그림 5-1〉).[18]

뉴욕 최고의 벤처 캐피털 기업 중 4위를 차지하고 있는 ff 벤처스 캐피털의 존 프랭클John Frankel은 2008년 금융 위기 동안 월가의 은행에서 직장을 떠났거나 쫓겨난 다른 많은 벤처 투자가들과 합류했다. 그들은 벤처 투자가

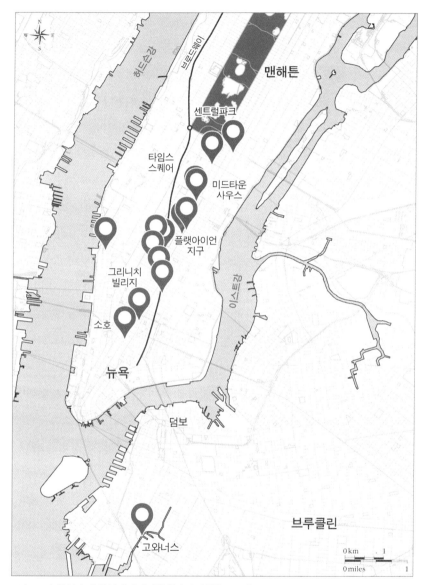

그림 5-1 뉴욕시 소재 상위 벤처 캐피털 회사의 사무실(2017년)

자료: "Venture Capital Firms," Crain's New York Business 2017 Book of Lists, http://www.crainsnewyork.com/article/99999999/DATA/500025905/venture-capital-firms, February 20, 2017(검색일: 2018.1.7).

로서, 재무 분석가이자 에인절 투자자로서 오랜 경험을 쌓았다. 삭발한 머리에다 나이 든 영국 태생의 벤처 투자가 프랭클은 2008년 파트너와 함께 ff를 설립하기 전까지 골드만삭스에서 20년간 다양한 직무에서 일했다. 덥고 습한 여름날 미드타운 사우스의 사무실에서 그와 대화를 나누었을 때, 왜 그가 뉴욕에서 벤처 투자자로 일하는 것을 선택했는지 물었다. 그는 웃으며 말했다. "날씨가 좋아서죠!" 그러고 나서 더 진지하게, 그는 브래드와 찰리가 이름을 붙였던 인재와 자본으로 이야기를 확장시켰다.

프랭클은 "뉴욕대와 컬럼비아대 같은 교육기관이 참여했어요"라고 말했다. 그가 말하기로 그들은 일찍부터 동료에게 기술과 소셜 미디어에 대해 가르치기 시작했다. 또한 그는 뉴욕대의 에번 코스 교수와 컬럼비아대의 크리스 위긴스 교수가 설립한 해카톤 협회인 핵NY와 환경적으로 지속 가능한 개발에 초점을 맞춘 컬럼비아대의 지구 연구소Earth Institute에 주목했다고 언급했다. 그는 구글을 지목하며 "대형 기술 기업이 뉴욕으로 오기 시작했다"고 말했고, 프랭클은 벤처 캐피털 회사인 앤드리슨 호로위츠Andreesen Horowitz의 파트너가 되기 위해 2012년 실리콘밸리로 옮기기 전 뉴욕에서 활동했던 창업자 겸 기술 옹호자인 크리스 딕슨Chris Dixon에 대해서도 언급했다.

필자가 만났던 모든 벤처 투자자처럼 존은 이 목록에서 시 정부를 뺏다. 블룸버그 행정부가 주관한 2010년 유치 경쟁으로 루스벨트섬에 코넬 공대를 설립하게 된 것에 대해 물었을 때 그는 이것 역시 중요하다고 동의했다. 그러나 그는 "동부 해안은 이미 서부 해안보다 5배나 많은 엔지니어를 배출하고 있다"고 말했다. 더 중요한 것은 시간이 지남에 따라 포괄적으로 성장하는 것이라고도 말했다. 생태계는 "에인절 투자자부터 기술자, 멘토에 이르기까지 모든 종류의 사람이 잘살기 위해 2~3세대가 필요하다"는 것이다.

프랭클은 뉴욕은 실리콘밸리에 비해 주관적인 장점이 있다고 지적했다. "뉴욕의 차가운 평판에도 불구하고, 우리는 이곳의 창업자들이 믿을 수 없을 정도로 이타적이라는 것을 알게 되었습니다"라고 그가 말했다. 브래드 버넘와 대화를 나눌 때 비슷하게 대조적인 모습을 보였다. 뉴욕의 기술 인재는 "전기공학이 아니라 사회공학에 관심이 있습니다"라고 그가 말했다. 뉴욕기술밋업의 공동 설립자이자 뉴욕 기술 생태계의 열렬한 옹호자인 돈 바버는 이 점을 더욱 강하게 주장했다. 그녀는 뉴욕의 문화적 다양성이 생태계를 어떻게 먹여 살리는지에 대한 감사를 강조하며 "우리는 별로예요!"라고 말했다. 또는 버넘이 좀 더 실용적으로 말한 것처럼 "최신 기술로 훈련된 젊은 엔지니어들이 편하게 살 수 있을 만큼 벌고, 라테 한 잔에 5달러를 지불할 때" 지역 생태계가 이득을 얻는 것이다.

프랭클을 비롯한 벤처 투자자들은 뉴욕의 '좋은 문화'를 이야기하지만, 사회적·문화적 다양성보다는 경제 분야의 다양성을 강조하는 경향이 있다. 서로 다른 분야에서 다른 종류의 일에 종사할 때 사회적 교류를 통해 혁신이 탄력받는다는 것이 이들의 설명이다. 뉴욕의 벤처 투자자에 따르면 뉴욕의 기능적 다양성은 '밸리'에서 기술을 재탄생시키고 사고를 잠재우는 패권적 사고방식의 출현을 막는다. 프랭클은 뉴욕 기술 생태계의 성장을 형성하는 '아이디어의 공유'에 대해 말하면서 이러한 다양성을 언급했다. 그러나 그는 높은 수준의 스타트업을 강조했다. 즉, "눈에 띄지 않으면서 (겨우) 5억 달러의 가치밖에 없는 잘나가는 기업들을 수확해야 하는 것"이다. 게다가 그는 "뉴욕 기업들은 (경쟁자인 실리콘밸리의 다른 기업들보다) 더 많은 기반을 가지고 있습니다. 그들은 비즈니스 모델을 가지고 있어요. 아이디어를 어떻게 수익화해야 할지 모르더라도 밸리에서는 돈을 벌 수 있습니다". 뉴욕과는 반대로 스타트업은 자금을 얻기 위해 더 많은 상업적 용기가 필요하고 벤처 투자가는 초기 투자로 더 많은 돈을 벌 수 있다.

뉴욕의 기술 생태계와 벤처 캐피털의 역할이 2009년 이후 급격히 증가한 이유에 대한 설명에서 정부를 생략하는 경향이 있음에도 불구하고, 미국과 시 정부의 정책 변화가 그들의 행동에 영향을 미쳤을 것이다. 연방 정부의 규제 완화는 수년간 사금융 시장을 강화시켰고, 2002년 의회에서 통과된 서베인옥슬리 법Sarbanes-Oxley Act은 공기업에게 더 많은 회계적인 통제를 부과해 그들을 불리하게 했다. 더 중요한 것은 2008년 경제 위기 이전 은행의 광범위한 투기 행태가 2010년 도드프랭크 법안Dodd-Frank bill을 통한 심각한 자본 요구와 정부 감독을 제정하면서 규제를 크게 증가시켰다. 트럼프 행정부 시절 의회가 물가 인하를 표적으로 삼았지만, 이 법의 즉각적인 효과는 월가의 투자자들을 대체 투자 자문업자와 사금융 시장으로 내모는 것이었다. 또한 사금융 시장에서 성장하는 자본은 2012년 잡스 법JOBS: Jumpstart Our Business Startups Act에 따라 '자격 있는', 즉 더 부유한 투자자가 크라우드 펀딩을 통해 초기 단계 비즈니스에 자금을 조달할 수 있게 되었다.

IPO를 둘러싼 과장된 광고와는 상관없이, 대부분의 벤처 캐피털 투자는 사금융 시장을 통해 이루어진다. 우버와 같은 유명무실한 '스타트업'으로 몇 년 동안 남아 있는 회사들은 높은 가치에 도달한 후에도 사금융 시장에서 자본을 계속 조달한다. IPO를 미루면 SEC 규정 준수에 따른 서류 작업과 비용, 그 과정에 수반되는 공식적인 조사를 피할 수 있다.

2008년 이후 뉴욕에서는 시 정부 또한 기술 생태계를 형성했다. 금융 위기는 블룸버그 행정부가 매킨지McKinsey 경영 컨설턴트였고, 후에 유럽의 세계경제포럼에서 일했던 스티븐 스트라우스Steven Strauss를 NYCEDC의 새로운 경제혁신센터CET: Center for Economic Transformation의 센터장으로 영입하도록 압박했다. "이런 생각은 뉴욕에서 근본적으로 새로운 것이었습니다"라고 스트라우스가 말했다.[19]

스트라우스는 그가 세계경제포럼에서 배운 것을 뉴욕으로 가져왔다. 2004년부터 이 기구는 '혁신 경제'를 촉진하는 글로벌 경쟁력에 대한 정기

보고서를 발행해 왔다. 신경제를 형성하기 위해 WEF는 위기 이후 자본주의의 합의된 모델을 개발했다. 이 모델은 기업과 연구소의 고위 인사들과 다양한 정부 관계자, NGO 대표 들을 통합하고 공공·민간 파트너십을 촉진했다. 이러한 파트너십을 통해 기업·정부·지역 대학 간의 구체적인 동맹인 '삼중 나선'의 가치가 확인되었다. 공공·민간 파트너십과 삼중 나선이 함께 결합되고 뉴욕의 혁신 복합체를 위한 조직 프레임워크를 만들 것이었다.[20]

스트라우스가 NYCEDC에 도착했을 때 그는 뉴욕의 전통적인 사업 지도자와 블룸버그 행정부의 주요 인사를 새로운 접근법에 동참시켜야 한다는 것을 알았다. 그는 "세계경제포럼에서 최고위층이 한 방에 모여 이야기를 나눌 수 있는 방법에 대해 많은 경험을 했다"고 말했다. "(부시장) 밥 리버Bob Lieber는 '랍비'였으며, 그가 이 모든 것을 실현시켰습니다. 그에게는 믿음이 있었습니다. 베인Bain이나 올리버 와이먼Oliver Wyman 같은 외부 컨설팅 회사가 준비한 자료에 좋은 콘텐츠가 있을 거라고 미리 알려줍니다. 부시장이 의장을 맡고, 시장도 아마 참석할 것입니다. 부시장이 주재하는 회의에 스티븐 스트라우스의 초대를 받으면 (오고 싶을 것입니다) …… 우리는 토론이 동등한 자격으로 비공식적인 것임을 보장합니다. 참석자들은 원하는 것을 말할 수 있습니다. 뉴욕을 위한 파트너십Partnership for New York City(뉴욕의 지배적인 기업 지도자 협회(New York's predominant association of business leaders))의 회장인 캐시 와일드Kathy Wylde도 초기의 주요 후원자였습니다. 이 모든 조각을 하나로 만드는 것은 매우 힘들면서도 쉬운 일이었습니다."

2009년 말에 CUNY-TV에서 처음 방영된 경제발전 부시장 로버트 C. 리버Robert C. Lieber의 인터뷰를 보면 어려움이 명확해진다.[21] 리먼 브라더스의 사모 펀드 부문 상무와 NYCEDC의 사장을 모두 역임한 리버는 뉴욕의 경제 상황이 '매우 심각하다'는 것을 알고 있었다. 그러나 그는 경제 발전을 위한 새로운 전략이 진행 중이라는 암시를 주지 않았다. 리버는 NYCEDC에서 부시장실로 옮겼을 때 어떤 것이 우선권을 가져야 하는지 '293개의 별개의 정책 이니셔티브 목록'을 살펴보았다. 그는 누구나 포괄적인 개발 전략을 개발할 생각을 하고 있었다는 언급을 무시했다. '혁신 경제'라는 문구는 질문자가 향후 5년 내에 있어서 뉴욕의 잠재 성장 산업에 대해 질문할 때 느리게, 어쩌면 주저하면서 등장하기도 한다. 부시장은 "우리는 아직 그것에 대해 생각해 보지 않았다"고 답한다. 행정부는 "정부가 가진 자원으로 가능한 많은 지역을 수용하고 싶고, 인재를 끌어당기는 자석이 되고 싶다"고 밝혔다. 그러나 몇 분 후 리버는 "우리는 **이제까지 크게 관여하지 않은 분야인 스타트업 경제, 혁신 경제**를 생각해야 합니다. 요즘 경향을 살펴보면 제조업 일자리가 수년간 감소하고 있습니다. 최근의 트렌드는 고급 제조업과 디자인입니다"라고 덧붙였다.

스트라우스는 2000년대 초 소셜 미디어와 앱의 기회를 크게 늘린 기술 혁신이 뉴욕의 오래된 산업인 미디어, 광고, 상거래에 대해 경쟁적 우위로 작용했다고 말했다. 그러나 이들 산업은 정확히 아마존(1994년 설립), 더블클릭 DoubleClick(1996년), 허핑턴포스트Huffington Post(2005년) 같은 신흥 디지털 플랫폼에게 가장 위협을 느낀 산업이었다. 그러나 스트라우스는 그들이 디지털 기술을 오래 가져온 뉴욕의 강점과 통합할 수 있다는 것을 알려주려 노력했다. 스트라우스는 "우리는 사람들을 끌어당기는 확실한 힘이 있다"고 말했다. "우리는 이걸 가지고 놀았습니다. 첫째, 우리는 고객이 있고, 팔 수 있는 시장이 있습니다. 둘째는 자본으로, 우리는 에인절 투자자의 큰 공동체를 가지고 있습니다. 셋째로 우리는 유연한 부동산이 필요하고, 이것은 뉴욕시가 가진 약점입니다."

스트라우스는 뉴욕의 주요 '전통' 산업 중 세 개인 **패션 2020, 미디어 2020, 에듀테크 2020**에 대해 경영 컨설턴트가 준비한 일련의 전략적 보고서를 통해 비즈니스 리더를 이끌었고, 이 보고서는 실리콘밸리와 같은 연구 센터의 삼중 나선 모델을 따르는 각 산업 부문에서 공공·민간·비영리 파트너십의 창설을 이끌었다. 금융 위기 이후의 환경은 '유연한 부동산'과 같은 다른 시너지 혁신을 공유 업무 공간과 인큐베이터 형태로 장려했다. 블룸버그 행정부는 도시 정부 프로그램과 삶의 질을 향상시키기 위한 혁신 기술에 대해 보상을 제공하는 뉴욕의 별명에서 따온 놀이, 빅앱 대회를 매년 개최함으로써 상징적인 가치를 더했다. 뉴욕시가 제공한 공개 데이터를 활용한 첫 번째 빅앱 대회는 2009년에 개최되었으며, 1년 후 스타트업 위워크가 소호에 첫 번째 공유 업무 공간을 열었다.[22]

NYCEDC는 계속해서 문을 열었다. 2010년에는 공학 대학원을 설립하기 위한 대회를 조직했는데 이것은 곧 새로운 응용과학 뉴욕 이니셔티브의 일부인 코넬 공대가 되었다. 다음 해 NYCEDC는 공유 업무 공간으로 시작된 제너럴 어셈블리에 컴퓨터 코딩을 가르치는 수업을 할 수 있도록 거액의 보조금을 지급했다. 블룸버그 행정부는 또한 "이 급속하게 성장하는 분야에서 뉴욕시가 성공을 배양할 수 있는 새로운 기회를 찾기 위한, 뉴욕에 기반을 둔 지도자의 모임"인 기술혁신 시장협의회를 설립했다. 2012년에는 혁신 복합체의 조각들이 제자리를 찾아가고 있었다.

블룸버그 시장이 뉴욕기술밋업에 와서 시장협의회 구성에 대해 발표했을 때, 여러 사람이 그를 기술계의 '치어리더'로 봤다고 했다. 그러나 뉴욕을 위한 파트너십의 회장인 캐스린 S. 와일드Kathryn S. Wylde에 따르면 혁신 경제에 대한 비즈니스 엘리트의 지지를 얻는 데 영향력이 있었다. 그에 대해 물었을 때, 그녀는 "그는 세계적인 도달 범위와 비전을 가지고 있었고, 첨단 기술 경제에 관여했었다"고 말했다. 이를 통해 알 수 있는 것은 "바람 아래의 배처럼 (신경제와의) 강력한 조합이 그의 최우선 과제였다. 그것은 일반적으로 한 도시의 시장이 할 만한 역할이 아니"었다는 것이다.[23]

2010년대 이후, 벤처 캐피털은 자본의 가용성과 고평가된 기술 기업의 부상과 함께 지속적으로 확장되어 왔다. 페이스북이나 구글과 같은 스타트업을 발견함으로써 3배, 10배 또는 매우 드문 경우로 100배에 달하는 투자를 할 수 있는 기회가 점점 더 많은 투자자를 끌어모았다. '스타트업 스튜디오'이자 벤처 캐피털 회사인 베타워크스Betaworks를 떠나 2015년 브루클린에 노테이션 캐피털을 공동 설립한 젊은 벤처 투자가 닉 칠스Nick Chirls에 따르면 "기업은 누구나 예상했던 것보다 훨씬 빠르게 성장했다"고 한다. 게다가 기회는 어디에서든 올 수 있다. 닉은 실리콘밸리에서 투자 자본을 조달하던 일주일 동안 나와 통화하면서 "인적이 끊긴 곳에 앉아 있는 매우 작은 팀이 인터넷 상품을 만들 수 있습니다"라고 말했다. 스타트업 문화와 자본의 성장으로 인해 "자산 계급으로서 벤처는 섹시해졌다". 또는 ≪뉴요커≫ 작가 네이선 헬러는 "벤처 자본주의는 (수익률이 형편없지만) 새로운 자본주의이다"라고 단호하게 말했다.[24]

닉 칠스는 벤처 캐피털이 무한하게 확장되는 것을 보았다고 말했다. 그는 벤처 캐피털의 "수익률이 시간이 지남에 따라 훨씬 더 널리 분포되었다는 것"을 보여주는 케임브리지협회Cambridge Associates의 연구를 인용했다. 이에 앞서 닉은 "세쿼이아(실리콘밸리의 벤처 캐피털)가 아니면 아무것도 아닌 상위 다섯 개의 기업만이 성공을 거뒀다. 그러나 지금은 상위 50~75개 기업이 성공하고 있다"고 말했다.[25] 그는 "이는 특히 외국 국부 펀드, 정부기관, 피델리티(자산 운용 회사) 같은 전통적인 대형 기관 투자자, 연기금, 기부금과 같은 훨씬 더 많은 기관 자본"의 진입을 장려했다고 말했다. 또한 "그들은 벤처에 더 많이 (자본을) 할당하거나 처음으로 할당했다"며, "헤지 펀드가 소폭 증가한 것은 벤처 투자 기업의 큰 증가"라고 닉은 결론지었다.

미국 벤처캐피털협회National Venture Capital Association에 따르면 2016년까지 미국에서 활동 중인 벤처 캐피털 기업은 898개로 "1562개의 활동 중인 벤처 펀드를 운용하고 있으며, 운용 중인 미국 벤처 캐피털 자산으로 환산하면 약 3330억 달러"이다. 이들 중 68개 기업이 10억 달러 이상의 펀드를 운용했고, 그중 중간 규모는 7500만 달러였다. 가장 큰 펀드는 캘리포니아, 매사추세츠, 뉴욕에 있었으며, 이곳에 가장 많은 액셀러레이터와 스타트업이 있었다. 이 무렵 브루클린에는 2012년 찰리 오도넬이 설립한 자치구의 첫 벤처 투자 기업인 브루클린브리지 벤처스Brooklyn Bridge Ventures가 이끄는 아홉 개의 벤처 캐피털 기업이 있었다. 다리 건너 맨해튼에는 2000년대 초반 소수였던 벤처 투자 기업이 2018년까지 793개로 급증했다.[26]

그러나 그들의 숫자가 증가함에 따라 벤처 투자 기업은 유망한 스타트업과 거액의 투자자를 모집하기 위한 경쟁에 직면하게 되었다. 액셀러레이터는 두 가지를 모두 찾고 결합시키는 효율적인 수단이지만, 더 많은 경쟁에 직면하기도 한다. 성공적인 출구 전략으로 큰돈을 번 벤처 투자 기업일수록 고민이 적을 것으로 보인다. 하지만 실리콘밸리와 비교하면 가장 성공한 뉴욕의 벤처 캐피털들조차도 작은 수익을 가져다주는 소액의 자금을 조달한다. 뉴욕의 벤처 투자가들은 종종 그들이 적절한 초기 투자로 충분히 잘한다고 말한다. 어느 날 다운타운 브루클린에서 열린 비즈니스 콘퍼런스에서 존 프랭클이 역설에 대한 감각이 전혀 없이 "저는 회사를 (10억 달러 대신) 1억 달러에 팔아도 괜찮습니다! 저는 개인적으로 1000만 달러에서 2000만 달러를 벌 수 있습니다!"라고 선언했다.[27]

수년간 프레드 윌슨은 투자자와 창업자 모두에게 너무 많은 위험을 감수하지 말고, 너무 많은 자본은 '소모'할 것을 촉구해 왔다. 그는 2009년 블로그 게시물에서 자신의 조심스러운 접근을 설명했다. 유니언스퀘어 벤처스의 "목표 타율은 '3분의 1, 3분의 1, 3분의 1'"이며 "이는 우리가 투자한 총금액의 3분의 1에 대한 손실 예상과 3분의 1의 회수 예상과(또는 작은 수익), 3분의 1의 수익 창출을 예상한다는 의미이다"라고 윌슨은 썼다. "그 타율로 계산하고 수익률이 중간 3분의 1의 1.5배라고 가정하면, 수익의 대부분을 차지하는 투자의 3분의 1에 대해 평균 7.5배 정도가 필요할 것입니다." 실제로 2011~2015년 유니언스퀘어 벤처스의 포트폴리오에 포함된 네 개의 기업이 10억 달러 규모의 IPO를 했고, 다른 두 개 기업은 최소 10억 달러에 다른 기업에 인수되었다. 그러나 윌슨의 계산이 암시하듯이, 이 회사의 다른 투자는 그리 큰 수익을 창출하지 못했다. 그는 최근 "벤처 펀드가 점점 커지는 상황에서 예전 방식의 초기 투자의 특징인 소규모 펀드, 소규모 투자, 신디케이트 등이 모범 사례로 남아 있다고 확신하며, 유니언스퀘어 벤처스에서도 계속 그렇게 하고 있다"고 썼다.[28]

프레드 윌슨의 블로그는 개인적인 철학뿐만 아니라 벤처 투자가가 그들의 회사를 홍보하고, 기술과 금융 '공동체'에 대한 집단적인 상상을 구축하기 위해 미디어 플랫폼을 사용하는 것에 대한 교훈을 제공한다. 스스로를 문화와 자본의 연결고리인 '유기적 지식인'으로 상상하든, 오늘날의 용어로 '생각의 선도자'로 상상하든, 벤처 투자가는 다른 모든 인플루언서와 마찬가지로 경쟁에서 돋보이기 위해 노력한다.[29] 놀랄 것도 없이 그들은 서로를 인터뷰하고, 투자 전략을 상세히 설명하는 팟캐스트에 열광해 왔다. 자신의 팟캐스트를 진행하는 닉 칠스는 "벤처 투자가가 되는 일은 기본적으로 풀타임 네트워킹 또는 최소한 마케팅입니다. 아마 행사에 가는 것으로는 부족할 것입니다. 블로그에 글을 쓰는 것일 수도 있죠. 우리의 '고객'이 창업자입니다. 어떻게 하면 최고의 창업자들이 우리에게 매력을 느끼게 하고 우리가 굳이 그들을 찾지 않아도 될까요?"라고 말했다.

늘 유망한 스타트업을 눈여겨보지만 벤처 투자가들은 점차 시간을 쓸 곳을 찾게 된다. 이들은 테크크런치 디스럽트의 스타트업 대회와 같이 참석률이 높고 중립적인 이벤트에서 심사위원으로 활동하며 와이콤비네이터, 테크스타, ERA와 같은 성공적인 액셀러레이터에서 멘토 역할을 한다. 권위자로 등장하면 평판이 좋아지고, 심사 및 멘토링 모두 벤처 투자가에게 이미 선별적인 검증 과정을 거친 스타트업 창업자를 만날 수 있는 기회를 제공한다. 브래드 버넘은 몇 년 동안 밋업에 가지 않았다고 말했고, 닉 칠스는 팟캐스트 인터뷰에서 "데모데이에 가지 않아요. 완전히 지쳐버렸습니다. 60초 동안 얼굴 없는 투자자에게 둘러싸인 무대에서 그들이 피칭하는 것을 듣는 것은 일종의 형편없는 방법입니다"라고 말했다.[30] 그러나 닉과 같은 소규모 벤처 투자가는 차가운 이메일에 응답하고 더 많은 행사에 참석할 가능성이 높다.

경쟁 업체와 차별화하려는 욕구는 벤처 투자가의 투자 전략 또는 적어도 벤처 투자가를 묘사하는 방식에도 영향을 미친다. 대부분 특정 제품이나 '분야'에 상관없이 가장 유능한 창업자를 찾겠다고 주장하지만, 몇몇의 벤처 투자가는 자신이 전문적이라고 말한다. 존 프랭클은 "시장 리스크가 낮고 기술 리스크는 높은" 기업에 관심이 있다고 말했다.[31] 그는 "인간의 본성, 신념 체계를 본다"며 회사가 장기적인 행동 변화에 대응하는 것을 목표로 하고 있는지 가늠해 보려고 노력한다고 말했다.

브래드 버넘은 유니언스퀘어 벤처스가 "거래 흐름(수익성 있는 투자 규모)이 더 중요하고, 어떤 종류의 사업에도 투자하려는" 다른 벤처 캐피털 기업과는 다르다고 말했다. 대조적으로 그는 유니언스퀘어 벤처스는 그가 항상 주장해 온 '의제 주도' 투자 전략을 따르고 있는데, 이는 "먼저 시장 기회가 어떻게 펼쳐질지에 대한 의제를 개발하고, 그 비전에 부합하는 사업을 구축하는 스타트업을 찾는 것"이라고 말했다.

뉴욕 벤처 투자가의 전략에 놀랄 만한 요소가 있다면 그것은 지역별로 투자를 분산하려는 경향이 강해지고 있다는 점이다. 지역을 불문하고 전략적 투자를 통해 최고의 수익률을 추구하는 것이 경제적으로는 합리적이지만, 이는 뉴욕 스타트업을 옹호한다는 뉴욕 소재 벤처 투자자의 명성과는 배치된다. 벤처 투자가가 조언하는 스타트업 창업자와 가까이 있다는 강점을 강조한 것과도 대비된다.

레러히포 벤처스Lerer Hippeau Ventures의 매니징 파트너인 에릭 히포Eric Hippeau와 그의 소호 사무실에서 이야기를 나누었는데, 그가 말하기를 회사 투자의 70%가 뉴욕 기업에 있다고 한다.[32] 이러한 강한 지리적인 집중으로 인해 레러히포는 뉴욕의 1등 벤처 투자사가 되었다. 그것은 또한 뉴욕의 가장 중요한 전통 산업 중 하나인 미디어 분야에서 두 공동 창업자의 광범위한 경력과도 일치한다. 1970년대에 히포는 개인용 컴퓨터 전용의 최초 인쇄 플랫폼인 ≪PC≫ 매거진을 창간해 운영했다. 그 후 그는 소프트뱅크 캐피털Soft Bank Capital에서 투자자로 역할을 전환하기 전에 미디어 회사인 지프데이비스Ziff-Davis의 CEO와 이사회 의장을 지냈다. 2009년 히포는 허핑턴포스트의 CEO로 자리를 옮겼지만 2년 뒤에는 허핑턴포스트의 공동 창업자인 켄 레러 Ken Lerer가 새로 설립한 벤처 캐피털 회사 레러 벤처스Lerer Ventures에 합류하기 위해 회사를 떠났다. 레러히포는 뉴욕의 2가지 전통 산업, 즉 디지털 플랫폼인 악시오스Axios와 버즈피드Buzzfeed를 포함하는 미디어와 전자 상거래 스타트업인 캐스퍼Casper와 와비 파커Warby Parker를 포함한 소매 영업에 일관되게 집중함으로써 회사를 차별화한다. 악시오스를 제외하고 이들 모든 기업은 뉴욕에 기반을 두고 있다. 히포는 "우리의 포트폴리오는 뉴욕이 무엇을 잘하는지 보여주는 정말 좋은 지표"라고 말했다. 히포의 홈페이지는 크고 굵은 글씨로 선언한다. "우리는 뉴욕에 투자한다."[33]

그러나 시간이 지남에 따라 회사는 뉴욕에 기반을 둔 스타트업에 투자한 자금의 비중을 줄였다(〈그림 5-2〉). 레러히포는 설립 당시인 2010년에 투자액의 68%를 뉴욕에 본사를 둔 기업에 투자했으나, 2017년에는 투자액의 29%에 그쳤다. 이 기간 동안 레러히포의 캘리포니아에 대한 투자는 전체 포

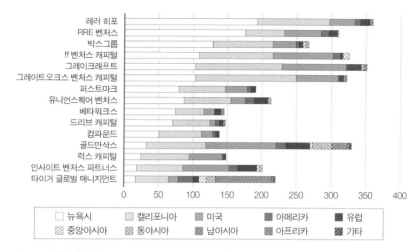

그림 5-2 맨해튼에 본사를 둔 상위 벤처 캐피털 기업의 투자 지역(2008~2017년)

자료: 크런치베이스(Crunchbase)가 제공한 자료를 참고해 조애나 드레셀(Joanna Dressel) 정리(2018.2).

트폴리오의 14%에서 28%로 뉴욕에 대한 투자와 비슷하게 증가했다. 이는 에릭 히포가 우리가 만났을 때 언급했던 뉴욕 기업에 투자한 '70%'에 다소 다른 정보를 제공해 이해를 돕는다. 이 수치는 2010년에는 사실이었지만, 2017년에는 더 이상 정확하지 않다.[34]

레러히포만이 뉴욕 외부로 투자를 분산시킨 것은 아니다. 지역 투자 규모로는 뉴욕 최대 벤처 투자 기업 가운데 8위인 유니언스퀘어 벤처스도 같은 패턴을 보이고 있다. 2010년 이 회사는 캘리포니아에 대한 투자인 25%에 비해 뉴욕에는 50% 투자했다. 그러나 2017년 투자의 17%만이 지역 투자였다. 그 2배인 28%가 캘리포니아에 투입되었고, 브래드 버넘이 말한 것처럼 유럽과 이스라엘에서는 "자본보다 기업의 숫자가 더 많이 증가"하고 있다. "또한 지역 스타트업이 페이스북이나 구글 같은 미국 기반의 플랫폼에 대항하는 정책적 환경도 있는데, 이 플랫폼의 미디어 지배력이 높아지면 그들이 식민화되고 있다는 느낌으로 이어지는 것입니다." 지역 투자액 기준 뉴욕 벤처 캐피털 기업 중 4위인 ff 벤처스 캐피털의 경우 2010년 투자액의 55%

가 뉴욕 소재 기업에 투자된 데 반해 캘리포니아에는 35%가 투자되었다. 그러나 2017년 투자의 37%만이 뉴욕에, 22%는 캘리포니아에, 거의 같은 비중이 미국의 다른 지역들에 투자되었다.

이들 기업이 보이는 투자의 지리적인 분포는 모든 맨해튼 벤처 투자 기업의 공통된 패턴을 보여준다. 포트폴리오의 상당 부분이 뉴욕에 기반을 둔 스타트업에 투자되고 있지만, 거의 비슷한 비중이 캘리포니아 기업에 투자되고 있다. 대부분의 맨해튼 벤처 캐피털은 벤처 투자 기업이 뉴욕에서 작지만 중요한 규모에 도달한 2010년과 2017년 사이에 점차 뉴욕에서 캘리포니아로 초점을 옮겼다. 2017년쯤에는 뉴욕에서 벤처 투자 기업은 잘 확립되고, 더 성숙해지고 풍부해졌다(〈그림 5-3〉과 〈그림 5-4〉). 브루클린에는 소수의 벤처 투자 기업만이 있지만, 이들의 투자는 같은 분산 패턴을 보여준다.

뉴욕의 모든 벤처 투자 기업을 살펴보면, 2017년에 4분의 1에 불과했던 것과 달리 2010년에는 거의 절반에 가까운 투자가 뉴욕에서 이루어졌다. 캘리포니아는 2010년보다 2017년에 투자를 조금 더 많이 받았지만, 미국의 다른 지역의 스타트업에 대한 투자는 훨씬 더 많이 증가했다. 이러한 뉴욕 벤처 투자의 지리적인 분산은 벤처 투자 기업의 성장만을 반영하는 것은 아니다. 이것은 또한 미국 전역에서 스타트업이 성장하고 있다는 것도 반영하는 것이다. 2017년까지 미국의 더 많은 지역에서 더 많은 스타트업이 생겨났고, 이들 모두는 투자자에게 수익을 낼 수 있는 잠재력을 제공했다.

그렇다면 왜 벤처 캐피털은 벤처 투자가와 스타트업이 가까운 곳에서 가장 잘 운영된다는 공리를 고집하는가? 프레드 윌슨이 블로그에 쓴 바와 같이, 대면 미팅은 일상적인 비즈니스 상담을 빠르고 효과적으로 관리할 수 있는 방법이다. 또는 에릭 히포가 웃으며 "우리는 여행을 좋아하지 않아요!"라고 말했을 때, 브래드 버넘은 같은 견해를 표현했다. 그는 "프레드와 저는 항상 여기서 살고 있었습니다. 우리는 한 사무실에서 일하기를 원했고, 그곳

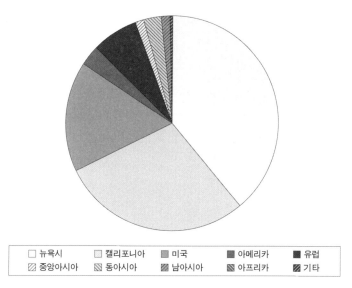

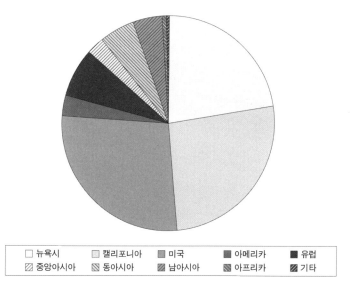

| □ 뉴욕시 | ▨ 캘리포니아 | ▨ 미국 | ■ 아메리카 | ■ 유럽 |
| ▨ 중앙아시아 | ▨ 동아시아 | ▨ 남아시아 | ▨ 아프리카 | ▨ 기타 |

그림 5-3 맨해튼에 본사를 둔 상위 벤처 캐피털 기업의 투자 지역(2010년)

자료: 크런치베이스가 제공한 자료를 참고해 조애나 드레셀 정리(2018.2).

| □ 뉴욕시 | ▨ 캘리포니아 | ▨ 미국 | ■ 아메리카 | ■ 유럽 |
| ▨ 중앙아시아 | ▨ 동아시아 | ▨ 남아시아 | ▨ 아프리카 | ▨ 기타 |

그림 5-4 맨해튼에 본사를 둔 상위 벤처 캐피털 기업의 투자 지역(2017년)

자료: 크런치베이스가 제공한 자료를 참고해 조애나 드레셀 정리(2018.2).

에서 기업가를 만나고 집단적으로 아이디어를 생각해낼 수 있었습니다. 여러 사무실이 있는 회사에서의 제 경험은 결정이 연합되는 경향이 있다는 것이었습니다. 우리는 연합이 아니라 통일된 합의를 원했습니다"라고 말했다. 또한 존 프랭클은 뉴욕에서 살면서 일하는 데 전념하고 있다. 그는 "제게는 명백합니다"라며 "(2008년 사무실을 열었을 때) 뉴욕은 상승세를 타고 있었고, 기업가주의는 발전하고 있었으며, 뉴욕은 스타트업이 필요로 하는 것을 갖추고 있었습니다"라고 말했다.

그만큼 '스타트업이 필요로 하는 것'은 벤처 투자자들의 투자 전략에 의해 제자리로 붙여진 벤처 투자자와 창업자 들의 공생 클러스터이다. 그들 입장에서 벤처 투자자에게 필요한 것은 쉽게 동원할 수 있는 '자본'이 도시나 지역에 집중되는 것이다. 그러나 이 점은 개선되어야 한다. 도시의 경제적인 강점은 시간이 지남에 따라 변하고, 그것을 반영하기 위해 투자 전략이 바뀔 것이다. 에릭 히포는 그의 회사가 현재 로봇공학에 투자하고 있다고 ≪포춘≫의 기자에게 말했을 때 이것을 확인했다. "역설적으로, 여러분은 보통 뉴욕을 로봇공학을 위한 장소로 생각하지 않을 것이다"라고 그가 말했다. "그러나 이곳은 실제로 3D 프린팅 세계에서 온 잘 정착된 공동체를 가지고 있다." 마찬가지로 존 프랭클의 회사 ff 벤처스 캐피털도 맨해튼에서 액셀러레이터와 제휴해 AI 전문 스타트업에 투자하고 있다. 그러나 이러한 투자가 반드시 도시 경제에 직접적인 이익을 제공하는 것은 아니다. 로봇 회사는 도시가 필요로 하는 만큼 많은 일자리를 창출할 수 없다. 투자를 모으는 스타트업이 고용을 늘리는 스타트업으로 더 많이 기업 분할하지 않는 한, 지역 간 연계성은 일자리를 늘리는 것보다 자본의 집중도를 높일 수 있다.

비지역적인 분산 투자도 스타트업을 위협할 수 있다. 이것은 뉴욕만의 문제가 아니다. 벤처 투자가의 일반적인 투자는 그 어느 때보다 지리적으로 더 널리 분산되어 있다. 디지털 플랫폼 테크크런치가 2012년부터 2017년 동안 미국 스타트업 2만 2000개사를 대상으로 실시한 최근 3만 6000건 이상의 벤처 캐피털 거래를 조사한 결과, 이들 거래의 절반이 같은 대도시 지역의 스타트업과 벤처 캐피털 간의 거래였음에도 불구하고 거의 그만큼 많은 거래가 지역 밖으로 벤처 캐피털을 내보낸 것으로 나타났다. 투자 규모가 크고 자금 조달이 늦을수록 벤처 캐피털과 스타트업이 같은 도시에 있을 가능성은 낮아졌다. 벤처 캐피털과 투자의 가장 큰 지리적 집중은 서부, 특히 스타트업과 자본의 강력한 집중을 증명하는 샌프란시스코 해안 지역에 있었다. 그러나 맨해튼 벤처 투자자의 지리적인 패턴이 시사하듯, 북동부 벤처 캐피털의 본고장 이외의 외부 투자 중 가장 큰 비중도 서부로 쏠리면서 샌프란시스코 해안 지역에 자본의 집중을 강화했다.[35]

지리적 분산과 집중이 미국 서부를 향하고 있기 때문에 벤처 투자가의 투자가 어떻게 본고장 경제에 가치를 더하는지 묻는 것이 중요하다. 아마도 도시의 스타트업 생태계가 막 도약할 때 더 많은 가치를 더할 것이다. 뉴욕에서 이것은 2008년과 2010년 사이에 일어난 일이었다. 당시 벤처 투자가는 새로운 경제 활동을 시작하는 데 필요한 운영 자본을 공급했을 뿐만 아니라 도시의 정통성이 경제 성장의 현장으로 자리하는 데 도움을 주었다. 조르주 도리오의 시대 이후, 벤처 투자가는 새로운 기술의 지적 가치와 그것을 활용하는 방법 모두를 이해하는 이중적인 역량을 주장해 왔다. 이러한 이중적 역량은 몇 년 전 뉴욕에서 그 전통 산업과 스타트업, 시 정부에 매우 유용했다. 그러나 벤처 캐피털 펀드의 자본 집중은 특히 이러한 자금이 캘리포니아와 미국의 다른 지역, 해외로 빠져나간다면 현재 뉴욕에 적게 기여할지도 모른다.

2010년 프레드 윌슨은 '지리학'에 대해 쓴 블로그 게시물에서 이러한 문제를 다루었다.[36] 그는 "뉴욕은 우리의 집이고, 대부분의 투자를 하는 곳"이라고 썼다. "우리는 주로 초기 단계의 투자자이고, 회사와 가까이 있는 것이 가장 좋기 때문에 그렇게 해야 한다." 그러나 그는 독자에게 유니언스퀘어 벤처스가 지역 투자에만 국한하지 않을 것이라고 경고했다. 이 회사는 샌프란시스코, 유럽, 이스라엘뿐만 아니라 보스턴, 오스틴Austin, 토론토Toronto를 비롯해 기회가 있는 곳이면 어디든지 투자하게 될 것이다. 그러나 윌슨의 견해로는, 유니언스퀘어 벤처스는 그 마음가짐과 투자의 대부분을 어디에 두었는지를 볼 때, 즉 뉴욕 기업으로 남아 있을 것이었다. 그는 "뉴욕에 본사가 있는 회사는 25곳이고, 그중 두 곳은 여기를 떠났다. 나는 그것이 뉴욕에 있는 회사에게 있어서 벤처 단계의 가장 큰 포트폴리오 중 하나라고 생각한다. 아마 가장 클 것이다. (사실 유니언스퀘어 벤처스는 2011년에 레러히포가 된 당시 신생 기업 레러 벤처스와 막상막하였다.) 우리는 그 사실을 자랑스럽게 생각하며 기회가 있는 한 계속 추가할 계획이다. 그리고 현재 뉴욕에서는 많은 (기회를) 엿볼 수 있다"라고 썼다.

그러나 윌슨의 블로그 게시물은 벤처 투자자들이 투자를 **소싱**하는 곳과 투자하는 **장소**의 차이를 보여준다. 2007년과 2010년 사이에 유니언스퀘어 벤처스는 뉴욕에 더 적은 투자를 소싱했지만, 더 많이 투자했다. 이는 금융위기로 인한 뉴욕 소재 자본의 단기적인 부정적 여파를 반영할 뿐만 아니라, 이 위기가 뉴욕 투자 기회를 강화한 방식도 반영하고 있다. 그러나 장기적으로 볼 때, 샌프란시스코 해안 지역에 대한 사회적·지적·금융적 자본의 집중은 이 지역을 소싱과 투자를 위한 장소로 지지해 온 것이다. 여기서 투자란 혁신 경제로서 계속 탁월한 이유를 설명하는 또 다른 방법을 말한다.[37]

그러나 투자의 지리적 소싱은 뉴욕 경제 성장의 지속 가능성에 대해 우려스러운 의문을 제기한다. 오늘날 브루클린브리지 벤처스와 같은 '매우 작은' 벤처 캐피털 회사는 여전히 뉴욕에 기반을 둔 스타트업에 투자하고 있으며, 브루클린에 기반한 투자자로부터 자금의 대부분을 조달하고 있다. 그러나 이스트강 건너편에서와 마찬가지로 캘리포니아의 벤처 캐피털과 함께 자금 조달에 참여할 가능성이 높다. 다시 말해 '지역'을 명함으로 쓰는 벤처 투자가들도 모든 면에서 지역이 우선순위는 아니라는 얘기다.

　뉴욕의 '신'경제를 바라보기 시작했을 때 마음속에 있던 큰 의문은 기술이 파워 엘리트를 창조했는가 하는 것이었다. 만약 기술 자본과 노동의 생태계가 지방 권력의 의사 결정계에 영향력 있는 옹호자를 설치해서 프레드 윌슨이 말했던 것처럼 '자리'를 얻었다면, 벤처 투자가는 분명히 그 자리를 차지했을 것이다. 비록 많은 전문가들이 뉴욕에는 통일된 엘리트들이 부족하다고 주장하지만, 공통의 엘리트적인 이익을 논의하고 그러한 이익을 발전시키기 위한 네트워킹, 가장 네트워크화된 비즈니스 리더를 시 정부와의 중요한 공공·민간 파트너십에 통합하기 위한 제도적 영역이 있다. 기술자가 자리에 앉는 것이 매우 중요한 '테이블'인 것이다.

　이 영역을 어디에서 찾을 것인가? 뉴욕의 부동산 위원회, 자선 단체의 이사회, 2012년 돈 바버와 기술계의 다른 지도자에게 상을 수여한 교차 부문의 시민 정신의 사업 단체인 더 나은 뉴욕 협회와 같은 전문 엘리트 단체가 있다. 18세기 뉴욕의 상인 엘리트로 거슬러 올라가면, 기업 특히 금융 지도자의 조직인 뉴욕시 파트너십Partnership for New York City은 더욱 권위 있고, 더 긴 혈통을 가지고 있다. 19세기에 존 D. 록펠러John D. Rockefeller, 앤드루 카네기Andrew Carnegie, J.P. 모건과 같은 최초의 길드 시대의 부호들이 그 구성원에 포함되었다. 오늘날 회원 자격은 월가 은행의 CEO, 법률 회사와 뉴욕의 가장 큰 소매 상거래, 보험, 미디어 회사로부터 얻어진다. 1990년대 후반부터 기술 기반 도시 경제의 출현과 함께, 파트너십은 점차적으로 기술 회사의 가장 활발한 벤처 캐피털과 사모 투자자를 지도 위원회에 모집했다. 이러한 기술 선도자 중 일부는 NYCxTech, 시장실의 CTO 및 중소기업 서비스부의 기술 인재 파이프라인Tech Talent Pipeline과 같은 중요한 시 정부 이니셔티브의 자문위원회에 영입되었다. 파트너십과 이러한 정부 의회 사이의 좁은 중첩은 기술 금융 기구가 연합할 수 있는 공간이다.

유니언스퀘어 벤처스의 공동 창업자인 프레드 윌슨이 이 공간에서 여러 멤버십을 보유하고 있는 것은 놀랄 일이 아니다(〈표 5-1〉). 2018년 2월 윌슨은 뉴욕을 위한 파트너십 펀드Partnership Fund for New York City의 멤버로, 1996년 사모 펀드 투자자인 헨리 크래비스Henry Kravis가 설립한 파트너십의 투자 부문과 시 정부의 양대 투자 자문위원회인 NYCxTech와 기술 인재 파이프라인의 멤버였다. 이와 동시에 그는 2015년 자신이 공동 설립한 Tech:NYC의 기술 로비 협회의 이사회에서 활동하고 있다. 윌슨은 1990년대 닷컴 광고 회사 더블클릭의 CEO이자 2005년 더블클릭이 팔린 이후 뉴욕에서 활발한 기업가로 활동하고 있는 케빈 라이언에 비해 다수의 엘리트 멤버십에서 앞선다. 라이언은 Tech:NYC와 뉴욕시 파트너십 양쪽 모두의 이사회 멤버이고, 파트너십 펀드와 NYC 파트너십 혁신위원회NYC Partnership Innovation Council의 멤버이기도 하다. 프레드 윌슨처럼 그는 또한 NYCxTech와 기술 인재 파이프라인의 자문위원회에 소속되어 있다. 게다가 멘토십, 고용, 투자의 여러 유대를 통해 라이언은 개인적으로 뉴욕 기술·금융 기관의 다른 어떤 멤버보다 더 많은 스타트업과 설립자와 연결되어 있다.[38]

케빈 라이언, 프레드 윌슨과 함께 남성 열세 명과 여성 세 명이 파트너십, 시 정부, Tech:NYC와 관련된 엘리트 위원회와 의회에서 최소 위원 두 명을 보유하고 있다. 적어도 15만 명의 기술직 종사자가 있는 대도시에서 이 사람들은 매우 세련된 집단이다. 이들이 '파워 엘리트'가 아니더라도 기술·금융 엘리트를 구성하고 있는 만큼, 뉴욕의 기술 정책에도 영향력이 있다. 그들이 세상을 보는 방식은 뉴욕의 혁신 복합체를 규정하는 데 도움이 된다.

그러나 기술 지도자가 근무하는 특정 위원회를 자세히 살펴보면 상당한 분업화를 확인할 수 있다. 간단히 말해서 금융계 사람들은 파트너십을 운영

표 5-1 뉴욕시 기술 금융 엘리트의 복수 멤버십(2018년 2월)

케빈 P. 라이언(Kevin P. Ryan), 전 더블클릭 CEO, 현 몽고DB와 기타 인터넷 관련 회사의 창립자
　　뉴욕을 위한 파트너십, 파트너십 펀드
　　NYC 파트너십 혁신위원회
　　뉴욕시 파트너십 이사
　　NYCxTech 리더십 자문위원회
　　기술 인재 파이프라인
　　Tech:NYC

프레드 윌슨(Fred Wilson), 유니언스퀘어 벤처스 공동 창립자
　　뉴욕을 위한 파트너십, 파트너십 펀드
　　NYCxTech 리더십 자문위원회
　　기술 인재 파이프라인
　　Tech:NYC

앨런 블루(Allen Blue), 링크드인 공동 창립자
　　NYCxTech 리더십 자문위원회
　　기술 인재 파이프

찰스 E. 필립스(Charles E. Phillips), 소프트웨어 기업 인포 CEO
　　뉴욕시 파트너십 이사
　　기술 인재 파이프라인

그레그 몬드레(Greg Mondre), 기술 회사 전문 투자사 실버레이크 매니징 파트너
　　뉴욕을 위한 파트너십, 파트너십 펀드
　　NYC 파트너십 혁신위원회
　　뉴욕시 파트너십 이사

브라이언 오켈리(Brian O'Kelley), 애드테크 회사 앱넥서스(현재 AT&T에 인수) 공동 창립자 및 전 CEO
　　NYCxTech 리더십 자문위원회
　　Tech:NYC

존 오린저(Jon Oringer), 셔터스톡 창립자 및 CEO, ≪포브스≫에 따르면 '뉴욕 최초의 기술 백

줄리 새뮤얼스(Julie Samuels), Tech:NYC 대표 이사
　　NYC 파트너십 혁신위원회
　　NYCxTech 리더십 자문위원회
　　Tech:NYC

윌리엄 H. 버크먼(William H. Berkman), 사모 펀드 투자사 어소시에이티드 파트너스 GP 이사 및 회원
　　뉴욕을 위한 파트너십, 파트너십 펀드
　　뉴욕시 파트너십 이사

윌리엄 플로이드(William Floyd), 구글 뉴욕 지사 대외 이사
　　기술 인재 파이프라인
　　Tech:NYC

조너선 N. 그레이어(Jonathan N. Grayer), 교육 전문 민간 투자사 웰드노스 창립자, 대표, CEO
　　뉴욕을 위한 파트너십, 파트너십 펀드
　　뉴욕시 파트너십 이사

해리 카그먼(Harry Kargman), 모바일 광고사 카고 창립자, CEO
　　NYC 파트너십 혁신위원회
　　Tech:NYC

하이디 메서(Heidi Messer), 컬렉티브[i] 공동 창립자, 연쇄 창업가, 투자자
　　뉴욕을 위한 파트너십, 파트너십 펀드
　　뉴욕시 파트너십 이사

조슈아 실버먼(Joshua Silverman), 사모 펀드 투자사 이로쿼이 캐피털 매니지먼트 LLC 공동 창립자
　　뉴욕시 파트너십 이사
　　기술 인재 파이프라인

로버트 K. 스틸(Robert K. Steel), 블룸버그 행정부 경제발전 부시장 역임, 현 퍼렐라 와인버그 파

| 만장자'
　뉴욕시 파트너십 이사
　Tech:NYC | 트너스 CEO, 금융 고문
　NYC 파트너십 혁신위원회
　뉴욕시 파트너십 이사 |
| 미셸 펠루소(Michelle Peluso), IBM 선임 부사장
및 최고 마케팅 책임자
　NYCxTech 리더십 자문위원회
　Tech:NYC | 프레더릭 O. 터렐(Frederick O. Terrell), 크레디트
스위스 투자 부문 부회장
　뉴욕을 위한 파트너십, 파트너십 펀드
　뉴욕시 파트너십 이사 |

주: 이름은 구성원 수와 알파벳순으로 나열했다. 뉴욕을 위한 파트너십의 조애나 드레셀과 샤론 주킨이 수
　집한 데이터이다.

자료: https://pfnyc.org/; Tech:NYC, https://www.technyc.org/our-leaders/; Tech Talent Pipeline, http://
　　www.techtalentpipeline.nyc/advisory-board/; "De Blasio Administration Announces NYCxTech-
　　nology Leadership Advisory Council Members," https://www1.nyc.gov/office-of-the-mayor/news/
　　027-18/deblasio-administration-nycx-technology-leadership-advisory-council-members, January 11,
　　2018, accessed February 2, 2018; Forbes Lists, "Billionaires 2017," https://www.forbes.com/profile/
　　jonathan-oringer/#1bd3ade1744e, March 20, 2017(검색일: 2018.10.10).

하고, 기술계 사람들은 시 정부와 함께 일하는 것이다. 개인보다는 기업을
볼 때 이런 점이 확연해진다. 대부분의 경우 금융 및 법무 법인은 파트너십
의 위원회에 소속되어 있으며, 구글, 페이스북, 마이크로소프트와 같은 기
술 기업은 시 정부의 리더십 위원회에 모집되어 있다(〈표 5-2〉). 아마도 이것
은 기능적 차이만큼 지위 차이를 반영한다. 파트너십의 대표인 캐스린 와일
드가 말했듯, 뉴욕에 CEO를 두지 않은 회사와 현지 기업의 CEO가 교류하
는 것은 어려운 일이다.[39] 타임스 스퀘어에 본사가 있고, 파트너십의 이사회
에 자리 잡고 있는 바이어컴Viacom과는 달리, 거대 기술 기업들의 본거지는
다른 곳에 있다.

　찰스 라이트 밀스와 함께 가장 극적으로 시작해서, 연구자들은 고위급 위
원회에서 대화를 나누는 것이 엘리트에게 합의와 상호 헌신을 형성할 수 있
는 기회를 제공한다고 강조해 왔다. 거래가 성사되고, 공동 성명서가 작성
되고, 네트워크가 구축된다. 그러나 모든 엘리트가 같은 방식으로 연관되어
있지는 않다. 부동산 개발업자들이 뉴욕에서 가장 중요한 산업임에도 불구
하고, 이러한 위원회에 들어가 대표되지 않는다는 것은 의미심장하다. 개별

표 5-2 뉴욕시 엘리트 위원회에 다수의 대표가 있는 기업(2018년 2월)

앱넥서스(기술) 　NYCxTech 리더십 자문위원회 　기술 인재 파이프라인	IBM(기술) 　NYCxTech 리더십 자문위원회 　뉴욕시 파트너십 이사
블랙스톤(금융) 　뉴욕을 위한 파트너십, 파트너십 펀드 　NYC 파트너십 혁신위원회	JP모건체이스(금융) 　기술 인재 파이프라인 　뉴욕시 파트너십 이사
언스트 앤드 영 LLP(금융) 　NYC 파트너십 혁신위원회 　뉴욕시 파트너십 이사	매킨지 앤드 컴퍼니(금융) 　뉴욕을 위한 파트너십, 파트너십 펀드 　뉴욕시 파트너십 이사
페이스북(기술) 　기술 인재 파이프라인 (two)	마이크로소프트(기술) 　NYCxTech 리더십 자문위원회 　기술 인재 파이프라인
제너럴 애틀랜틱 LLC(금융) 　NYC 파트너십 혁신위원회 　뉴욕시 파트너십 이사	몽고DB(기술) 　파트너십 펀드와 뉴욕을 위한 파트너십 이사 　뉴욕시 파트너십 이사
골드만삭스(금융) 　기술 인재 파이프라인 　뉴욕시 파트너십 이사	RRE 벤처스(금융) 　뉴욕을 위한 파트너십, 파트너십 펀드 　NYC 파트너십 혁신위원회 　뉴욕시 파트너십 이사
구글(기술) 　NYCxTech 리더십 자문위원회 　기술 인재 파이프라인	심슨 대처 앤드 바틀릿 LLP(법률) 　뉴욕을 위한 파트너십, 파트너십 펀드 　뉴욕시 파트너십 이사
IAC(기술) 　NYC 파트너십 혁신위원회 　뉴욕시 파트너십 이사	바이어컴(기술) 　NYCxTech 리더십 자문위원회 　기술 인재 파이프라인 　뉴욕시 파트너십 이사
버라이즌(기술) 　기술 인재 파이프라인 (two)	

주: 기업명은 알파벳순으로 나열했다. 뉴욕을 위한 파트너십의 조애나 드레셀이 수집한 데이터이다.
자료: https://pfnyc.org/; Tech:NYC, https://www.technyc.org/our-leaders/; Tech Talent Pipeline, http://
www.techtalentpipeline.nyc/advisory-board/; "De Blasio Administration Announces NYCxTechnol-
ogy Leadership Advisory Council Members," https://www1.nyc.gov/office-of-the-mayor/news/027-18/
deblasio-administration-nycxtechnology-leadership-advisory-council-members, January 11, 2018(검색
일: 2018.2.2).

엘리트 위원회의 회원은 벤처 캐피털 회사와 상호 의존함에도 불구하고, 거대 은행은 끈질길 정도로 냉담하다는 것도 흥미롭다. 거대 기술 기업의 부재를 묻는 것도 중요하다. 구글이 뉴욕에서 거대한 존재감을 가지고 있고, 많은 지역 기업 및 공동체 조직과 파트너이고, 뉴욕시 파트너십의 법인 회원이기는 하지만, 구글은 지역 비즈니스 엘리트에 완전히 통합되지는 않은 것으로 보인다. 아마존이 롱아일랜드시티에 '제2본사'의 절반을 만들었다면 다른 상황에 놓였을지 모르겠다. 그 거래가 거절된 후, 아마존의 설립자이자 CEO인 제프 베이조스Jeff Bezos가 직접 협상에 참여하기 위해 뉴욕에 오지 않았다는 비판도 있었다.

그러나 기술 지도자들은 부인할 수 없게도 뉴욕의 정치적 행위자가 되어 왔다. 그들은 선출직 공직자와 후보자를 만나고, 시청과 주의 수도에서 공격적으로 로비를 한다. 기술 지도자들은 낮은 세금, 카헤일링(우버)과 홈셰어링(에어비앤비)을 위한 디지털 플랫폼에 대한 규제 완화, 고학력 이민자를 위한 더 많은 H1B 비자, 프리랜서 노동자에게 적합한 혜택을 원한다. 연방정부의 이민과 규제에 관한 정책은, 의회에서 지연되고 있지만, 일부 CEO의 태도뿐만 아니라, 유권자와 시장 권력에 대한 기술 회사의 영향력을 조사하기 위한 열렬한 관심은, 업계 지도자를 워싱턴 D.C.에서 진행된 긴장된 회의로 이끌었다. 게다가 뉴욕에서는 더블라지오 시장이 일자리와 주택에 대해 강조하고, 전임 블룸버그 시장과는 대조적으로 그의 행정부가 초기에 기술 및 금융 지도자와 거리를 둔 것이, 이들 지도자가 원하는 '(정책) 테이블'에서 기술 산업을 빼는 것처럼 보였다.

2015년 뉴욕에서 우버의 급속한 확산과 허가제 면허 택시 업계와 기사들에게 가해진 위협적인 카헤일링 서비스에 대한 논쟁은 극적인 대립으로 바뀌었다. 우버가 주민을 동원해 시장과 시의회에 회사 성장에 대한 잠재적 제한에 대해 항의하자, 선출직 공직자는 한 발짝 물러섰다. "저는 시장과 행정부와 대화를 나누기 위해서는 우버 사태를 전환점으로 보아야 한다고 생각합니다"라고 Tech:NYC의 이사가 말했다. "우버 이전과 이후가 있었던 것처럼 느껴졌습니다."[40]

그러나 2019년 아마존에 제안했던 시와 주의 보조금에 대한 반대가 아마존의 뉴욕에 제2본사를 설립하려는 계획을 철회하게 만들면서 세계는 다시 바뀌었다. Tech:NYC, 뉴욕시 파트너십, 부동산 산업은 주지사와 시장이 아마존과 맺은 거래를 지지했지만, 시의회 의원, 소매 노동조합, 지역 사회 활동가 들을 동요시킬 수 없었다. 이들은 주지사와 시장이 거대 기술 기업에게 제안한 후한 혜택에 경악하고, 협상에서 어떠한 역할도 할 수 없었던 데 분노했다. 비록 기술·금융 엘리트는 아마존의 거절에 대해 기술 생태계가 망했다는 두려움과 공포로 반응했고, 뉴욕이 비즈니스에 있어서 매력을 잃었다는 공포로 반응했지만, 누구도 포기하지는 않았다. 실제로 아마존 위기가 끝난 직후, Tech:NYC는 정치적 행동 위원회PAC: Political Action Committee를 조직해 로비 능력을 강화했다. 정치적 행동 위원회는 기술 산업계에서 정책 테이블에 앉기 위한 캠페인의 또 다른 단계를 대표한다.[41]

벤처 투자가에게 뉴욕시 정부가 경제 발전을 위해 해야 할 일이 무엇인지 물었더니 모두 물리적 인프라뿐만 아니라 디지털 인프라 역시 구축해야 할 정부의 책임에 대해 말했다. 이것이 모든 사람이 기술에 더 쉽게 접근할 수 있게 할 뿐만 아니라, 좋은 삶의 질을 유지하는 데 도움이 될 것이라고 말했다. 에릭 히포는 기술계 사람들이 블룸버그 시장에게 "우리는 어떠한 지원금이나 값싼 대출을 원하지 않는다. 우리가 원하는 것은 인프라에 도움이 되는 진지한 정책이다"라고 말한 것을 회상했다. 브래드 버넘은 "시 정부는 공원, 학교, 적정 가격의 주택에 대해 노력해야 합니다. 만약 시 정부가 뉴욕을 살기 좋은 곳으로 만들기 위해 계속 노력한다면, 기술 산업은 이곳에서 번창할 것입니다"라고 말했다.

에인절 투자자인 데이비드 S. 로즈에게도 같은 질문을 던졌을 때, 뉴욕 부동산 개발업자 집안 출신으로 뉴욕 기술 생태계에서 활동 중인 기업가인 그는 성장을 촉진하기 위한 도시 정부의 실패한 시도에 대한 간략한 역사를 알려주었다. 그의 말투를 통해 그가 이 이야기를 여러 번 상기해 왔음을 알 수 있었다.[42]

그는 "모든 도시는 성장하기를 원했고, 모든 도시에는 경제 개발 기구가 있었습니다"라고 이야기를 시작했다. "그들은 GM 공장이나 콜센터와 같이 수천 명의 직원을 고용할 수 있는 고용주를 찾고 싶었습니다. 그들은 이런 기업에게 수백만 달러의 세금 감면 혜택을 주었어요. 하지만 재미있는 것은 기술이 많은 사람들을 대체했다는 것입니다. 그 후 도시들은 부동산 개발을 위한 보조금을 만들어 고용주를 끌어들이려고 했죠." 이 또한 효과가 없었다고 로즈는 말했다. "오늘날, 도시들은 구글과 페이스북이 될 스타트업을 원합니다. 그들은 묻습니다. 우리가 그들을 어떻게 끌어들일 수 있을까요? 그래서 다음 전략은 벤처 캐피털 펀드를 설립해서 스타트업에 투자한 다음 그들을 '사들이는 것'입니다. 시 정부는 투자와 보조금 마련을 시작했지만 대부분의 스타트업은 실패합니다. 모든 도시가 이것을 시도했습니다. 이것은 단지 한계점에서만 효과가 있었습니다."

"그러자 도시들은 세금 감면을 시도했습니다"라고 로즈는 이야기를 이어갔다. "그러나 기업가들은 수입이 없기 때문에" 그들은 어쨌든 세금으로 많은 돈을 내지는 않는다. 그는 벤처 투자가와 같은 논조로 "시 정부가 할 수 있는 모든 것은 스타트업이 스스로를 도울 수 있도록 돕는 것"이라고 결론 내렸다. 다시 말해, 투자자들이 말하기로 시장은 그들이 가장 잘 아는 것을 뜻한다는 것이다. 정부가 승자와 패자를 고르려고 하는 것이 시장 개입이라면 그건 나쁜 것이다. 만약 기업이 원하는 업무 공간, 교육 프로그램, 고용

정책을 지원하는 것이라면 좋은 것이다.

이는 사실 블룸버그 행정부가 2010년에 시작하고, 더블라지오 행정부가 유지해 온 어젠다로, '지역에서 자란' 노동력을 구축하는 데 더 중점을 두는 것이다. 뉴욕시 경제개발공사는 블록 체인과 사이버 보안과 같은 신흥 디지털 공간을 지원하지만, 이러한 우선순위는 벤처 투자가의 바람과 지역의 지배 산업인 금융과 부동산의 요구와 만난다. 그러나 기술 기업이 로비를 하고 있는 시 정부의 관대한 규제 체제는 한참 못 미친다. 게다가 시와 주 정부는 항상 거대 기술 기업에 대한 근본적인 반대를 부수거나 무시할 수 있는 힘을 가지고 있는 것은 아니다. 우리는 아마존에 보조금 지급을 거부하는 것에서 이것을 보았다.

벤처 투자가가 도시를 위해 무엇을 해야 하는지 묻는 것은 그리 흔한 일이 아니다. 그러나 새로운 기술 벤처를 위한 많은 자본이 그들의 손에 집중되어 있기 때문에, 정치 관료는 벤처 캐피털과 투자자가 성공을 위한 측정 기준뿐만 아니라 전체 도시의 발전에 어떻게 기여할 수 있을지에 대해 이해하는 것이 중요하다. 비록 뉴욕의 전통적인 비즈니스 리더들이 시민 정신을 가지고 있긴 하지만, 블룸버그나 더블라지오 행정부는 벤처 투자가들이 시민적 사명을 만들도록 하지는 않았다. 가장 부유한 투자 은행이나 사모 펀드 투자자와 대조적으로 벤처 투자자는 전시회나 건물에 이름을 올릴 수 있을 정도로 많은 돈을 미술관과 병원에 기부하지는 않는다. 도시 문제에 적극적인 만큼 벤처 투자가는 CS4All Computer Science for All이나 기술 인재 파이프라인과 같은 교육 이니셔티브를 지원하고 있으며, 유치원부터 고등학교, 대학교까지 전 과정에 걸쳐 컴퓨터과학 기술을 가르치기 위한 종합적인 노력을 기울이고 있다. 그들이 경제 발전에 대한 실용적인 관점을 가지고 있다고 비난할 수는 없는 것이다.

로어맨해튼의 오언 데이비스Owen Davis가 운영하는 액셀러레이터에서 그와 이야기를 나눴을 때 "경제 개발은 당신이 실제 사업을 실현하고 있다는 것을 의미합니다"고 말했다. 데이비스는 컴퓨터 엔지니어, 벤처 투자가이자, 뉴욕주립 경제개발기관과 뉴욕을 위한 파트너십 펀드와 뉴욕 대학교의 탠던 이공 대학 사이의 공공·민간·비영리 파트너십의 지원을 받는 영리, 시드 단계 벤처 캐피털 펀드인 NYC시드NYC Seed의 상무 이사이다. 그는 "사람마다 의제는 달라요"라며 "하지만 결국 사람들이 원하는 것은 성공적인 기업이 일자리를 창출하는 것"이라고 말했다.[43]

반박하지 않았다. 그러나 신경제에서 일어나는 사업 창출과 대부분의 사람들이 필요로 하는 일자리 창출 사이에는 괴리가 있다. 닉 칠스는 오늘날 기술에 대한 주요 질문은 '사회, 정부, 일자리에 미치는 영향'이어야 한다고 말한 유일한 벤처 투자가였다. "기술은 진화했습니다"라고 그는 말했다. "그것은 복잡합니다. 사람과 일자리의 실질적인 붕괴와 이동이 있을 것입니다. 하지만 시곗바늘을 되돌릴 수는 없습니다. 곧 일어날 일이고, 누군가는 자금을 댈 것입니다."

그러나 에릭 히포와 대화를 나누었을 때, 그는 디지털 미디어 플랫폼이 기자들의 일자리를 없앴다는 내 의견에 반대했다.[44] 그는 자동차 산업이 20세기 초에 시작되었을 때 자동차 산업이 운송업자를 폐업시키고, 노동자가 일자리를 잃었다는 것을 상기시켰다. 결국 더 많은 새로운 일자리가 생겨났다. 그러나 그는 미래에 제조업이 새롭게 바뀔 것으로 보고 있다. "이 작업은 로봇에 의해 이루어질 것"이라고 그는 말했다. "지금 로봇이 비싸고 관리하기 어렵지만, 나중에는 저렴해질 것입니다. …… (사라진) 일자리는 그대로일 것입니다." 기술 및 금융계의 다른 사람들과 마찬가지로, 히포는 해결책은 모든 사람이 직업을 가질 필요가 없고 "2만 5000달러에서 3만 5000달러의 보장된 급여"를 지불하는 것이라고 말했다. 기본 소득의 보장이 기술 창업자 사이에서 관심사가 되고 있지만, 선출직 공직자나 많은 정치가 후보의 관심을 끌지는 못했다. 그리고 만약 그 보장된 수입이 고작 '2만 5000~3만 5000달러'라면 주거비와 식비가 너무 비싸서 인구의 절반이 자기 동네에서 살 여유가 없는 뉴욕에 건전한 기여를 하는 것으로 볼 수 없다.[45]

브래드 버넘은 인터뷰 말미에 "나는 관료적 위계질서를 무력하게 만드는 중산층 일자리가 사라지는 것에 관해 한탄하지 않습니다. 나는 직장에 입사한 젊은이들이 기업이 더 이상 예전과 같은 안정성을 제공하지 못한다는 것을 알고 있다는 걸 이해하고, 그들은 경력을 발전시키기 위해 기능 향상과 교육을 통해 자신에게 투자하고 개인 자본을 활용하는 것이 더 낫다고 생각합니다. 위계질서에 덜 의존하는 새로운 세대는 부의 민주화를 더 크게 이끌 수도 있습니다." 그러나 이러한 비전이 가혹한 이유는 사람들이 '중산층 일자리 감소'와 지속적인 불안감을 받아들이도록 요구한다. 벤처 투자가처럼 모든 사람이 항상 돈이나 직업을 위해 열을 올려야 하는 것이다. 더욱이 벤처 투자가가 '혁신'에 투자하기 위해 사금융 시장에 자본이 집중되는 데 의존한다면 부는 '민주화'될 수 없다.

이 중 어떤 것도 혁신 복합체가 시 정부의 기존 사회 및 재정 공약 위에 어떻게 공평하고 효율적으로 배치될 수 있을지에 대한 청사진을 제시하지 못한다. 떠오르는 청사진, 즉 공평한 성장에 도전하는 청사진을 찾기 위해서는 혁신 투자의 결과로 도시의 진정한 공간 형태가 어떻게 변화하는지 직접적이고 비판적으로 살펴봐야 한다. 이 공간들은 도시의 '성장 기계'를 이루는 사람인 벤처 투자자, 경제 개발 관리자, 대학 총장, 부동산 개발업자 들이 공유하는 허구적 경제 내러티브를 구현한다. 이 사람들은 뉴욕에서 가장 예상 밖이지만 가장 전형적인 도시 환경에 혁신 복합체를 만들었다. 즉, 브루클린 수변에 있는 오래된 산업 건물에 말이다.

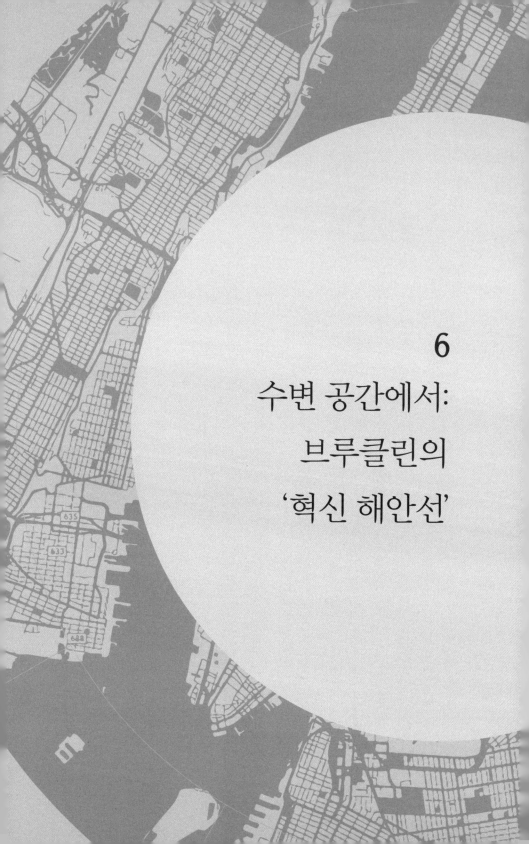

6

수변 공간에서:
브루클린의
'혁신 해안선'

1999년 더그 스타이너Doug Steiner가 처음 브루클린 수변에 왔을 때, 그는 "들개 떼가 돌아다니는 것을 보았고 그리고 거리는 폭격당했습니다. 게다가 아무도 그 일에 관여하기를 원하지 않았습니다". 2004년 브루클린 해군 부지에 문을 연 영화 및 TV 제작 시설인 스타이너 스튜디오의 사무실 창문을 내다보면, 주변에 유리벽으로 된 건물들이 솟아 있는 것이 보일 것이다. 브루클린의 '혁신 해안선'이라고 부르는 현대의 과대광고가 급증하는 건축물들 말이다(〈그림 6-1〉).[1]

들개를 본 적은 없지만, 1990년대 이스트강의 브루클린 쪽을 따라서 황폐해진 것은 보증할 수 있다. 윌리엄스버그 다리Williamsburg Bridge 근처에는 브루클린 해군 부지의 철문 뒤에 거대한 산업 격납고와 창문이 없는 창고가 있어 남북 전쟁에서 제2차 세계대전까지 미군 전함을 건조했던 수천 명의 노동자를 유령처럼 떠올리게 했다. 윌리엄스버그 북쪽에는 도미노 설탕 정제소Domino Sugar의 높은 굴뚝과 거대한 정유 공장이 해안을 지배하고 있었다. 남쪽은 남북 전쟁 때부터 담배 창고였고 최근에는 덤보라는 별명이 붙은 곳으로, 붉은 벽돌이 풍화된 정면은 아치형 창문과 문으로 길게 뚫려 있었다. 시계탑이 있는 거대한 회색 건물에는 스코틀랜드 출신의 이민자 사업가인 로버트 가이어Robert Gair가 최초의 판지 상자를 만들었던 장소가 표시되어 있다. 썩어가는 나무 그루터기가 몇 미터 앞 바다에서 물 밖으로 튀어나와 포부가 큰 좌우명이나 "브루클린은 일한다Brooklyn Works"라는 아이러니한 코멘트를 제공하는 커다란 빨간색 인쇄 표지판 근처에 있었다.

그러나 지난 수십 년 동안 해군 부지는 퀸스의 애스토리아Astoria에서 브루클린의 선셋 공원에 이르는 수변을 따라 16km에 이르는 땅의 중심지가 되었다. 이곳은 현재 샌프란시스코 다음으로 미국에서 가장 빠르게 성장하고 있는 기술 중심지이다. 스타이너 스튜디오를 포함한 뉴욕의 4대 TV 및 영화 제작 시설 중 세 곳이 근처에 있으며, 작은 음향 시설도 몇 곳 있다. 1000명

그림 6-1 브루클린 해군 부지의 독72(72번 부두): "디지털 시대인 21세기 제조업의 본거지. 아이디어와 혁신을 위한 실험실. …… 최첨단 현대식 A급 사무실 인프라를 공동 작업자 공동체를 위해 개발된 독특한 디자인의 심미성과 통합되도록 설계되었다."

자료: S9 Architecture; https://www.dock72.com/the-building/(검색일: 2019.6.19).

이상의 직원을 거느린 이 도시의 가장 큰 기술 회사 중 두 곳인 바이스 미디어 본사와 700명 이상의 직원이 일하는 전자 상거래 상점인 엣시는 드론에서 도그스폿에 이르는 디지털 하드웨어뿐만 아니라 저널리즘, 광고, 예술 및 디자인을 위한 디지털 플랫폼을 만드는 수천 개의 소규모 스타트업에 합류한다. 아마존은 불운한 'HQ2'를 위해 퀸스에 있는 이 지구를 따라 있는 수변 지역을 선택했다.[2]

스타이너 스튜디오는 신경제를 수변에 정박시킨 최초의 대규모 제조 공간이었다. 짧게 깎은 머리에 반팔 스포츠 셔츠와 청바지를 입은 60대 초반의 부동산 개발업자 더그 스타이너는 도시 혁신 복합체의 이 부분에 물리적인 존재감과 신뢰성을 모두 부여하는 데 큰 역할을 했다. 그는 4만 6000여

m^{2}의 영화 스튜디오를 지어 이것을 해냈다.

쇠퇴하는 강변에 영화와 TV 스튜디오를 짓겠다는 예상 밖의 생각은 1990년대 말 로스앤젤레스를 방문했을 때 브루클린 해군부지 개발공사BNYDC의 CEO를 지낸 변호사 마크 로젠바움Marc Rosenbaum이 처음 떠올렸다.[3] 그 당시 뉴욕은 여전히 크랙 코카인, 길거리 범죄, 심각한 재정 긴축으로 휘청거리고 있었다. 주로 금융 부문에 집중되어 있었던 맨해튼의 부는 공장 일자리와 도시 서비스의 삭감으로 인한 손실로 고통받고 있던 브루클린과 브롱크스의 황폐한 이웃들과 다른 세계에 존재했다. 브루클린 러스트 벨트rust belt에서는 '젠트리피케이션'이 아직 쓰이지 않는 단어였고, 새로운 이민자들은 자본을 축적하고 소규모 소매업을 시작할 시간이 없었으며, 힙스터들은 최근에야 나타났다.

그러나 뉴욕은 실내에서 촬영할 수 있는 방음 스튜디오는 많지 않았지만, 영화와 TV 제작을 위한 로케이션 촬영은 점차 증가하고 있었다. 루돌프 줄리아니Rudolph Giuliani 시장 행정부가 제조 시설을 건설하고 관리하는 누구에게나 시 소유인 해군 부지의 6만 m^{2}를 70년간 임대해 주겠다고 제안했을 때, 로젠바움은 전직 영화 제작자이자 엔터테인먼트 회사 미라맥스Miramax의 공동 창업자인 하비 와인스타인Harvey Weinstein에게 개발 계약을 중개하려 했다. 또한 트라이베카 프로덕션Tribeca Productions의 공동 설립자이자 배우 로버트 드니로Robert De Niro와 뉴욕의 가장 큰 부동산 투자 신탁 중 하나인 보나도Vornado도 마찬가지였다. JP모건 투자 은행은 건설 자금을 마련하기 위해 1억 9000만 달러를 모금할 것이라고 밝혔다. 그러나 대출 기관들은 관심이 없었고, 결국 누군가가 뉴저지에 있는 더그 스타이너의 사무실(더그의 아버지가 설립했고 더그가 경영하고 있었던 부동산 개발 회사)로 전화를 걸었다. 해군 부지에서 스타이너를 만났을 때 그는 "내가 직접 와서 살펴보았습니다"고 말해 주었다. "다른 사람들이 보지 못한 것을 나는 보았습니다."[4]

그는 "산업 지형이 괜찮다고 봤기 때문에" 선구자가 되었든, 아니면 뉴욕 부동산에서 회사의 포트폴리오를 확장할 수 있는 은밀한 기회라고 생각했든, 스타이너는 거래를 매력적으로 만드는 세 가지 요소를 보았다. "첫째로 아마 대출 기관이 있을 것이고, 대출금보다 더 적은 돈으로 건물을 지을 수 있을 것이라고 생각했기 때문에 돈을 더 투자할 필요가 없었습니다. 둘째로, 뉴욕은 우리를 두 팔 벌려 환영할 것이었습니다. 셋째로, 이윤이 엄청날 것이었지요." 그러나 언제나 그렇듯 실제 삶은 영화와 달랐다. "이 모든 것이 반대였습니다"라고 스타이너는 말을 이었다. "어디에서도 대출을 받을 수가 없었습니다. 줄리아니는 계약 체결 며칠 후에 기자 회견을 열어 또 다른 단체가 이 프로젝트를 진행할 거라고 발표했습니다. 그리고 이윤은 잘해야 조금 있을 뿐입니다."

그러나 눈에 띄지 않게 해안선이 변하고 있었다. 1960년대 미국 정부가 방치하던 낡은 조선소와 금속 가공소를 뉴욕시에 팔았고, 121만 4000여 m² 규모의 해군 부지는 1980년대 에드 코크Ed Koch 시장 시절 소규모 제조업자들의 거점으로 재조명되면서, 점차 로어맨해튼과 이웃한 브루클린에서는 시장성을 잃고 있던 사업으로 천천히 채워지고 있었다. 머지않아 '메이커스' 세대로 밝혀질 예술가와 장인 들은 더 이상 소호에 있는 로프트에 살 수 있는 여유가 없었다. 그들은 대신 덤보에 입주했는데, 왜냐하면 그곳에 18만 6000여 m² 규모의 오래된 공장과 창고를 소유한 부동산 개발업자 데이비드 월런터스David Walentas는 다른 세입자를 찾을 수 없었기 때문이다. 그리고 그는 예술가들이 그 지역을 매력적으로 만들 것이라고 생각했다. 윌리엄스버그에서는 지하실의 파티와 뮤직 바, 광란의 강렬한 현장을 문화적으로 멋있는 밤 풍경으로 바꾸고 있었다.[5]

그림 6-2 브루클린 해군 부지, 새로운 건물과 리노베이션에 대한 제시(2019년 6월)

자료: Brooklyn Navy Yard Economic Development Corporation 제공.

수변 공간 재개발을 위한 중심 계획은 없었다. 시 소유의 해군 부지와 덤보에 있는 월런터스의 사유지와 같은 몇몇 큰 산업 단지를 제외하고, 토지 대부분은 개인 소유자가 통제하는 작은 구획으로 나뉘었다. 그러나 1990년대 브루클린 해안은 세입자 난민들의 작은 물결로 시작되어 2005년에는 개발 쓰나미로 변했다. 그해 블룸버그 행정부는 윌리엄스버그와 그린포인트의 브루클린 북쪽 수변 공간을 공업용에서 주거용으로 변경해 고가의 고층 콘도를 짓는 부동산 개발업자에게 그 문을 열었다. 동시에 큰 산업 재산을 관리하는 비영리단체인 브루클린 해군부지 개발공사BNYDC는 비록 똑같이 기업가적인 부동산 개발업자가 되었지만 매우 달랐다(〈그림 6-2〉).[6]

BNYDC는 줄리아니 행정부로부터 받은 1990년대 후반의 자본 보조금은 "기본적인 인프라에 대한 공공 자본 보조금"의 지속적인 흐름으로 바꾸어놓았다고 앤드루 킴벌Andrew Kimball이 말했다. 킴벌은 전직 개발공사 CEO이고, 현재는 '창조적'인 사무실이자 제조 단지인 인더스트리시티를 운영한다. 해군 부지는 이 돈을 일부 오래된 건물을 수리하고 출입 제한 구역 안의 움푹 파인 길을 수리하는 데 사용했다.[7] 킴벌은 자금 흐름이 "블룸버그와 더블라지오 행정부하에서 극적으로 증가했다"고 덧붙였다. 이 투자는 제조업 입주 기업이 오래 머무르며 성장하도록 격려했고, 스타이너 스튜디오라는 새로운 스타트업을 끌어들였기 때문에 "결실을 맺었다"고 말했다. 킴벌은 정부의 자금 지원이 "민간 자본과 공공 자본의 비율을 4대 1로 활용하게 해주었다"고 말했다. "이것은 수천 개의 새로운 일자리를 만들었지요."

수변 공간을 중심으로 제조업의 미래에 대한 불확실성이 소용돌이치는 동안, 해군 부지 내의 산업 발전과 주변의 주거용 젠트리피케이션은 예상치 못한 동시에 모순된 방식으로 이 지역을 재편하기 시작했다. 정치적으로 어떤 재개발 계획도 여전히 수변 지역의 공공주택에 살며, 금속 세공, 목공, 의류 산업과 같은 전통적인 제조업에 의존하는 많은 저소득층 사람들을 배제할 수는 없었다. 공장 일자리는 수년 동안 사라지고 있었는데, 처음에는 뉴저지로 옮겼다가 결국에는 더 싼 땅과 더 낮은 임금을 위해 수변 지역으로 옮겨 갔다. 게다가 1960년대에 뉴욕의 상업 항구는 물이 충분히 깊지 않고, 브루클린 다리는 컨테이너선을 정박시키기에는 너무 낮았기 때문에 문을 닫았다. 항만 노동자들은 실직했고, 임금에 의존하는 가정에는 운이 따르지 않았다.

1940년대 이후 역사적인 해군 부지 입주 기업은 인공 감미료 스윗앤로Sweet'N Low를 만든 컴벌랜드 패킹 기업Cumberland Packing Corp.으로 오랫동안 뉴욕에 헌신했다. 컴벌랜드 기업은 사카린을 조립 라인에서 작은 봉지에 포장해서 트럭으로 전국 운송을 하는 것이 논리적으로도 재정적으로도 타당하지 않다는 것을 발견했다. 이런 입주 기업도 BNYDC 입장에서는 최선은 아니었다. 컴벌랜드는 300명의 노동자를 고용했지만, 그 일자리는 기능이나 기술 면에서 전망이 밝지 않았다. 게다가 이 회사의 임대료는 1평방피트(가로 세로 약 30.48cm의 넓이 – 옮긴이)당 4달러로 고정되었다. 비록 같은 업종인, 즉 식품 가공업에 종사하는 새로운 입주 회사가 20달러를 지불하는데도 불구하고 말이다.[8]

현 브루클린 해군부지 개발공사 CEO인 데이비드 에런버그David Ehrenberg를 스타이너 스튜디오 뒤편 건물에서 만났을 때 "우리는 그 산업이 영원히 이곳에 있을 것이라고 생각할 수 없습니다"라고 말했다. "가장 협조적인 건물주라고 해도, 뉴욕에서 제조업은 굉장히 어렵습니다."[9] 운송 물류, 구식 시설, 사업 비용은 뉴욕의 모든 제조업체와 시장, 나아가 시 소유 재산인 해군 부지의 관리 모두에 엄청난 문제를 제기한다. 유권자에게 '좋은 일자리'를 약속했던 더블라지오 시장 입장에서는 급여가 좋은 제조업 일자리를 잃는 것이 특별한 관심사였다. 다른 도시와 마찬가지로 뉴욕은 스스로 새로운 산업을 개발할 돈도 정치적인 의지도 없었던 반면, 부동산 개발업자는 환경적 위험과 용도지역법zoning law을 벗어나 고급 주택과 호텔을 지을 수 있는 수변 공간을 원했다. 반면 수변 공간에 '기술과 창조' 사무실을 채우고 있던 디지털 스타트업은 명문 사립대 졸업생을 채용하는 경향이 있어 전직 공장 노동자에게는 별 도움이 되지 않았다.

2013년 더블라지오가 해군 부지 감독관으로 임명한 에런버그는 복잡한 어려움에 직면했음을 인정했다. 그는 "창의적인 사고를 해야 합니다"라고 말했다. "하지만 우리는 우리 자신을 잃을 수 없습니다. '무엇을 위한 혁신인가?'를 물어야 합니다. 우리는 중산층으로 가는 길이 되기를 원하며, 여전히 다음에 올 큰일을 하는 종류의 회사를 유치하고 싶습니다. 이것이 우리가 걸어야 할 줄타기입니다."

지난 2005년 블룸버그 시장이 에런버그의 전임자인 앤드루 킴벌을 해군 부지 CEO로 임명했을 때, 두 사람 모두 수변 공간이 변하고 있다는 사실을 알고 있었다. 킴벌은 공공 부문의 부동산 개발에 애써왔는데, 가장 최근에는 블룸버그 행정부가 2012년 올림픽을 유치하기 위해 노력했지만, 뉴욕의 주요 단체의 지원 부족으로 인해 중단된 일이 있다. 그러나 현재 50대 초반인 한 부동산 개발 회사 대표는 올림픽 개최 후보지를 물색하면서 "강제적인 결정을 내리고 경우에 따라서는 재개발 기회를 앞당겼다"고 말했다.

윌리엄스버그 수변 지역을 주거용으로 바꾸는 것 이외에도 블룸버그 행정부는 고층 건물 건설을 위해 다운타운 브루클린의 상업 중심부를 다시 구획하고, 이스트강을 따라 일련의 새로운 공공 공원을 승인했다. 킴벌은 "올림픽 경기장은 지어지지 않았습니다"라면서 "그러나 바클리센터Barclays Center는 지어졌어요"라고 말했다. 애틀랜틱 야드Atlantic Yards라고 불리는 야심찬 민간 부동산 개발의 중심축인 실내 프로 스포츠 경기장과 도심 근처의 콘서트장을 가리킨다. 도심과 브루클린 음악원Brooklyn Academy of Music 주변의 상류층 동네인 포트그린을 연결했던 브루클린 문화 지구는 개발업자들이 새로운 예술과 공연 공간 근처에 아파트를 지을 수 있도록 뉴욕시 경제개발공사로부터 자금을 지원받았다. 브루클린의 이 지역에 대해 오래 전망되어 온 르네상스는 젠트리피케이션과 매우 흡사해 보였고, 시 정부의 지원과 함께 진행되고 있었다.

그러나 해군 부지는, 킴벌에 따르면 "뒷전으로 밀려났습니다. 성공을 위한 기준은 낮았"다. 하지만 "몇 가지 좋은 일이 일어나기 시작했습니다". 첫 번째는 BNYDC의 도시 자본 자금 사용이 해군 부지가 겪어온 수십 년 동안의 감소를 반전시키기 시작한 것이었다. 그리고 나서 뉴욕은 스타트업과 메이커 문화의 발흥을 경험하기 시작했다. 킴벌은 "틈새 제조업의 '만들기'라는 새로운 문화"의 동기가 있었다고 말했다. "사람들은 진정성과 다시 무언가를 만드는 것에 관심을 가지고 있었습니다." 해군 부지의 '소규모 입주자'의 '기업가 정신'이 커지면서 '성공의 전체 핵심'을 제공했다고 보긴 했지만, 킴벌은 영화, TV 제작 등 신산업이 이 시기에 등장하지 않았다면 재개발이 도약하지는 않았을 것이라는 의견 역시 제시했다.

더그 스타이너는 또한 영화 산업이 도시를 도왔다고 주장했다. "거의 모든 것이 임금이기 때문에 그것은 환상적인 경제적 원동력이죠"라고 그는 말했다. 세트장 건설부터 카메라 작동까지 "이것은 고임금에 노조가 있고 복리후생도 좋습니다. 번듯한 산업이기도 하고, 콘텐츠 제작이 폭발적으로 증가하기도 했지요". 그는 "뉴욕은 영화와 TV를 위한 생태계 전체를 갖추고 있습니다"라고 말했다. "인프라가 구축되어 있고, 인력 기반이 구축되어 있으며, 인재도 있고, 사업체도 여기에 있기를 원합니다. 광고와 언론 노출과의 시너지 효과도 있죠. 오래된 미디어는 항상 이곳에 기반을 두어왔습니다. 이제는 뉴미디어의 시간이고요."

그러나 스타이너 스튜디오는 공공 부문의 상당한 지원이 없었다면 문을 열지 못했을 것이다. 2000년대 초, 더그 스타이너는 "대출을 받을 수 없었습니다. (줄리아니) 행정부는 제 발등에 불을 떨어뜨렸습니다. 나는 임대 과정의 모든 단계를 경험해야만 했습니다. 우리는 현장에 기본적인 인프라를 제공하기 위해 2800만 달러의 도시 자본이 필요하다는 것을 깨달았고, 많은 사람들이 우리를 위해, 그리고 그것을 얻기 위해 위험을 감당했습니다. 그러고 나서 우리는 이웃과의 소송으로 일을 미루기도 했습니다"라고 말했다. 종교적인 관습과 신앙 때문에 이웃으로 배우들이 들어오는 것을 원하지 않았던 하시디즘Hasidism 유대인 공동체와의 소송 말이다. 게다가 더그는 영화 스튜디오에 투자한 것에 대한 가족의 반발에 직면하기도 했다.

당시 스타이너는 "우리에게 필요한 것은 세액 공제라는 것을 파악했습니다"라며 일축했다. 그와 후원자들은 제작 스튜디오가 위치한 브루클린과 퀸스의 구역을 대표하는 뉴욕주 상원과 하원 의원에게 도움을 구했다. 이미 토론토, 밴쿠버Vancouver, 몬트리올Montreal로 미국 영화 제작사를 '도망'가게 한 캐나다 영화 및 TV 제작에 관한 세금 공제를 지적하면서, 정치인은 뉴욕주로부터 비슷한 세금 공제를 받기 위해 동료들에게 로비를 했고, 스타이너 스튜디오가 개장하기 불과 두 달 전에 이를 법으로 제정했다. 블룸버그 행정부 초기 신경제 옹호자였던 미디어 엔터테인먼트 시장실은 영화와 TV 제작에 대한 뉴욕시 세액 공제를 추가했다. 뉴욕주 경제개발기관인 엠파이어 스테이트 개발공사Empire State Development Corporation에 의해 브루클린 해군 부지에 할당된 자금과 함께, 세액 공제는 스타이너 스튜디오가 문을 여는 것을 가능하게 만들었다. 그 이후로 시와 주의 세액 공제 프로그램은 뉴욕의 영화 및 TV 제작에 있어서 성장하는 경제를 실질적으로 지원했다. 이들은 영화 및 TV 제작사에 제작비와 후반 작업비 중 30%(초기 10%)를 변제하고, 여기에는 '상급' 배우와 감독 비용은 포함되지 않는다.[10]

앤드루 킴벌에 따르면, 영화 스튜디오는 수변 공간의 운명에 '거대한' 차이를 만들어냈다고 한다. 그는 "스타이너는 왜 제조업의 낡은 정의가 관련성이 덜한지에 대해 많은 예시를 들었습니다"라고 말했다. 스타이너 스튜디오는 '구경제' 산업과 공장에 의존하지 않는 도시의 미래 성장을 위한 새로운 상상력을 창조하는 데 도움을 주었다. 이는 집중적인 부동산 개발에 초점을 맞춘 새로운 파트너십의 길을 열어주었다. 스타이너 스튜디오가 의존한 창조적 자금 조달은 민간 부문 부동산 개발업자(더그 스타이너), 공공기관(시와 주 정부), 기업가적 비영리단체(BNYDC)와 연결되었다.[11] 이것은 컴퓨터 산업과 정부, 대학이 영구적인 친성장 동맹을 맺은 실리콘밸리와 보스턴의 루트128 같은 연구 센터에서 발견되는 '삼중 나선'과 크게 다르지 않았다. 그러나 발전된 제조업의 가능성에 점차적으로 각성하고 있던 뉴욕과 같은 도시를 위해 스타이너 스튜디오를 지원했던 재정적·제도적 준비는 경제 성장의 지배적인 이야기와 개별 기업과 부문에 보조금을 지급하는 장기 개발 전략 모두를 유의미하게 수정했다. 2004년부터 시 정부는 디지털 기술을 이용한 다양한 활동과 산업을 지원할 것이었다.

1980년대에 마지막으로 살아남은 조선소가 문을 닫은 이후, 해군 부지에 문을 연 첫 번째 대형 생산 공간으로 스타이너 스튜디오는 신경제를 정착시킬 모델을 마련했다. 그것은 경제 성장을 이끌 새로운 종류의 산업 발전에 대한 물리적인 업무 공간과 허구적 내러티브(일련의 기대)를 제공했다.[12] 그러나 민간 부동산 개발업자가 가장 중요한 산업을 형성하고 막대한 정치적 영향력을 행사하는 도시에서 수변 공간에 혁신 복합체를 설치하는 것은 또한 건물과 토지에 대한 투기를 수반할 것이었다.

겉으로 보기에는 아닌 것처럼, BNYDC는 게임을 할 수 있는 독특한 자원을 가지고 있었다.[13] 개발공사가 시유지를 관리했기 때문에, 시유지와 자본금의 혜택을 동시에 받았다. 그러나 비영리단체로서, 이 기관은 세 가지 중요한 방법을 통해 시 정부로부터의 독립을 주장했다. 첫째로, BNYDC의 도시와의 계약은 개발공사가 총임대료를 대출의 담보로 사용해 이를 활용leverage할 수 있도록 허용한다. 둘째로, 동일한 계약으로 BNYDC는 다른 도시 소유 부동산에 임대료 수익을 NYCEDC가 관리하는 일반 기금에 납부해야 하는 요건을 피할 수 있었다. 이러한 수익은 BNYDC가 투자 자본을 조달하기 위해 활용할 수 있는 중요한 자원이 될 것이었다. 세 번째이면서 가장 중요한 것은, 비영리단체로서 BNYDC는 무상으로 동시에 해군 부지 주변 주민의 일자리 증가와 이곳의 상업 세입자에 대한 지원이라는 사회적 임무를 추구할 의무가 있었다. BNYDC는 공공 소유, 비영리 경영, 사회적 사명을 결합해 전례 없는 기업가적 활동을 할 수 있었다. 이러한 기업가주의는 매우 다른 두 시장, 즉 사업 중심주의자인 블룸버그와 진보적인 더블라지오의 지지를 받았다.

앤드루 킴벌은 블룸버그 행정부 시절인 2005년부터 2013년까지 BNYDC의 CEO로 재직하면서 새로운 금융 지형과 경제 발전 담론을 동시에 모색해야 했다. 그는 2009년쯤에 '혁신 경제'라는 용어를 처음 사용한 기억이 있는데, 이때가 바로 NYCEDC 내 새로 설립된 경제혁신센터가 혁신에 초점을 맞추기 시작한 때였을 것이고, BNYDC가 "장인 제조업을 다시 섹시하게 만드는 플레이어"가 될 수 있다는 것을 깨달았다고 말했다. 이 용어가 유행하는 것처럼 보이지만 해군 부지의 '장인'은 단순히 소규모를 의미한 반면, '제조'는 킴벌이 "광범위한 분야의 물리적, **디지털**, **엔지니어링** 제품"이라고 부르는 것을 포함하기 시작했다.[14] 이 기간 동안 BNYDC는 '친환경' 또는 '숙련', 즉 컴퓨터 기반 제조에 대한 연결을 주장할 수 있는 거의 모든 새로운 세입자를 환영했다.

이러한 입주 기업 중 하나는 크라이 프리시전Crye Precision으로 산업 디자이너와 엔지니어가 2000년에 설립했는데, 둘 다 맨해튼에 있는 과학·건축·예술 대학인 쿠퍼 유니언Cooper Union을 졸업했다. 이 회사는 보통 '장인'이나 '섹시'하다고 생각되는 것이 아니라 군대의 전투복과 장비를 만든다. 그러나 크라이는 스윗앤로의 제조업체인 컴벌랜드 패킹 기업보다 더 바람직한 세입자였다. 군납업체로서 크라이는 해군 부지의 역사적인 유산과 연계되어 있었다. 그러나 회사의 제품은 고도로 설계되어 있었기 때문에, 해군 부지의 희망적인 미래에 관련이 있었다. 크라이의 설립자들은 맨해튼 웨스트사이드의 첼시에서 사업을 시작했지만, 9·11 테러와 아프가니스탄 전쟁 발발 이후 2002년 해군 부지로 이전했다. 이 회사는 미군과의 계약으로 새로운 위장 패턴으로 설계하고 제조한 장비 및 유니폼을 공급했고, 2003년 미국이 이라크를 침공한 후 사업이 성장했다. 앤드루 킴벌은 크라이가 겨우 93m²를 빌리는 것으로 시작했다고 말했다. 그는 "그들은 사무실로 시작했습니다"라고 말했다. "뉴저지와 중국에서 물건을 만들고 있었습니다. 그러나 그들은 (결국) 제조 부문을 조직 내부로 가져왔습니다."

몇 년 내에 크라이는 해군 부지의 성공 사례 중 하나로 스타이너 스튜디오에 참여했다. 킴벌은 "그들은 내가 그곳에 있는 동안 (규모가) 5배 증가했습니다"라고 말했다. 크라이는 킴벌이 떠난 지 3년 뒤인 2016년 도그스폿, 카메라 등 디지털 하드웨어 스타트업을 위한 작업장인 뉴랩과 공유한 거대한 조선 격납고 빌딩128Building 128에 8360m²를 점유했다(〈그림 6-2〉). 2002년과 2016년 사이에 BNYDC의 사회적 사명에서 가장 중요한 것은 크라이가 엔지니어, 디자이너, 재봉사에서 3D 프린터, 레이저, 컨베이어 구동 절단기를 사용하는 금속 및 플라스틱 노동자에 이르기까지 다양한 기술을 갖춘 200명의 직원으로 인력을 확장했다는 것이다. 그 회사는 오래된 조선소의 일부를 최첨단 제조 시설로 바꿀 장비에 자본금 1000만 달러를 투자했다.[15]

그러나 BNYDC는 해군 부지의 대표 기술 시설로 예정된 전체 건물의 광범위한 재건축을 위해 더 많은 돈이 필요했다. 킴벌은 "자금 마련이 힘들었습니다"라고 말했다. 은행은 대출금이 전혀 상환되지 않을 것을 우려해 시 소유 부동산에 대한 대출을 의심했다. 창의적 자금 조달로 다시 눈을 돌린 개발공사는 뉴욕과 해외의 광범위한 공공 부문 및 민간 부문 투자자로부터 자금을 조달했다.

스타이너 스튜디오와 마찬가지로 BNYDC는 세액 공제를 추진했다. 그때 개발공사는 클린턴Clinton 행정부의 마지막 해인 2000년 의회가 저소득 지역에 대한 재투자를 촉진하기 위해 설립한 연방 뉴마켓 세액 공제 프로그램 New Markets Tax Credit Program에 주목했다. 그들은 또한 독특한 역사적 특성이 있는 소득 창출 건물을 개조하기 위해 세액 공제를 제공하는 연방 및 주 역사 보존 세금 인센티브Historic Preservation Tax Incentive를 신청했다. 킴벌은 "우리는 (경제적으로) 어려운 지역의 오래된 건물들을 사용하고 있었습니다"라고 설명했다. "우리는 좋은 뼈대를 가진 오래된 건물이라는 멋진 자산을 가지고 있었습니다." 만약 이 건물들이 작은 공간으로 조각되고, 매력적으로 개조되고, 디지털 장비에 맞게 개조된다면 "예술가, 디자이너, 제작자 등 창조적인 유형의 사람들"을 불러올 것이다. 미적인 것이 창조적인 세입자를 끌어모으겠지만, 세액 공제는 2001년 '미국의 빈곤한 지역 사회'에 '영향력 있는 투자'를 위해 도시투자그룹Urban Investments Group을 형성한 골드만삭스를 끌어들였다. 2006년 도시투자그룹은 브루클린에 첫 투자를 했다. 2012년 도시투자그룹은 빌딩128의 수리에 730만 달러의 뉴마켓 세액 공제를 투자했다.[16]

골드만삭스에게는, 킴벌은 "도시 제조업과 재개발의 연계성이 컸죠"라고 말했다. 중요한 것은, 미래의 더블라지오 행정부의 핵심 인사 두 명인 얼리샤 글렌Alicia Glen 주택 및 경제발전 부시장과 처음에는 글렌의 상사였다가 NYCEDC의 사장이 된 제임스 패쳇James Patchett이 이 시기에 골드만삭스의 도시투자그룹에서 일했다는 것이다.

임팩트 투자는 1999년부터 해군 부지에서 직업 훈련 프로그램을 지원해 온 비영리단체 로빈후드재단Robin Hood Foundation이 실천한 '벤처 자선사업'과 밀접한 관련이 있었다. 로빈후드재단은 '뉴욕에서 가장 큰 빈곤 퇴치 단체'이며, ≪포브스≫에 따르면 미국의 100대 자선단체 중 하나이다. 자선 기부에 사업 원리를 적용하는 것을 옹호하는 억만장자 헤지 펀드 매니저 폴 튜더 존스 2세Paul Tudor Jones II가 1988년 설립한 이 재단은 저소득층이 더 나은 교육을 받고 더 나은 일자리를 얻도록 돕는 것을 목표로 하고 있다. 이를 위해 부자 뉴욕 시민을 모집해 브루클린 해군 부지 등 지역 사회 단체와 손잡고 다양한 프로그램을 지원한다. 로빈후드재단은 직업 훈련 프로그램을 이수한 참가자들의 지표를 예의주시하면서 해군 부지 관리자와 도시의 금융 업계 지도자를 연결하기도 한다.[17]

앤드루 킴벌과 데이비드 에런버그에 따르면, 150명의 고등학생과 대학생들이 미래의 취업 기회에 대비하기 위해 인턴십에 참여하는 동안, 매년 350명에서 500명가량의 지역 사회 구성원이 해군 부지의 고용주 400명의 일자리와 연결된다. 에런버그는 최근 일자리와 연계된 노동자의 35%가 공공주택 거주자이고, 15% 이상이 이전에 투옥되거나 유죄 판결을 받은 경험이 있는 개인이며, 5%가 퇴역 군인으로 이들 집단의 일부가 겹친다고 밝혔다. 로빈후드재단은 이러한 지표에 충분히 만족해 자금을 계속 경신하고 있다. 그들의 승인은 2010년 해군 부지가 외국인 투자자로부터 상당한 규모의 대출을 예상 외로 받은 것처럼 골드만삭스의 도시투자그룹을 확실히 고무시켰을 것이다.

앤드루 킴벌은 이 해외 자금이 "신이 주신 선물 같았습니다"라고 말했다. 2008년 경제 불황 이후 "우리는 태양 아래에서 모든 선택지를 탐색해 왔습니다".[18] 가장 좋은 선택은 중국에 있는 것으로 밝혀졌다. 킴벌은 2009년 베이징, 상하이, 선전에 있는 미국 정부의 EB-5 투자 이민 프로그램을 이용하고 싶어 할지도 모르는 투자자에게 해군 부지 피칭을 하러 갔다. 비록 이 프로그램은 1990년대에 미국 의회에 의해 설치되었지만 그 전까지는 많이 사용되지 않았다.[19]

외국인 투자자는 자신과 배우자, 자녀에게 2년 동안 미국 비자를 받는 대가로 실업률이 높은 지역의 개발 프로젝트에 최소 50만 달러를 빌려줘야 했다. 이 투자로 임시 건설 일자리까지 최소 10개 이상의 일자리가 창출된다면 가족 구성원 각각이 영주권의 상징인 그린카드를 받을 수 있었다. 이 보수의 대가는 법으로 보장되지 않았지만, 항상 행해졌다. 비록 EB-5 투자자의 대부분이 중국에 있었지만, 미국과 중국 정부의 조치로 2017년 중국 비자가 극적으로 감소했다. 그러나 2010년 킴벌의 피칭은 중국 투자자로부터 6000만 달러의 EB-5 대출이라는 결과를 이끌어냈다.[20]

이러한 초기 성공 이후, BNYDC는 중국에서의 자금 모금 활동을 2배로 늘렀다. 이후 몇 년 동안, 그들은 스타이너 스튜디오에 추가 방음 스튜디오를 짓기 위해 총 1억 4500만 달러의 EB-5 대출을 두 번 더 받았다. 더그 스타이너는 이러한 대출이 영화와 TV 제작에서 '좋은 일자리'에 대한 기대 때문에 정당화될 수 있었다고 말했다. 비록 제작사가 지속적으로 비용을 줄이려고 노력했고, 영화 제작은 더욱 '유목민적'으로 이루어졌음에도 불구하고 말이다. 게다가 제작 일자리는 노조가 구성되어 있어 대부분의 수작업보다 더 많은 임금을 받지만 케이블 TV와 스트리밍 플랫폼용으로 만들어진 시리즈는 과거 TV 시리즈보다 에피소드가 더 적고, 더 적은 수의 제작진을 사용하는 경향이 있어서 그들은 더 적은 근무시간 동안 일했다. 그러나 해군 부지는 이 대출을 보증했고, BNYDC는 인프라 개선을 위해 그 돈의 일부를 사용할 수 있었다. EB-5 대출을 모금하고 관리하는 개인 소유의 영리회사인 뉴욕시 지역센터New York City Regional Center에 따르면, 이 돈은 "뉴욕시에서 미디어 생산을 위한 중심 위치로서의 브루클린 해군 부지를 더욱 강화할 것"이었다.[21]

비록 EB-5 대출이 해군 부지의 혁신을 위해 이곳을 업그레이드하는 가장 큰 자금원이었지만, BNYDC는 또한 뉴욕주로부터 자본 보조금, 주 상원으로부터 1500만 달러, 엠파이어스테이트 개발공사에서 100만 달러, 뉴욕시로부터 더 적은 보조금을 받았다.[22] 2004년과 2010년 사이에 BNYDC는 개인 부채에 임대료 수익을 활용하고, 시와 주로부터 더 많은 '자유 자본'을 얻기 위해 부채를 활용했다. 킴벌은 "내가 시작할 때는 해군 부지에 빚이 없었습니다"라고 말했다. "내가 떠났을 때는 많은 빚이 있었죠. 그것은 좋은 일입니다." 브루클린 해군 부지는 "시로부터 2억 달러, 주 및 연방 정부로부터 5000만 달러"를 받았고, "그 뒤로 민간 투자가 10억 달러에 달했습니다. 그것은 공적 자금 1달러당 4달러를 사적으로 활용하는 것입니다. 이제 해군 부지는 자체 프로젝트를 자본화할 수 있게 되었습니다". 이것은 시 소유 부동산치고는 상당한 기업가적인 도약이었다.

당시 BNYDC는 도시의 신흥 '혁신 경제'에서 해군 부지의 입지를 확립하기 위해 열심히 노력 중이었다는 점을 기억해야 한다. 브루클린 수변 공간과 도시 주변의 이용이 저조한 다른 장소도 이용할 수 있었다. 실제로 블룸버그 행정부가 2010년 뉴욕에 새로운 공학 캠퍼스 건설을 위한 글로벌 유치 경쟁에서 해군 부지를 잠재적 개발지 네 곳 중 하나로 제시했을 때, 우승자인 코넬 대학교와 테크니온-이스라엘 공과대학Technion-Israel Institute of Technology은 루스벨트섬에 찬성해 브루클린 수변 공간을 우회했다.[23] 코넬 공대와 같은 중요한 새로운 경제 프로젝트가 없다면 BNYDC는 그들만의 흥행작을 개발해야 할 것이었다. 이것은 카메라와 도그스폿과 같은 스타트업이 4등분한 빌딩128에 있는 비행기 격납고만큼 크고 낡은 조선 기계 공장인 '뉴랩'으로 밝혀졌다(〈그림 6-2〉).

스타이너 스튜디오가 캐나다와의 경쟁에 대항해 미디어 생산을 촉진하려는 시 정부의 노력과 관련된 해군 부지에서 신경제를 나타내는 첫 번째 단계를 대표했다면, 뉴랩은 두 번째 단계를 대표했고 캘리포니아와 보스턴에 개발 팀을 두고 아시아에 제조 일자리를 두게 될 컴퓨터 하드웨어 제조업체를 끌어들이기 위한 더욱 대담한 노력의 일환을 보여주었다. 놀랍게 재건축된 산업 공간인 뉴랩은 2011년에 구상되어 2016년에 문을 열었으며, 이곳은 혁신 경제와 연계해 도시에서 차세대 제조 기반을 개발하려는 BNYDC의 계획에 전환점이 되었다. 뉴랩은 이들이 보유한 방대한 부동산을 활용해 스타트업 간 협업을 지원하고, 이 공간을 바람직하게 만들면 도시형 실리콘밸리를 만들 수 있다는 BNYDC의 기대를 구현했다.

기술 경제에 의한 장밋빛 기대는 브루클린만의 것이 아니었다. 1960년대와 1970년대에 유럽과 미국의 주요 수변 공간을 비운 산업 공동화는 많은 도시에서 새로운 전략적 비전에 대한 필요성을 만들었다. 런던에서는 정부 관료와 부동산 개발업자가 모여 템스강Thames River을 따라 오래된 조선소와 창고에서 새로운 금융 및 미디어 구역을 만들어 그곳을 도크랜드Docklands라고 불렀다. 스페인 빌바오Bilbao, Spain에서는 지역 지도자가 네르비온Nervión 강변의 옛 조선·철강 야적장에 구겐하임 미술관Guggenheim Museum의 분관을 극적으로 신축하고, 문화 관광객 유치에 나섰다. 뉴욕에서는 예술가들이 산업용 로프트를 거주 공간이자 작업 공간으로 전환해 오래된 산업용 건물의 낮은 임대료뿐만 아니라 미학에 기반을 둔 또 다른 길을 제시했다. 뉴욕의 실리콘 앨리와 샌프란시스코의 미디어 걸치 같은 지역의 뉴미디어 스타트업은 닷컴 붕괴로 성장이 멈출 때까지 오래된 공장과 상업용 건물을 사무실로 개조함으로써 예술가들을 따랐다. 2000년대 초 브루클린 해군 부지와 가장 관련이 있는 바르셀로나시 22@city of Barcelona 22@이라고 불리는 수변 공간을 혁신적이고 창조적인 사업, 문화 단체, 주택을 위한 구역으로 재개발하기 시작했다.[24]

부분적으로 상향적이고 부분적으로 하향식인 오래된 산업 지구의 재개발 경험은 일관성 있는 전략적인 비전을 형성했다. 전 세계의 도시 계획가, 선출직 공직자, 부동산 개발업자는 도시가 경제 성장에 박차를 가하는 젊은 대졸자와 전문가로 구성된 '창의적 계층'을 유치한다는 아이디어를 채택했다. 이러한 사람들은 자전거 도로 건설, 녹색 공간 만들기, 푸드홀의 열기, 미적으로 즐겁고 환경 친화적인 다른 편의시설 개발 등 비교적 저비용의 장소 조성 전략에 매력을 느낄 수 있다. 그러나 이러한 전략은 오랜 기간 우선순위에 있던 지방의 선출직 공직자와 부동산 개발업자에게 재정적인 가치를 상실한 토지에 새로운 용도를 찾고 새로운 건축 양식을 제공하는 데에도 대응했다. 두 그룹 모두 도시의 땅을 '성장 기계'로 이용함으로써 이익을 얻는다. 부동산 개발업자는 사무실을 빌려주거나 집을 팔고, 정치인은 일자리

와 주택에 대한 약속을 투표로 바꾼다.[25]

'창조 도시' 모델은 2008년 금융 위기에 맞서기에 불충분하다는 것이 증명되었다. 경제 발전을 위한 새로운 전략적 비전을 고안하기 위한 노력이 시작되었다. 혁신과 기업가 정신의 담론이 높아지는 가운데 도시 '혁신 지구' 건설에 대한 아이디어가 돌았다. 이 지역들은 도시 생활에 대한 젊은이들의 입증된 매력을 이용할 것이었다. 그들은 기술 회사에게 이러한 '인재'를 포착할 기회를 제공할 뿐만 아니라, 전형적으로 과학적이고 예술적인 협력을 모두 생산하는 소셜 네트워크를 구축할 물리적 밀도를 제공할 것이다. 새로운 종류의 생산 클러스터에 대한 이러한 비전은 물리적·사회적으로 고립된 교외 사무 지구와 대조하기 위해 도시의 기업·정부·대학 지도자에 의해 계획되고, 조정되고, 건설되는 **도시 혁신 지구**의 모델로 확고해졌다. ≪비즈니스위크Business Week≫의 2009년 기사에 따르면 "'트렌드는 연구 저장고의 무균, 외따로의 복합체보다는 살아 숨 쉬는 공동체를 육성하는 것"이라고 한다.[26]

그 후 몇 년 동안 워싱턴 D.C.에 있는 브루킹스 연구소Brookings Institution의 도시 연구원들이 혁신 지구에 주목하고 이를 상세히 홍보했다. 이 연구원들에 따르면, 바르셀로나에서 볼티모어Baltimore에 이르는 시 정부는 오래된 산업 지역을 '혁신'의 장소로 바꾸기 위해 도시 계획 전략의 광범위한 도구를 사용하고 있었다. 그들은 디지털 기술, 첨단 제조, 과학·의료 연구와 관련된 광범위한 영리 및 비영리 활동을 위해 오래된 건물을 개조하고, 새로운 건물을 짓고, 공공 공간 편의시설을 만들고 있었다. 솔직히 말하면, 이러한 전략들은 종종 기존 캠퍼스 주변의 저소득 지역이나 쇠퇴하는 산업 지역으로 확장하려는 도시 대학의 초기 노력에서 비롯되었다. 그러나 2010년대까지 시 정부는 대학이 고용주와 과학 연구 공간으로서 경제 성장의 원동력이 되었다는 현실에 직면했다. 미국의 몇몇 도시는 '교육과 의학', 즉 대학 실험실,

병원, 제약 회사에서 새로운 성장의 원천을 발견했다. 뉴욕은 이것을 다른 방식으로 돌릴 것이었다. 뉴욕시는 금융기관, 보험회사, 부동산 개발업자의 힘을 바탕으로 FIRE 부문의 역사적 지배력을 뉴욕 대학교 총장인 존 섹스턴 John Sexton이 영리하게 'FIRE and ICE'라고 부르는 핵심으로 바꿀 것이다. 이 용어는 도시 경제의 핵심 부문으로서 지적·문화적·교육적 활동을 존중하는 단어이다.[27]

'혁신 지구'는 금방 매력적인 도시 브랜드가 되었다. 브루킹스 연구원들은 2010년에 '혁신 클러스터'를, 2013년에 '혁신 지구'를 홍보하기 시작했다. 2016년까지 그들은 구글 검색에 '혁신 지구'를 입력하면 20만 개 이상의 항목이 나온다는 것을 발견했다. 필자는 겨우 1년 후에 같은 방식으로 1억 3200만 개의 놀라운 결과를 발견했다.[28]

브루킹스 연구원들이 인용한 '놀라운 재생'의 사례로 샌프란시스코의 미션만Mission Bay 지역만큼이나 다른, 루스벨트섬의 코넬 공대 캠퍼스, 브루클린 해군 부지 등이 꼽혔다.[29] 연구원들은 이것을 "공업이나 창고 지역이 혁신 성장의 새로운 경로를 도표화하기 위해 물리적·경제적 변혁을 겪고 있는 새로 상상된 노시 지역"이라고 불렀다. 구체적인 세부사항은 도시마다 달랐지만, 모든 혁신 구역은 연구원들이 걷기 좋은 도시, 자전거를 탈 수 있는 거리, 소셜라이징과 엔터테인먼트를 위해 밀도 높게 건설된 도심에 대한 젊은 세대의 관심으로 파악한 것에 반응했다. 그러나 이 목적의 지구들은 또한 과학 기술 혁신을 촉진하기 위한 지리적 근접성에 대한 강조를 반영했다. 여기서 과학 기술 혁신이란 노벨상을 가져다주는 기초 연구의 아이디어와 실험뿐만 아니라 상업적 성공을 창출하는 특허와 제품을 모두 말한다.[30]

기업과 연구기관의 경우 혁신 지구로 이전할 경우 인재가 살기 좋은 환경에서 공공의 보조금을 받은 일터가 될 수도 있었다. 선출직 공직자에게 보상이란 일자리가 될 것이다. 양측 모두 '허구적인' 기대는 분명했다. 지적인 장소 만들기는 기업가를 도시와 지역으로 끌어들이고 소셜 네트워크와 개방적 혁신은 기업가를 그곳에 머물게 할 것이다. 그것은 마치 20세기 중반의 도시 계획 전문가인 제인 제이컵스Jane Jacobs의 사회적 비판이 20세기 초벨 연구소의 직업 윤리와 융합된 것 같았다.[31]

위기를 겪고 경기 침체로 휘청거리던 도시들이 어떻게 혁신 지구를 건설할 수 있었을까? 그들은 창조적인 자금 조달에 참여해 왔다. 그러나 일반적인 대출 기관을 더는 이용할 수 없었다. 2001년 이후 연방 정부는 도시 지출 패키지 지원을 중단했다. 2008년 이후 은행과 투자 은행은 미국 재무부가 보유한 금융 생명선에 매달렸다. 이러한 어려운 상황 속에서 브루킹스 연구원들은 도시에게 기업·정부기관·비영리기관의 모든 가용 자원을 레버리지할 것을 촉구했다.

이 길은 브루클린 해군 부지가 이미 선택한 것이었다. 2000년과 2010년 사이에 BNYDC는 부동산 개발업자의 모자를 쓴 더그 스타이너에게 토지를 임대해 주고 복합용도 사무실, 슈퍼마켓, 제조업을 개발하고, 중국인 투자자로부터 EB-5 대출을 요청하고, 주와 연방 정부의 세금 공제를 확보하고, 시 및 주 정부에 보조금을 신청했다. 오늘날 뉴랩을 건설하기 위해 BNYDC는 동일하고 광범위한 전략을 적용했다. 데이비드 에런버그는 그것을 당연하게도 '주방 싱크대 접근법'('주방 싱크대를 제외한 모든 것'을 암시하는 접근법으로 다시 말해 '생각할 수 있는 모든 것'을 뜻함 ─ 옮긴이)이라고 불렀다.[32]

2011년 BNYDC는 건축업자이자 부동산 개발업자인 데이비드 벨트David Belt를 초대해 빌딩128의 크고 낡은 선체를 '재상상'하는 데 관심이 있는지 알아보도록 했다. 벨트는 예술과 '혁신' 프로젝트를 위한 산업 공간을 개조하는 데 지난 10년을 보냈다. 샤이나 호로위츠Shaina Horowitz가 그 순간을 묘사한 것처럼 그는 빌딩128의 잠재력에 즉시 매료되었다. 키가 크고 검은 머리를 가진 30대 여성인 호로위츠는 2016년 뉴욕시 경제개발공사가 자금을 대는 프로그램인 도시기술허브의 소장으로 뉴랩에 합류했다. 데이비드는 "장소의 역사를 다시 상상하는 것"을 좋아한다고, 그녀와 함께 넓게 재건축된 공간의 비싼 유리 지붕 아래에서 대화를 나누고 있을 때 그녀가 말해 주었다. "그는 2011년 이곳에 와서 해군 부지에 대한 더 큰 비전이 펼쳐지는 것을 보았다고 말했죠. 그가 걸어 들어왔을 때 바닥에는 금이 가 있었는데, 그는 도시 제조업 역사의 힘에 충격을 받았습니다. 그러나 그는 이곳이 그가 미래를 건설할 수 있는 곳이라고 보았습니다."[33]

벨트와 사업 파트너인 스콧 코언Scott Cohen은 야외 수영을 위한 일시적인 '작은 수영장'과 쌍방향 공공 예술을 위한 유리 재활용과 레크리에이션 공간을 만들면서 브루클린에서 이미 돌풍을 일으킨 적이 있다.[34] 호로위츠에 따르면, 벨트와 코언은 브루클린의 '창조적인 기업가 공동체'를 위한 프로젝트를 디자인하기를 원했고, 그 그룹은 과소평가된 시장으로 보였다. 그들의 비전이 BNYDC와 블룸버그 행정부의 비전과 일치한다고 느꼈다. 샤이나는 "도시는 믿기 힘들 정도로 미래를 내다보고 있었습니다"고 말했다.

호로위츠는 블룸버그 행정부가 원하는 혁신 복합체의 종류를 이해했다. 바사르 대학교Vassar College를 졸업한 그녀는 2010년 즈음에 영화 및 엔터테인먼트 시장 사무실에 들어갔고, '영화 및 엔터테인먼트' 지원 기관이 미디어, 기술, 혁신으로 이동하면서 그녀의 초점은 점차 바뀌었다. 더블라지오가 당선된 후, 그녀는 영화 및 엔터테인먼트 위원인 캐서린 올리버Katherine Oliver를 따라 처음에 전 시장의 블룸버그 자선 재단Bloomberg Philanthropies에 갔다가 다음에는 컨설팅 회사인 블룸버그 연구소Bloomberg Associates로 갔다. 이곳은 샤이나가 전 세계의 도시 클라이언트와 함께 일했던 곳이다. 2016년까지 호로위츠는 "기업가들과 함께 일하는 곳으로 돌아가고 싶었다". 뉴랩 소식을 접한 그녀는 데이비드 벨트를 만나 정부 및 개인 투자자와 파트너십을 구축해 '공공·민간 파트너십'을 하는 일에 고용되었다. 이는 혁신 복합체가 필요로 하는 종류의 파트너십이었다.

빌딩128의 5000만 달러의 재건축을 지원하기 위해 벨트와 코언은 다양한 출처에서 공공 및 민간 자본을 모았다. 앤드루 킴벌에 따르면 그들은 먼저 BNYDC로부터 '합리적인 수준의' 임대료로 장기 임대를 받았다. 그리고 나서 2012년에는 골드만삭스의 도시투자그룹으로부터 연방 뉴마켓 세액 공제를 사용해 730만 달러를 출자했다. 해군 부지의 장기 발전하는 그린 매뉴팩처링 센터Green Manufacturing Center의 '주요 세입자' 또는 앵커anchor로서 그들은 뉴욕시를 위한 뉴욕주의 지역경제개발 위원회로부터 2000만 달러의 자본 보조금을 받았다. 그 대가로 그들은 347개의 일자리를 창출하거나, 더 정확히는 이를 위한 장소를 만들겠다고 약속했다. 해군 부지는 또한 외국인 투자자로부터 뉴랩을 위한 1200만 달러의 EB-5 대출을 받았다. 또한 뉴랩은 뉴욕주의 엠파이어스테이트 개발공사로부터 300만 달러 이상의 보조금을 받았고, 같은 회사의 해군 부지에 대한 더 큰 보조금인 640만 달러의 스마트도시혁신센터Smart Cities Innovation Center 구축에 대한 별도의 자본 보조금 75만 달러를 받았다. 브루클린 자치구장실은 뉴욕시 엘리트 비즈니스 협회인 뉴욕을 위한 파트너십 펀드가 하듯이 또 다른 보조금을 기부했다.[35]

이것은 꽤 복잡한 자금 조달 구조였다. 그러나 위험이 공공 부문 전체에 걸쳐 광범위하게 확산되었다면, 책임은 BNYDC와 NYCEDC에 현저하게 집중되었다.

뉴랩이 문을 열기 몇 달 전, 뉴욕시 경제개발공사는 직접적인 기여를 발표했다. 그들은 뉴랩에 공간을 임대해 두 개의 도시기술성장허브Urban Technology Growth Hub 중 하나를 열 예정이었고, 다른 하나는 맨해튼 미드타운에 위치해 있었다. 두 기술허브 모두 "에너지, 폐기물, 교통, 농업, 수자원과 같은 분야에서 뉴욕시의 가장 시급한 도시 과제를 해결하는 기업가와 혁신가를 도울 것"이었다. 맨해튼의 도시기술허브가 주로 컴퓨터 소프트웨어 분야의 젊은 스타트업에 초점을 맞춘 반면, 뉴랩의 업무 공간은 이미 자금을 조달한 하드웨어 스타트업에 고급 디지털 장비를 제공할 것이다. 뉴랩의 회사들은 도시 환경 및 기반 시설과 관련된 새로운 시제품을 만들 것이다.[36]

뉴욕에는 그런 공간이 필요했다고 샤이나 호로위츠가 말했다. 그는 "여기는 스타트업 생태계가 정말 풍부하지만 1단계의 스타트업에 대한 지원은 많지 않습니다"라고 말했다. 다른 스타트업과 마찬가지로 하드웨어 팀도 유연한 단기 임대가 필요하다. 또한 3D 프린터와 같은 비싼 장비에 접근할 수 있어야 한다. 작업 공간에 대한 단기 임대 외에도, 뉴랩은 350만 달러의 공유 시제품 제조 장비와 제품 실현 전문가 팀을 제공했다. "이 중 상당수가 뉴욕의 다른 곳에는 없습니다"라고 샤이나는 말했다. "이러한 종류의 기술에 접근할 수 있다는 것은 판도를 바꾸는 일입니다." 뉴랩은 또한 호로위츠와 뉴랩 직원이 이 공간으로 데려올 기업에 의한 잠재적인 멘토링과 파트너십을 제공했다. 샤이나는 이러한 모든 이점들로 인해 뉴랩은 성장하는 "포스트 인큐베이터, 포스트 액셀러레이터 단계에 있는 기술 회사들에게" "잠깐 방문하기 좋은 공간"이라고 말했다.

스타트업 14개와 직원 150명이 있는 도시기술허브는 뉴랩 세입자 중 극히 일부만을 선택한다. 또 다른 스타트업 86개가 그곳에서 작업 공간을 임대했고, 뉴랩은 총 500명의 설립자와 직원을 보유하고 있다. 샤이나는 거의 모든 회사가 '도시 기술'을 발전시킨 것으로 볼 수 있다고 말했다. 게다가 데이비드 벨트가 NYCEDC와 체결한 30년 이상의 임대 계약은 뉴욕의 경제 발전을 향상시키기 위한 세 가지 벤치마크를 만들었다. 샤이나는 뉴랩이 "반드시 일자리를 창출해야" 하고, "뉴랩은 뉴욕에 있으면서 혁신에 대한 도시의 명성을 빛내는 사업을 발전시켜야 한다"고 설명했다. 호로위츠는 이러한 의무는 BNYDC의 사회적 사명에도 반향을 일으켰을 뿐 아니라 벨트와 코언이 '초당적 MIT 미디어 랩'을 만들겠다는 원대한 야망을 대변했다고 매사추세츠주 케임브리지에 있는 유명한 기술 스타트업 인큐베이터를 언급하며 말했다.

NYCEDC는 이 기관의 두 개 도시기술허브에 배정된 730만 달러 중 적어도 절반을 뉴랩에 투자했다. 뉴랩이 계획대로 작동했다면 혁신 제조 공간을 구축했다는 벨트와 코언의 주장을 확인할 수 있을 것이다. 블룸버그와 더블라지오 행정부의 기대감도 확인할 수 있을 것이다. 실제로 뉴랩의 '멤버십'은 3년 만에 100여 개에서 120여 개 스타트업으로 늘었다. 벨트와 코언은 또한 공공·민간 파트너십을 기반으로 한 유사한 공간을 해외에 개방하는 방안을 모색했다.[37] 그러나 뉴랩의 놀라운 결과는 이스트강 수변 공간에서 훨씬 더 넓은 혁신 지구에 대한 열망을 부채질하는 것이었다. 이것은 '브루클린 기술 트라이앵글'로 불릴 것이었다.

터커 리드Tucker Reed에게 누가 그 이름을 생각해 냈냐고 물었을 때 "역사에는 많은 아버지가 있습니다"고 말했다. "하지만 그 아이디어는 저와 톰 몽벨코언Tom Montvel-Cohen의 아이디어라고 말할 수밖에 없습니다." 리드는 이라크 재건 사업을 위해 1년 동안 일했던 체격이 단단하고 가슴이 큰 사람으로 2011년 브루클린 자치구에서 가장 큰 사업 개선 구역인 다운타운 브루클린 파트너십Downtown Brooklyn Partnership의 회장으로 임명되었다. 토머스 몽벨코언Thomas Montvel-Cohen은 몇 블록 떨어진 덤보 발전 구역의 회장이기도 했다. 리드와 함께 1980년대에 지어진 타워 11개로 이루어진 상업 사무실 단지인 메트로테크Metro Tech에 있는 파트너십 사무실에 앉아 있었다. 당시에 브루클린의 이 지역은 높은 범죄율과 지속적인 도시 부패에 대한 깊은 두려움으로 낙인찍힌 상태였다. 2004년 용도 변경으로 고층 주택과 소매점이 새로 생기긴 했지만, 다운타운 파트너십은 리드를 고용했고 그는 브루클린 혁신 지구BID: Brooklyn Innovation District 지역에 있는 사무실 건물의 공실률을 10% 낮추는 '명확한 권한'을 부여받았다. 뉴랩이 해군 부지에 등장하고 덤보에 기술 및 창조 사무실이 붐을 이루면서 리드는 '브루클린의 급성장하는 혁신 경제'의 물결이 다운타운의 배도 끌어올릴 것이라는 기대를 키우기 시작했다. 하지만 어떻게 이 세 지역의 운명이 연결될 수 있었던 것일까?[38]

덤보, 해군 부지, 다운타운 브루클린이 서로 지리적으로 인접하고, 모두 밀도 높게 지어졌어도 거리가 분리해 배치되고, 다리와 육상 고속도로를 지지하기 위한 거슬리는 콘크리트와 대중교통의 부족은 한 지역에서 다른 지역으로 이동하는 것을 매우 어렵게 만들었다. 각각의 물리적 공간은 다른 공간과 상당히 다르게 보이고 또 그렇게 느껴지며 각각 다른 방식으로 진화해 왔다. 철문 뒤에 있는 시 소유의 산업 단지인 해군 부지와 주로 개인 부동산 개발업자가 소유한 자갈길의 오래된 공장과 새 아파트의 이웃인 덤보와 대조적으로, 다운타운 브루클린은 19세기와 20세기에 걸쳐 조성된 대부분 유색 인종이 소유하고 애용하는 저가 상점의 활기찬 중심지를 둘러싼 사무실과 정부 건물의 널찍한 집합체였다. 그러나 이 세 지역은 단지 지리적인 측면뿐만 아니라 오랜 기간 동안 투자가 중단된 공통의 역사에 의해 함께 그려졌다. 덤보와 해군 부지는 최근에서야 항로를 바꿀 수 있었고, 핵심 쇼핑 공간인 풀턴 몰Fulton Mall은 보수 공사를 시작했다. 다운타운이 합류하지 못할 이유가 없다고 리드는 생각했다. 필요한 것은 전략적 비전이었다(〈그림 6-3〉).[39]

그 비전은 리드가 다운타운 파트너십에 가입한 직후 나타났다. 그 배후의 핵심 집단은 리드 외에도 토지 이용을 둘러싼 정치 분야에서 폭넓은 경험을 가진 인물로 구성되었다. 바로 덤보의 몽벨코언과 브루클린 해군 부지의 CEO 앤드루 킴벌이었다. 이들 세 사람 모두 정부에서 일해 왔고, 1980년대 코크 행정부에서 일했던 몽벨코언의 경우까지 거슬러 올라간다. 이 세 사람

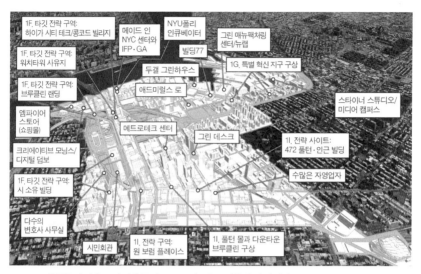

그림 6-3 브루클린 기술 트라이앵글 지도(2015년), 주요 건물과 경제 개발 프로젝트를 보여준다.

자료: Brooklyn Tech Triangle, http://brooklyntechtriangle.com/2015-update/(검색일: 2018.9.18).

모두 브루클린, 덤보의 투트리스, 바클리센터와 애틀랜틱 야드의 포레스트 시티 래트너Forest City Ratner 같은 부동산 개발업자와도 관련이 있었다. 게다가 이 세 남자는 공공·민간·비영리 부문의 틈새에서 일하는 데 익숙했다. 브루클린 해군부지 개발공사가 시 정부와 긴밀히 협조해 운영되는 비영리단체인 반면에 뉴욕시 BID는 시의 중소기업 서비스부의 감독 아래 운영되는 건물과 사업주의 비영리단체이다.[40]

터커는 포레스트 시티 래트너의 다른 건물인 메트로테크의 그의 사무실에 앉아 세 남자와 그들이 이끄는 조직이 해군 부지에서 성장하고 있는 첨단 제조 프로젝트와 덤보의 공간 경색에 직면할 정도로 빠르게 확장되고 있는 기술 및 창조 사무실, 다운타운 중심지에서 덜 사용되고 있는 사무실 공간 사이에 시너지를 창출할 수 있다고 믿게 되었다. 이것은 실리콘밸리에서 유명해진 것과 같이 기업·정부·대학 간의 협력을 기반으로 한 기능적 시너지 효과만 있는 것이 될 것이었다. 이 시너지는 부동산에 기초할 것이고, 그것은 주로 기술에 의해 추진되는 성장 물결 위에 다운타운을 재배치하는 역할을 할 것이다. 리드는 첨단 기술 제조 회사가 덤보에서 제품을 디자인하고, 해군 부지에서 제작하고, 다운타운에 있는 기업 사무실에서 결정을 내리는 것을 상상했다. 이 세 장소는 혁신 복합체에 의해 연결될 것이었다.

리드, 몽벨코언, 킴벌은 이 지역에 얼마나 많은 기술 회사가 있는지, 그리고 그들의 경제적 영향을 어떻게 측정할 수 있는지 알지 못했다. 그러나 다운타운 브루클린의 혁신 지구라는 상상은 블룸버그 시장과 긴밀히 협력하고, 2012년에 시장 선거에 출마할 계획이었던 크리스틴 퀸Christine Quinn 시의회 의장으로부터 빠르게 지지를 얻었다. 그녀가 나인 포인트 일자리 창출 전략Nine Point Job Creation Strategy에서 '브루클린 기술 트라이앵글'을 강조했을 때, 그 비전은 빛을 발했다. 6개월 후, 시장 선거 운동 기간 동안 퀸은 제안된 트라이앵글 지역에 대한 연구에 자금을 대기 위해 두 명의 지역 시의원과 맨해튼 자치구장과 함께했다. 리드, 몽벨코언, 킴벌은 이 지원을 활용해서 전략적인 계획을 위한 자금을 더 많이 조달했다. 그들은 모든 뉴욕 BID를 감독하는 뉴욕시 중소기업 서비스부와 뉴욕 대학교와 브루클린 커뮤니티 재단Brooklyn Community Foundation은 물론 다운타운 브루클린 파트너십의 창업 회장이 현재 고용되어 있는 엠파이어스테이트 개발공사의 도움을 받았다.[41]

경제 개발 기관과 지역 자선 단체가 기술 트라이앵글 비전을 지지하는 이유는 분명하다. 그러나 2012년까지 뉴욕에는 중요한 이해관계가 걸려 있었다. 대학은 1850년대까지 거슬러 올라가는 다운타운 브루클린의 공과 대학인 폴리테크닉 대학교를 합병했고, 다운타운의 상업 중심지에서는 메트로폴리탄 교통국MTA의 이전 본사를 인수하는 데 MTA 및 시 정부와 협상하고 있었다. 비록 뉴욕 대학교는 공과 대학원을 유치하기 위한 블룸버그 행정부의 경쟁에서 코넬대와 테크니온대에게 졌지만, 여전히 브루클린에 거대한 기술 입지를 구축하려고 계획했다. 그들의 영역은 다운타운에 있는 실험실과 교실에서 덤보의 스타트업 인큐베이터까지 확장될 것이다.

사실, 다운타운 브루클린에 큰 기술 캠퍼스를 짓겠다는 생각은 더 긴 역사를 가지고 있었다. 1973년부터 1994년까지 폴리테크닉 대학교의 총장이었던 조지 부글리아렐로George Bugliarello는 이 지역을 더욱 안전하고 매력적으로 만들기 위해 다운타운에 기술 구역을 만들고 그 캠퍼스를 이용할 것을 처음으로 제안했다. 학교 옆에 메트로테크를 건설할 계획을 세운 것이 바로 그였다. 그는 교수와 학생, 화이자 같은 지역 제약 회사와 AT&T 같은 미디어 회사 간의 협업을 위해 그 공간을 사용하고 싶어 했다. '또 다른 실리콘밸리'를 만들겠다는 생각이 코크 시장과 당시 브루클린 자치구장이었던 하워드 골든Howard Golden에게 어필했다. 그러나 황폐한 환경과 범죄 때문에 어떤 회사도 거기에 있고 싶어 하지 않았다. 1980년대 말, 코크 행정부가 이 지역에 경찰을 추가로 투입하기로 합의한 후, 체이스맨해튼 은행Chase Manhattan Bank은 지원 부서를 맨해튼에서 메트로테크로 이전하는 데 동의했다. 다른 세입자들로는 증권 산업 자동화 회사Securities Industry Automation Corporation, 지역 유틸리티 회사, 시 정부기관, 몇몇 비영리단체가 있었다. 그 이름에도 불구하고, 메트로테크는 수년간 기술 산업과 실질적인 연관성이 없었다.[42]

그러나 2000년대 초반, 찰스 슈머Charles Schumer 상원의원과 클린턴 행정부의 재무장관이었던 로버트 E. 루빈Robert E. Rubin이 의장을 맡은 도시 상업 재개발 관련 태스크포스인 '그룹 오브 35Group of 35'의 최종 보고서에 기술 아이디어가 재등장했다. 기술 스타트업이 맨해튼 외곽의 자치구에 확산하기 위한 시 정부의 프로그램의 도움으로 덤보에 회사를 차린 것에 주목하면서, 그룹 오브 35는 다운타운 브루클린의 빈 사무실 공간을 기술 구역을 개발하는 데 사용할 수 있다고 제안했다. 그러나 이 보고서는 9·11 테러 3개월 전인 2001년 6월 11일에 발표되어 그 이후 이어진 위기 분위기 속에서 무시되

었다.[43]

　11년 후, 터커 리드, 톰 몽벨코언, 앤드루 킴벌이 고용한 컨설팅 회사가 제안한 기술 트라이앵글 분야의 회사를 대상으로 설문 조사를 수행했을 때, 이 연구 결과는 그들의 열망을 정당화했다. 2012년까지 설문 조사에서는 주로 덤보에 있는 500개 이상의 "혁신(창조와 기술) 기업이 트라이앵글 내에 일하고 있다"는 것을 찾아냈다. 이 회사들은 거의 1만여 명의 직원을 가지고 있었고, 사업·음식·지역 서비스 분야에서 최대 2만 3000개의 일자리를 지원했다. 설문 조사에 응답한 거의 80%의 회사에서 직원 중 절반 이상이 브루클린에서 일하며 살고 있었다. 32%의 회사에서는 **모든** 직원이 브루클린에 살았다. 가장 중요한 것은 기술 트라이앵글 지역에 있는 기업의 99%가 잔류하기를 원했고, 다른 곳에 위치한 기업의 76% 이상이 이곳으로 이전하기를 원했다. 부동산 업계 사람들이 흔히 말하듯, 브루클린의 분위기는 뜨거웠다.[44]

　다음 단계는 건축적인 렌더링, 지도, 중요 항목으로 기술 트라이앵글이 될 수 있는 것에 대한 세 지도자의 기대를 나타내는 전략적인 계획을 개발하는 것이었다. 로어맨해튼 지역의 작은 도시 설계·계획·건축 회사인 WXY 스튜디오WXY Studio는 이 계획을 고안하기 위한 계약을 따냈다. 이 스튜디오는 도시 전체의 혁신적인 건물과 공공 공간의 인상적인 포트폴리오를 가지고 있었다.

　리틀이털리Little Italy와 소호의 경계에 있는 19세기 건물 꼭대기 근처에 있는 WXY의 사무실에 앉아 매니징 파트너인 애덤 러빈스키Adam Lubinsky와 창립 파트너 중 한 명인 클레어 웨이즈Claire Weisz가 어떻게 터커 리드의 기술 트라이앵글에 대한 초기 비전을 개념적인 정교함과 물리적인 골격 둘 다에 반영했는지에 대해 말했다.[45] 웨이즈는 '무질서한' 도시 구조를 가로질러 사람들을 연결하는 것이 주요 목표라고 말했다. 그녀는 "격리가 덤보를 위해 효과가 있었고, 덤보를 멋지게 만들었지만, 많은 사람들이 직장에 가야만 한다면 효과가 없지요"라고 말했다. 클레어는 런던시와 웨스트민스터Westminster 구를 잇는 길을 따라 '브루클린 스트랜드Brooklyn Strand'라고 불리는 녹색 산책로를 구상했다. 브루클린 스트랜드 기술 트라이앵글의 세 부분을 연결하고, 사람들이 그 지역을 쉽게 걷거나 자전거를 탈 수 있게 해주고, 일관성 있는 장소감을 만들어줄 것이었다. 또 그 사이에 새로운 녹지 공간을 조성하고, 망가진 도시 구조를 엮어 도시 혁신 지구가 요구하는 일종의 녹색 공공 광장을 연출하는 등 기존의 공공 공원을 연계한다.

애덤은 이 전략안이 다운타운 브루클린 내 12개 대학을 기술 생태계에 통합시켰다는 점도 핵심이라고 말했다.[46] 그는 "그전에는 기술 회사가 대학과 소통하지 않았죠"라고 지적했다. "도시 밖에서 채용을 했고요." 기술 스타트업을 지역의 대학과 연결하면 도시 혁신 지구 모델과 연계될 뿐만 아니라 지역의 학생들이 더 나은 취업 기회를 얻을 수 있을 것이었다. 세 번째이자 가장 중요한 것은, 적어도 다운타운 브루클린 파트너십의 관점에서 이 전략적 계획은 다운타운의 비어 있는 사무실 건물을 '기술이 성장할 공간'으로 활용하기 위한 근거를 만들었다는 것이다.

전략안이 발표되자, 이미 마련되어 있던 혁신 복합체를 집중 조명해서 언론의 주목을 받았다. "브루클린 기술 트라이앵글이라는 계획은, 세계의 개척자이자 에너지가 넘치는 창의적 기업가를 위한 자석이 되었고, 이 지역의 거의 10%가 이 지역을 집이라고 부르는 맨해튼 외곽의 가장 큰 기술 활동 클러스터로 부상했습니다"라고 선언했다. 이 계획의 합성된 글과 이미지 들에는 브루클린 스트랜드와 이 지역의 5만 7000여 명의 대학생이 눈에 띄게 등장했으며, 시각적인 이미지는 사람들이 보도의 카페에서 우산을 쓰고 테이블에 앉아 있는 모습을 보여주었다. 언어와 이미지는 모두 매력적인 도시 환경에서 기술과 창조적 활동의 폭발을 보여주었다. 그러나 이 계획은 좋은 일자리를 창출하는 성장의 물결을 위한 공간이 부족해지고 있기 때문에 조치가 필요하다고 촉구했다. 트라이앵글의 "독특한 강점을 이용하기 위해서는 정부, 부동산 공동체, 기술 회사, 교육자 들의 특별한 관심이" 필요할 것이다.

'특별한 주의'가 필요한 다섯 가지 핵심 사항이 있다. 전형적인 협력 시나리오로서 더 많은 사무실 공간을 낮은 임대료로 사용할 수 있을 것, 브루클린 해군 부지가 그랬던 것과 같이 훈련 프로그램은 대학생과 저숙련의 거주민을 기술 회사와 연결할 것, 브루클린 스트랜드에서 얻은 아이디어로서 트라이앵글의 다른 지역은 도보와 자전거용으로 재편될 것, 창조적인 장소 만들기 접근법으로서 지역 전체가 '(더 많은) 에너지와 (더 나은) 분위기'를 가져야 하고, 더 많은 '음식 및 엔터테인먼트 옵션과 역동적인 행사 공간'을 가질 것, 마지막으로 기술 트라이앵글의 '기술'은 더 효과적으로 마케팅되어야 할 것이다. 이 다섯 가지 사항이 이루어진다면 브루클린 기술 트라이앵글은 '뉴욕시 경제와 차세대 기술 허브의 모델이 될 것'이다.

터커 리드는 크게 동의했다. 그는 "전략적 계획의 이유는, 정부가 경제적 기회를 실현하기 위해 현재 해야 할 일에 대해 그들과 상의하기 위해서였습니다"라고 말했다. "두 번째는 부동산 중개인의 마음을 사로잡을 마케팅 작품이었습니다. 미디어에 실린 글을 읽었을 때 우리는 우리가 어딘가에 도달하고 있다는 것을 알았습니다. 하지만 ……" 터커는 잠시 말을 멈추었다. "우리는 여전히 시장을 설득하고 있습니다."

한편 브루클린 해군 부지는 오래된 산업 공간의 집합에서 '활력 있는 창조적 공동체'로 계속해서 변모했다.[47] 디지털 제조업체를 위한 작업 공간을 개발하는 것 외에도, BNYDC는 해군 부지 가장자리에 완전히 새로운 편의시설인 슈퍼마켓과 푸드홀을 추가하면서 기술 회사를 위한 사무실 공간을 만들기 시작했다. 이 두 가지는 해군 부지에 있는 회사 직원의 삶을 더 편리하게 해주었고, 젊은 노동력을 가진 잠재적 세입자를 끌어들였다. 마찬가지로, 그들은 지역 주민이 사용할 부지를 개방했는데, 이 부지는 현재로서는 기술 회사에 근무하는 문화적 신계층gentrifier(쇠퇴했던 구도심을 특색 있는 장소로 탈바꿈시키는 사람들, 즉 젠트리피케이션을 일으키는 사람들 ─ 옮긴이)과 대부분이 그렇지 않은 공공주택 세입자를 모두 포함하는 애매한 범주였다.

빌딩77의 푸드홀은 진정한 출발을 알렸다. 창문이 없는 창고가 유리벽 건축 보석으로 탈바꿈했다. 데이비드 에런버그는 직원이 식당까지 '1.6km(1마일)도 걷지 않고' 점심을 먹을 수 있게 되었다고 말했다. 동시에 푸드홀은 또한 지역 주민에게 개방되었고, 심지어는 지역 주민을 고용할 수도 있었다. 브루클린과 로어맨해튼에서 모집한 장인 식품 판매점은 1층을 점령하고 위층에 마련된 새로운 상업용 주방에서 식품을 가공해 3000개의 제조 일자리를 창출할 것으로 예상되었다. 더 높은 층에서 BNYDC는 기술 및 창조적 기업이 사무실의 시세에 맞춘 임대료를 지불하는 것을 상상했다. 에런버그는 이것이 "제조업자가 (적은 임대료를) 지불한 것을 교차로 보조할 것"이라고 말했다.[48]

더 놀라운 기업가적인 출발로 BNYDC는 더그 스타이너가 스타이너 스튜디오에서 볼 수 있는 약 6만 m² 이상의 유리벽 사무실 건물인 독72Dock 72를 짓기 위해 교외 부동산 개발업체인 보스턴 프로퍼티스Boston Properties와 지역 부동산 개발업체 루딘 개발사Rudin Development에 빈 땅을 임대했다(〈그림 6-1〉). 위워크는 건물의 편의시설인 자전거 대리 주차, 농구장, 웰니스 센터, 또 다른 새로운 푸드홀을 '큐레이션'했다. 데이비드 에런버그에 따르면 독72는 미디어, 기술, 광고 회사를 위한 모든 공유 업무 공간과 호화로운 시설에서 해군 부지의 사회적 사명과 모순되는 것처럼 보였다. 하지만 데이비드 에런버그에 따르면 이곳은 제조 시설을 짓기에 적절하지 않은 땅이었다. 그는 "너무 길고 좁아서 적합한 하역 부두가 부족합니다"라고 말했다. 게다가 BNYDC 건물의 개발자와 세입자 모두에게 '생활 임금'을 지불하도록 하는 임대 계약을 협상했다. 그들은 또한 해군 부지의 고용 센터와 협력해 새로 훈련된 지역 주민을 고용하거나 인턴십을 제공할 것이다. 더군다나 독72의 개발자는 BNYDC 인턴십 프로그램의 소수자와 여성 사업자와 졸업생을 고용하는 데 동의했다. 에런버그는 "또 다른 '케이크 앤드 잇 투cake and eat too' (두 마리 토끼를 잡을 수 없음 - 옮긴이)의 또 다른 경우"라고 말했다. "이것은 창조적인 사무실 공간입니다. 우리는 절대 그것을 직접 짓지는 않을 것입니다. …… 그러나 우리는 약 185만 m^{2}의 공중권을 가지고 있습니다." 이것은 뉴욕의 건물주들이 그들에게 유리하게 팔거나 거래하는 지역 경계를 말한다. "이것은 일종의 실험입니다"라고 에런버그는 말했다. "만약 우리가 건축이나 디자인 또는 순수 기술 회사를 해군 부지로 데려온다면 우리 (제조) 회사에게 이익이 될 것입니다."[49]

이것을 '실험'이라고 부르든, 단지 계산된 위험이라고 부르든, 브루클린 해군부지 개발공사의 투기적 부동산 개발은 어떻게 자금을 조달할 것인지, **누가** 혁신 복합체에 자금을 조달할 것인지에 대한 가시 돋친 질문을 던지고 있다. 민간 개발업자에게 토지를 임대하고, 공중권을 판매하며, 공유 업무 공간을 위한 호화로운 건물을 소유하는 것, 이 모든 것은 뉴욕 부동산 개발업자의 세계에서는 일반적이지만 공공기관에게는 아니다. 당시까지 해군 부지에 빈 공간이 없었지만, BNYDC는 심각한 재정 리스크를 안고 있었다. 브루클린의 사무실 시장은 경쟁이 매우 치열해졌다. 금융 부채에 의한 의존도, 특히 미국 의회가 관리하는 프로그램을 통해 들어오는 외국인 투자자의 대출에 대한 의존도는 정치적 역풍에 직면해 있었다. 2010년과 2018년 사이에 BNYDC는 외국인 투자자로부터 총 3억 9900만 달러의 EB-5 대출 일곱 개를 받았다. 그러나 일부 비평가와 의회 의원 들은 외국 자본이나 자유로운 비자 발급 또는 둘 다 때문에 EB-5 프로그램에 반대했다. 더욱이 중국 투자자가 뉴욕의 패키지로 묶인 EB-5 투자 '지역 센터'를 사기 행위로 고발하

자 해군 부지와 스타이너 스튜디오는 소송의 중심에 섰다.[50]

그럼에도 불구하고, BNYDC는 해군 부지와 스타이너 스튜디오 건물의 인프라를 개선하기 위해 두 개의 미국 인프라 금융 기관으로 부채를 이전함으로써 첫 번째 EB-5 대출 두 개를 상환했다. 그들은 계속해서 새로운 기술 및 창조적인 세입자를 빠른 속도로 계약하는 한편, 제조업체에게 할인된 임대료를 부과하고 지역 고등학생과 주민을 위한 더 많은 교육 및 인턴십 프로그램을 개발했다. 데이비드 에런버그는 "우리는 사명 중심이며 비영리(단체)"라는 것을 상기시켰다. 가끔은 그것을 떠올리기 어려웠지만 말이다.[51]

혁신 지구의 근사한 수사학과는 대조적으로 브루클린의 '혁신 해안선'의 실제 개발은 난잡하고 장기적인 과정이었다. 혁신 복합체의 정확한 지형, 어느 토지, 누구의 건물이 계획에 포함되거나 포함되지 않는가는 광범위한 협상과 투기의 대상이 된다. 새로운 인프라의 개념화, 설계, 자금 조달은 몇 년 동안 지연된다. 브루클린 스트랜드는 제안된 지 6년이 지난 지금도 지역 단체와 시 정부기관의 승인을 거치고 있다. 수변을 따라 대중교통을 개선하는 문제는 훨씬 더 논쟁이 되어왔다. 비평가들은 브루클린과 퀸스에서 16km의 '혁신 해안선'을 따라 회사들을 연결하는 경전철 노선인 BQX를 건설하는 것은 또한 개발업자들이 더블라지오 시장의 비영리 기금에 공헌한 새로운 고급 주택 개발을 연결할 것이라고 비난했다. 게다가 BQX가 범람원 위에 지어질 것이기 때문에 환경 전문가들은 다음번 큰 폭풍에 의해 수십억 달러의 투자가 휩쓸릴 것을 우려했다. 이와 같은 문제는 미국 대통령 여섯 명과 뉴욕 시장 다섯 명의 행정부에 걸쳐 적어도 30년 동안 브루클린 수변 공간 재개발을 괴롭혔다. 이러한 지연은 의심할 여지 없이 계속될 것이다.[52]

이렇게 많은 이해당사자들이 도시 경제 발전을 뒷받침하는 공간적 변화에 대한 이해와 발언권을 동시에 갖고 있다는 것이 지연의 구조적인 이유이다. 공공 승인 절차는 특히 용도 변경이 필요하고 절차가 투명하지 않은 경우에 번거롭다. 게다가 대부분의 재산이 개인 소유이다. 도시 토지의 '최상이자 최고인' 것, 즉 가장 수익성이 높은 용도는 주택이기 때문에 건물주와 부동산 개발업자 들은 제조업체를 거부한다. 단지 제조업만을 위해 토지를 구획하는 경우에도 건물주는 구역이 변경되기를 바라면서 공간을 비워둘 수 있다. 이러한 '최선의 활용' 논리는 도시 계획의 개발에서도 마찬가지로, 항상은 아니지만 도시 경제 개발 공사에서도 채택하고 있다.

그들로서는 개선으로 인해 임대료가 더 오르고, 주거 및 상업 이동이 모두 발생할 것을 우려해 주민과 노동자 들이 경제 발전을 위한 신규 건설에 반대하는 경우가 많다. 그러나 주민과 노동자 들은 유권자이기 때문에 시장은 적어도 어느 정도는 그들의 말에 귀를 기울이는 경향이 있다. 시의회 의원과 주 의회 의원 들 또한 선거 기반의 요구에 응할 수 있다. 이 모든 요소들은 지연을 야기한다.

도시 혁신 지구는 공공 및 개인 토지 소유자, 부동산 개발업자, 정치인 등 기관과 행위자 간의 복합적인 동맹에 의존한다. 결과적인 공공·민간·비영리 성장 연합의 구성원들은 혁신에 대한 원대한 비전에 의해서보다는 그들의 지형에 있는 특정 건물에서 무슨 일이 일어날지에 의해 추진될 수 있다. 톰 몽벨코언이 이야기하듯, 브루클린 기술 트라이앵글의 초기 동기는 두 개의 큰 건물, 즉 제이가 370번지에 있는 이전의 MTA 본사와 덤보에 있는 전 여호와의 증인 워치타워 건물Jehovah's Witnesses Watchtower building이 상업용에서 주거용으로 전환되는 것을 막기 위해서였다.[53] 적어도 이 시점에서 브루클린 기술 트라이앵글은 성공적이다. 다운타운 브루클린에 있는 제이가 370번지는 현재 뉴욕 대학교의 과학 기술 센터이고, 워치타워 건물은 기술 회사 사무실로 개조되었다.

도시 혁신 지구는 토지의 가치를 높이는 것이 전부지만, 수변 공간에 있는 혁신 지구의 가장 열망적인 표현인 브루클린 기술 트라이앵글은 마케팅이 전부였다. 이 계획의 창시자 세 명은 이 계획이 희망과 비전에 바탕을 두고 있다고 말했다. 그러나 데이비드 에런버그는 트라이앵글의 혁신적 계획에 대해 물었을 때 "그것은 브랜드화의 연습이었습니다"라고 말했다. 그러나 몇 년 내에, 창시자들의 허구적인 기대는 그들 자신의 실제 삶을 떠맡았다. 브루클린 기술 트라이앵글이라는 이미지에 이끌려 다운타운 브루클린 사무실 건물의 공실률이 11%에서 2% 미만으로 떨어졌고, 새 사무실 건물(아마도 너무 많은 사무실 건물)이 생겨나기 시작했다. 뉴욕시 경제개발공사는 2017년 아마존이 미국과 캐나다 200여 개 도시와 마을을 대상으로 제2본사 입지를 공모할 때 '브루클린 혁신 허브'라며 제안한 부지 네 개 중 브루클린 기술 트라이앵글을 포함시켰다.[54] 그것보다 더 현실적일 수는 없었다.

심지어 데이비드 에런버그조차도 전략 계획의 허구적인 기대가 "'여기에 제안된 비전이 있고, 여기에 우리가 할 일이 있다'고 말하는 게 유용하다고 생각했지만, 그건 어느 정도는 설득력이 없는 소리였죠"라고 덧붙였다. "그러나 이 덕분에 저와 파트너는 **혁신이 일어날 수 있는 환경**에 집중할 수 있었습니다." 이것은 실제로 '허구적' 기대의 요점이다. 그들은 실행을 위한 시나리오, 청사진을 만든다.

그러나 애덤 러빈스키는 브루클린 기술 트라이앵글이 '작업 공간의 젠트리피케이션'을 부추길까 봐 걱정된다고 말했다. 주거용 젠트리피케이션처럼, 자치구의 제조업 노동자의 삶과 생계에 영향을 미칠 것이었다. 혁신 복합체가 전통적인 제조업 일자리를 몰아내고 첨단 제조를 시제품 제작과 기타 소규모 생산으로 제한하며 아이비리그 스타트업 창업자와 대학 교육을 받은 장인 사업가에게 특혜를 줄 정도로 시급한 문제다. 일자리를 약속한 시장은 혁신을 위한 공간을 만들어야만 할 뿐만 아니라 혁신을 위한 도시 전체의 인력도 구축해야 한다.

블룸버그 시장이나 더블라지오 시장 모두 일자리 창출 임무를 맡았지만, 접근 방식은 서로 달랐다. 블룸버그가 엘리트 코넬 공대를 만든 반면, 더블라지오는 지역 학생들을 위한 기술 교실을 만들었다. 이러한 서로 다른 파이프라인은 다양한 사회 계층의 기술 인재를 창출할 것이다. 그러나 누가 만들어내든, 기술 성과주의는 평등주의가 아니며 혁신 복합체를 통해 파이프라인이 되는 학교는 그들만의 학문 자본주의를 조장한다.

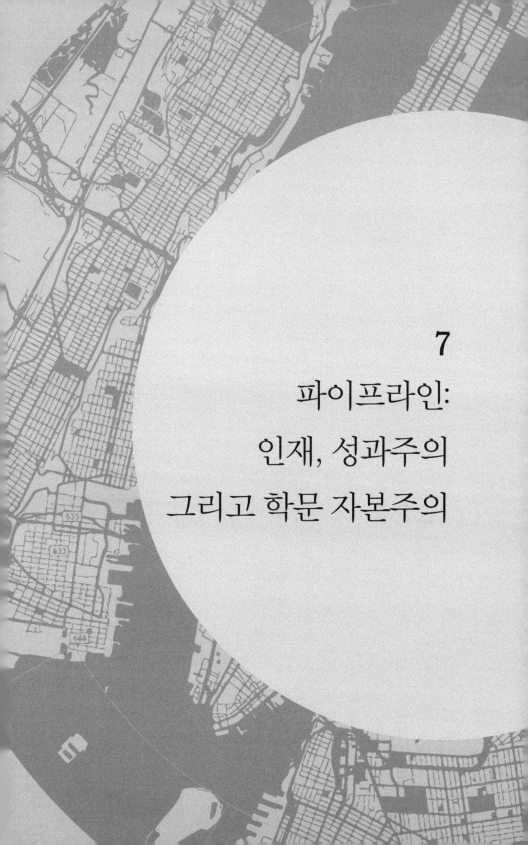

7

파이프라인:
인재, 성과주의
그리고 학문 자본주의

어느 날 아침 플랫아이언 지구에서 매튜 브리머Matthew Brimer가 2011년에 파트너 세 명과 함께 설립한 회사인 제너럴 어셈블리의 사무실을 안내해 주었다. 갈색 머리에 단정하게 다듬어진 턱수염을 기른 20대 후반의 날씬한 체격의 그는 격자무늬 셔츠에 청바지를 입고 나왔는데, 그 모습은 마치 대학원생 같았다. 매트Matt와 마찬가지로 사무실은 캐주얼하고 편안하고 놀라울 정도로 친숙해 보였다.

엘리베이터 문이 열리고 길고 하얀 벽에 크고 검은 글씨로 그려진 에의 바르게 아이러니한 인사말이 들려왔다. "당신은 여기에 있다YOU'RE HERE." 로비에서 떨어진 외투 보관실 벽에 자전거가 걸려 있었다. 매트는 사람들이 사회적 상호 작용을 쉽게 할 수 있도록 크고 탁 트인 두 개의 작업 공간에 큰 정사각형으로 탁자를 배치했다고 말했다. 그곳에는 '진짜 책이 있는' 도서관, 커피 머신과 아침 식사 베이글이 있는 공유 주방, 그리고 1990년대에 인기 있는 어린이 텔레비전 쇼를 진행했고, 지금은 넷플릭스에서 자신만의 과학 시리즈(⟨빌 아저씨의 과학 이야기⟩)를 가지고 있는 '과학자science guy' 빌 나이Bill Nye의 약 2.4m 높이의 그림이 그려진 칠판으로 덮힌 문이 있었다(⟨그림 7-1⟩과 ⟨그림 7-2⟩).

매트는 특히 회사의 300명의 뉴욕 지사 직원들이 종종 어울리곤 하는 햇빛이 가득한 공동 공간을 자랑스러워했다. 우리가 어떤 환경에서든 인상적인 가구가 될 약 6m 길이의 탁자 앞에 도착했을 때, 그는 오른손을 오래된 회색 나무 상판에 대고 그 탁자가 "펜실베이니아의 오래된 헛간에서 얻은 나무로 만들어졌습니다"라며 분명한 애정을 가지고 말했다. 그리고 나서 그는 미소를 지으며 말했다. "많은 기업가들과 많은 아이디어들이 이 탁자에서 태어났죠."[1]

비록 제너럴 어셈블리가 스타트업이고 도시의 혁신 복합체에서 중요한 역할을 하고 있지만, 이곳은 다른 종류의 작업 공간이다. 학교인 것이다. 즉,

그림 7-1 제너럴 어셈블리의 업무 공간

자료: Sharon Zukin.

그림 7-2 제너럴 어셈블리 엘리베이터 로비. 현대 미술관 MoMA의 새 로비에 있는 하임 스타인바크의 벽화처럼 눈에 띄게 보인다.

자료: Sharon Zukin.

취업 시장에서 수요가 높은 코딩, 웹디자인 등 컴퓨터 관련 기술을 가르치기 위해 지난 몇 년간 우후죽순 생겨난 전문 직업학교 중 하나이다. 그 과정이 집약적이고 여러 기술을 빨리 가르치기 때문에 이런 학교는 '부트 캠프'라는 별명을 얻었다. 제너럴 어셈블리와 같은 부트 캠프는 대면 강의에 3개월 동안 몰두하는 데 1만 2000달러에서 1만 5000달러까지 높은 수업료를 부과한다. 좋은 점은 과정을 마친 후, 상당한 연봉으로 직장을 구할 수 있는 좋은 기회를 얻는다는 것이다. 성공적인 코딩 스쿨은 고용주의 요구에 따라 빠르게 변화하는 네트워킹, 멘토링, 학습 경험을 제공한다. 이것은 학생을 도울 뿐만 아니라, 이미 붐비는 시장 틈새에서 학교가 경쟁 우위를 점하게 하고, 고등 교육에서 대학의 지배적인 위치를 무너뜨릴 수 있는 기회를 준다. 부트 캠프는 신경제의 중산층으로 가는 파이프라인을 약속하며, 종종 좋은 일자리로 이어지는 조직적이고 개인적인 연결고리라는 과정을 생략해 준다.

이것은 기업 규모 축소와 불확실한 미래 시대에 중요한 약속이다. 코딩 스쿨은 2010년 미국에서 사실상 알려지지 않았지만, 2018년까지 약 9만 5000개가 미국 전역에서 운영되고 있었고, 매년 거의 2만 3000명의 학생이 배출되고 있는데 이는 미국의 모든 단과 대학을 졸업하는 컴퓨터과학 전공자의 약 3분의 1에 해당하는 숫자이다. 2019년 뉴욕에만 44개의 부트 캠프가 있었는데, 이는 미국 도시 중 가장 많은 숫자이다. 이 학교 중 일부는 실리콘밸리에서 운영되었고, 제너럴 어셈블리를 비롯한 어떤 학교는 해외에 여러 분교를 가지고 있었다. 서비스에 대한 수요는 무궁무진해 보였다. 노동 시장이 클라우드 컴퓨팅, 빅데이터, 사이버 보안, 인공 지능의 발전에 발맞추기 위해 고군분투함에 따라 컴퓨터 관련 일자리가 다른 모든 직업보다 빠르게 증가하는 (그리고 높은 임금을 제공하는) 것으로 예측되었다.[2]

뉴욕은 1990년 닷컴 붐 시절 기술 인력을 투입할 필요가 있다는 초기 경보를 받았다. 그러나 공공도 민간도 이에 대해 많은 것을 하지 않았다. 도시의 전통적인 산업과 공학 학교는 코더와 웹 개발자를 양성하는 일을 심각하게 받아들이지 않았다. 일반적인 관성은 차치하고서라도, 실리콘 앨리가 기술 교육에 특별한 노력 없이도 충분히 잘하고 있다고 느꼈을 것이다. 아니면 그들은 뉴욕이 실리콘밸리나 보스턴을 따라잡을 수 없기 때문에 뭔가 하는 것은 헛된 일이라고 믿었을지도 모른다. 시의 감사관실은 1999년에 지역 기업·정부·대학을 연결하는 야심찬, 조정된 교육 및 육성 프로그램을 요구하는 보고서를 발행했다. 그러나 감사관실의 경제 수석에 따르면 이 보고서는 금융 시장의 실시간 데이터를 트레이더의 책상에 있는 특별한 단말기로 가져오는 혁신적인 디지털 플랫폼을 기반으로 개인 재산을 축적했고, 2001년에 당선된 블룸버그 시장을 포함한 누구의 관심도 끌지 못했다.[3]

블룸버그 행정부는 2008년 금융 위기 때문에 움직였다. 극적인 개입이 필요한 상황이라는 것은 모두가 알고 있었지만 어떻게 해야 할지는 아무도 몰랐다. 당시 뉴욕시 경제개발공사NYCEDC의 세스 핀스키 사장은 "리먼(브라더스)이 무너진 직후"라며 "블룸버그 시장은 경제 개발 팀을 모았습니다. 우리가 직면하고 있는 일의 규모가 우리나 어떤 다른 도시가 가진 자원보다 훨씬 더 크다는 것은 명백했습니다. 우리는 신중해야만 했습니다"라고 말했다.[4]

리먼은 파산 신청을 한 순간까지 뉴욕시와 세계 최대 은행에 의해 촉발된 거대한 투기 부채 위기를 유발했고, 시장과 뉴욕의 원로 상원의원인 척 슈머 Chuck Schumer는 연방 정부에 은행에 대한 금융 규제를 완화할 것을 촉구했다. 그들은 이로써 뉴욕이 세계 최대의 금융 중심지가 되기 위해 런던과 계속 경쟁할 수 있게 할 것이라고 말했다. 2006년 뉴욕 시장실은 뉴욕의 경쟁력을 평가하기 위해 컨설팅 회사인 매킨지에 60만 달러를 지불했다. 매킨지는 은행이 훨씬 더 높은 레버리지 대출과 치명적인 금융 파생 상품 패키지를 고안할 것을 권고했다. 이것이 지금 우리가 알고 있는 바와 같이 금융기관들을 미끄러운 경사 길로 내몰았다. 비록 블룸버그 행정부가 2008년 이후 '신중했었다'고 해도, 그들이 항상 도시 경제를 절벽으로 몰아가는 금융 엔진에 대한 대안을 모색해 왔다고 말하는 것은 어불성설이다.[5]

그럼에도 불구하고, 금융 위기 동안 행정부의 첫 번째 결정 중 하나는 전략 계획을 위한 싱크탱크인 NYCEDC 내에 경제혁신센터CET를 만드는 것이었다. 그들은 세계경제포럼을 이끌었던 매킨지 출신의 경영 컨설턴트 스티븐 스트라우스를 경제혁신센터의 창립 이사로 영입했다. 스트라우스는 토박이인 뉴욕 시민들의 뉴욕시에 대한 비판적 공감뿐만 아니라 지식 및 기술 중심의 '혁신 경제'가 상승하고 있다는 세계 최고경영자 공동체 내의 새로운 공감대를 가져왔다. 스트라우스는 뉴욕 금융이 지배하는 경제가 자유낙하하는 가운데, CET는 "스타트업 경제, 혁신 경제와 같이 우리가 크게 관여하지 않은 지역"으로 전략적 전환을 신속하게 추진했다고 말했다. 그러나 앱과 소셜 미디어가 등장하면서 기술 산업은 뉴욕이 제공할 수 있는 것보다 더 많은 소프트웨어 엔지니어가 필요했다.[6]

CET는 벤처 투자가로부터 같은 메시지를 받았다. 만약 도시가 새로운 산업을 유치하기를 원한다면, 더 많은 소프트웨어 엔지니어를 배출해야 했다. 스트라우스는 또 "뉴욕 벤처 캐피털, 스타트업 공동체와 구글이 (뉴욕에) 왔을 때 폭넓은 대화를 나눴습니다"라고 말했다. 그들은 도시의 미디어와 광고의 장점에 이끌렸지만, 수천 명의 엔지니어를 고용할 수 있어야 했다. 컴퓨터 기술이 뛰어난 노동자는 또한 디지털 플랫폼과의 경쟁을 가장 두려워하는 미디어와 광고로 시작하는 전통적인 산업에 도움이 될 것이다. 컴퓨터 하드웨어의 초기 혁명과 달리, 스트라우스는 "웹 2.0은 비즈니스 시스템과 인터페이스에 대한 것이 훨씬 더 많습니다"라고 말했다. 그것은 '구식 산업을 위한 기술'인 것이다.

새로운 노동력을 형성하기 위한 대규모 추진은 지역 학교와 고용주 모두의 참여가 필요할 것이다. 예상외로, 이것은 경제개발공사의 '게임 체인저' 구상에서 비롯되었는데, 이 구상은 300명이 넘는 기업, 지역 사회, 대학 지도자와 1년 동안 계속된 논의였다. 세스 핀스키는 "만약 우리가 경제에 큰 영향을 미칠 수 있는 한 가지를 할 수 있다면 그것은 무엇이겠습니까?"라고 물었다. 합의의 요점은 '공학인 것으로' 밝혀졌다. "그 세계의 지도자가 되겠다는 우리의 야망에 비해 이공계 인력은 부족했습니다. 그것은 (도시의) 결핍이라는 틀을 만들었습니다."

그러나 그것은 몇 가지 측면에서 결핍이었다. 뉴욕은 기술 회사에서 일하기 위해 고도로 훈련된 소프트웨어 엔지니어 수천 명이 더 필요했지만, 뉴욕은 또한 모든 종류의 회사에서 '창조적인' 설계 작업과 일상적인 시스템 관리를 모두 할 수 있는 집중적인 직업 기술을 가진 수만 명의 사람들이 필요했다. 게다가 블룸버그 행정부는 기술 기업가 정신을 장려하기를 원했다. 핀스키는 "정부는 승자와 패자를 가리는 데 악명이 높습니다"라고 말했다. 도시가 '똑똑하고 재능 있는 사람들을 끌어들이는' 것은 중요하다. 도시의 물리적 기반 시설과 문화적 삶의 질을 향상시키는 것 외에도 블룸버그 행정부는 지역 대학이 학생과 교수 사이에서 더 기업가적인 사고방식을 개발하도록 도울 필요가 있을 것이다.

시 정부가 세운 이러한 각각의 목표는 NYCEDC가 경험도 동기 부여도 하지 못한 노동력 훈련에 대해 깊이 연구할 것을 요구했다. 이로 인해 경제개발공사는 시 정부와 협력할 수 있는 "우리보다 더 잘 갖춰진 조직"을 찾게 되었다고 핀스키는 말했다. "(NYCEDC는) 자원과 리더십을 제공할 것입니다." 즉, 민간 및 비영리 부문의 단체들이 교육 훈련을 제공할 것이었다. 경제개발공사의 가장 널리 알려진 노력은 결국 루스벨트섬에 공학 대학원을 설립하는 주요 프로젝트로 이어졌다. 이 계획이 효과가 있다면 블룸버그 시장이 뉴욕

기술밋업에서 말한 것처럼 그 학교는 전 세계에서 "최고이고 가장 똑똑한" 사람들만 끌어들이는 것은 아니다. 이 학교의 졸업생들은 또한 스타트업을 설립하고, 뉴욕에 머무르면서 뉴욕시의 성장에 장기적인 힘을 보탤 것이다.[7]

2010년 12월 시장이 이러한 종류의 학교에 대한 대학 후원을 찾기 위한 전 세계적 유치 경쟁을 발표하고, 시 소유의 토지에 일부 부지를 무료로 제공하고 기반 시설을 개발하기 위해 1억 달러를 제공하겠다고 제안했을 때 그는 도시가 혁신 경제를 위한 고도로 숙련된 인력을 생산하는 데 전념하고 있다는 강력한 신호를 보냈다. 이는 경제 개발 관계자들이 염두에 두고 있던 희망의 '게임 체인저'인 뉴욕에게는 매우 큰일이 될 것이었다.[8]

그러나 결국 코넬 공대가 된 공학 대학원은 더 넓은 응용과학 뉴욕 이니셔티브의 가장 그럴듯한 성과일 뿐이었다. 2010년부터 NYCEDC는 도시의 주요 교육기관에 다양한 프로젝트의 자금 조달을 도왔다. 뉴욕대가 폴리테크닉 대학교와 합병하고, 도시 중심의 엔지니어링과 빅데이터 분석을 제공할 수 있는 시설 신축 등을 통해 다운타운 브루클린으로 진출하는 것을 지원했다. 모닝사이드 하이츠Morningside Heights에 있는 컬럼비아 대학교의 새로운 데이터 과학 및 공학 연구소도 후원했다. NYCEDC는 뉴욕 시립 대학교CUNY의 여러 캠퍼스에 혁신을 위한 소규모 기관 설립을 장려했다.

NYCEDC는 또한 대학에서의 훈련보다 빠르고 비용이 적게 드는 대안으로써 영리 부트 캠프에 자금을 지원했다. 경제개발공사는 새로 부활한 실리콘 앨리에 '기술과 디자인 캠퍼스'를 설립하기 위해 매트 브리머와 제너럴 어셈블리의 파트너에게 20만 달러의 스타트업 보조금을 주었다. 또 다른 코딩 부트 캠프인 플랫아이언 스쿨은 금융 지구에서 문을 여는 데 25만 달러의 보조금을 받았다. 세스 핀스키는 "혁신에 대한 투자는 경제가 튼튼하고 다양하며 성장하는 것을 막지 않는 열쇠"라며 "(응용과학) 이니셔티브는 이러한 종류의 투자를 하겠다는 시의 의지를 보여주는 강력한 증거"라고 선언했다.[9]

그러나 도시의 기술 인력을 구성하기 위해 별도의 파이프라인을 통해 오는 세 개 그룹의 '인재들' 사이에는 중요한 차이점이 있었다. 첫 번째 그룹은 뉴욕의 명문 사립대학에서 수준 높은 공학 및 경영학 학위를 받은 성취도가 높은 미국 및 국제 학생으로 구성될 것이다. 코넬 공대, 컬럼비아대, 뉴욕대가 여기에 포함된다. 두 번째 그룹은 주로 코딩의 기본을 알고 있고 제너럴 어셈블리와 같은 부트 캠프에서 비싼 집중적인 수업을 들을 여유가 있는 미국 학생이 될 것이다. 세 번째로는 CUNY 졸업생을 포함한 '토박이' 뉴욕 시민일 것이다. 그들은 컴퓨터과학 강의를 수료하긴 했지만 기술 세계에 대한 직접적인 경험은 거의 없고 부트 캠프에 들어갈 만한 돈도 없다. 디지털 노동력은 현대의 성과주의처럼 학력과 소득에 의해 계층화될 것이다.

몇 년 동안 더블라지오 행정부는 뉴욕 전체의 기술 인재 파이프라인을 만들어 세 번째 그룹의 가장 특권이 적은 학생을 대상으로 한 훈련 프로그램을 위한 자원을 엄청나게 늘렸다. 혁신 인력 개발에 형평성을 가져오려는 노력은 광범위한 홍보와 공공·민간·비영리 파트너십에 의한 집중적인 멘토링이 필요하다. 그러나 사립대학에서의 '학문 자본주의'로 인해 형평성은 복잡해졌다.[10]

다운타운 브루클린에 기술 허브를 건설하는 것에 총장의 야망이 집중된 브루클린 폴리테크닉 대학교와는 달리 컬럼비아 대학교는 교수와 학생 사이에서 혁신과 기업가 정신을 육성하는 데 초기에 앞장섰다. 대학은 지식의 추구에만 그 동기가 있는 것이 아니다. 컬럼비아대는 다른 대학이 교수 연구 특허에서 얻은 수입을 혁신의 독특한 척도로 보았다. 1990년대에 과학 기술 정책 교수이자 경영 부사장이었던 마이클 크로Michael Crow는 훗날 과학 기술 벤처 투자 회사로 알려진 컬럼비아 이노베이션 엔터프라이즈Columbia Innovation Enterprise라는 사무실을 여는 데 핵심적인 역할을 했다. 이 대학의 홍보실은 크로가 애리조나 주립 대학교Arizona State University 총장을 맡기 위해 떠난 2002년 "컬럼비아는 특허 및 라이선스 수입으로 받는 수입액에서 전국 대학 중 꾸준히 1, 2, 3위를 차지하고 있습니다. 가장 최근의 순위에서 컬럼비아는 캘리포니아 대학교University of California 다음으로 2위였습니다".[11]

뉴욕의 다른 주요 대학들은 이런 논의가 늦게 시작되었다. 만성적으로 자금이 부족한 공립대학인 CUNY는 기술 혁신을 장려하기 위해 뉴욕주로부터 보조금을 받는 데 노력을 집중했다. 그러나 엠파이어스테이트 개발공사가 1980년대 초에 산업과의 협력을 위해 대학에 경쟁력 있는 보조금(경연 과정을 통해 선발된 주체에게 예산상의 한정된 금액이 아니라 재량에 따른 자금을 지원하는 방식의 보조금을 일컬음 – 옮긴이)을 주기 시작했지만 CUNY는 뉴욕 주립 대학교SUNY: State University of New York만큼 보조금을 잘 받지 못했다.

한편 비슷한 이름의 사립대학인 뉴욕 대학교는 여러 기업가적 이니셔티브를 시작했다. 2005년 뉴욕 대학교 총장인 존 섹스턴은 도시 경제 개발에서 대학의 역할이 커지고 있음을 강조하기 위해 'FIRE and ICE'라는 약자를 만들었다. 그 직후 기술 혁신은 비즈니스와 공학에서 이중적인 힘을 필요로 한다는 것을 알았기 때문에 그는 몇몇 졸업생과 교수진의 반대를 극복하고 브루클린 폴리테크닉 대학교와 합병을 협상했다. 2010년 금융 위기의 여파로 뉴욕 대학교의 컴퓨터과학과 교수인 에번 코스는 "대학과 스타트업 간의 연결을 강화하기 위해" 핵NY를 설립하려고 컬럼비아 대학교의 동료와 함께했다고 말했다. 그들은 학부생에게 금융 직종 대신 기술직을 고려하도록 장려하기 위해 해카톤의 즐거움을 활용하고 싶었다. 동시에 뉴욕 대학교는 루슨트 테크놀로지Lucent Technologies에서 벤처 투자를 조직한 프랭크 리말로브스키Frank Rimalovski를 영입해 대학의 새로운 혁신벤처펀드Innovation Venture Fund를 운용했다. 뉴욕 대학교는 1970년대부터 디지털 미디어 랩인 인터랙티브 텔레커뮤니케이션 프로그램을 개척해 왔으나, 그것은 예술 대학 안에 있었다. 2010년 이후 '혁신과 기업가 정신'은 대학 전체를 학문 자본주의의 아바타로 만들 것이다.[12]

리말로브스키는 매트 브리머의 오래된 버전처럼 보인다. 그는 날씬한 체격으로 갈색 머리에 회색으로 깔끔하게 다듬어진 턱수염을 가지고 있고, 긴 소매 셔츠와 청바지를 입고 있다. "프랭크를 찾으세요?" 워싱턴 스퀘어 공원 Washington Square Park 근처의 100년 된 건물인 마크 앤드 데브라 레슬리 eLab Mark and Debra Leslie eLab에 있는 그의 사무실로 내려가자 그가 물었다. eLab의 'e'는 기업가를 의미한다. 이곳은 "뉴욕의 모든 학교와 대학에서 온 뉴욕의 기업가를 만나 아이디어와 발명을 스타트업 기업으로 발전시키는 데 도움을 주기 위해 연결, 협업, 방대한 자원을 활용할 수 있는 곳"이다.

공유 업무 공간, 행사장, 시제품 장비를 갖춘 이 시설은 혁신과 기업가 정신을 위한 모범 인력의 상위 계층을 교육하는 것을 목표로 한다. '무언가를 창조하고', '무언가를 시작하고', '무언가가 되고자 하는' 대학생들이 이 모범 인력이다. 학생들을 확장된 도심 캠퍼스의 한 곳에서 다른 곳으로 운반하는 뉴욕대 흑인 셔틀버스의 슬로건들이 말해 주듯 말이다.[13]

프랭크는 이 영역을 구축하는 데 중요한 역할을 했다. 그는 손으로 그린 수염이 있는 그의 캐리커처가 화이트보드를 장식하는 수수한 지하 사무실에서 일한다. 뉴욕 대학교에 오기 전에 기술 산업에서 경력을 쌓았던 그는 이제 학생들에게 멘토이자 대학의 기관 설계자, 즉 '기업가 교육, 멘토링, 코칭, 훈련의 치어리더'로 불린다. 또한 그가 뉴욕 대학교 학생과 교수진이 개발한 지식 재산을 대학의 명성과 수입으로 바꾸는 데 도움을 주었다고 말할 수 있다.

뉴욕시 토박이인 리말로브스키는 실리콘밸리의 애플과 선 마이크로시스템Sun Microsystems에서 일하면서 기술 경력을 시작했으며, 1990년대 말 벤처 캐피털이 확장되고 있을 때 다른 도시로 이주했다. 그는 닷컴의 호황과 불황을 헤쳐 나갔다. 2009년 뉴욕 대학교가 그에게 대학의 벤처 펀드를 설립할 것을 요청했을 때, 뉴욕의 기술 산업은 다시 "폭발적으로 증가했습니다". 그는 "누군가 내 집 뒷마당에서 바비큐 파티를 하는 것 같았는데, 초대장을 받지는 못했습니다"라고 말했다. 프랭크의 야망은 IBM에서 근무했던 폴 혼 Paul Horn 선임 부학장의 교수진 연구를 상업적 스핀아웃(기업의 여러 부서 중 특정 사업 분야에 특화된 부서를 독립된 사업체로 분리하는 경영 전략 - 옮긴이)으로 추진하던 대학의 야망과 일치했다. 리말로브스키는 "우리는 뉴욕 대학교를 뉴욕 생태계의 핵심으로 만들고 싶었습니다"라고 말했다. "2010년에는 투자 가능한 사업이 많지 않았습니다. 팀을 찾기 위한 많은 아이디어와 기술은 있었습니다. …… 우리는 거래의 흐름을 만드는 것을 돕고 싶었지요. 실리콘밸리와 같은 강력한 생태계를 가진 대학들은 스타트업 생태계와 밀접하게 연결되어 있습니다."[14]

2011년 리말로브스키는 대학의 혁신과 기업가 정신을 위한 다양한 이니셔티브가 한 지붕 아래에 모일 것을 제안했다. 이것은 학제 간 팀을 만드는 데 중요할 것이다. 공학 대학원은 학생들이 디지털 기술을 사용하는 미디어와 인문학 프로그램뿐만 아니라 경영 대학원 캠퍼스와는 다른 캠퍼스에 있고 다른 자치구에 있다. 대학 측은 리말로브스키의 제안에 뉴욕대 기업가 연구소NYU Entrepreneurial Institute를 만들고 프랭크를 이사장으로 임명하는 것으로 답했다. 교무처장은 그와 작은 팀이 (그리니치빌리지 인근의) 워싱턴 플레이스Washington Place에 건물을 개조할 돈을 모을 수 있다면 건물을 가질 수 있다고 말했다. 놀랍게도 리말로브스키의 주요 기부자이자 대학의 자문 위원인 마크 레슬리Mark Leslie가 eLab에 자금을 지원하겠다고 제안했다. 뉴욕 대학교의 수학과와 물리학과를 졸업한 레슬리는 성공적인 실리콘밸리 기업가인데, 뉴욕 대학교의 주 캠퍼스와 혁신 복합체를 연결하는 데 결정적인 역할을 했다.

대학은 도시처럼 사회적·지적으로 다양해질 수 있도록 인력을 양성하고 있다고 강조했다. 마크 앤드 데브라 레슬리 eLab은 문과 학생을 비롯해 경영 및 공학 학생을 한데 데려오고, 다양한 문화적 배경과 경력을 가진 학생뿐만 아니라 여학생의 참여를 장려할 것이다.[15] 리말로브스키는 "우리는 이것이 단지 기술 중심지가 되기를 바라는 게 아닙니다"라고 말했다. 게다가 이러한 프로그램의 경제적 영향은 뉴욕 대학교뿐만 아니라 엄청날 수 있다. 프랭크는 시의 "학술(기관)들이 이러한 것들을 상업화하기 위해 솔선수범하고 있다"고 보았다. 그는 "전함을 돌리는 것이 제 일의 일부입니다"라고 말했다.

리말로브스키가 뉴욕 대학교의 행정 구조에 벤처 투자를 가져온 것은 사립대학들이 상아탑과 비즈니스 공동체 사이의 차이를 단순히 메우기만 한 것이 아니라 얼마나 도약을 해왔는지를 보여준다. 동문 자문단과 이사회는 언제나 거액의 기부자이자 연결자였다. 그러나 2010년 이후 대학은 월가와 부동산 업계에서 일하는 성공적인 졸업생을 비롯해 대형 벤처 캐피털 회사의 파트너에서 소규모 스타트업 설립자까지, 모든 범위의 새로운 경제 비즈니스 리더를 캠퍼스에 초대하는 것에 이르기까지 연결고리를 넓히고 있다. 스탠퍼드대부터 MIT까지 비즈니스 리더가 '스타트업 스쿨'과 부트 캠프에서 강의하고, 학생 프로젝트에 대한 조언을 제공한다. 이 분야의 멘토들은 거의 틀림없이 교수들보다 더 중요하다. 그러므로 뉴욕 대학교 기업가 연구소의 훈련 프로그램과 각종 대회가 기술 액셀러레이터의 프로그램과 매우 흡사하다는 것은 놀라운 일이 아니다. 일부 벤처 투자가는 두 가지 모두에 관련되어 있다.

비록 대학이 학생과 교수진에 의해 만들어진 지식 재산을 이용하기를 원하지만, 그들은 다른 목표를 가지고 있다. 혁신을 우선시하는 정부 지원 연구비를 놓고 경쟁하고 있으며, 학생을 (그리고 등록금을) 유치하기 위해 노력하고 있고, 혁신 복합체의 가치를 창출한다는 것을 시 정부에 보여주고 있다. 리말로브스키가 말했듯이, 그는 '전함을 돌리고' 있다. 이것은 혁신 경제를 위한 학문 자본주의이다.

벤처 투자가처럼 뉴욕의 사립대학 교수들은 그들의 새로운 기업가 문화에 대한 시 정부의 기여를 경시하는 경향이 있다. 하지만 블룸버그 행정부 시절 코넬 공대의 발전과 함께, 뉴욕은 의도적으로 국가가 후원하는 학문 자본주의의 깃발을 만들었다. 코넬 공대는 모든 면에서 컬럼비아 대학교나 뉴욕 대학교보다 화려하게 운영되고 있다. 그것은 세계적인 규모의 학문 자본주의인 것이다.

루스벨트섬의 지하철역 깊은 곳에서 밝은 곳으로 나와 주위를 둘러보지만 코넬 공대로 가는 길을 알려주는 표지판은 없다. 남쪽으로 걸어가야 한다는 걸 아는 사람이라면 맨해튼과 퀸스 사이의 강 양쪽에 있는 랜드마크를 찾아서 어디로 가야 할지를 결정할 것이다. 몇 분 안에 완전히 개방되어 있고, 아직은 완성되지 않은 캠퍼스에 도착할 것이다. 두 개의 전면적이고 부드러운 곡선을 그리는 낮은, 유리와 강철로 된 건물, 더 높고 흰 칠이 되어 있는 건물, 그리고 나무와 토종 식물 들로 조경된 주변을 둘러싼 철조망의 건설 현장, 그리고 풀로 덮인 다섯 언덕으로 이어져 있어 미래의 건물 부지를 표시해 주는 캠퍼스 말이다. 부지의 적당한 규모는 프로젝트의 야심을 암시할 뿐이다(〈그림 7-3〉).[16]

처음부터 응용과학 대학원은 도시의 혁신 경제 상위권을 채울 수 있는 고도의 기술 인재 파이프라인으로 구상되었다. 미래의 졸업생은 혁신과 기업가 정신을 위한 이상적인 인력인 스타트업 창업자와 구글 엔지니어가 될 것이다. 지역 대학은 블룸버그 행정부가 염두에 둔 것에 비해 너무 작은 기반

그림 7-3 코넬 공대 캠퍼스 입구

자료: Sharon Zukin.

을 대표했다. 그들은 뉴욕에 실리콘밸리의 '삼중 나선'을 만들 수 있는 규모
와 경험을 모두 갖춘 대학을 원했다. 2010년 12월 블룸버그 시장은 최고의
또는 가장 야심찬 대학을 참여시키기 위해 극적으로 전 세계를 대상으로 유
치 경쟁의 첫 단계를 발표했다.[17]

2011년 7월 제출된 예비 계획을 검토한 후, NYCEDC는 도시의 다른 지역
에 있는 네 개의 시 소유 부지를 선택할 수 있도록 제안했다. 주요 경쟁에서
종종 일어나듯이, 참가자들은 그들의 제안을 강화하기 위해 파트너십을 형
성했다. 3개월 후, 뉴욕은 해외와 미국의 다른 지역에 기반을 둔 지역 대학
과 학술 기관 사이의 일곱 개의 동맹으로부터 '적합 반응'을 받았다. 로버트
K. 스틸Robert K. Steel 뉴욕 부시장은 이러한 반응을 "뉴욕시의 미래에 대한 자
신감을 보여주는 가장 최근의 증거"라고 말했다.[18]

어쨌든 그들은 꽤 많은 기관을 대표했다. 뉴욕 대학교는 루스벨트섬을 목표로 삼은 코넬 대학교와 테크니온-이스라엘 공과대학, 스탠퍼드 대학교와 시티 칼리지 오브 뉴욕City College of New York의 파트너십을 제외하고 다운타운 브루클린의 부지에 지원하기 위해 세 개의 외국 대학과 CUNY, 펜실베이니아주 피츠버그Pittsburgh의 카네기 멜런 대학교Carnegie Mellon University에 합류했다. 카네기 멜런 대학교는 스타이너 스튜디오와 제휴해 브루클린 해군 부지에 학교를 제안했다. 컬럼비아 대학교는 맨해튼 위쪽에 있는 기존 캠퍼스 근처의 부지를 목표로 했다. 뉴욕 게놈 센터New York Genome Center는 미드타운 맨해튼에 생명공학 캠퍼스를 제안하기 위해 마운트 시나이 의과대학 Mount Sinai School of Medicine, 록펠러 대학교Rockefeller University, 뉴욕 주립 대학교 SUNY Stony Brook와 힘을 합쳤다. 그리고 인도의 아미티 대학교Amity University는 뉴욕항의 거버너스섬Governor's Island 부지를 요청했다. 언론 보도에 따르면 스탠퍼드대와 코넬대가 선두 주자로 급부상했다.[19]

그들의 상대적인 기회에 대한 소문이 무성했다. 한편 뉴욕 시장이 스탠퍼드대를 선호한다는 주장이 나왔지만, 블룸버그 행정부는 뉴욕시에 의과대학이 있고, 뉴욕주의 교육 인가가 있는 북부의 기관인 코넬대를 추천할 것이라는 의견도 있었다. 다른 사람들은 뉴욕시가 협상 중에 새로운 요구를 강요해서 (여기서 '강경함'이 가장 많이 사용된 용어였다) 스탠퍼드대를 쫓아냈다고 말했다. 그러나 코넬·테크니온 대학 파트너십은 몇 가지 이점을 가지고 있었다. 테크니온대는 텔아비브Tel Aviv에서 스타트업을 창업하고 지원해 엄청난 실적을 올렸으며, 이는 베스트셀러『스타트업 국가: 이스라엘의 경제 기적에 관한 이야기』가 2009년 출간된 이후 널리 알려지게 되었다. 코넬의 의과대학과 맨해튼의 어퍼이스트사이드Upper East Side에 있는 병원은 공학 인재와 결합해 생명공학 및 보건 기술 스타트업을 만들고 국립보건원으로부터 보조금을 받기 위해 보스턴과 경쟁할 수도 있었다. 게다가 코넬대는 거의 즉시 수업을 시작하고 수천 명의 대학원생을 모집하겠다고 약속했는데, 이는 시장의 관심을 끄는 규모와 속도였다.[20]

코넬대는 정치적 전략도 썼다. 시와의 몇 달간의 협상 동안, 코넬대는 기관 간 연계를 활용하고 일련의 지지 성명을 점차로 발표함으로써 경쟁자를 향한 판돈을 올렸다. 심지어 경쟁의 1단계에서 직접적으로 관심을 보였던 테크니온대와의 파트너십이 기습적인 무기로 떠올랐다. 협상의 마지막 단계에서 코넬대는 익명의 기부자로부터 새 학교를 위한 3억 5000만 달러를 기부받는다고 발표했다. 그 미스터리한 후원자 마에케나스Maecenas는 면세점 사업으로 큰돈을 벌었던 코넬 대학교 졸업생 척 피니Chuck Feeney였다. 블룸버그는 코넬 대학교의 주요 라이벌인 스탠퍼드 대학교가 캠퍼스 유치 계획을 철회한 이후 공식화하며 "오늘은 결정적인 순간으로 기억될 것"이고, "한마디로 이 프로젝트는 변혁이 될 것"이라고 말했다. 2014년 1월, 퇴임 2주 전, 시장은 루스벨트섬의 약 4만 8500m^2 부지에 대한 99년 임대 계약을 코넬대와 테크니온대 총장과 체결했다.[21]

임대가 체결되기도 전에 코넬 공대는 주요 기술 회사와 '협업'해 학위 프로그램을 마련함으로써 이 프로젝트가 얼마나 변혁적인지를 알렸다. 뉴욕의 가장 큰 두 경제 분야와의 시너지 또는 통합을 목표로, 코넬 공대는 커넥티드 미디어와 헬스테크 분야의 2년짜리 석사 학위 프로그램을 발표했다. 첫 번째 학위는 허스트, 미디엄Medium, 페이스북, 베타워크스, 텀블러, 워드프레스WordPress, 뉴욕 타임스의 지원을 받을 예정이다. 두 번째는 화이자, 유나이티드헬스그룹United Health Group, 웹MDWebMD, 웨일 의과대학Weill Cornell Medical College, 웰코인Wellcoin의 지원을 받을 예정이다. 이러한 관계는 졸업생에게 일자리로 가는 파이프라인을 제공했지만, 동시에 학문 자본주의의 청사진을 제시하기도 했다.[22]

인맥이 좋은 교수와 행정관 채용이 시급했다. 다른 대학과 마찬가지로 코넬 공대는 최고 수준의 민간 기업과 함께 일했던 과학자를 모집하고, 정부가 지원하는 중요한 연구에 협력했으며, 코넬대와 테크니온대를 시작으로 주요 교육기관에서 가르쳤다. 그들의 경력은 학교가 기술 혁신과 기업가 정신 사이에 긴밀한 유대 관계를 형성할 것이라는 점을 분명히 했고, 설립 학장인 대니얼 허튼로처Daniel Huttenlocher가 이를 도발적으로 강조했다. 2016년 아마존 이사회에 지명된 허튼로처는 "저는 우리 교수진이 이해 충돌 가능성이 있는 짧은 목록보다 더 긴 목록을 갖기를 원합니다"라고 말했다. "우리는 이러한 갈등을 당신이 (대학) 밖에서 하고 있는 일의 증거로 보고, 그것을 소중히 여기며 보상합니다." 즉, 학장은 다른 학문 기관에서는 윤리 위반으로 비난받을 수 있는 행동이 코넬 공대에서는 환영받을 것이라고 암시한 것이다.[23] 그러나 스탠퍼드대 교수진은 1950년대에 이미 그것을 해냈다.

딘 허튼로처Dean Huttenlocher 학장의 경력은 비즈니스와 학문 사이의 바람직한 융합의 좋은 사례를 제공한다. 그는 MIT에서 박사 학위를 취득하고 코넬대에서 수년간 가르쳤다. 그는 또한 제록스Xerox Corporation의 팰로앨토 연구소에서 일했다. 그는 코넬 공대의 컴퓨터공학과 웨일 의과대학의 공중보건학과 부학장으로 임명되었고, 혁신적인 프로젝트를 위한 중요한 인큐베이터가 될 새로운 학교의 헬스테크 허브를 설립했다. 다른 리더들은 기술 회사와 권위 있는 연구소에서 모두 영입되었다. '스타트업 아이디어'라는 과목을 가르치는 컴퓨터과학자인 '최고 기업가적 책임자'는 트위터의 첫 최고 기술책임자로 두 개의 스타트업을 공동 설립했다. 제이컵스 연구소 소장은 "전통적인 대학 환경의 제약 없이 디지털 과학과 기술에 초점을 맞춘 독립적인 학문적 파트너십"으로 야후! 연구소에서 미 국방부의 방위고등연구계획국DARPA: Defense Advanced Research Projects Agency in the US Department of Defense에 이르는 컴퓨터과학자로서의 전 경력을 지녔다. 제이컵스 연구소장인 론 브랙먼Ron Brachman은 학교 웹사이트에서 "저는 우리 학생들이 각자의 분야에서 지도자가 되고 세상을 바꾸는 데 필요한 도구를 제공하면서 산업계 및 기업가적 세계와 깊고 참신한 종류의 연결을 계속 쌓기를 희망합니다"라고 말했다. 게다가 처음부터 미국 밖에서 온 60%의 학생 중에서 코넬 공대는 이스라엘로부터 실력 있는 학생을 모집했다. 이는 테크니온대의 교수진과 함께 인재의 세계화와 현지 기술 생태계에서 이스라엘 스타트업의 강력한 존재감을 확인시켜 주었다.[24]

학생들이 이 생태계에 진입할 수 있도록 준비하는 것이 결정적이었다. 이 일은 물리적인 파이프라인에서 시작되었다. 루스벨트섬의 첫 번째 강의실이 열리기까지 5년 동안 학생과 교직원은 첼시에 있는 구글 사무실의 임시 공간에서 일했고, 학교의 연례 스타트업 대회 수상자들은 뉴욕 타임스의 사무실에서 일했다. 마찬가지로 커리큘럼에서 코넬 공대는 1년 동안 스타트업을 발전시키는 방법에 관한 스튜디오 과정을 만들었고, 컴퓨터공학, 공학, 경영학 등을 전공하는 학생들을 '창의, 협업, 혁신의 문화'에 통합시키면서 모든 석사 학위 프로그램의 초석으로 만들었다.[25]

첫 학기 동안, 제작 스튜디오에서는 주문형 교통 서비스인 우버와 핀테크 스타트업인 로빈후드Robinhood를 포함한 학제 간 팀에서 학생들이 "기업의 도전에 대응한 새로운 기술 제품이나 서비스를 개발"한다. 2학기에는 스타트업 스튜디오에서는 "초기부터 새로운 스타트업을 개발"한다. 스타트업 스튜디오를 이끌기 위해 코넬대는 뉴욕의 에인절 투자자이자 액셀러레이터 테크스타NYC의 공동 설립자인 데이비드 티시David Tisch를 영입했다. 우연히도 티시는 스타트업 스튜디오가 두 개의 액셀러레이터인 테크스타와 와이콤비네이터와 스탠퍼드 경영 대학원의 프로그램을 기반으로 하고 있다고 말했다. 학생들은 "4개월 안에 어느 정도의 규모로 실행 가능한 상업적이고 확장 가능하며 현실적인" 프로젝트를 개발해야 한다.[26]

지금까지의 수업은 소규모지만 각각 20% 내외의 시장성 있는 제품과 사업 계획을 만들어 교직원과 외부 벤처 투자가가 매년 수여하는 스타트업 대회에서 경합을 벌였다. 매년 네 명의 수상자는 10만 달러의 사전 시드 펀딩과 캠퍼스 내의 타타혁신센터Tata Innovation Center의 공유 작업 공간에 책상을 받는다. 2018년 수상자들은 글을 읽을 수 없는 사람들이 사용할 수 있는 음성 인식 스마트폰, 가족과 간병인을 유용하게 큐레이션된 서비스 목록으로 연결하는 디지털 플랫폼, '협업적인 게임화 경험을 통한 현실의 즉흥적 사회충돌'이 용이한 증강 현실 플랫폼, 사용자가 개인 물품의 행방을 추적할 수 있는 장치 등을 제시했다.[27] 에인절 투자자로부터 자본을 모으거나, 더 큰 회사에 인수된 수상자들은 코넬 공대의 전형적인 인물들이다.

브라질 출신의 20대 소프트웨어 엔지니어와 개업 변호사이면서 스타트업 스튜디오에서 학생으로 만난 두 사람에 의해 설립된 우루Uru는 코넬 공대에서 기관 투자를 유치한 최초의 스타트업 수상자였다. 이 회사는 컴퓨터 비전과 증강 현실을 사용해 브랜드 제품을 비디오에 배치했고, 결국 어도비Adobe에 인수되었다. 또 다른 과거 스타트업 대회 우승자인 트리거 파이낸스Trigger Finance는 최초 투자자를 위한 모바일 플랫폼을 제공한다. 이 회사의 설립자 중에는 MIT에서 수학을 전공하고 JP모건에서 트레이더로 일했던 베네수엘라 출신의 여학생도 포함되어 있다. 이 스타트업은 대형 핀테크 회사인 서클Circle이 인수했다.[28]

세 번째 성공적인 학생 창업은 "아기들의 밤 행동을 분류하고 수면 패턴을 분석해서 이 모든 것들을 아침까지 불안해하는 엄마, 아빠에게 보고할 수 있는" 700달러짜리 아기 모니터를 만든다. 제이컵스 연구소의 런웨이 프로그램에서 박사후 과정을 밟은 상급 학생에 의해 설립된 이 스타트업은 첫 3년 동안 600만 달러 이상, 시리즈 B 단계에서 1400만 달러를 추가로 모금했다. "런웨이 (프로그램)의 아이디어는 기업이 성장할 수 있는 방법으로 과학을 극단적으로 발전시키는 것이다"라고 이스라엘인 창업자는 말했다. 우아

한 표현이 부족함에도 불구하고, 이 발언은 혁신 복합체를 위한 학문 자본주의의 중요성을 꼬집는다.[29]

그러나 코넬 공대는 훨씬 더 물질적인 방법으로 혁신 복합체를 건설하는 데 도움을 준다. 이 학교는 부동산 개발의 발판이다. 브루클린 수변 공간을 개편한 공공·민간·비영리 파트너십과 마찬가지로, 부동산 개발업자는 코넬 공대, NYCEDC, 롱아일랜드 파트너십(사업 개선 구역), 퀸스 자치구장실과 협력해 삼중 나선 모델을 이스트강을 따라 북쪽으로 이식하고 있다. 코넬 공대 캠퍼스에 있는 약 2만 1800m²의 7층 건물인 타타혁신센터는 나중에 아마존에 의해 이스트강의 퀸스 쪽에 위치한 진입 지점을 제공했다(〈그림 7-4〉).

다운타운 브루클린에 있는 메트로테크의 개발자인 (이전에는 포레스트 시티 래트너로 알려졌던) 포레스트 시티 뉴욕Forest City New York의 투기로 만들어진 이 건물의 이름은 인도에 본사를 둔 초국가 투자 법인이 코넬 공대에 5000만 달러를 기부한 후 타타로 바뀌었다. 타타 컨설턴시 서비스Tata Consultancy Services는 또한 건물 내에 작은 사무실 공간을 확보해 뉴욕의 혁신 복합체에서 더 잘 보이는 장소뿐만 아니라 코넬대 학생과 교수진에게 접근할 수 있도록 했다. 우연은 아니지만, 타타 가족의 구성원 중에는 코넬 대학교를 졸업한 건축가도 있고 대학 이사회에 속한 사람도 있다. 삼중 나선 연결을 공고히 하면서 타타는 기부와 동시에, 더블라지오 정부의 K-12 전산 사용 능력 확대 노력에도 참여하겠다고 밝혔다.[30]

대학 및 건물의 건축가인 뉴욕 회사 와이스·맨프레디Weiss/Manfredi는 건물의 공원 녹지 디자인, 파노라마 뷰, 그리고 범람 지역의 구조물에 필요한 환경 복원력을 높이 평가했다. 하지만 당신은 그 건물의 명백한 상징성을 무시할 수 없을 것이다. '결정화된 인큐베이터로 인식된' 와이스·맨프레디는 "타타혁신센터는 연구와 혁신을 위한 촉매적 환경을 구축한다"고 말했다.

그림 7-4 코넬 공대 타타혁신센터

자료: Sharon Zukin.

마찬가지로 중요한 코넬 공대는 건물의 핵심 세입자로 약 3분의 1의 공간을 차지하고 있어 건물 개발업자의 재정적 위험을 줄인다. 다른 초기 입주 기업으로는 금융 회사인 시티그룹과 투시그마 인베스트먼트Two Sigma Investments, 누텔라Nutella를 생산하고 이탈리아에 본사를 둔 초국적 기업인 페레로Ferrero 등이 있다. 그러나 타타혁신센터를 가장 흥미롭게 만드는 것은 기술 인재를 위한 수직적 파이프라인으로서의 건축적 표현이다. 코넬 공대의 스튜디오, 강의실, 회의실은 맨 아래에 있고, 스타트업을 위한 공유 업무 공간은 가운데에 있으며, 맨 위층에는 고학력의 기술 인재와 그들의 지식 재산에 접근하기를 원하는 모든 종류의 기존 기업이 입주해 있다. 이러한 배치 전략을 '코로케이션'이라고 하며, 블룸버그와 더블라지오 행정부 모두 시 소유 토지에 건설된 혁신 복합체의 다른 공간에서 이를 채택하고 있다.[31]

코넬 공대는 상대적으로 작다. 타타혁신센터와 전 시장의 블룸버그 자선 재단에 의해 기증된 교실 건물 외에 루스벨트섬 캠퍼스에 계획된 다른 건물은 세 개뿐이다. 타타와 같은 회사가 5000만 달러를 기부한 수동 에너지 아파트, 호텔, 버라이즌 경영교육센터Verizon Executive Education Center가 그것이다. 그러나 더 중요한 것은 혁신 복합체가 코넬 공대에서 퀸스 자치구의 이스트강 동쪽에 있는 훨씬 더 큰 지역으로 흘러들어간다는 것인데, 그 위치는 바로 아마존이 'HQ2'를 위해 선택한 그곳이다.

비록 도시가 부동산 개발에서 궁극적인 이득을 셈할 수도 있었지만, 현재 정책 입안자들이 관심 있어 하는 지표는 일자리이다. 코넬 공대는 이미 성공을 주장했다. 2012년에서 2018년 사이에 40개의 학생 스타트업이 3200만 달러의 자금을 조달하고 173명의 직원을 고용했다고 집계되었지만 그 숫자에는 추가 고용 없는 스타트업당 3~4명의 창업자도 포함된다. 1, 2년제 석사과정 졸업생의 절대 다수가 정규직 일자리에 고용되었다. 그들 대부분은 뉴욕에 거주하고 있다.[32]

이러한 지표에 따르면 코넬 공대는 시 정부, 기업, 학문 자본주의를 위한 윈윈 상황에 있다. 다만 타타혁신센터가 문을 연 지 1년이 지난 2018년에도 여전히 세 개의 위층과 1층의 소매 공간의 일부가 비어 있다. 그리고 코넬 공대 학생들은 여전히 도시 노동력의 소수 엘리트 집단이었다.

블룸버그 시장의 유산이 '최고이고 가장 똑똑한' 기술 인재를 뉴욕으로 데리고 와서 계속 머무르도록 한 것이었다면, 그의 후임자는 기술직의 혜택을 도시의 덜 특권층인 '토박이'에게 가져다주는 것을 목표로 했다. '모두를 위한 좋은 일자리'라는 더블라지오 행정부의 전반적인 사회적·경제적 플랫폼의 일부인 이 목표는 기술 인재 파이프라인이라고 불리는 인력 훈련을 위한 일련의 프로그램에서 개념적인 형태를 취했다. 이 파이프라인은 더블라지오의 핵심 지지층의 요구를 충족시킬 뿐만 아니라 그의 행정부와 도시의 기술 산업의 가장 강력한 연결고리를 만들 것이었다.

더블라지오가 산업계의 요구를 이해할 것이라는 희망은 그가 당선되기 전까지 기술 공동체에서 그리 높지 않았다. 일부 비평가들은 개인적으로 블룸버그 시장이 기술 공동체의 적극적인 참여자라기보다는 '기술의 치어리더'에 가깝다고 평가했지만, 2013년까지 그의 임기 마지막 3기 동안 기술에 대한 시장의 지지와 정부의 재정적인 지원을 높이 평가하게 되었다.[33] 게다가 더블라지오의 선거 운동에 관한 수사적 표현에서 불평등에 대한 강조는 많은 투자자들을 불안하게 만들었다. 그러나 신임 시장은 '모두를 위한 좋은 일자리'가 성장을 판단하는 중요한 지표가 될 것임을 지속적으로 상기시키면서 정부가 원하는 경제 성장을 위한 준비로 **혁신**을 재빨리 채택했다. '모두'는 교육을 받기 위해 고군분투하는 모든 뉴욕 시민을 의미하며, 특히 더블라지오의 선거 기반이라 할 수 있는 주로 유색 인종 공동체의 주요 민족, 인종, 사회 계층 인구를 나타내는 CUNY의 학생들을 의미했다.

더블라지오는 시장 당선 3개월 만인 2014년의 첫 시정 연설에서 이러한 목표를 분명히 했다. 그의 행정부는 "우리 도시의 크고 작은 고용주가 창출하는 수요를 충족시키기 위해 개인이 필요로 하는 훈련과 기술에 초점을 맞출 것"이며, 이러한 개인이 중산층으로 진입할 수 있도록 도울 것이라고 말했다. 더블라지오는 '8년'이 끝날 무렵에, 이미 재선에 도전할 것을 암시하며 "뉴욕시에서 기술에 관한 숙련된 직업의 대부분은 뉴욕시의 학교에서 교육받은 사람들로 채워질 것"이라고 덧붙였다. **우리는 기업을 성장시키는 것뿐 아니라 뉴욕 시민을 일하게 하는 혁신 경제를 보게 될 것입니다.**[34] 3개월 후 코넬 공대가 아직 구상 중이었을 때 더블라지오 정부는 기술 인재 파이프라인TTP을 출범시켰다.

TTP는 영리 부트 캠프 및 NYCEDC의 이니셔티브와 마찬가지로 도시의 고용주와 긴밀한 관계를 형성하는 데 의존한다. 고용주의 요구에 대한 정보를 실시간으로 얻는 것이 파이프라인이 학생들을 빠르게 훈련시키고 일자리를 제공할 수 있는 유일한 방법이다. 그러나 기술 인재 파이프라인의 전략 담당 이사인 로런 앤더슨Lauren Andersen은 중소기업 서비스부에 있는 그녀의 사무실에서 만났을 때, TTP가 만들어졌을 때 지역 고용주가 원하는 기술 능력을 보여줄 '적절한 데이터 세트'가 없었다고 말했다. 미국 노동 통계국의 자료는 이러한 목적을 위해 좋지 않다고 말했다. 이 범주는 실제 일자리를 반영하지 못하며, 고용주는 자료에서 자신에게 필요한 분야를 보지 못한다.[35]

기술 능력을 위한 노동 시장에 대한 실시간 자료를 얻기 위해 TTP의 소규모 직원 다섯 명은 취업 준비생이 이력서를 올리고 고용주와 채용 담당자가 인재를 찾는 인기 웹사이트 링크드인LinkedIn에 손을 뻗었다. 링크드인은 실리콘밸리에 있는 본사 이외에도 엠파이어 스테이트 빌딩에 상당한 규모의 사무실을 유지하고 있다. 더 중요한 것은 이 회사가 뉴욕에 최소 300만 명의 회원을 보유하고 있다는 점이다. 링크드인이 이 자료를 분석한 후, TTP 직원은 비록 이 도시의 고용주 중 다섯 명 중 한 명이 기술 인재를 고용하고 싶어 하지만, 도시의 노동자의 2%만이 기술 관련 학위를 가지고 있고, 오직 7%만이 실제로 기술 직업을 가지고 있다는 것을 발견하고 실망했다. 이는 지역의 단과 대학과 전문 대학 졸업생의 17%가 기술 산업에서 일자리를 얻었던 샌프란시스코 해안 지역보다 훨씬 심각했다. 더 나쁘게도 뉴욕시 대학 졸업생 중 기술 학위를 보유한 비율이라 할 수 있는 지역의 인재 풀이 점점 줄어들고 있었다.[36]

또 다른 심각한 문제는 기술 인력에서의 사회적·인종적 다양성 부족에 관한 것이었다. 해카톤 참가자부터 기술직 종사자에 이르기까지, 이 노동자들은 주로 젊고, 남성이고, 백인 또는 아시아인이었다. 기술 산업 내에서의 일자리는 인종과 소득에 의해 극적으로 계층화되었다. 백인과 아시아인이 소프트웨어 퍼블리싱, 시스템 설계, 데이터 처리 분야의 고도로 숙련된 직업에서 우세한 반면, 흑인과 히스패닉은 장비 제조 분야에서 더 자주 일했다. 그 결과 백인과 아시아인 기술 노동자들은 흑인보다 2배, 히스패닉보다는 거의 2배 가까이 더 벌었다. 이웃 및 주택 개발협회Association for Neighborhood and Housing Development의 보고서는 뉴욕에는 "두 가지 기술, 하나는 백인에게 더 높은 임금을 주는 기술이고 다른 하나는 유색 인종에게 더 낮은 임금을 주는 기술"이 있다고 결론을 내렸다.[37]

기술 인재 파이프라인은 이것을 바꾸는 게 목표였다. 시의 기술 고용주 중 일부와 파트너십을 맺고, 그들 중 핵심 그룹을 초대해 자문위원회를 구성함으로써 시작했다. 앤더슨은 "우리는 기술 생태계를 대표하고 다른 기업을 위한 촉매제가 될 기업을 원한다는 것을 알고 있었습니다"라고 말했다. "구글, 페이스북, 마이크로소프트, 링크드인이 그렇습니다. 우리는 또한 버라이즌, 골드만삭스와 같은 고용주와 엣시나 킥스타터 같은 뉴욕 스타트업의 대표적인 샘플을 원했습니다. 지속적이고 잠재적으로 확장 가능한 방식으로 고용할 수 있는 고용주를 찾고 싶었습니다." 로런은 이 회사들은 모두 고도로 숙련된 노동력에 대한 필요성 때문에 시 정부와 함께 일하게 되었다며, "모든 사람들이 하나의 회사로는 충분한 기술 인재를 찾는 문제를 해결할 수 없다는 것을 알고 있었다"고 말했다. 게다가 버라이즌과 골드만삭스와 같은 전통적인 회사들은 뉴욕에 깊이 뿌리박고 있었다. 로런은 "많은 사람들이 뉴욕에 오래 있었기 때문에 되돌려 주고 싶어 했다"며 "뉴욕은 그들의 DNA 속에 있다"고 말했다. 새로 온 사람들을 위해 구글과 같은 거대 기술 기업은 "지역 파이프라인을 키울 필요가 있었습니다. 그들은 공동체의 통합된 일부가 되기를 원했고, 고위 지도자들은 도시와 협력하기를 원했습니다". 앤더슨은 시장의 지지가 결정적이었다고 덧붙였다. 이 계획은 자선 파트너인 JP모건체이스 재단과 뉴욕시 노동력 기금가New York City Workforce Funders를 포함한 1000만 달러의 초기 자금으로 시작되었다.

TTP 직원과의 첫 만남에서 산업 파트너는 도시가 모든 K-12 학생을 위한 전면적인 기술 교육을 시행할 필요가 있다고 말했다. 이 합리적인 제안은 벤처 투자가 프레드 윌슨과 뉴욕 대학교 교수인 에번 코스를 포함한 또 다른 공공·민간·비영리 이니셔티브 CS4All의 형성으로 이어졌다. 앤더슨은 "그들은 코딩이나 로봇 공학을 가르치는 것에 대해 좁은 시야로 생각하지 않았습니다"라면서 "그러나 컴퓨터적이고 비판적인 사고의 기초를 (가르치고) 있습니다"라고 말했다. 오바마 행정부의 마지막 해인 2016년 백악관은 CS4All을 채택해 국가 비영리단체의 규모를 키웠다.[38]

이 프로그램 중 어느 것이든 얼마나 빨리 시행될 수 있을지는 여러 기관과 후원자의 자금과 정치적인 지원에 달려 있다. 뉴욕에서 CS4All은 공립학교를 관리하는 통제하기 어려운 관료인 뉴욕 교육부와 시설, 자금, 민족 및 인종 대표에 대한 투쟁을 벌여야 했다. 기술직에 들어가려는 학생들을 준비시키려는 새로운 공립 고등학교인 소프트웨어 공학 아카데미Academy for Software Engineering를 윌슨과 코스가 옹호했고, 2012년에 문을 열었다. 그러나 학생 성공의 표준 지표인 AP 시험Advanced Placement exam(대학과목 선이수 시험, 대학과정을 고등학교에서 미리 듣고 치는 시험 – 옮긴이)과 같은 표준화된 시험을 통과한 학생들의 비율에 따르면 이 학교는 매우 선별적이고 스터이비선트Stuyvesant 고등학교, 브롱크스 과학Bronx Science 고등학교, CUNY의 일부로 2002년에 연 시티 칼리지 오브 뉴욕 캠퍼스 내에 있는 수학, 과학, 공학 고등학교High School for Math, Science, and Engineering 같은 '특성화' 공립 고등학교보다 덜 성공적이다. 그러나 특성화 공립 고등학교는 인종적 다양성의 부족으로 끊임없이 비판을 받고 있다. 지금 이 학교의 학생은 압도적으로 아시아인이 많고, 어느 정도는 백인인 데 반해, 소프트웨어 공학 아카데미 학생들은 대부분 히

스패닉계이고, 일정 정도 흑인이 있다.[39]

　이 불균형은 CUNY에서 비슷하게 나타나는데, 이곳의 매우 다양한 학부생들은 전 세계 모든 지역에서 온 것이다. 대부분의 학생들이 수학과 과학에 대한 강도 높은 훈련이 부족하고, 기술직 진로에 대한 익숙함이 매우 부족하기 때문에 매년 1000명의 졸업생만이 기술 관련 학사 학위를 받는다.[40] 로런 앤더슨은 그중 다수는 수업에서 배우는 지식수준은 높지만, 응용 기술은 부족하다고 말했다. 게다가 내 경험상, 수학과 과학 수업을 듣는 성취도가 높은 CUNY 학생의 부모는 아이가 기술직에 들어가기보다 의대에 진학할 것을 권장한다. 그러나 TTP의 3년차에는 자문위원회가 더 많은 기술 인력을 배출하기 위해 연수 프로그램을 확대하려고 CUNY에 손을 내밀었다. 공립대학과 파트너십을 맺는 것은 더 크고 사회적으로 더 다양한 인재 풀을 만들 것이며, 이것은 더블라지오 행정부의 목표와도 잘 맞을 것이다.[41]

　이에 따라 2017년, 시장은 기술 학위 취득자를 2배로 늘리겠다는 5개년 계획인 'CUNY 2X Tech'를 발표했다. 더블라지오는 도시 기금 1100만 달러와 인력 개발 기금 900만 달러를 약속했고, 민간 기업 고용주들도 기부금 조성에 힘을 보탰다. 이 프로그램은 NYCEDC에 의해 개발된 파트너십 모델을 따를 것이다. 즉, 시 정부가 프로그램을 구축하고, 초기 투자를 시행하고 프로그램을 조직하며, 민간 기업은 학생에게 멘토링을 제공하고 그들을 고용할 것이며, 비영리 파트너(이 경우 CUNY)가 학생을 가르치는 것이다. 앤더슨은 "업계는 협상 테이블에 올랐습니다"라고 말했다. "업계는 CUNY 학생들에게 노출되기를 원했지요."

　시험 프로그램을 위한 계획들이 준비되기 시작했다. TTP는 두 개의 CUNY에 기술 회사 및 레지던시의 멘토와 학생 인턴십을 개설했다. 구글과 작닥Zocdoc 같은 회사는 "특정 프로그램을 주최하기 위해 계약을 맺었다". CUNY 총장과 교수는 현재 수요가 있는 기술을 가르치는 과정을 설계했다.

그러나 앤더슨은 몇몇 기술 회사가 "CUNY에서 (엔지니어를) 가르칠 시간을 낼 수 없었습니다"라고 말했다. 그래서 그 회사는 대학과 타협을 했다. 직원들은 팀으로 가르치는 코스를 맡아 한 명당 하나 또는 그 이상의 수업 세션을 담당하고, CUNY의 대학원생 조교에게 수업 지원을 받을 것이다. 이 협정은 가르치는 데 드는 시간 부담을 분산시킬 것이다. 대학에서 스타트업 과정을 가르치기 위해 영입한 벤처 투자가 모델도 어느 정도 따랐다. 그러나 앤더슨은 회사가 강사를 제공하는 진짜 동기를 부여하기 위해 "시민들이 행동을 취해야 할 것"이라고 지적했다. 시장이 회사에 편지를 보내 그들이 도시를 위해 봉사할 것인지 물어본 후, TTP는 기술레지던스회사Tech in Residence Corps의 첫 집단을 위한 50개의 신청을 받았다. 신청은 핀테크, 마케팅, 미디어, 전자 상거래, 여행 등 주요 분야 회사로부터 나왔다.[42]

CUNY가 기술 인재 파이프라인의 유일한 교육 현장은 아니었다. 앤더슨은 "우리는 (또한) 비학사의 길이 필요합니다"라고 말했다. 빠르고 집중적인 수업을 위해 TTP는 기술 능력 면에서 학생을 훈련시키는 브롱크스의 퍼 스칼라스Per Scholas 같은 비영리단체뿐 아니라 제너럴 어셈블리와 플랫아이언 스쿨과 같은 부트 캠프와 함께 일했다. 이러한 교육 제공자 대부분은 강의실 공간 확보가 어려웠지만, NYCEDC는 이미 중심가에 교육 프로그램을 통합하는 방안을 고려하고 있었다. 이는 또한 더블라지오 행정부의 사회적 평등 목표에 대한 매우 가시적인 지표가 될 것이었다.

이러한 생각들은 경제개발공사의 유니언 스퀘어 근처에 기술 거점을 세울 계획을 만들도록 했다(〈그림 1-2〉). 코넬 공대만큼이나 도시의 혁신 복합체의 상징이 될 것이고, 보다 더 평등할 것이다. 그러나 유니언 스퀘어 지역에 고층 사무실 건물의 추가 건설이라는 위험 부담 때문에 이 계획은 오래 거주한 주민들의 지역 사회로부터 예상치 못한 저항에 부딪혔다.

코넬 공대에 있는 타타혁신센터와 브루클린 해군 부지에 있는 빌딩77처럼 유니언스퀘어 기술훈련센터Union Square Tech Training Center는 코로케이션의 장점을 포착해 설계되었다. 이 건물은 1층에 공공 및 커뮤니티 공간을 제공하고, 중간층에는 비영리 시민회관이 관리하는 교실과 행사 공간을 제공하며, 맨 위층에는 최소한 이론적으로 아래 교실에서 교육을 받은 학생들이 일자리를 얻을 수 있는 기존의 기술 회사를 위한 임대 사무실이 있다. 이 건물의 고객은 사립대학이 아닌 NYCEDC였다. 그러나 루스벨트섬과 같이 땅은 시 소유였고, 기술 허브는 시 정부와 가까운 민간 부동산 개발업자가 건설할 것이었다.[43]

기술 허브를 홍보하기 위해 NYCEDC가 제작한 짧은 영상은 프로젝트의 사회적 사명을 분명하게 한다. "유니언스퀘어 기술훈련센터는 무상으로 또는 저렴하게 기술 수업을 제공한다"라는 대담한 전체 화면 선언과 함께 시작된다. 2분 길이의 영상에서 '모든 뉴욕 시민'의 얼굴, 억양이 보이고 들리며 호황을 누리는 혁신 경제에서 기술 교육의 가치를 확인하게 된다. 이 뉴욕 주민들은 대체적인 기술계 공동체나 코넬 공대 학생 단체와 같은 백인 및 아시아계로 된 인구 통계를 가지고 있지 않다. 공공주택 프로젝트의 주민으로 확인된 히스패닉 이름을 가진 중년 여성은 "기술적 배경이나 노하우가 없으면 더 이상 많은 일자리를 구할 수 없어요"라고 했고, 젊은 히스패닉계 남성은 "제가 학교를 다닐 때는 기술 교육을 거의 접하지 못했습니다"라고 말했다. 필자가 우연한 기회에 보았던 브루클린에서 열린 액셀러레이터 데모데이에 스타트업을 발표한 드레드록 머리를 한 흑인 청년은 "한 사람이 0에서 걸어 들어갈 수 있는 중앙 집중화된 위치에 있다면 기술과 정보 교육에 대한 접근의 장이 평등해집니다"고 말한다.[44]

이러한 형평성과 권한 부여의 메시지에도 불구하고 혁신 복합체의 옹호자와 부동산 개발업자의 상호 이해관계를 다시 한 번 주목할 필요가 있다.

NYCEDC는 용도지역법이 허용하는 수준 이상의 기술 허브를 건설하는 계획이 도시계획위원회의 만장일치 승인을 받은 직후와 시의회 의결이 예정되기 직전에 논란이 일고 있는 토지이용일원화 검토절차ULURP: Uniform Land Use Review Procedure 과정에서 영상을 공개했다. 비록 지역 사회 위원회와 맨해튼 자치구장 또한 이 계획을 승인했지만, 그들은 낮은 층의 아파트와 개별 저층 주택 근처에 있는 특히 20층 이상의 높은 건물과 같은 너무 많은 새로운 부동산 개발에 대한 우려를 표했다. 옳든 그르든, 지역 사회 단체와 주민들은 높은 건물, 그 안에 있는 점차 더 비싸질 아파트 들을 기술 회사의 확장과 연결시켰다. 현재의 용도지역법에서 허용된 것보다 더 높은 건물에 대한 승인 절차는 이 단체들에게 이웃들은 원하지 않는 부동산 개발의 지렛대가 되길 바라는 희망을 주었다.[45]

그러나 부동산 개발업체 RAL이 새로운 건물을 14층으로 제한하는 구역에 21층짜리 건물을 제안할 만한 충분한 이유가 있었다. 높은 층에 더 비싼 임대가 가능한 사무실 공간이 생기면서 개발업자는 '처음 기업가가 된 사람'을 위해 예약된 25%의 사무실 공간뿐만 아니라 비영리 기술 공동체를 위해 낮은 임대료를 상쇄하거나 교차 보조(사업성 떨어지는 사업을 다른 사업의 이득으로 유지하는 것 – 옮긴이)를 할 수 있게 되었다. 이러한 이유로 NYCEDC는 시의회가 용도지역법에 예외를 두기를 원했다. 그러나 지역적 맥락에서 기술 스타트업을 위한 보조 공간을 제공하는 것은 관련이 없었다. 건축의 물결은 브로드웨이Broadway의 역사적인 오래된 건물을 '기술 및 창조 사무실'을 위한 공간을 제공하는 거대한 새 건물로 대체하고 있었다. 주민들은 유니언 스퀘어 남쪽과 동쪽의 저층 저지대 지역에 이미 유례없이 많은 고층 건물들이 등장하고 있다는 점에 대해 불쾌감을 표했다. 상처에 소금을 뿌리는 것처럼 대부분의 콘도가 200만 달러 이상의 값에 팔려나갔는데, 이는 많은 장기 거주민들이 감당할 수 있는 가격보다 훨씬 더 높은 금액이었다. 일부

주민은 그리니치빌리지의 이런 지역이 실리콘 앨리에 의해 삼켜지고 있다고 불평했는데, 이는 세 블록 떨어진 스트랜드 서점을 보존하는 사람들에게 반향을 일으켰다.[46]

NYCEDC와의 대립에서 그리니치빌리지 역사보존협회Greenwich Village Society for Historic Preservation는 지역 사회를 옹호했다. 그들은 새로 선출된 시의원에게 도시계획위원회에 맞서고 (일반적으로 지역 의원의 지위를 따르는) 다른 의원에게는 기술 허브 개발에 반대하는 투표를 이끌라고 압박했다. 그들은 최소한 시의원이 동네의 외관과 느낌을 보존하기 위해 다운존화downzoning 양보(여기서 다운존화는 고밀화를 억제하기 위해 건축 기준을 변경하는 것을 뜻함 - 옮긴이)를 강요해야 한다고 느꼈다. 하지만 그들의 싸움은 시의원의 싸움과 정확히 일치하지 않았다. 칼리나 리베라Carlina Rivera 의원은 예비 소의원회 청문회에서 "사람들의 의견에 대한 저의 우려는 제가 자라온 C번가, B번가, 5번가에서 온 사람들을 보지 못하는 것이고, 그들이 디지털 기술 훈련 센터에 들어가지 못하는 것"이라고 말했다. "그것은 꽤 유사하게 보일 것이고, 기술(실리콘) 앨리처럼 보일 것입니다. 저는 그것을 우리가 살고 있는 도시에 반영할 수 있도록 확실히 하고 싶습니다." 만약 그녀가 시장과 기술 인력에 대한 시장의 형평성 목표를 지지한다면, 그녀는 계획대로 기술 허브를 지원할 것이 분명했다. 시의회가 표결을 했을 때, 새 시의원이 과반에 가세해 찬성표를 던졌다.[47]

더블라지오 행정부는 기술 인재 파이프라인을 도시의 물리적·도덕적 지형의 중심지로 끌어들이는 것이 중요하다고 느꼈다. 2017년의 시정 연설에서 시장은 10만 개의 일자리를 창출하겠다고 약속했는데, 이는 거대 기술 회사와 긴밀히 협력해야만 얻을 수 있는 극적인 수치이다.[48] 게다가 이 직업들이 '토박이'인 뉴욕 주민들을 중산층 급여 수준으로 끌어올리기 위해 TTP와 시민회관에는 기업과 비영리 파트너의 많은 호의가 필요했다. 최소한 기업의 지원은 영리 코딩 스쿨이 비즈니스 모델의 다른 부문으로 관심을 돌렸을 때 시가 무료 기술 교육을 제공할 수 있게 할 것이다.[49]

백악관의 과학 기술 사무실에서 TTP로 이직한 로런 앤더슨과 달리, 매트 브리머는 예일 대학교Yale University를 나와 곧바로 뉴욕으로 왔다.[50] 학부생일 때 그는 제너럴 어셈블리의 미래 설립자 중 다른 사람들과 함께 이미 '서너 개의 사업'을 시작했다. 이 경험을 한 후, 그는 "기업가가 되고 싶었습니다"라고 말했다. 놀랄 것도 없이, 그는 2008년 경제 위기 이후에 졸업했기 때문에 금융보다는 기술을 선택했다. 그의 커리어가 발전한 방법은 생태계에 대한 또 다른 파이프라인을 나타내며, 다른 기술을 필요로 한다.

뉴욕에 왔을 때 "저는 기술 생태계의 환심을 사려고 노력했습니다"라고 매트가 말했다. "저는 원래 (겨우) 10명밖에 알지 못했습니다. (당시의) 예일 대학교에는 기술과 관련된 사람들이 많지 않았다는 걸 알아야 합니다." 그는 4학년 때 그의 학부 스타트업 중 하나인 소셜 게임 벤처 사무실에서 파트타임으로 일하면서 '이미 몇 번의 연락'을 취했다. 그 사업은 '벤처 캐피털로 거의 200만 달러를 조달'했지만 금융 위기 동안 자금이 바닥났다. 매트는 이 경험을 바탕으로 그가 겪었던 '첫 창업자의 실수'를 바로잡고 싶었다. 그래서 그는 뉴스레터를 구독해서 행사에 대해 배우고, 뉴욕기술밋업과 그와는 다른 모임으로 '매주 목요일 저녁 (실리콘 앨리의 북쪽 끝에 있는) 매디슨 스퀘어 공원에서 만나는' 해커스 앤드 파운더스Hackers & Founders에 참석하는 등 네트워킹에 전념했다. 그 후 그는 '(자신의) 밋업, 해카톤, 패널을 조직하고, 뉴욕의 기술 관련 예일대 동문들을 초대했으며, (가능한 한) 많은 인맥을 형성하려고' 했다. 그는 끊임없이 "소개를 했습니다. 내 이름이 밖으로 나가도록 했습니다"라며, "나는 도움이 되고 싶었고, 유용해지고 싶었습니다. 내가 하는 모든 일에 좋은 업을 담아서요"라고 말했다. 그러고 나서 그는 "후원가와 다른 사업가 들을 소개받기 시작했습니다. 좋은 일들이 생기기 시작했지요. 저는 행동에서의 상호주의를 보기 시작했습니다"라고 말했다.

그때 매트는 '기술계의 모든 사람들' 또는 ≪패스트 컴퍼니≫의 한 작가가 '창의적이고 멋진 아이들'[51]이라고 부르는 비공식적인 모임 장소인 에이스 호텔Ace Hotel 로비에서 매일 노트북으로 작업하고 있었다. 그와 비즈니스 파트너는 같은 종류의 작업 공간을 만들기로 결정했다. 이 작업 공간은 '열려 있고 접근 가능'하지만 모든 사람이 사용할 수는 없다. "신뢰가 필요합니다"라고 매트가 말했다. 사람들은 노트북이 도난당하는 것을 원하지 않기 때문이다.

그들은 예일 대학교 동문 행사에서 MBA를 가진 유일한 세 번째 공동 창업자를 만났다. 그들은 서로의 친구를 통해 네 번째 동료를 찾았다. 그는 다른 사람들보다 나이가 많았고, 매트가 언급하지는 않았지만, 부유한 집안 출신이다. 이 네 명은 2010년에 제너럴 어셈블리를 만들기 위해 힘을 합쳤다. 2011년 1월에 제너럴 어셈블리를 오픈했을 때 '사전에 선별된 멤버십으로' 힙한 비공식 공유 업무 공간으로 이곳의 모든 책상이 팔렸다. "우리의 멤버십은 큐레이션되었습니다"라고 매트가 말했다. "우리는 열망과 야망, 상호주의를 추구했습니다. 멤버십은 인터뷰를 기반으로 이루어졌는데, 우리는 공동체를 원했고, 신뢰를 원했지만 독점적인 클럽을 만들 위험을 감수하지는 않았지요." 그러나 매트는 "교육은 첫날부터 비즈니스 방식이었습니다"라고 말했고, 네 명의 창업자들은 곧 '책상을 임대하는 것'보다 교육에 더 관심이 있다는 것을 깨달았다. "물리적 공간을 뉴욕시 기술 신의 핵심으로 만드는 것이 꿈이었습니다"라고 매트는 말했다.

창업자들은 제너럴 어셈블리를 기술 인재의 필요를 채워줄 '열망적' 직업 학교로 그렸다. 그들은 '수천 명의 고용주와의 관계를 형성했고' 플랫아이언 스쿨과 기술 인재 파이프라인이 나중에 채택한 방식을 발전시켜 고용주들이 필요로 하는 기술을 요청하고, 그것들을 종합해 '교육 과정을 거꾸로 구축했다'. 이러한 운영 절차와 변화무쌍한 독립 계약자들로 구성된 학교 직원들로 인해 코딩 스쿨은 대학이 할 수 있는 것보다 훨씬 민첩하며, 인증을 위한 주 정부 요건을 충족시키는 데 신경 쓸 필요가 없다.

그러나 영리 학교로서 부트 캠프는 아슬아슬한 줄타기를 하고 있다. 창업자가 한때 제너럴 어셈블리에서 일했던 플랫아이언 스쿨은 2017년 뉴욕주 검찰총장에게 주 교육부의 허가 없이 학교를 운영하고, "졸업생들의 취업률과 평균 초봉에 대해 부적절하게 마케팅하고 홍보해" 고발당했지만, 합의금 37만 5000달러로 혐의를 벗었다.[52] 매트는 제너럴 어셈블리가 "정식적인 교육기관은 아닙니다"라고 조심스럽게 말했다. 그러나 그는 또한 95~99%의 졸업생들이 과정을 마친 후 3개월 이내에 채용된다고 말했다. "이것은 우리에게 큰일입니다. 우리는 당신에게 경력과 새로운 직업을 줄 수 있습니다."

부트 캠프는 12주의 몰입 과정에서 학생들과 가장 집중적으로 풀타임 일을 한다. 학생들은 하루 종일, 매일매일 학교에서 시간을 보낸다. "우리는 그들이 직업을 바꾸도록 돕습니다"라고 매트는 말했다. "우리는 그들을 고용주에게 소개하고, 직업 코치를 두고 있지요." 플랫아이언 스쿨의 사업 개발 부사장 리베카 롬봄Rebekah Rombom을 만났을 때, 그녀는 학생들이 비싼 수업료를 내더라도 엄격한 선발 과정을 거쳐야 한다고 말했다. 그들은 에세이를 쓰면서 코딩에 대한 '열정'을 보여주고, 플랫아이언의 창업자와 '(조직) 문화 (적합성) 면접'을 해야 한다. 그들은 또한 구체적인 기술 과제를 충족시키기 위해 컴퓨터 코드를 작성해야만 한다. 리베카는 "합격자들은 이미 코드를 쓸 줄 알아야 합니다"라며 "지원 과정 중 보통 스트레스가 많은 주말 동안 코드를 독학해야 하죠"라고 말했다. "그들은 코딩 프로젝트를 발표하기 위해 강사와 스카이프Skype 인터뷰를 합니다. 그것은 그들의 사고력에 대한 신호입니다." 리베카는 플랫아이언 스쿨은 지원자 6000명 중 6%만이 입학할 수 있다고 말했다. 하지만 제너럴 어셈블리와 마찬가지로 그들의 졸업률은 거의 99%이다.[53]

롬봄은 플랫아이언 스쿨이 제공하는 실습 멘토링에 대해 설명했다. 고용주와의 대화를 바탕으로 그들은 고용주들이 말하는 가장 성공적인 직원들이 가지고 있다는 자질과 개별 학생들을 연결하려고 노력한다. 학교 직원들은 학생들이 입사 지원을 위해 쓰는 이메일의 초안을 편집하고('친애하는 존스 씨' 대신 '안녕하세요, 찰스'라고 적고, '고용주가 먼저 웃지 않는 한 웃는 얼굴은 안 된다', '줄 하나에는 느낌표 하나만') 조언하고, 면접을 위한 옷차림을 알려준다. 리베카와 동료들은 입사 지원자들이 기술 회사와의 많은 면접에서 직면하는 비우호적인 분위기에 민감한데, 특히 지원자가 그 방의 유일한 여성이거나 소수 집단의 일원일 경우 더욱 그러하다.

제너럴 어셈블리처럼 플랫아이언 스쿨은 NYCEDC가 지원하는 장학금을 받을 자격이 있는 저소득 뉴욕 시민인 '비전통적 학생들'과도 협력한다. 이 학교는 기술 인재 파이프라인과 협력해 '청소년들에게 기회'를 제공하는 프로그램을 진행했으며, 리베카는 이 프로그램이 '놀라운 경험'이라고 말했다. 그러나 "이러한 프로그램들의 입학 절차는 다이아몬드를 채굴하는 것에 더 가깝습니다". 비전통적인 학생들은 "이력서가 비어 있습니다. 다양성은 학습 과정을 더 위태롭게 만들고, 학교는 그것을 더 쉽게 만들고 싶어합니다". 학생들은 또한 어려운 재정 문제에 직면해 있다. 롬봄은 학생이 지하철을 타고 면접을 보러 갈 수 있도록 메트로카드MetroCard를 사 준 강사에 대해 말해 주었다. NYCEDC에서 운영하는 플랫아이언 프로그램에서 53%의 학생들이 소수 민족, 즉 흑인과 히스패닉계이며 40%는 여성이다. 매트 브리머는 제너럴 어셈블리에서 "이것이 나를 매일 일어나게 만듭니다. 즉, 더 폭넓고 더 다양한 청중에게 교육을 개방하고 그들의 삶을 더 나은 방향으로 변화시

키는 것 말입니다"라고 말했다.[54]

그러나 대체로 기술 분야의 좋은 직장은 수학과 과학에 적성을 보이고, 이미 직업을 가지고 있으며, 부트 캠프 수업료로 1만 2000달러에서 1만 5000달러를 지불할 여유가 있거나 쉽게 빌릴 수 있는 젊은 대학 졸업생들이 가장 쉽게 접근할 수 있을 것이다. 최근 조사에 따르면 미국 전역의 대부분의 부트 캠프 졸업생들이 이러한 자질들을 공유하고 있다. 평균 연령이 29세 안팎이고 이들 중 75%가 이미 대학을 졸업했다. 리베카 롬봄이 보여주는 바와 같이, 대부분은 학교에 지원하기 전에 이미 스스로 프로그래밍 기술을 익혔다. 놀랄 것도 없이 부트 캠프 졸업생들의 사회적·민족적 배경은 기술 생태계의 다른 대부분의 인구 통계적 특성과 매우 비슷하다. 약 60%가 남성이고 40%는 여성이며, 그들은 주로 백인이거나 아시아인이다. 2016년 이전 부트 캠프 졸업생 중 6%가 외부 대출기관의 대출에 의존했지만, 이 숫자는 2017년까지 20%로 증가했다. 하지만 평균적으로 미국 전역의 부트 캠프 졸업생들은 7만 698달러의 초봉을 받는데, 이것은 그들의 이전 월급보다 거의 2만 4000달러가 크게 오른 것이다.[55]

CUNY 학생들과 대학에 다녀본 적 없는 저소득층 뉴욕 시민들은 적은 혜택을 받고 시작한다. 가족들은 뉴욕에 있고, 그들 대부분은 뉴욕에 남기를 원하기 때문에, 어떤 의미에서 그들은 뉴욕의 고용주들에게 포획당해 있는 노동력이다. 그들의 직업상의 기회는 정부의 보조금과 기업 장학금의 지원을 받는 집중적인 훈련과 멘토링에 달려 있다. 그중 많은 사람들이 코더로서의 직업을 가지게 될 것이고, 어떤 사람들은 NYCEDC가 그랬던 것처럼 사업가가 될 수도 있다. 이들 대부분이 코넬 공대, 컬럼비아대, 뉴욕대 졸업생이나 예일대를 졸업한 기업가 출신에 비해 기술 성과주의에서 얼마나 높은 상승률을 보일지는 미지수이다. 이러한 기관들의 학문 자본주의, 즉 지식 재산을 자본화하고 학생들을 비즈니스 세계와 연결하기 위한 전략은 국가 자금에 의존하는 것과는 다른 수준에 있다.

비록 몇몇 부트 캠프들은 이미 폐업했지만, 플랫아이언 스쿨과 제너럴 어셈블리는 예외적으로 성공적이었다. 플랫아이언 스쿨이 위워크에 인수된 후, 더 많은 도시에서 새로운 시장으로 확장되었다. 제너럴 어셈블리는 다른 길을 택했다. 기업 고객의 직원들에게 제공하는 교육 프로그램이 부트 캠프 과정보다 더 큰 수익을 가져왔기 때문에, 그들은 이런 교육 프로그램을 확대했다. 이로 인해 스위스의 인적 자원 제공업체인 아데코Adecco는 이들을 4억 달러 이상에 인수했다.[56]

기술 인재를 양성하고 그들을 직장으로 데려오는 파이프라인은 최고의 기술 직종에 대한 공정한 경쟁의 장을 마련하지 않고 기술 성과주의를 창출하고 있다. 이러한 비판적인 지점은 뉴욕이 혁신 복합체로 전환하도록 하는 데 도움을 준 조직인 세계경제포럼에 의해 강조된다. WEF의 설립자이자 집행 위원장인 클라우스 슈바프Klaus Schwab는 "미래에는 자본보다 재능 있는 사람이 생산의 중요한 요소가 될 것입니다. 이는 '저기술·저임금' 부문과 '고기술·고임금' 부문으로 점점 더 분리되는 고용 시장을 형성할 것이며, 그것은 결국 사회적 긴장을 증가시키는 결과를 초래할 것입니다".[57]

도시 정부가 기술직의 '토박이'들을 훈련시키기 위해 할 수 있는 모든 것을 한다고 해도, 그들이 버는 월급은 상승하는 임대료를 지불하거나 뉴욕과 같은 호화로운 도시의 아파트를 사기에 충분하지 않을 수도 있다. 부자에 대한 감세와 도시 문제에 무관심한 국가 정부 앞에서 그들 스스로 운동장을 평준화할 수도 없을 것이다. 대체로 기술직 노동자들은 여전히 **노동자**이다. '혁신의 가장 큰 수혜자'는 "지적·물리적 자본(혁신가, 주주, 투자자)의 제공자가 되는 경향이 있으며, 이것은 자본과 노동에 의존하는 사람들 사이의 부의 격차가 증가하는 것을 설명합니다"라고 슈바프는 인정한다.

게다가 파이프라인은 필연적으로 부동산 시장을 관통한다. 샌프란시스코, 시애틀, 워싱턴 D.C.와 마찬가지로 뉴욕에서도 높은 급여를 받는 기술 노동자, 더 정확하게는 부유한 창업자, 투자자, 벤처 투자가 들에 대한 주택 수요는 더 높은 건물, 더 높은 임대료, 그리고 도덕적·물리적 이동에 대한 두려움을 없애준다. 파이프라인이 아마존과 같은 거대 기술 기업들의 확장을 가능하게 할 때, 이러한 두려움은 불안과 분노의 완벽한 폭풍으로 부풀어 오른다. 어느 도시가 '혁신의 주소'가 될 것인가? 그리고 누가 그곳에서 살고 일할 권리를 갖게 될 것인가?

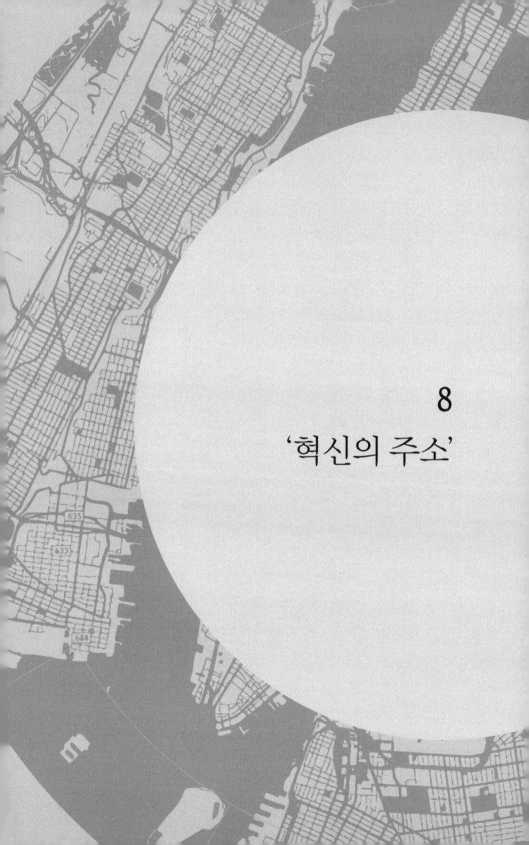

8
'혁신의 주소'

세상을 바꿀 수 있는 디지털 기술의 엄청난 잠재력은 그것의 힘을 전달하려는 거대한 야망을 똑같이 불러일으킨다. 초기 해커들의 이상주의가 '혁신과 기업가 정신'이라는 포부 속에 살아 있지만 회사와 경력은 치열한 경쟁 압력에 의해 형성된다. 기업은 '플랫폼 경제'의 노동자와 '감시 자본주의'의 사용자를 통제하는 기술을 이용해 장점과 이익을 위해 고군분투한다.[1] 엔지니어는 자신의 기술과 관련성을 유지하기 위해 애쓰지만, 또한 시장성 있는 아이디어를 내야 한다는 압박을 받는다. 세계 정치경제의 가장 중요한 틀에서 민족 국가들은 해킹, 스파이 활동, 그리고 기업들이 국제적인 경쟁자들보다 더 상업적인 첨단 시스템을 개발하도록 자극함으로써 경쟁한다. 도시는 다른 곳에 쉽게 배치될 수 있는 투자와 일자리를 추구한다. 이것이 오늘날 '신'경제의 중요한 변수이다.

2008년 금융 위기 이후, 혁신을 새로운 **도시** 경제의 근간으로 생각하는 것이 일반화되었다. 기술 기업들이 도시마다 입지를 넓히면서 디지털 혁신의 생산은 기업 부문과 지역 전반에 깊숙이 자리 잡고 있다. 매일 더 많은 사람들이 디지털 플랫폼과 프로그램을 만들고 디지털 메시지를 정제해 측정 기준과 분석을 고안하며 우버에서 도그스폿에 이르기까지 디지털 제품과 서비스를 판매한다. 사회적으로 유해한 제품과 탐욕스러운 기업에 대한 경각심에도 불구하고 이 모든 '혁신'은 공공의 이익에 기여하는 것으로 추정된다. 디지털로 연결된 도시는 '스마트'하고, 인공 지능은 생명을 구할 것이다. 진보에 대한 이전의 지배적인 생각처럼 혁신의 후광은 우리를 사회적 비용에 무감각하게 하고, 기술이 사회 변화의 지렛대를 끌어당기는 데 어떻게 사용되는지 우리를 눈멀게 한다.

하지만 요점은, 혁신은 **정치적인** 범주라는 것이다. 오늘날의 '혁신 세계 경제'에 대해 두 명의 저명한 연구자는 " '바람직한 사례'에 대한 내부 지식을 신뢰성 있게 주장할 수 있는 소수의 행위자들이 불균형한 힘을 행사한다"고

말한다. 이러한 행위자들은 혁신 복합체를 제자리에 놓은 기업, 조직, 사람들이다.[2]

도시의 혁신 복합체는 세계 자본주의의 '다음 행보'이다. 그것은 지역적 규모에서 세계적인 규모로, 기술, 돈, 직업에서 문화, 정치, 사회 전반으로 점점 더 넓어지고 있다. 비록 오늘날의 신경제는 디지털 시대라고 불리지만, 그것은 시간뿐만 아니라 공간의 단위이며, 조직, 담론, 물리적 장소의 제국이다. 다른 자본주의 제국들처럼 이 제국도 세계적으로 확장되었다.[3]

오늘날 '실리콘밸리'의 문화적 헤게모니는 도시화되었으며 세계화되었다. 동일한 서사와 미학을 배치하고 종종 동일한 투자자에 의해 자금을 지원받는 동일한 스타트업과 인큐베이터가 도처에 있다. 이전의 네트워크들이 현대 도시의 기차역, 지하철 노선, 가로등, 하수도를 건설한 것처럼 오늘날의 혁신 복합체가 전 세계 도시에서 한 조각씩 생겨나고 있다.[4]

이것은 갈등이나 모순 없이는 일어나지 않는다. 새로운 인프라는 도전적이지만 또한 도시의 기존 권력 구조에 의존하고, 궁극적으로 결합되어 있다. 우리가 이 모임을 '삼중 나선'으로 부르든, '성장 기계'라고 부르든, 아니면 '파워 엘리트'라고 부르든, 기술 성과주의, 돈 많은 투자자, 선출직 공직자, 부동산 개발업자 들이 현장에서 신경제를 형성하는 사익의 연합으로 혼합된다.

세스 핀스키가 상무로 있던 상업용 부동산 개발회사 RXR리얼티^{RXR Realty}의 미드타운 맨해튼 사무실에 앉아 있을 때, 그에게 뉴욕의 '신'경제에 대해 묻고 싶다고 말했다. 그는 눈썹을 찡그리며 웃으며 말했다. "정말 '신'경제가 있나요?" 무심코 던진 대답이 나를 깜짝 놀라게 했다. 블룸버그 행정부 시절 뉴욕시 경제개발공사^{NYCEDC}의 사장으로서 핀스키는 경제혁신센터^{CET}의 설립을 감독하고, 코넬 공대 설립과 같은 공공 투자 이니셔티브를 주도했다. 이제 그는 나를 혁신의 무아지경에서 벗어나 현실로 돌아오게 하고 싶

어 하는 것처럼 보였다. 하지만 그건 누구의 현실일까?⁵

    뉴욕에서는 아마존이 2018년 11월 북미 제2본사를 짓기로 결정하기 전까지 혁신 복합체는 은밀한 개발이었다. 소프트웨어 엔지니어의 채용 정보를 보고 사무실 건물 외부에 있는 위워크 표지판을 세고 스타트업의 자금 지원 과정을 면밀히 추적하지 않으면 기술 생산이 얼마나 증가했는지 알 수 없었다. 맨체스터Manchester나 상하이의 공장 시절처럼 기술 스타트업에는 유독성 연기를 내보낸 굴뚝도 없었고, 디트로이트에 있는 GM 본사의 로고와 같은 사무실 건물 꼭대기에 있는 전광판도 기술 기업의 존재를 알리지 못했다. 샌프란시스코 해안 지역과 달리 뉴욕의 스포츠 경기장은 기술 회사(오클랜드(Oakland)의 오라클(Oracle), 샌프란시스코의 AT&T)가 아닌 은행(퀸스의 시티그룹, 브루클린의 바클리)의 이름을 따서 명명되었다.⁶

    물론 초기의 기술 사업체를 경영하거나, 일하거나, 판매한 일부 사람들은 2000년의 닷컴 붕괴에서 살아남아 도시의 기술 경제에서 여전히 일하고 있다. 그리고 사실, 하이라인 근처에 있는 약 27만 8700m²의 사무실 건물의 전면에서 구글의 이름을 읽을 수 있다. 그러나 구글 로고는 스카이라인 너머로는 드러나지 않으며, 견고한 도시 블록을 차지하고 있는 이 건물은 캘리포니아의 마운틴뷰 교외에 있는 이 회사의 비싼 기업 캠퍼스인 구글플렉스Googleplex처럼 다른 큰 건물로 둘러싸인 맨해튼에서는 그다지 위풍당당해 보이지 않는다(〈그림 8-1〉). 뉴욕이 전국에서 두 번째로 큰 '기술 생태계'를 가진 지금도 이 도시는 실리콘밸리처럼 보이거나 느껴지지 않는다.⁷

    뉴욕에서의 일반적인 삶은 기술에 의해 '포화'되어 있지 않다. 소셜 네트워크는 기술 회사들을 중심으로 돌아가지 않는다. 맨해튼과 브루클린의 동네는 민족, 예술가, 힙스터 게토에서 더 비싼 거주지로 발전했지만, 샌프란시스코로 이사한 스타트업 창업자가 새로운 도시에 대해 말해 준 것처럼 여

그림 8-1 맨해튼 첼시에 있는 구글의 뉴욕 사무실

자료: Sharon Zukin.

전히 아침에 문을 나서 100만 달러를 모을 수 있는 곳은 아니다. 뉴욕은 1975년의 재정 위기, 닷컴 붕괴, 그리고 9·11에서 2008년의 금융 위기까지 재난에 대한 기억이 깊고, 바큇자국이 난 거리, 녹슨 파이프, 낡아빠진 광대역 연결기, 만성적으로 자금이 부족한 지하철 시스템을 다루는 것은 항상 힘든 일이기 때문에 '기술 세계'가 되는 것이 안전할 것이다. 아니면 도시의 경제가 너무 다양해서 기술이 금융이나 미디어 같은 전통적인 산업을 능가할 수 없을지도 모른다. 지금까지 구글과 아마존 같은 거대 기술 기업들은 샌프란시스코나 시애틀에서처럼 뉴욕에서는 두드러지지 않았다.[8]

거대 기술 기업의 CEO들은 뉴욕에 주로 거주하지 않기 때문에 그들은 여기에서 개인적인 지분을 가지고 있지 않다. 그들은 또한 통합된 엘리트층을 형성하기 위해 뉴욕에 기반을 둔 기업의 CEO들과 충분히 교류하지도 않는다. 제프 베이조스는 센트럴파크 서쪽의 한 건물에 콘도 네 개를 보유하고 있지만, 아마존의 'HQ2'에 대한 논의에 참여하기 위해 시애틀에 있는 자택에서 이 도시로 오지도 않았다. 뉴욕에서 풀타임으로 사는 기술 경영자들과 그들의 회사에 투자하는 벤처 투자가들도 샌프란시스코 해안 지역에 있는 경쟁자들만큼 부유하지는 않다. 맨해튼에서 가장 비싼 연립주택과 펜트하우스는 헤지 펀드 매니저, 러시아와 중국의 공산당 집권층, 유럽의 투자자와 왕족, 유명 예술가 들이 사고팔고 있다. "헤지 펀드 사람들과 비교했을 때" 한 명 이상의 벤처 투자가들이 "우리는 가난합니다"라고 말했다.[9]

그러나 당신이 사업을 어떻게 정의하든, 기술은 뉴욕 경제의 선두가 되었다. 지금 기술은 부동산 업계, 비즈니스 미디어와의 항구적인 성장 연합의 파트너이다. ≪크레인스 뉴욕 비즈니스≫ 산업 협회에 참여했을 때 Tech:NYC는 뉴욕의 기술 산업에 관한 '정상' 회담을 발표하기 위해 그들은 약간의 과장만 했을 뿐이라고 말했다.

뉴욕은 이제 이곳의 경제적 미래를 미국 경제의 가장 역동적인 측면인 기술 분야에 걸었고, 이것은 전체 산업의 두 번째 본부 격으로 부상하고 있다. 그 배당금은 이미 엄청났다. 기술 회사들은 미국 내 최고의 대학을 졸업한 수만 명의 밀레니얼에게 일자리를 제공해 왔다. 다른 업계가 그 공간을 줄이면서 기술 기업들이 이 사무 공간들을 채우고 있다.
현재 뉴욕에는 이곳에 본사를 둔 7500개의 기술 기업들(그들의 주된 사업이 기술 및 그 앱인 기업으로 정의되는)이 있으며, 지난 5년간 384억 달러의 투자로 육성되었으며, 액셀러레이터, 인큐베이터, 밋업, 대학의 후원을 받고 있다. 주의 감사원에 따르면 이 회사들은 10년 전보다 60% 증가한 12만 명을 고용하고 있다. 평균 급여는 약 16만 달러로 월가에 버금간다.[10]

아직 뉴욕에서 기술이 파워 엘리트를 형성하지 못했다면, 그것은 확실히 엘리트 성과주의를 만들어낸 것이다.

혁신 복합체의 물질적·은유적 공간 모두에서 기술·금융 성과주의가 형성되고 있는 것을 볼 수 있다. 이것은 해카톤과 밋업, 역사적인 브루클린 해군 부지와 가상의 브루클린 기술 트라이앵글, 코딩 부트 캠프에서 코넬 공대에 이르는 학교-직업 파이프라인으로 구축된다. 이 공간들에서 신경제의 문화적 가치는 배우고, 수행되고, 실행된다. 실리콘밸리에서는 이러한 과정을 '공동체'라고 부른다. 현재의 비즈니스 용어로 이것은 상호 의존적인 조직과 인력 들의 '생태계'이다. 더 중요한 것은 스스로를 기술 생태계의 일부라고 생각하는 기관과 행위자 들이 기술 공동체의 전략적 지식을 활용하고, 시 정부와 협력하며, 기존의 엘리트 네트워크에 통합함으로써 조직적으로나 정치적으로 힘을 얻고 있다는 점이다. 비록 그들이 항상 이기지는 않지만, 디지털 플랫폼과 회사 들에게 혜택을 줄 정부 정책을 위해 로비하기 위해 지역 엘리트들을 이용한다. 사회학자 피에르 부르디외Pierre Bourdieu가 정의한 개념에서 혁신 복합체의 공간은 상호 작용, 기대, 특권의 사회, 문화, 경제 생태계인 아비투스를 만들어낸다.[11]

해카톤은 열망하는 젊은이들의 혁신을 크라우드소싱하고, 전통적인 경계를 넘어 업무 공간과 근무 시간을 확장함으로써 기업의 이점을 실현한다. 밋업은 점점 더 많은 수의 창의적이고 디지털 기술을 가진 고학력자들을 활용해 공동체의 조직력을 구축하고 업계의 이익을 위해 정부에 로비를 하고 있다. 액셀러레이터와 파이프라인은 스타트업 창업자와 벤처 투자자 들의 상호 사냥터로써 기술과 자본의 신경제의 공생을 제도화해 세계 자본주의를 강화한다. 이 과정은 합리적인 자기 투자와 로맨틱한 자기 발명이 역설적으로 융합된 '혁신과 기업가 정신'이라는 비유에 의해 힘을 받는다. 참여자들은 '세상을 변화'시키면서 많은 돈을 벌어야 한다. 그러나 당신은 기술 성과주의의 형성을 다른 방식으로 볼 수 있다.[12]

가장 흔한 견해는 스티브 잡스, 마크 저커버그Mark Zuckerberg, 빌 게이츠와 같은 무일푼의 대학 중퇴자와 교활한 상어의 이미지를 가진 거의 항상 남성인 영웅적이거나 독재적인 기업가들에 초점을 맞추고 있다. 이러한 설립자들의 통제하에 있는 소수의 사업체들이 매우 커졌기 때문에 그들은 분야를 지배하고, 심지어 아마존처럼 모든 분야의 공간을 지배하고 있다. 이러한 관점은 최근 몇 년 동안 더욱 중요해졌다. 후드티를 입은 스타트업 창업자들은 유망한 신사업을 집어삼키고, 세금과 규제를 회피하고, 그들이 서비스를 제공한다고 주장하며 상호 의존적 사용자들의 개인 정보를 악용하는 기술 독재자로 바뀌었다. 최악인 것은 기술 독재자들이 공공의 이익을 위해 자신들의 플랫폼을 제한하기를 원하지 않거나 할 수 없음을 보여준다는 것이다.

특히 실리콘밸리, 샌프란시스코, 시애틀의 기술 회사들은 그들이 정착해 있는 지역 사회에 대한 세금을 낮게 유지하고, 대중교통의 개발을 막고, 저가 주택의 건설을 막으라고 선출직 공직자들을 협박하고 회유한다. 거의 모든 곳에서 새로운 제품과 서비스를 실험하기 위해 도시를 개방하려 공격적으로 밀어붙인다. 때때로 자금을 대거나 심지어 민영화를 위한 노골적인 광고인 사회 기반 시설을 건설할 것을 제안한다. 하지만 그것들이 가져오는 혜택에 대한 논쟁이 격렬하지만, 데이터는 우버와 같은 플랫폼 기반의 자동차 서비스가 도로를 막고, 버드Bird 같은 전기 스쿠터가 사고를 유발하며, 에어비앤비의 단기 주택 임대료가 도시의 장기 아파트 임대 공급을 감소시킨다는 것을 보여준다. 게다가 구글의 자회사인 사이드워크 랩Sidewalk Labs과 같은 회사가 '스마트 도시' 지구를 개발하기 위해 무료 센서와 로봇을 설치하겠다고 제안했을 때, 그것은 사생활에 대한 깊은 우려를 불러일으킨다.

≪뉴욕 타임스≫의 칼럼니스트인 파라드 만주Farhad Manjoo는 최근 "우버 등이 도로를 지배하면서", "버드가 인도를 지배하고, 일론 머스크Elon Musk가 지하철을 운행하고 도미노Domino가 도로를 포장하는 등 공공재를 공공이 통제하는 시대는 갔다"고 썼다.[13]

샌프란시스코는 주의할 만한 사례를 보여준다. 시의 진보적인 정치적 명성에도 불구하고, 2010년 시의회는 트위터의 사옥 이전 위협에 대응하기 위해 급여세 면제를 신설했다. '트위터의 세금 감면'으로 인해 이 회사 본사 인근의 미드마켓가mid-Market Street 지역의 기업들은 처음 6년 동안 신규 채용한 직원들에 대해 기준 1.5%의 급여세를 내지 않아도 되었다. 이 세금 감면 혜택으로 인해 트위터는 2200만 달러를 절약한 것으로 추정된다. 그 대신 트위터를 포함한 각 기업들은 지역 사회 복지 사업이나 주민에 대한 기여도를 상세히 기술하는 지역사회복지협약CBA: Community Benefits Agreement을 만들어야 했다. 이 기여금의 재정적 가치는 이론적으로 세금 절감의 30%와 같을 수 있다. 그러나 CBA는 세금 감면이 시행된 후 처음 3년 동안 18개의 기술 회사들이 트위터에 가입하고 미드마켓가 회랑의 빈 사무실을 채우는 것을 막지 않았다. CBA의 효과는 미미했던 것으로 보인다.[14]

곧 그 지역에는 카페, 고급 상점, 비싼 주택이 생겨났다. 도시 계획 부서와 비영리단체는 디지털 기술을 이용해 공공 미술 작품을 설치하는 '장소 만들기' 캠페인을 시작했다. 그들은 식도락가들을 위한 야시장을 열었다. 시 정부는 이 지역을 '도시 내의 혁신과 창의성을 보여주고', '실험과 시제품 제작을 위한 플랫폼'을 만들고, 마켓가를 '더 환영하고 더 포용적이며 더 살기 좋은' 곳으로 만들기 위한 리빙 이노베이션 존Living Innovation Zone으로 명명했다. 그러나 기술 노동자들과 부유한 소비자들을 위한 장소 만들기는 인근의 미션 지구Mission District의 젠트리피케이션이 확장되면서 노숙자, 소수 민족 사업주, 라틴계 젊은이 들을 덜 환영하게 만들었다. 그러나 예상과는 달리,

기술이 주도하는 부동산 재개발은 이 지역 전체의 번영으로 이끌지는 못했다. 이 거리는 마약 거래상, 폭력, 지속적인 경찰의 존재에 시달렸다. 아이러니하게도 미드마켓 지역의 **불완전한** 부활은 시의회가 트위터 세금 감면 혜택을 최초 8년 기간이 종료 시 만료될 것을 허용하도록 설득했다.[15]

리빙 이노베이션 존이 공공 공간을 '고급화gentrified'했다면 기술 성과주의는 주거용 젠트리피케이션을 촉진했다. 수년간 컴퓨터 엔지니어들의 높은 급여와 스톡옵션으로 창업자, 투자자, 초기 직원 들이 벌어들인 자본 이익은 지역 부동산 시장에 가처분 자산을 넘쳐나게 했다. 기술 부문은 사용 가능한 주택을 흡수하고, 부동산 가치를 너무 높게 끌어올려 아무도 이곳에 살 수 있는 여유가 없다. 승차 공유 회사 리프트는 IPO를 진행했을 때, 부동산 중개회사가 이 회사의 가치를 계산하기로, 이 회사의 직원을 포함한 스타트업의 주식을 보유한 모든 사람들은 그날 샌프란시스코에 매물로 나와 있는 **모든** 집을 살 수 있을 정도로 많은 돈을 벌었다. 지리학자인 딕 워커Dick Walker는 기술 부문의 성장은 널리 분포된 경제적 이득과 주택 가격에 대한 통제로 대응되어야 한다고 주장한다. 이러한 통제 없이 기술 분야의 최고 부자들은 마을에서 가장 좋은 집을 얻고, 그들의 직원을 포함한 저소득층은 살 곳을 찾지 못한다.[16]

논쟁의 다른 한편으로, 경제학자 에드워드 글레이저Edward Glaeser는 이러한 주택 시장의 파열은 도시가 성공하고 있다는 것을 보여준다고 말한다. 부유한 도시는 고액 연봉의 AI 엔지니어부터 간신히 살아가는 우버 운전사들에 이르기까지 부유한 투자자들과 그들을 위해 일할 사람들을 끌어들인다. 블룸버그 행정부도 같은 낙관적인 시각을 취했고, 아마존의 HQ2에 대한 더블라지오 시장의 열의가 시들해진 것도 당초 회사가 제공하겠다고 약속한 '5만 개의 기술직 일자리'의 매력을 반영했다.[17]

아마존이 롱아일랜드시티에 자리 잡기까지는 14개월이 걸렸고 협상이 타결되기까지는 13주밖에 걸리지 않았다. 2017년 9월, 아마존은 제2의 북미 본사 소재지를 시애틀 본사와 동등하게 선정하기 위한 경쟁을 발표했고, 관심 있는 모든 도시와 마을에 제안서를 제출할 것을 요청했다. 이것은 238개의 지자체로부터 입찰을 이끌어냈는데, 각 지자체에는 능청스러운 홍보 영상, 지역 상황에 대한 광범위한 자료, 보조금 패키지 등이 포함되어 있었다. 2018년 1월에 20개의 최종 도시가 선정되었고, 11월에 HQ2는 동일한 두 부문으로 나뉘었는데, 하나는 뉴욕 퀸스의 롱아일랜드시티에, 다른 하나는 워싱턴 D.C. 교외의 버지니아주 크리스털시티Crystal City, Virginia에 위치하게 되었다. 이 유치 경쟁은 2010년 뉴욕시가 코넬 공대가 된 공학 대학원을 개발하기 위해 경쟁했던 것과 비슷하지만, 그 반대로 아마존이 운전대를 잡고 아주 많은 도시들이 그 차를 태워달라고 애원한 것이다.

아마존은 50억 달러의 투자와 수만 개의 일자리에 대한 대가로 제공하게 될 세금 공제뿐만 아니라 지역 노동자들의 교육 수준, 교통 수단, 학교, 전반적인 생활 상태에 대한 일련의 자료를 도시 정부에 요구했다. 아마존은 또한 결승전 진출자들을 공개하지 않다고 다짐했다. 이러한 요구는 이례적이면서도 과도해 보였지만, 선출직 공직자들은 기술직 일자리의 유혹과 성장에 대한 아마존의 명성을 뿌리칠 수 없었다. 지자체가 일자리 약속의 대가로 기업에 세액 공제를 제공하는 역사는 길지만, 수요의 투명성, 경쟁 도시의 엄청난 수, 기업의 임기 설정 노출 등으로 1년 넘게 언론을 지배했다.[18]

뉴욕시의 입찰은 뉴욕시와 뉴욕주의 경제 개발 법인들이 비밀리에 취합하고, 앤드루 쿠오모 주지사와 빌 더블라지오 시장이 직접 추진했으나 좀처럼 합의점을 찾지 못했다. 그들은 아마존에 거의 30억 달러의 세금 공제, 5억 달러의 추가 및 선택적인 기부금, 토지 조합과 기반 시설에 대한 지원을 제공했다. 더욱 중요한 것은 아마존이 그러한 큰 프로젝트에 대해 도시가 보통 요구하는 길고 정치적인 승인 과정을 거치지 않아도 된다는 것이다. 간단히 말해서, 아마존을 유인할 수 있다는 전망은 새로운 개발 밀도, 환경 영향, 부지의 일부를 정리하기 위한 수용권 사용 가능성과 같은 논쟁적인 토지 이용 문제에 종지부를 찍기 위해 지역 사회 위원회와 시의회를 우회하도록 동기를 부여했다. 그 대가로 주지사와 시장은 아마존이 수천 개의 고임금 기술 일자리를 창출하고, 지역 노동자가 그 자리들을 채울 수 있도록 교육기관과 훈련 파트너십을 맺고, 96개 건물에 7000명 이상의 세입자가 있는 근처의 공공주택 프로젝트에서 불특정 다수의 거주자를 고용할 것이라고 가정했다. 이것은 전국 최대의 규모였다.[19]

주와 시는 아마존이 마련한 경쟁에서 237개의 다른 경쟁자들과 HQ2의 마법의 보물 상자를 놓고 입찰을 벌였기 때문에 그들의 제안은 거대해졌다. 1조 달러의 가치가 있는 이 회사에 대한 그들의 거대한 제안을 지키기 위해 즉시 그 거래에 대한 비평을 내놓은 주지사와 시장에 따르면 HQ2는 일생 동안의 경제개발 기회였다. 더블라지오 시장은 "미국에서 가장 큰 공공 택지 개발 다음으로 지구상에서 가장 큰 기업 중 하나"라며 "시너지가 엄청날 것"이라고 말했다. 쿠오모 주지사는 "더 이상 한 회사에서 2만 5000개의 일자리를 얻을 수 없다"며, "인센티브 패키지 없이 큰 회사를 뉴욕주로 데려오지는 않을 것"이라고 말했다. 이와 같은 이유로 이 입찰은 Tech:NYC와 같은 기술 공동체의 강력한 지지를 받았다. 이번 인센티브는 아마존의 일자리에 대한 투자뿐만 아니라 도시의 기술 생태계에 대한 투자로도 제시되었다.[20]

시장과 주지사에게는 불행하게도 당시는 거대 기술 기업에게 영합하기에 좋은 순간은 아니었다. 그들은 격분한 비난의 세례에 맞서 인센티브를 옹호하는 동안, 시카고 출신의 한 헤지 펀드 설립자가 뉴욕에서 가장 비싼 아파트를 2억 3800만 달러에 사들였고, 이것은 뉴욕의 극심한 부의 불평등에 주의를 불러일으켰다. 지하철, 공공주택, 공립대학 시스템은 자금이 절실히 필요했다. 미국인들은 러시아 해커들이 2016년 대통령 선거에 영향을 미치기 위해 소셜 미디어 플랫폼을 조작했다는 뉴스와 거대 기술 기업들이 사생활에 대한 아무런 주의 없이 사용자들의 개인 정보를 판매했다는 계속되는 폭로로 혼란에 빠졌다. 워싱턴 D.C.에서는 의회가 거대 기술 기업을 등지고 극단적으로 새로운 규제에 대해 떠들어대고 있었고, 독점 기업들을 해체하거나, 적어도 그들의 비즈니스 모델을 단속하고 있었다. 아마존의 결정이 발표되기 며칠 전인 2018년 11월 많은 지역구들이 새롭고 진보적인 민주당원들을 하원에 선출했다. 한편 뉴욕에서는 이민자 인권과 지역 사회 단체의 풀뿌리 연합과 주요 소매업자 조합이 아마존의 플랫폼 전반에 걸쳐 이 회사의 사업 관행에 반대하는 캠페인을 1년 동안 진행하고 있었다. 이들은 아마존 창고의 열악한 근무 환경과 이민세관집행국ICE: Immigration and Customs Enforcement에 안면 인식 기술을 공급하기로 한 합의와 아마존 웹사이트에서 백인 우월주의 제품을 판매한 것을 겨냥했다.[21]

전환점은 시의회가 2018년 12월과 2019년 1월 개최를 주장한 두 차례의 공청회에서 나왔다. 협의의 일부를 수정하거나 협상할 기회를 박탈당한 논의는 아마존 임원들과 NYCEDC의 사장을 소환해 왜 그렇게 많은 혜택이 아마존에 부여되었는지와 아마존은 그 대가로 무엇을 제공할 것인지를 설명했다. 이 회사가 새로 고용한 로비스트들이 맨 앞줄에 옹기종기 모여 있는 동안, 많은 청중은 발코니에서 반아마존 현수막을 펼치며 야유를 보냈다. HQ2 입찰에 찬성한 의원을 비롯한 시의회 의원들에게 존중받지 못하고, 분노하고, 배신감을 느꼈다고 선언하기 위해 연단에 올랐다. 주의 경제개발공사는 참석을 거부했다.[22]

통상적으로 겨울 휴가철의 정치 활동이 부진한 몇 주 동안, 시장과 주지사는 이 협정을 지지하기 위해 따로 그리고 반복적으로 연설했다. 비판 세력은 반대를 동원하기 위해 열심히 노력했다. 지역 사회 단체들과 사회 운동 활동가들은 퀸스에서 집집마다 방문했고, 노동조합들은 소득 불평등과 젠트리피케이션을 조장하는 아마존을 고발한 시애틀의 시의회 의원들을 데려왔으며, 스태튼섬Staten Island의 아마존 창고에서 일하는 한 노동자는 그곳의 상황을 비난했다.[23] 이 모든 것이 언론에서 광범위하게 다뤄졌다. 몇몇 정치인들이 야당의 주요 인물들로 나타났다. 롱아일랜드시티를 대표하는 시의원 지미 밴브레이머Jimmy van Bramer, 입법부에서 지역구를 대표하는 주 상원의원 마이클 지아나리스Michael Gianaris, 불과 몇 주 전에 인접한 지역구에서 미국 하원의원으로 당선되어 역대 최연소 여성 하원의원이 된 민주 사회주의자인 알렉산드리아 오카시오코르테스Alexandria Ocasio-Cortez였다. 이들 모두는 역시 광범위한 언론 보도를 받았다.

아마존이 지역 주민들과 대학생들을 위한 훈련 프로그램을 늘리겠다고 몇 가지 약속을 더 했지만, 아마존은 그들이 만들기로 되어 있던 본사 일자리를 위해 2만 5000명의 '토박이' 뉴욕 시민들을 고용하기로 약속하지는 않았다. 그들이 인근 공공주택 사업 주민들에게 주겠다고 한 30개의 일자리는 그곳에 사는 수천 명의 사람들을 생각하면 모욕적이지는 않지만, 우스울 정도로 낮은 수치로 보였다. 주지사와 시장은 아마존이 수십억 달러의 세금을 내고 곳곳에서 사업을 창출할 것이라고 주장했지만, 주택 시장에 미치는 아마존의 잠재적 효과, 그러한 부유한 기업에 보여준 극단적인 관용은 계속해서 강한 반응을 불러일으켰다. 그러나 이러한 격한 분노에도 불구하고, 여론 조사에서는 특히 비백인 뉴욕 시민들 중 다수가 이 합의에 찬성하는 것으로 나타났다.[24]

아마존은 롱아일랜드시티 주민들에게 그들이 좋은 이웃이 될 것이라고 확신시키려고 노력했다. 그러나 그렇게 빠르게 발전하고 고급화되는 지역의 주민들은 HQ2가 있으면 집값이 천정부지로 올라가지 않을 거라고 믿지 않았다(〈그림 8-2〉). 게다가 아마존의 한 임원이 1월 말 시의회에 아마도 스

그림 8-2 "롱아일랜드시티에 아마존은 없다": 아마존의 HQ2에 항의하는 그래피티, 퀸스의 롱아일랜드시티(2018년 11월 17일)

자료: Elisabeth Rosen.

태튼섬의 물류 센터에 있는 노동자들이 노동조합에 가입하려고 한다면 회사의 입장은 중립적이지 않을 것이라고 말했을 때, 모든 공손한 가식은 사라졌다. 만약 도시의 대부분을 차지하는 민주당 정치 기득권층과 더 진보적인 운동가들이 한 가지 점에서 동의했다면, 그것은 뉴욕이 여전히 연합 도시였다는 것이다.[25]

정치적 견해 차이와 개인적인 불화도 이 협정을 무산시키는 데 일조했다. 시장을 포함한 적지 않은 시의회 의원들과 주의 입법자들이 고위 공직에 출마할 계획을 가지고 있었다. 좌측의 떠오르는 스타인 오카시오코르테스는 일부 기득권층 지도자들을 향해 아마존에 대한 비판을 너무 거침없이 내뱉었다. 게다가 주지사로 선출되기 훨씬 전인 2006년에 앤드루 쿠오모는 주 검찰총장에 출마하기로 결심했고, 또 다른 잠재적인 후보인 마이클 지아나리스를 경선에서 탈락시켰다. 그러나 2019년 현재 주 상원 내 민주당 서열 2위인 지아나리스는 상원 대표에 의해 아마존 협정에 거부권을 행사할 수 있는 유일한 정부기관인 공공당국 통제위원회Public Authorities Control Board에 임명되었다.[26] 아마존의 사업 관행에 대한 야당의 지속적이고도 포괄적인 공격과 함께 정치 엘리트 내부의 이견은 롱아일랜드시티에 본사를 여는 것이 너무 큰 고통을 가져올 것이라고 회사를 설득했다. 2월 14일, 소문의 일주일간 거래를 구하기 위한 주지사와 시장의 마지막 노력 후에 아마존은 철수했다.[27]

쿠오모 주지사는 분노했다. 더블라지오 시장은 아마존이 노동조합에 반대하는 입장을 밝힌 것과 "일자리와 수익, 그것들을 지불해야 한다"는 것을 인정하지 않은 것에 대해 화를 냈다. 뉴욕의 기술 생태계에서 구글에 이어 아마존을 '제2의 핵심 세입자'로 환영했던 벤처 투자가 프레드 윌슨은 반대는 유권자와 납세자 들의 뜻을 거스르고 경제적 미래를 위태롭게 하기 때문에 공정하지 않다고 말했다. 윌슨은 블로그에 "내일의 뉴욕시가 오늘의 뉴욕시만큼 필수적일 것이라는 보장은 없다"고 썼다. "우리는 그렇게 만들기 위해 일해야 하며, 아마존을 뉴욕시에 영입하려는 이러한 노력은 정확히 그렇게 만들 것이다." 시민회관의 CEO이자 뉴욕기술동맹의 이사인 앤드루 라셰이는 생태계 전체가 물거품이 되는 것을 목격했다. 그는 "이번 사태가 재앙인 이유는 일자리 감소뿐만 아니라 뉴욕이 21세기 경제에 대한 투자에 우호적이라는 사람들의 인식이 사라졌기 때문"이라고 말했다. "아마존이 등장하면서 뉴욕은 마침내 스타트업에 투자할 수 있는 곳이자 기술 전반에 더 많은 다양성을 창출할 수 있는 잠재력으로 실리콘밸리와 동등한 곳으로 인정받았습니다. 하지만 이제 그것을 잃었습니다."[28]

하지만 일자리는 어떤가?

아마존이 약속한 수만 개의 기술직 일자리 이면의 현실은 보기보다 복잡했다. 아마존은 처음에 5만 개의 본사 일자리를 창출하겠다고 밝혔지만, 아마존이 HQ2를 절반으로 나누었을 때, 롱아일랜드시티에서 '평균 급여의 15만 달러 이상'으로 추정되는 2만 5000개의 일자리를 얻었다. 그러나 NYCEDC는 나중에 그중 절반만이 기술직일 것임을 인정했다. 나머지 1만 2500개의 일자리는 사무실과 청소 서비스를 지원하는 일일 것이다. 퀸스브리지 하우스Queensbridge Houses의 입주자들에게 배정된 30개의 일자리 중 터무니없이 적은 수는 뉴욕에서 중요한 직업군이 아닌 고객 서비스 센터에 있을 것이다. 이와 같은 고용은 더블라지오 시장이 원하는 '좋은 일자리'에 대한 직업 사다리를 제공하지는 않을 것이다.[29]

그러나 기술 회사에서의 기술직은 특히 인공 지능과 같은 새로운 기술로 일하는 뛰어난 엔지니어들에게 매우 좋은 보수를 준다. 문제는 그 직업들 중 몇 개나 있는 것인가? 하는 것이다. 경제학자인 데이비드 오터David Autor에 따르면 미국 전체 직업의 5%만이 가장 높은 임금을 받는 기술 분야의 '프런티어 일자리'라고 한다. 프런티어 일자리가 밀집한 샌프란시스코나 뉴욕 같은 슈퍼스타 도시에서도 가장 높은 보수를 받는 일자리는 가장 높은 학력을 가진 소수의 주민들이 차지하고 있다. 구글과 같은 거대 기술 회사에서는 적은 복리후생으로 더 낮은 급여로 일하는 임시직과 계약직 직원들이 정규직 직원 수를 앞지르고 있다.[30]

기술 성과주의의 성장은 일자리와 사업 창출을 의미하지만 이것은 누구를 위한 것인가? 2008년 경제 위기 이후 블룸버그 시장은 기술직에 관심이 있는 '최고이자 가장 똑똑한' 젊은이들에게 뉴욕에 머물 것을 호소했다. 뉴욕시 경제개발공사는 기술 스타트업, 코딩 스쿨, 컴퓨터 지원, 친환경 제조 시설을 개설하기 위한 물질적 지원을 제공했다. 자수성가한 억만장자이자 자칭 기술 세공사라는 시장의 명성은 정치적 무게와 위신을 더했다. 세스 핀스키는 가장 중요한 것은 NYCEDC가 금융기관이 아닌 도시의 전통적 산업과 파트너십을 구축했다는 것이라고 말했고, 이것은 그러나 "영화, TV, 미디어, 관광, 소매, 패션, 고등 교육, 의학, 생명공학, 산업 분야를 위한 기술"은 물론, 차세대 기술 성과주의가 훈련되고 있는 대학에서도 마찬가지였다.[31]

2010년 이후 일자리와 스타트업의 수가 모두 증가했다. 최소한 이 지표들에 따르면 뉴욕은 샌프란시스코를 제외한 다른 어떤 미국 도시보다 더 빠르고 더 극적으로 경제 위기로부터 회복되었다. 그러나 두 도시 모두 부의 창출이 평균 소득 증가율을 앞질렀다. 주택 위기로 인해 많은 가구가 임대료 과다 지출과 소형 아파트 과밀로 빠져들었다. 한편 에인절 투자자 수, IPO의 규모, 스타트업 인수 등이 급증했다. 거래 건수가 적을 경우 거래 규모가 컸고, 특히 성공한 기업에 대한 후기 투자의 경우 거래 규모가 컸다. 인수는 거대 기술 기업들의 규모와 범위를 확대시켰다.[32]

그러나 '혁신적인' 스타트업을 위한 자금원은 결코 안정적이지 않다. 벤처 캐피털은 다른 유형의 투자와 경쟁하는데, 어떤 이유로든 벤처의 투자 수익률이 하락하면 투자자들은 대안으로 눈을 돌리게 된다. 대부분의 벤처 투자가들은 5~7년이라는 상당히 짧은 시간 안에 투자금을 회수하거나 수익을 올리고 싶어 하지만, 이 시간은 진정한 회사를 구축하기에는 짧을 수 있다. 게다가 일부 스타트업의 IPO는 예상을 뛰어넘었지만, 훨씬 더 눈부신 성장을 보인 기업들의 IPO는 무산되었다. 더 큰 회사에 인수된 스타트업이 잠재력까지 성장할지, 아니면 기술과 인재가 구매자의 기업 계획에 잠식되면서 문을 닫을지, 우리는 잘 모른다.[33] 이러한 불확실성은 모두 지역 일자리에 시사하는 바가 있다.

외국인 직접 투자에 대한 의존도로 불확실성이 극에 달하고 있다. 브루클린 해군 부지에 매우 많은 투자 자본을 모은 연방 정부의 EB-5 프로그램을 통해 대출을 위한 비자를 거래하는 관행은 외국인 투자자들의 신뢰와 의회의 승인에 의존했다. 중국 투자자들이 뉴욕 대도시권에서 EB-5 대출을 조정한 영리 기업을 고소하고, 트럼프 행정부가 대중국 무역에 제한적인 규제를 내렸을 때 이는 이중으로 위험한 문제임이 밝혀졌다. 사우디아라비아 왕세자가 미국에 거주했던 반체제 언론인을 살해하라고 지시한 것으로 알려진 후, 소프트뱅크의 비전 펀드를 통한 간접 투자를 포함한 사우디아라비아의 뉴욕 관련 기술 기업 투자도 정치적으로 위험해졌다. 프레드 윌슨은 벤처 투자자들이 투자자의 윤리에 대해 충분히 알고 있는지, 또는 충분히 하고 있는지에 대해 공개적으로 의문을 제기한 드문 벤처 투자자들 중 한 명이었다. 그러나 그는 벤처 투자자들이 "이러한 관계를 푸는 것"은 어려울 것이라고 인정했다.[34]

기술 기업의 성장과 일자리 증가의 관계도 면밀하게 살펴볼 필요가 있다. 지금쯤 '변혁'이라는 기술의 자랑스러운 주장이 긱 경제를 **만들지** 못했다면, 디지털 플랫폼은 기업들이 위태롭게 고용된 저임금 노동자로 구성된 거대한 군대를 더 쉽게 모집하고 배치할 수 있게 되었다는 것이 명백해졌다. 그러나 우버의 창립자 트래비스 캘러닉Travis Kalanick의 눈에 반짝이기 훨씬 전에 시작된 이 운동은 여러 벡터를 가지고 있다. 1980년대부터 경영 컨설턴트들은 가장 '재능 있는' 경영자들의 금전적인 보상을 늘리고, 회사의 주식을 더 가치 있게 만들기 위해 기업들이 정규직 직원을 감원하고, 생산을 아웃소싱해야 한다고 촉구했다. 당시 실리콘밸리에서 여전히 하드웨어를 생산하던 전자업계가 가장 빨리 무너졌다. 기술 회사들은 제조업을 아시아에 아웃소싱하고, 텍사스Texas 같은 비노조(노동조합을 인정하지 않는 - 옮긴이) 주에 공장을 열었으며, 정규직 근로자들을 계약직으로 대체했는데, 이들 중 다수는 불법 이민자이거나 프리랜서나 독립적인 기술 컨설턴트였다. 고도로 숙련된 엔지니어들에게 프리랜서가 되는 것은 선택이었고, 다른 엔지니어, 특히 제조업 노동자들에게는 강요였다.[35]

인건비를 낮추기 위해 일을 여기저기로 옮기는 기술 기업은 대기업뿐만이 아니다. 스타트업도 역시 일자리를 지리적으로 '분배'한다. 이들은 처음에는 벤처 캐피털이 풍부한 대도시 지역에 뭉치는 경향이 있지만, 이들 지역도 임금 수준이 높다.[36] 창업자들은 소규모 팀으로 시작하지만 자금 조달에 성공하면 전문 인력을 새로 고용해 그 자리를 채운다. 그 시점에서 그들은 지리적으로 일자리를 분산시켜 투자자와 고객을 다루기 위해 뉴욕, 샌프란시스코 또는 다른 도시 중심에 CEO와 비즈니스 매니저를 집중시키면서 더 낮은 비용으로 개발자, 엔지니어, 생산 노동자 들을 고용할 수 있다. 뉴욕에 본사를 둔 데이터 분석 스타트업의 설립자는 미국, 캐나다, 유럽 전역에서 엔지니어를 고용하고 있다고 말했다. 그는 "우리는 고용에 있어 한 지역만을 고집하지 않습니다"라고 말했다. "우리는 그들이 어디에 있든 대단한 엔지니어라면 뽑을 수 있습니다." 그러나 그는 영업 및 마케팅 팀이 "주요 언론사의 문을 두드리고, 직접 대면 미팅을 가질 수 있을 때" 특히 회사의 초기 단계에서는 뉴욕 밖으로 이동하지 않을 것이라고 말했다. 이러한 분업화는 지역 노동력의 일부에게는 좋지만 모두에게 좋은 것은 아니다.[37]

지역 노동력에 대한 불안정한 수요가 제조업 노동자들에게 가장 큰 타격을 준다. NYCEDC의 제조업을 디지털 방식으로 보조하는 지원, 특히 시 소유의 오래된 산업 단지 지원에도 불구하고, 대부분의 스타트업은 직원이 거의 없다. 휴대용 태양광 패널을 설계하고 판매하는 뉴랩의 스타트업 창업자와 이야기를 나눴을 때, 그는 생산비를 절감하기 위해 동남아시아에서 만든 패널을 보유하고 있다고 했다. 일반적으로 첨단 제조업에 종사하는 기업들은 인간 노동자와 기계를 결합하기 때문에, 이 분야는 저숙련 노동자들을 많이 지원하기 어렵다. 게다가 스타트업이 실패했을 때 그들이 종종 그렇듯이, 노동자들은 일자리를 잃는다. 만일 그 일이 아시아로 옮겨지지 않는다면 말이다.[38]

뉴욕시 정부는 공장 노동자들을 훈련시키고 기술 경제에서 더 높은 수준의 숙련도의 일자리를 제공하는 프로그램에 자금을 지원하고 있다. 브루클린 해군 부지는 실적을 자랑스럽게 여긴다. 그러나 발전하지 않는 노동자들은 어떻게 하나? 일부는 현재 뉴욕에서 가장 큰 제조업 분야인 식품 가공업에서 일자리를 얻을 수도 있다. 하지만 식품 가공업의 임금은 다른 산업보다 낮다. 장인 음식 스타트업들은 언론의 주목을 받고 있으며, 특히 브루클린에서 항상 문을 열고 있지만, 그들은 많은 노동자를 고용하지 않고, 창업 이래 5년 이상 생존하는 일이 거의 없으며 대학 교육을 받은 창업자들의 네트워크 밖에서는 고용하지 않는 경향이 있다.[39]

벤처 캐피털이 투자를 지리적으로 분산한다는 점도 기억하자. 뉴욕 벤처 투자자의 주관적인 뉴욕 **거주** 선호와 거주지와 가까운 곳에 **투자**하는 것을 선호함에도 불구하고, 그들은 점점 더 지리적으로 위험을 회피한다. 2010년 이후, 뉴욕**에서의** 벤처 캐피털 펀드의 성장은 뉴욕 **외** 지역의 꾸준한 투자 증가와 맞먹고 있다. 일부 지역은 미국의 다른 지역으로, 어느 정도는 유럽과 이스라엘로 가기도 했지만, 이러한 증가의 대부분은 캘리포니아에 혜택을 주었다. 2015년 유니언스퀘어 벤처스의 공동 창업자들이 베를린에서 열린 여러 기술 행사에서 연설했을 때, 그들 중 한 명은 유럽의 투자 풍토가 "뉴욕과 같습니다. 즉, 자본보다 기업가들이 더 많은 것입니다. 그리고 또한 우호적인 정책 환경도 그렇습니다. 그들은 이제 혁신에 더 개방적입니다". 유럽 내에서의 미국에 기반을 둔 거대 기술 기업에 대한 비판은 EU의 규제 강화로 이어질 수 있지만, 유럽 스타트업에 대한 부담도 커질 수 있다. 게다가 중국 첨단 기술 회사들과 거래하는 것에 대한 미국 정부의 제한은 중국과 외국 투자자들을 끌어들여 혁신에 앞서 도약하도록 자극할 수 있다. 뉴욕 시민들은 뉴욕 외부의 더 많은 스타트업 성장이 더 많은 벤처 캐피털 투자를 이끌어낼 것이라고 걱정해야 하는가?[40]

뉴욕의 기술 및 금융 생태계가 지역 간 벤처 캐피털 상호 교류 덕을 많이 봤다는 점을 인정해야겠다. 실리콘밸리에 본사를 둔 벤처 투자자들이 뉴욕에 사무실을 열어 스타트업을 스카우트하고, 뉴욕에 본사를 둔 벤처 투자자들은 정기적으로 실리콘밸리로 이동해 자금을 조달한다. 초국가적인 무역과 이주를 제한하려는 트럼프 행정부의 노력에도 불구하고, 외국 기업들은 뉴욕에 액셀러레이터를 열었다. 특별 행사와 모임은 중국에서 온 외국 스타트업 설립자들을 도시의 기술 공동체에 환영한다. 다만 지역 벤처 캐피털이 충분한 일자리를 창출하는지, 어떤 종류의 일자리인지, 그 일자리는 어디에 있는지 의문이 커지고 있다.

이러한 문제들은 수년 동안 일자리 창출 자본 투자에 굶주린 지역들, 즉 미국 중서부의 산업 지역, 시골 지역, 더 오래되고 작은 도시에서 가장 많은 불안감을 불러일으킨다. 2000년대 초부터 벤처 캐피털의 가장 큰 몫은 샌프란시스코 해안 지역, 뉴욕, 보스턴에 투자되었다. 심지어 리처드 플로리다 Richard Florida와 캐런 M. 킹Karen M. King이 보여주었듯이, 뉴욕시 내에서 대부분의 벤처 캐피털은 실리콘 앨리, 미드타운 사우스, 브루클린 수변 공간에 소수의 지점에 집중되어 있다. 정부의 개입 없이는 이 자본은 도시의 가장 가난한 이웃들을 돕지 않는다.[41]

기술·금융 엘리트가 소수의 도시와 지점에 집중되어 있는 것처럼, 벤처 캐피털에 대한 수익률도 극소수에 집중되어 있다. 벤처 투자자의 주요 파트너사가 연기금과 피델리티처럼 투자를 집계하는 회사지만, 벤처 투자로 가장 많은 수익을 올리는 투자자는 전형적으로 이미 소득 사다리 상위권에 올라 있는 소수의 사람들이다. 이 그룹을 개인의 재산으로 정의할 것인지, 아니면 주식의 소유로 정의할 것인지에 따라 상위 10%, 1% 혹은 심지어 1%의 10분의 1만을 나타낸다. 이것은 한 도시가 의지해야 할 지역 지지자들의 집단이 아니며, 특히 그 집단에 속한 사람들이 도시 인구의 대부분에게 혜택을

줄 법과 세금에 반대하는 로비를 한다면 더욱 그렇다.[42]

이러한 상황에서 시장이 할 수 있는 일은 무엇인가?

빌 더블라지오는 노골적으로 진보적인 관점을 가지고 있음에도 불구하고, 블룸버그 행정부와 같은 경제 개발 전략을 지속했다. 하지만 그는 두 가지 흥미로운 혁신을 이루었다. 첫째, 더블라지오는 모두를 위한 일자리 확대를 공약으로 해서 2012년 시장에 출마했다. 당선 후, 그의 행정부는 모두에게 경제 성장의 혜택을 약속하며 "One New York"이라는 슬로건을 채택했다. 이는 도시의 기술 성과주의가 더욱 포괄적으로 변모할 것이며, 시청에서 기술 기업과 벤처 캐피털 모두 영향력이 거의 없을 것임을 시사했다.[43] 더블라지오 행정부는 또한 사회적 권한을 수용하기 위해 경제 개발의 개념을 넓혔다. 이것은 시 정부의 초점을 코넬 공대와 같은 엘리트 파이프라인에서 CUNY 졸업생과 대학을 다닌 적이 없는 사람들을 포함한 '토박이' 뉴욕 시민들을 위한 전 도시 교육 계획인 더 넓은 기술 인재 파이프라인으로 이동시켰다.

시장뿐 아니라 기술 공동체 모두가 사회적 다양성을 위해 큰 소리로 북을 쳤다. 이것은 도시와 산업 모두에 좋다고 널리 이해받았다. 다양성을 장려하는 것은 뉴욕을 넓은 범위의 재능 있는 사람들에게 훨씬 더 매력적으로 만들 것이다. 나와 이야기를 나누었던 기술계에서 일하는 모든 여성들, 특히 스타트업 창업자들은 샌프란시스코 해안 지역보다 이곳에서 일하는 것이 훨씬 쉽다고 말했다. 그렇다고 기술직의 사회적·민족적 다양성을 증가시키기 위한 의식 있는 전략의 필요성이 줄어드는 것은 아니다. 예를 들어, 시 정부는 "고등학교 여학생들을 대학, 학부생, 대학원생 여성이 되어 이들이 기술 산업에서 보람 있고, 수익성 좋은 자리를 확보할 수 있도록 준비시키는" CUNY와 코넬 공대 간의 파트너십인 WiTNY Women in Technology and Entrepreneurship in New York를 시작했다. NYCEDC의 사이버 보안 산업 구축을 위한 3000만 달러 투자 및 파트너십에는 CUNY·페이스북 사이버 보안 석사 학위 및 CUNY의 라과디아 커뮤니티 대학교LaGuardia Community College의 '사이버 부트 캠프'가 포함된다. 광범위한 비영리단체들은 기술 훈련에서 성별과 인종적 형평성을 촉진한다.

도시 전체로 기술력에 대한 접근성을 확대하려는 목표는 유니언 스퀘어에 새로운 기술 거점을 건설하려는 프로젝트를 만들었다. 이곳은 비영리단체들이 '모든 뉴욕 시민들'을 위한 강의를 열고 시민 기술 분야의 프로젝트를 개발하는 중심 장소일 것이다. 코넬 공대가 기술 성과주의 구축에 대한 블룸버그 시장의 의지를 표명한 것처럼 유니언 스퀘어 기술 허브는 기술 기업이나 부동산 개발업자 들의 권력에 도전하지 않더라도 사회 민주주의를 구축하겠다는 더블라지오 시장의 의지를 표명한 것이다.[44]

사회적 권한 강화는 또한 '이웃 혁신 연구소'를 건설하는 NYCEDC의 프로그램을 형성했다. 광범위한 공공주택 프로젝트와 만성적으로 보이는 빈곤이 있는 브루클린의 흑인 중심 지역인 브라운즈빌Brownsville을 시작으로 NYCEDC는 지역 사회 단체들과 협력해 지역 문제를 해결하기 위해 데이터를 사용하는 프로젝트를 제안하고, '지역 주도형 혁신'을 고무시켰다. NYCEDC의 직원들은 이 계획이 공공주택 프로젝트에서 수십만 명의 주민을 대상으로 확장될 가능성이 있으며, 영향력 있는 조직 모델이 될 것이라고 생각했다. 브라운즈빌 지역 사회가 데이터에 참여할 수 있다면 프로젝트는 어디에서나 성공할 수 있을 것이다.[45]

비록 이것이 블룸버그 행정부 때보다 디지털 기술에 대한 접근을 확대하기 위한 더 많은 '상향식' 전략을 나타내긴 했지만, 시 정부의 혁신 복합체 내 가장 강력한 행위자들과의 파트너십에 지장을 주지는 않았다. 이웃 혁신 연구소는 구글과 마이크로소프트와 같은 거대 기술 회사들과 데이터를 공유하고, 이들 회사에서 장비를 구입한다. 이러한 프로젝트에서 NYCEDC와 협력함으로써 전 세계 다른 도시에 판매할 수 있는 시제품을 개발하고 시험할 기회를 제공했다. [46] 이웃 혁신 연구소는 또한 NYCEDC의 대학 파트너인 뉴욕대에도 도움을 주었다. 시설을 관리하기 위해 NYCEDC는 뉴욕대의 도시과학 및 발전 센터Center for Urban Science and Progress를 다운타운 브루클린에 두었다. 소외 계층 청년들을 기술 인턴십을 통해 기술 성과주의와 긴밀히 접촉할 수 있었다고 해도, 이 프로그램은 성과주의의 지배적인 위치를 확인시켜 주었다.

더블라지오도, 블룸버그도, 논쟁의 여지가 있는 어느 시장도 혁신 복합체의 강화를 피할 수 없었다. 그들은 더 큰 맥락인 세계 자본주의를 위한 다음 활동을 위한 준비에 사로잡혀 있었다.

2008년 경제 위기 이후, NYCEDC의 경제혁신센터CET는 스위스 다보스에서 열린 주요 연례 경제정상회의를 주최하는 세계경제포럼과 세계 자본주의의 수뇌부로 연결되었다. CET의 창립 이사인 스티븐 스트라우스는 WEF에서 직접 영입되었다. 그는 뉴욕을 다시 방문했는데, 기업 지도자들의 관점에서 도시의 강점과 약점을 어떻게 분석할 것인가에 대한 이해가 있어야 한다고 말했다. 스트라우스는 이러한 전략적 사고가 "뉴욕시에서는 근본적으로 새로운 것"이라고 말했다. 그러나 리먼 브라더스의 파산으로 시작된 경제 위기는 방향을 바꿀 수 있는 기회를 제공했다. 스트라우스는 "만약 내가 다른 시기에 (뉴욕에) 왔다면, 새로운 일을 하고 싶어 하는 사람들을 만날 수 있었을까요?"라고 말했다. [47]

그러나 NYCEDC가 경제 개발 전략을 만들고 추진할 것이라는 생각은 즉시 지지자들을 얻지 못했다. 직원들은 앉아서 시 소유 산업용 부동산에 대한 임대료를 징수하고, '세금 인센티브'를 나눠 주는 데 익숙하다고 세스 핀스키가 말했고, "이들은 민간 부문 프로젝트와 사업에 간접적이고 다소 은밀하게 투자하고 있었습니다". NYCEDC 내에서 조직이 바뀌어야 한다고 생각하는 사람은 거의 없었다. 스트라우스는 "2008년과 2009년에 우리가 시작할 때, 실업률이 기본적으로 2배가 되었습니다"라고 스트라우스가 말했다. "많은 것들이 자유낙하했습니다. 성장 경제로 기술과 스타트업의 중심축을 만들면서 우리는 옆으로 물러났습니다. **대부분의 사람들은 우리가 제정신이 아니라고 생각했습니다.**"

스트라우스의 이전 직장인 WEF는 위기의 틀 내에서 행동하는 데 익숙했다. 2000년대 초부터 연차보고서와 콘퍼런스에서 이 기구는 세계 자본주의가 기업 경쟁과 환경 악화, 경제 및 사회 양극화 등 일련의 위기에 직면했다는 가정으로부터 일해 왔다. 이에 대항하는 방법은 대중의 눈 밖에 있는 회의에 기업과 정부 지도자 들을 불러들여 행동에 대한 엘리트 합의를 이끌어내는 것이었다. 이 기구를 면밀히 연구해 온 스톡홀름의 연구원들에 따르면, WEF는 "미래의 세계 질서에 대한 선견지명이 있고, 매력적이며, 확고한 전문가 지식을 바탕으로 한 내러티브"를 만들기 위해 노력하고 있다고 한다. 이러한 '허구적 기대'는 기업과 정부가 제정해야 하는 실제 시나리오가 되었다.[48]

정부기관도 영리 기업도 아닌 '부패 권력'을 앞세운 WEF는 막후에서 주동자가 되었다. 조직의 관점을 분류하기가 쉽지 않은 점이 도움이 되었다. WEF는 투명해 보였지만 논의는 비공개로 진행되었다. 사회적 책임을 촉진시켰지만, 핵심 행위자는 사업체였다. WEF는 사회적 행동의 촉매제였지만, WEF가 권고한 조치는 복수의 이해관계자 파트너십에 의해 취해졌다. 이 모델, 그리고 그것이 추진한 '포스트 정치적 합의'는 어떻게 세계 자본주의가 한 번에 한 도시씩 구제될 수 있는지를 제시했다.

CET의 창립 이사로서 스트라우스는 WEF 모델을 뉴욕으로 가져왔다. 그는 "나는 CEO들의 관점에서 (도시의 상황을) 보고 있었습니다"라고 말했다.

"사람들은 매킨지를 통해 저를 알고 있었고, (뉴욕의 전통 산업 지도자들과 우리의) 회의는 부시장이 주재했습니다. 자료는 베인과 같은 저희 컨설턴트들이 준비했습니다. 우리는 그 토론이 동료 간 대화 수위이고 비공식적인 것임을 보장했습니다. (참석자들은) 그들이 하고 싶은 말을 할 수 있었습니다. 모든 조각을 하나로 만드는 것은 매우 힘들고 매우 쉬웠습니다."

NYCEDC는 시 소유 부동산 관리에 집중하던 것을 제쳐두고 파트너십을 관리하는 법을 배워야 했다. 직원들은 도시의 대기업들이 신기술에 참여하고, 신뢰를 쌓고, 협력적으로 일하도록 격려해야 했다. 그들은 또한 기업 경영자들과 벤처 투자자들 모두가 도시의 대학들을 상아탑 사고방식으로 보는 것을 다루어야 했다. CET (그리고 매킨지의) 관점에서 대학들은 **충분히** 기업가적이지 않았다.

뉴욕에 초점을 맞춘 연구기관인 도시미래센터Center for an Urban Future는 2009년 중요한 보고서에서 이 점을 언급했다. 대학이 경제 발전의 동력이 되려면 그들의 연구를 스타트업과 벤처 캐피털에 연결시켜야 했다. 이 보고서는 브루클린에 본사를 둔 벤처 투자가인 찰리 오노넬의 말을 인용해 대학들이 컴퓨터과학 수업과 경영 대학원 수업을 분리된 저장고에서 기업가 정신으로 유지하고 있다고 전했다. 결과적으로 대학 졸업자들은 스타트업 창업자가 되지 않았다. 뉴욕 대학교 컴퓨터과학과 교수인 에번 코스도 같은 생각을 했다. 그는 학생들이 스타트업에 관심을 가지게 하기 위해 도시 최초의 해카톤을 조직했다고 말했다.[49]

복잡하고 붐비는 도시의 맥락에서 이 모든 과정은 매우 정치적인 것이었다. 그러나 세스 핀스키는 NYCEDC가 "이념적이지 않은 경향이 있다"고 주장했다. "그리고 우리는 아무에게도 빚진 것이 없습니다. 우리는 운이 좋아서 시장이 있었지요." 그는 나를 향해 미소 지었다. 이해했다. 블룸버그 시장은 독자적으로 부유했고, 지역 정치인들이 통제하는 경력 사다리를 오르면서 뉴욕 최고의 선출직 공직에 당선되지 못했다.

그러나 경제 개발, 도시 정부가 그것을 추구하기 위해 사용하는 수단은 우선순위에 달려 있다. 이는 공공 정책에서 어떤 집단이 가장 많은 이익을 얻을지에 대한 암묵적인 수용을 반영한다. 정책은 정부가 일부 집단의 이익을 다른 집단의 이익보다 우선시한다는 것을 나타내기 때문에, 정치적 선택과 이념적 관점을 동시에 표현한다. 경제 발전 정책에 대해 '비이념적'이라고 주장하는 것은 엘리트 합의의 세 가지 '포스트 정치' 포인트를 강조함으로써 이 점을 흐릿하게 한다. 첫째, 모든 기업이 사방의 끊임없는 경쟁에 적응하고, 최첨단 기술을 채택해야 한다. 둘째, 선출직 공직자는 일자리를 창출하거나 유지하는 수단으로 모든 정책 선택을 설명해야 한다. 셋째, 시 정부의 지원이 개별 기업이나 경제 분야를 겨냥해서는 안 된다. "정부는 승자와 패자를 가리는 데 악명이 높습니다"라고 블룸버그와 더블라지오 행정부 경제 개발 담당자들은 반복해서 말했다. 그들은 경험을 바탕으로 말한다. 즉, 뉴욕은 다른 도시들과 마찬가지로 일자리를 창출하겠다고 말하는 기업들에게 상당한 보조금을 지급하지만, 그 기업들 중 일부가 돈을 받은 후 이전하는 것을 보게 된다는 것이다.

그러나 만약 도시 정부가 통제하기를 바랄 수 있는 경제 발전의 한 요소가 있다면 그것은 토지다.

혁신 복합체에 혜택을 주기 위해 토지 이용 방식을 바꾸는 것은 벤처 캐피털을 조달하고 엔지니어링 인력을 충원하는 것만큼 중요하다. 2000년대 초반부터 2010년 이후 속도가 빨라지면서 유연한 임대 및 전대를 통해 스타트업이 월별로 작업 공간 비용을 지불하고 필요에 따라 확장 또는 축소할 수 있게 되었다. 공유 업무 공간은 스타트업 팀과 프리랜서에게 사무실 서비스와 네트워킹 기회를 제공할 뿐만 아니라 정규직 직원 그룹에게 회사라는 보금자리 밖의 신선한 환경을 제공했다. 이러한 모든 이유들로 인해 2008년 경제 위기 이후 많은 수의 빈 사무실과 반쯤 비어 있는 사무실이 프리랜서 노동자들과 규모를 줄이는 기업들의 유연한 공간에 대한 증가하는 수요를 충족시켰을 때, 위워크가 설립되었다는 것은 놀라운 일이 아니다. 이후 공유 업무 공간이 급증했고, 위워크는 뉴욕, 런던 등 전 세계 도시에서 가장 큰 상업 공간 임대 업체 중 하나로 성장했다.

이와 동시에 또 다른 새로운 도시 공간 형태인 혁신 지구는 기업, 실험실, 인큐베이터, 액셀러레이터, 공유 업무 공간, 학교 들의 클러스터를 결합했고, 근접성이 결국 시장성 있는 혁신으로 이어지는 협업을 낳는다는 생각을 가지고 있다. 이러한 공간은 유연성 외에도 네트워킹, 커뮤니티, 혁신과 기업가 정신을 주제로 한다. 그러나 이들의 공통점도 역시 부동산 업계의 신상품이라는 점이다. 부동산 개발업자들이 혁신 공동체의 물질적 형태를 만들고, 건설업자들이 함께 망치로 두들겨 부수며, 건물주들이 임대해 준다. 혁신 복합체를 건설하기 위해 토지를 사용할 때, 이러한 중요한 그룹들은 가치 있는 것을 얻는다.[50]

경제혁신센터가 다보스 주도 기관이었던 것처럼 혁신 지구 모델도 세계 자본주의와 똑같이 애매한 관계를 가진 워싱턴 D.C. 싱크탱크 브루킹스 연구소가 추진했다. 브루킹스 연구진은 지역 공공·민간 파트너십이 오래된 산업 지역을 재생하고, 경제 성장의 새로운 동력을 찾기 위해 노력하고 있는 전 세계 도시들을 방문한 것을 모델로 삼았다. 이러한 노력들은 1980년대에 시작되었지만, 이 모델은 2008년 경제 위기 동안 확실히 구체화되었다. 국제회의와 보고서를 통해 순환된 후, 혁신 지구 개념은 도시 경제 발전 전략의 글로벌 도구에서 중요한 위치를 발견했다.[51]

비록 뉴욕은 실제로 이 개념을 채택했지만, 도시의 어떤 지역도 이 이름을 공식 명칭으로 가지고 있지 않다. 비록 2015년 도시계획부DCP가 몇 년간의 논쟁 끝에 서서히 채택을 향해 나아가는 '노스브루클린 산업 및 혁신 계획North Brooklyn Industry and Innovation'을 제안하긴 했지만, DCP와 NYCEDC의 전직 수장들은 그들의 기관들이 지리적으로 특정한 전략을 따르지는 않는다고 강조했다. 그러나 소규모 제조업체들은 혁신 복합체가 내포하고 있는 전략적 책임을 감지하고 있으며, 도시가 공식적으로 보호하는 산업 비즈니스 구역IBZ에서 '혁신적' 사용을 허용한다면 그들이 대체될 것을 두려워하고 있다. 그들의 두려움은 경험에 기반을 두고 있다. 1970년대 소호에서 오늘날의 윌리엄스버그에 이르기까지 이론적으로 제조업자들을 보호하기 위한 특별 용도지역법은 임대료를 올리고 제조 공간을 줄였다. 만약 새로운 규정이 노스브루클린 IBZ의 일부라도 기술 및 창조적 사무실을 허용한다면, 도시계획부에서 제안한 계획에 따르면 지하철역 근처와 심하게 오염된 뉴타운강 일대의 임대료는 더 높은 상승률을 보일 것이고, 제조업자들은 큰 불이익이라는 점에서 이미 가지고 있는 것보다 더 높은 위치에 놓이게 될 것이다. '혁신' 기업들로부터 임대 가능한 공간을 얻기 위한 경쟁은 생존 가능한 제조업체들이 도시를 떠나거나 문을 닫도록 강요할 것이다.[52]

이런 이해 충돌이 말해 주듯, 뉴욕에서 혁신 복합체를 건설할 땅을 찾는 것은 스타트업을 위한 벤처 캐피털을 마련하는 것만큼 경쟁이 수반된다. 도시는 바다, 여러 강, 그리고 그들만의 경제 개발 프로그램을 가진 주와 카운티 들로 둘러싸여 있다. 도시 내에는 건설할 공지가 사실상 없다. 게다가 토지는 다양한 공공·민간·비영리 소유주들이 소유하고 있기 때문에, 큰 대지를 조립하고 큰 프로젝트를 조율하는 것이 어렵고 비용이 많이 든다. 토지 용도를 바꾸는 것 또한 어렵다. 용도지역법은 '불합치한' 토지 사용에 제한을 가한다. 적어도 원칙적으로는 산업 지역에 기술 및 창조적 사무실을 둘 수는 없다. 그러나 건물주들은 더 높은 임대료를 지불할 세입자들의 유혹에 빠진다. 그들은 종종 호텔과 자체 창고 시설에서 기술 및 창조적 사무실에 이르기까지 제조 지역의 공간을 임대하기 위해 비산업적인 용도를 허용하지만, 특히 그러한 기관들이 작업장이나 공장과 비교해 'TAMI(기술·광고·미디어·정보)' 사무실이 미래의 물결이라고 믿는 경우, 시 정부기관에 의한 용도지역법 제한의 시행은 다소 불편할 수 있다.

부동산 업계는 확실히 이를 믿고 있다. 가장 큰 초국가적 상업용 부동산 회사인 쿠시먼 앤드 웨이크필드Cushman and Wakefield의 존스 랭 라살Jones Lang Lassalle의 보고에 따르면, 기술 회사들의 사무실 공간에 대한 수요는 거대하고, 전 세계에서 빠르게 증가하고 있으며, 이러한 도시들의 임대료를 그 어느 때보다도 더 높게 끌어올리고 있다.[53] '실리콘 앨리'의 플랫아이언 빌딩 근처에서 시작된 기술 및 벤처 캐피털 기업들의 클러스터가 미드타운 사우스를 거쳐 남쪽으로 로어맨해튼까지 꾸준히 북상하면서 다운타운 브루클린으로 TAMI 사무실을 끌어들이려는 열망이 브루클린 기술 트라이앵글에 영감을 주었다.

TAMI 사무실 임대 시장이 건물주의 빈 공간을 흡수하고, 스타트업 창업자들의 필요에 부응하지만, 성장세는 최소 세 가지 부정적 영향을 끼친다. 첫째, 공실이 임대료를 안정적으로 유지하거나 심지어 임대료를 낮추는 대신 TAMI 사무실을 위한 공간을 확장하는 것이 상승 압력을 가한다. 둘째, 그것이 심지어 '기술 및 창조적' 사무실을 과도하게 건설하면서 건물에 투기적인 거품을 만들어낸다. 도시에 정말로 필요한 사무실은 얼마나 되는 것인가? 셋째, TAMI 시장을 과대 계산하면 사회적으로 유용할 수 있는 다른 시장을 희생시키면서 자본을 끌어당긴다. TAMI 사무실의 대규모 유입은 거주자와 제조업체 모두를 불안하게 만든다(〈그림 8-3〉).

노스브루클린만이 TAMI 사무실과 제조업자 사이의 유일한 갈등 지역은 아니다. 브루클린 남쪽에서는 지난 5년 동안 14만 1640m²에 달하는 창고 단지 인더스트리시티를 소유하고 있는 부동산 개발업자들이 지역 사회 위원

그림 8-3 "실리콘 앨리는 안 된다": 새 사무실 건물에 반대하는 시위, 그리니치빌리지(2018년 9월 28일)

자료: Elisabeth Rosen.

회와 비슷한 싸움을 벌여왔다. 인더스트리시티는 도시계획위원회와 시의
회에 '특별 선셋 공원 혁신 지구Special Sunset Park Innovation District'를 만들기 위
해 로비를 해왔다. 이를 위해서는 이곳을 제조 구역에서 상업 구역으로 변
경할 필요가 있다. 그 소유주들은 이미 오래된 창고 단지의 공간을 빌리고,
주로 중국인 거주자들을 고용한 작은 의류 공장들을 대체했다. 현재 인더스
트리시티는 기술 및 창조적 사무실, 공유 업무 공간, 예술가의 스튜디오, 소
규모 식품 제조업체, 푸드홀이 입주해 있고, 여름 주말에 무료 라이브 음악
공연을 주최하고 있다. 그러나 선셋 공원의 지역 사회 단체들은 노스브루클
린의 제조업자들과 같은 이유로 혁신 지구에 반대하는데, 이는 제조업과 일
자리가 더 많이 줄어들 가능성이 있기 때문이다.[54]

　미드타운 맨해튼의 의류 지구에 있는 오랜 사업체들 또한 이주에 맞서 싸

우고 있다. 1970년대 이후, 도시의 의류 제조업이 위축되면서, 지구로 분류된 이 지역이 점차 작아졌다. 거리는 더 이상 배달 트럭과 드레스나 외투를 건 랙을 밀치는 노동자들에 의해 막히지 않는다. 단추, 실, 지퍼 도매상들이 사라진 것이다. 그전에 유행하던 다운타운의 미트패킹 지구Meatpacking District 나 소호라는 예술가들의 구역처럼 보이지 않게 된 뉴욕의 또 다른 동네다. DCP는 수년간 의류 공장에서 일자리를 계속 잃어가고 있는 것을 추적하면서, 미드타운 맨해튼에 있는 제조 구역으로 지정된 귀중한 토지의 양을 줄이는 것을 계속 추진해 왔다. 이를 보완하기 위해 뉴욕시 경제개발공사는 의류 지구의 나머지 소규모 공장들을 인더스트리시티에서 멀지 않은 선셋 공원의 부시 터미널에 있는 시 소유 산업 건물에 있는 새로운 Made in NY 캠퍼스로 끌어들이기 위해 노력하고 있다. NYCEDC는 공장 소유자들이 생산을 현대화하고, 영화계 고객들과 접촉하며, 최소한 일부 일자리를 유지할 수 있도록 영화와 TV 제작과 새로운 디지털 장비에 대한 재정적 보조금을 코로케이션으로 제공하고 있다. 하지만 아무도 그 프로젝트가 잘될지, 어떤 규모의 프로젝트인지는 알지 못한다.[55]

　혁신 복합체를 건설하는 것이 기술·금융 엘리트에 대한 정치적 헌신을 나타낸다면, 제조 공간을 유지하는 것은 다른 선거구에 대한 헌신을 의미한다. 제조업 노동자들은 유권자들이다. 그들 중 다수는 뉴욕의 인종적 계산에 영향을 미치는 투표를 하는 이민자 공동체에 살고 있다. 정치인들은 상대적으로 적은 수의 노동자가 고용되는 기술 경제 등 후기 산업에 대한 지원에 총력을 기울이고 싶어 하지 않는다. 대조적으로 개인 소유인 인더스트리시티에 있는 부시 터미널과 브루클린 육군 터미널과 같은 도시 소유의 산업 재산은 둘 다 NYCEDC에 의해 관리되며, 제조 구역을 유지하고, 시설을 더 매력적으로 만들기 위해 시설을 개조하고, 산업 현대화를 해결하려고 노력한다. 브루클린 해군부지 개발공사는 이 목표를 향해 가장 극적으로 나아갔으며, 높은 '수직적 공장들'이 기술 및 창조적 사무실, 공유 업무 공간, 식품 가공업자, 예술가의 스튜디오, 공공 광장 들과 부지를 공유하는 것을 계획한 마스터플랜을 세웠다.[56]

그러나 이러한 종류의 혁신 복합체를 건설하기 위해서는 BNYDC가 과거처럼 총임대료를 활용해 민간 투자를 유치하고 정부 프로그램을 활용할 뿐만 아니라 금융 투기의 맹수를 더욱 직접적으로 끌어들여야 한다. BNYDC는 개인 부동산 개발업자들에게 그들의 사회적 사명을 보완하는 시설을 추가하기 위해 토지와 건물을 임대했다. 2017년 감세 및 일자리법Tax Cuts and Jobs Act이 개인 투자자가 '임팩트 투자'를 통해 그들의 자본 이익을 보호할 수 있도록 부지 인근을 포함한 미국 전역의 저소득 지역에 '기회 구역'을 설정한 후, 한 연쇄 창업가는 이러한 구역에 투자할 특별 벤처 펀드를 시작한다고 발표했다. 그의 사무실은 브루클린 해군 부지 안의 스타트업 근처에 있을 것이다.[57]

연방 정부가 기술 개발과 일자리에 대한 투자를 보다 적극적으로 추진하고 자금을 지원한다면 상황은 달라질 수 있다. 역사가 보여주듯이, 미국 컴퓨터 산업은 군사용을 포함한 첨단 기술에 대한 미국 정부의 투자로 성장했다. 만약 연방 정부가 벤처 캐피털 투자를 추구하지 않고 그것을 **명령**한다면 어떻게 될까? 그리고 만약 시 정부가 경제 발전을 위해 더 많은 자원을 통제한다면 어떻게 될까?

필자는 당연히 중국에 대해 생각하고 있다. 시장 시스템과 정치적 자유를 통제 경제로 교환하고 싶어 하는 미국인은 거의 없지만, 중국의 지방 정부는 경제 발전을 위한 인상적인 자원을 통제한다. 그들의 주요 자원은 국유지이다. 1980년대 경제 개혁 이후 지역 정부는 개발 프로젝트를 위해 토지를 임대하고, 협력함으로써 수익을 증대시켰다. 수익 중 일부는 부동산과 인프라

개발에 쓰이고 나머지는 벤처 캐피털로 쓰인다. 미국 현지 개발 회사들(NYCEDC와 브루클린 해군부지 개발공사)과는 대조적으로, 중국 토지개발공사 LDC는 국영 영리기업이다. 그들은 그 지방 정부의 벤처 기관이다. 그들은 민간 부문 부동산 개발업자들과 제휴해 거대한 프로젝트를 수행한다. 토지에 대한 통제와 토지 개발 수익은 지방 정부가 혁신 복합체 조성에 중요한 국내 부동산 개발업자, 해외 투자자, 초국가 기업 들과 힘을 통한 협상을 할 수 있도록 한다. 이러한 조건들은 뉴욕의 기회 구조를 명백히 벗어난다.

벤처 캐피털에 재정적 유인책을 제공했음에도 불구하고, 중국 정부는 모든 수준에서 다양한 압력을 행사하고 있다. 지방 공무원들은 그들의 경력이 어느 정도는 중앙 정부와 당의 지시를 따르고, 어느 정도는 중앙 당국이 채택해 전국에 부과할 수 있는 성공적인 시책을 개발하는 것에 달려 있다는 것을 잘 알고 있다. 이를 위해서는 정치와 경제적 기회를 모두 평가하는 세심한 감각이 필요하다. 중국 남부의 기술 선도지인 선전 신도시 전체가 1980년대부터 시골 땅에 건설된 것은 지역 공무원들에게 상대적으로 넓은 자유를 주면서도 신중한 길을 걷도록 한 경제적 인센티브와 정치적 자치권의 이례적인 조합 때문이었다. 다른 곳에서는 공무원들이 2000년대 초 상하이의 창조 산업 단지와 2010년대 베이징의 칭화 대학교Tsinghua University와 베이징 대학교Peking University 근처 기술 지구와 같은 시범 개발 프로젝트를 시작해 혁신 복합체의 국가적인 지침서가 되었다.[58]

대표적으로 리커창Li Keqiang 총리가 2015년과 2018년 세계경제포럼이 주최한 콘퍼런스에서 연설할 때 '대중 기업가 정신과 혁신'을 구사한 것처럼 중앙 당국은 혁신에 찬성하는 포부 선언을 통해 폭넓은 정책 지원을 한다. 중앙 정부는 몇몇 큰 프로젝트들을 '토종' 혁신을 위한 '국가적' 공간으로 공식 지정함으로써 이러한 진술들을 뒷받침하고 있는데, 이것은 건설과 채용 인재 모두에게 후한 자금 지원을 제공하며 이는 해외에서 교육을 받았거나 근무 중인 외국 전문가들과 중국인을 포함한다. 시와 지방 정부는 가격에 우선해서 토지를 임대하고, 인프라를 구축하며, 중국 스타트업을 포함한 기업에 직접 임대료 보조금을 지급하는 방식으로 기여하고 있다. 비록 이것은 다른 도시의 지역들 사이에 경쟁을 유발하고, 공무원들이 다른 공간에서 스타트업을 조여대며, 수천 개의 공유 업무 공간, 기업 연구실, 기술 및 창조적 사무실을 과도하게 짓지만, 그것은 중국 도시들에게 더 많은 꿈의 기회를 준다. 필자가 사는 곳 코너 근처에 있는 사무실 건물 표지판에 쓰여 있는 것처럼 이것은 '혁신의 주소'이다.[59]

혁신에 대한 중국인들의 경험은 풀뿌리 요구에 대한 우려를 보이지 않는다. 당국의 토지 이용 규제 통제에 대한 심각한 반발에도 불구하고, 시민들은 강제 인수, 철거, 신규 건설 사업에 대해 의지할 곳이 거의 없다. 뉴욕과 달리 개발 프로젝트가 환경에 미치는 영향에 대한 대중의 감시는 거의 없다. 아마존의 HQ2에 대한 반대와 달리 중국의 도시 정부는 공청회나 언론에 반대 의견을 동원할 기회를 제공하지 않는다. 하지만 뉴욕 시민들, 심지어 뉴욕 시장들도 실제로는 얼마나 많은 힘을 가지고 있을까? 마이클 블룸버그는 그가 신경제의 호랑이에 올라탈 수 있다고 생각했다. 빌 더블라지오는 그것을 길들일 수 있다고 생각했다. 이들의 성공 척도가 벤처 캐피털 투자와 신규 기술 사무실이라면 시는 이것을 잘한 셈이다. 그러나 만약 성공이 일자리, 주택 관리 또는 개발 계획에 대한 지역 사회의 통제 의식을 의미한다면, 도시는 아직 갈 길이 멀다.

중요한 질문은 다음과 같다. 누가 혁신을 통제하는가? 기술은 인류에게 봉사하고 지구를 구해야 하지만, 이러한 목표들은 거대 기술 기업의 힘, 소유주와 투자자의 부, 국가 정부의 이기적인 비겁함에 의해 전복되고 있다. 도시들 스스로는 기술의 운영 규모에 맞서기 위해 경계를 넘어설 수 없다.

또한 거대 기술 기업과 연방 정부 모두의 상당한 기여 없이는 인프라를 구축할 수 없다. 그러나 도시는 새로운 기술과 사회 공동체의 통합을 관리해야 한다. 도시는 개인주의적인 기업가 정신에서 벗어나 모두를 위한 혁신으로 변화의 서사를 전환해야 한다.

부동산과 금융 시장의 이중 거품에 맞서 싸우거나 일상생활에 미치는 영향의 균형을 맞추기란 쉽지 않을 것이다. 뉴욕을 둘러보면 사람들이 온라인 쇼핑을 하다 보니 매장 앞이 텅 빈 상태에서 '기술 및 창조적' 사무실이 너무 많이 들어서 있는 것을 볼 수 있다. 많은 임금 근로자들이 집세를 내지 못하는 동안, 기술 주의 가격은 계속 오르고 있다. 뉴욕은 스타트업, 벤처 캐피털, '미래의 일자리'가 번창하는 슈퍼 시티 중 하나지만, 오래된 대중교통, 공립학교, 공공주택 등에서는 이것을 알 수 없을 것이다. 제도적 자금 조달의 주된 원천을 통제하는 연방 정부도, 주 정부도 절실히 필요한 현대화에 대한 책임을 지지 않는다. 공공·민간·비영리 파트너십은 민간에 충분한 투자, 일자리, 통제권 공유 등을 요구하지 않는다.

일부 기업이 말하는 '이해당사자 자본주의'는 이해당사자가 다르고, 다른 형태의 자본주의가 필요하다. 노동자들과 이웃들 또한 이해당사자들이다. 그들은 회사를 동네로 데려오거나 문을 닫게 하는 의사 결정의 일부가 되어야 한다. 공적 승인 과정이 의미 있는 방식으로 포함되도록 수정해야 한다. 뉴욕에서는 지역 사회 이사회가 용도 지역 문제에 대한 자문 투표 대신 거부권을 부여하고 경제 정책으로 개입 범위를 넓히는 것을 의미한다. 공공·민간·비영리 이니셔티브에 대한 NYCEDC의 금융 지분을 소유권 지분으로 전환해 공공 부문이 투기의 직접적인 혜택을 더 많이 볼 수 있도록 한다는 의미도 있다. 그러나 그것은 또한 손실을 감수하고, 지주 회사들이 새로운 아이디어를 얻는 것을 억누르지 않고 일자리와 세금에 대해 더 많은 책임을 지는 것을 의미한다.

세스 핀스키가 일하는 회사인 RXR리얼티가 롱아일랜드시티의 가치를 아마존에 피칭한 부동산 개발업자 집단에 포함된 것은 놀라운 일이 아니다.[60] 어쩌면 핀스키가 옳을지도 모른다. 신경제는 없을지도 모른다. 그러나 그가 부분적으로 옳다 하더라도, 토지, 정부, 주요 산업을 통제하는 사람들이 여전히 정책 입안자들의 자리에 앉아 있다고 해도, 혁신 복합체는 그 도시의 오랜 문화와 권력의 투쟁을 위한 새로운 무대다. 그러나 예전에 비해, 오늘날 미래는 너무 위태롭고, 또한 혁신은 거대 기술 기업, 벤처 투자가, 부동산 개발업자 들이 결정하기에는 너무 정치적이다. 모두가 그 자리에 앉아야만 하는 것이다.

작가노트:

방법론과 연구 과정

사회학자들이 연구를 할 때 '혼합된 방법'을 쓴다고 말하는 것이 유행이지만, 뉴욕의 혁신 복합체 개발을 문서화하는 것은 나로선 정말 다양한 접근과 여정이 필요했다. 여러 방식에서 이 프로젝트는 뉴욕에 관한 내 첫 번째 책인 『로프트 거주Loft Living』에서 사용했던 연구 전략으로의 회귀를 의미했지만 다른 시공간과 다른 행위자, 다른 규칙을 가지고 있었다.

경제 발전에 관한 기술 산업, 벤처 캐피털, 시 정부의 정책을 이해하기 위해 나는 미디어 기사와 블로그 게시물, 팟캐스트 등에 집중했다. 이러한 몰입은 나에게 타임라인과 사실, 의미 있는 행위자들의 감각을 주었을 뿐만 아니라, 행동이 '이상화'되고, 모든 것이 '큐레이팅'되는 기술 '공간'의 특정 언어에 노출시켰다. 나는 또한 거래, 계획, 자금 조달에 관한 뉴스를 위해 비즈니스 및 부동산 미디어 플랫폼을 읽었다. 일반적인 뉴스에 관해선 뉴욕 타임스가 항상 도움이 되었지만, 시 정부에 의한 기술 회사들과 경제 개발 계획들뿐만 아니라 부동산 프로젝트에 대한 전문 뉴스들은 웹사이트 digital. nyc, 테크크런치, 크레인스 뉴욕 비즈니스, 커베드Curbed, 더리얼딜The Real Deal이 필수적이었으며, 프로젝트 조사 후반부에는 통합적인 정보를 제공하는 뉴스레터 시티 앤드 스테이트 퍼스트 리드 테크City and State First Read Tech가 중요했다.

내가 연구를 시작했을 때 이미 시대에 뒤떨어진 벤처 투자자들을 칭찬하는 책 한 권을 제외하고 뉴욕에 기술 관련 출판물이 없는 상황에서 나는 인터뷰에 광범위하게 의존했다. 처음에는 문화 산업에 대해 글을 써야겠다고 생각했지만, 아주 초반의 인터뷰는 모든 종류의 문화 생산에서 디지털 기술이 점점 더 많이 사용되는 것을 짚고 있었다. 이것은 나를 '창의적'에서 시장 지향적인 문화 생산으로, 매개체로서의 기술에서 산업으로서의 기술로, 뉴욕시 경제개발공사에 의해 중개된 비영리단체에서 공공·민간·비영리 파트너십으로 빠르게 이끌었다. 인터뷰에 친절하게 응해준 대부분의 사람들은 다른 인터뷰 대상자들에게 나를 소개해 주었다. 파이자 이사Faiza Issa를 시작으로 NYCEDC에서 일하는 사람들은 접근하기 쉬웠고 도움이 되었다.

처음에는 뉴욕 시립 대학교의 대학원 센터에 있는 고등 연구 협동조합ARC: Advanced Research Collaborative의 1학기 펠로십의 도움을 받았는데, ARC의 이사인 돈 로보섬Don Robotham이 지원해 준 것에 감사드린다. 초반 인터뷰에서는 세인트존스 대학교St. John's University의 사회학자인 마이클 인더가드Michael Indergaard와 파트너 관계를 맺었고, 그는 공공 정책과 지역 경제 재개발에 대해 잘 알고 있었다. 점심식사를 하면서 우리가 함께 했던 인터뷰는 좋은 대화로 더욱 풍성해졌다.

사업가를 인터뷰하기 위한 연락은 어려웠다. 벤처 투자자들은 그들의 시간에 대한 많은 요구를 다루고, 그들에게 정보와 돈을 가져다줄 것 같지 않은, 그들의 네트워크 외부에서 온 연구원의 우선순위는 낮다. 시작에 큰 도움이 된 것은 훌륭한 기술 저널리스트인 스티븐 레비였는데, 그는 내 첫 번째 벤처 캐피털 인터뷰 주제를 소개해주 었다. 그 인터뷰는 유익했으나, 그 벤처 투자자는 자신이 새로운 것을 말하지 않았다고 생각했고, 내가 그것을 듣고 있다는 것을 놀라워했다. 그러나 그의 경험을 공유함으로써 이 벤처 투자자는 내게 뉴욕의 벤처 자본과 디지털 기술의 공생에 대한 표지판을 제공했다. 비록 그것이 그에게는 너무나 익숙하지만 그 공간 밖에 있는 사람들은 그것을 잘 알지 못한다. 내가 온라인에서 찾아 이메일을 보낸 교수의 교수들을 통해 해카톤에 대한 인터뷰를 요청했던 뉴욕 대학교 컴퓨터과학과 교수이자 핵NY의 공동 창업자인 에번 코스를 통해 또 다른 벤처 투자자를 만날 수 있었다. 이 벤처 투자자와 다른 사람들은 나에게 그들의 연락처를 알려주었고, 나는 브루클린의 바람직하지 않은 진전에 더 개방적인 경향이 있는 젊은 벤처 투자가들과 개별적으로 연락했다.

스타트업 창업자들을 인터뷰하는 것은 조금 더 쉬웠다. 에번 코스는 친절하게도 나를 몇몇 창업자와 예비 창업자에게 소개시켜 주었다. 다른 사람들은 피칭 행사에서 만났다. 뉴랩의 도시기술허브의 이사인 샤이나 호로위츠가 인터뷰를 위해 앉아서 나를 그곳에서 일하는 몇몇 창업자들에게 소개했다. 뉴욕기술밋업의 공동 설립자인 돈 바버는 그 업계 및 비영리단체 모두에게 나를 친절하게 연결해 주었다. 건축회사 WXY의 책임자이자 관리자인 클레어 웨이즈, 애덤 러빈스키가 브루클린 기술 트라이앵글의 발기인들에게 나를 소개했고, 나는 그들과 그들의 전략 계획의 기초가 되는 개념에 대해 이야기를 나누었다.

뛰어난 연구 조교이자 박사과정 학생 맥스 파파단토나키스Max Papadantonakis가 인터뷰한 해카톤 후원자, 멘토, 참가자 들을 제외한 나머지 모든 사람들은 내가 직접 찾았다.

인터뷰는 당시 인터뷰 주제와 관련된 대상자의 소속 또는 직업별로 아래에 나열되어 있다. 몇몇 경우에 나는 또한 그것이 관련된 그들의 현재 입장이나 과거의 입장을 목록으로 만들었다. 목록에는 각 인터뷰의 날짜 및 마이클이나 맥스가 함께 진행했는지 여부 등이 포함되어 있다. 인터뷰는 뉴욕시립 대학교의 기관 검토 위원회가 승인한 연구 프로토콜에 따라 수행되었고, 이름이 발표되었다. 모든 인터뷰 대상자는 그들의 인터뷰의 모든 직접 인용문을 검토하고, 수정하고, 거부할 수 있었다. 자신의 경험을 내게 나누어 준 모든 분에게 깊은 감사를 드린다. 비록 그들이 내가 쓴 모든 것에 동의하지는 않겠지만, 또는 어떤 것에도 동의하지 않을지라도, 나는 그들이 없었다면 혁신 복합체에 대해 이해하려는 노력조차 할 수 없었을 것이다. 이 책에서 그들의 이야기를 모두 실을 수 없었다는 점에 대해서 사과드린다.

인터뷰 목록*

---

*   SZ는 샤론 주킨, MI는 마이클 인더가드, MP는 맥스 파파단토나키스.

재커리 에런(Zarchary Aarons), 메타프롭NYC 공동 창업자, 2017.8(SZ)

로런 앤더슨(Lauren Andersen), NYC 기술 인재 파이프라인 전략 담당 이사, 2018.2(SZ)

레아 아치볼드(Leah Archibald), 에버그린, 노스브루클린 비즈니스 익스체인지 전무 이사, 2014.11, 2016.9(SZ, MI)

돈 바버(Dawn Barbber), 뉴욕기술밋업 공동 창업자, 2015.11, 2017.12(SZ)

브라이언 버거(Bryan Berger), 제너럴 어셈블리 UX 강사이자 NY 해카톤 공동 창업자, 2016.3(MP)

매튜 브리머(Matthew Brimer), 제너럴 어셈블리 공동 창업자, 2016.3(SZ, MP)

첼시 브라운리지(Chelsea Brownridge), 스타트업 도그스폿 창업자, 2017.7(SZ)

브래드 버넘(Brad Burnham), 유니언스퀘어 벤처스 공동 창업자, 2015.12(SZ)

닉 칠스(Nick Chirls), 노테이션 캐피털 공동 창업자, 2017.8(SZ)

브라이언 콜린스(Brian Collins), 에인절핵 마케팅 최고 책임자, 2016.2(MP)

미쿠엘라 크레이터(Miquela Craytor), NYCEDC 도시혁신센터 부사장이자 산업 정책 이사, 2016.8(SZ, MI)

오언 데이비스(Owen Davis), NYC시드 상무 이사, 2016.8(SZ)

샌더 돌더(Sander Dolder), NYCEDC 클린테크 앤드 스마트 도시 이사 겸 부사장 보좌관, 2017.(SZ)

사브리나 드리제(Sabrina Dridje), Made in NY 미디어센터(IFP) 커뮤니티 협력 이사, 2015.1(SZ, MI)

데이비드 에런버그(David Ehrenberg), 브루클린 해군부지 개발공사 CEO, 2016.7(SZ, MI)

존 폴 파머(John Paul Farmer), 마이크로소프트 기술 및 혁신 담당 이사이자 뉴욕시 기술 수석 사무관, 2016.1(SZ, MI)

존 프랭클(John Frankel), ff 벤처스 캐피털 공동 창업자, 2016.8(SZ)

애덤 프리드먼(Adam Friedman), 프랫 지역개발센터 전무 이사이자 브루클린 해군부지 개발공사 이사진, 2016.8(SZ, MI)

에릭 거틀러(Eric Gertler), NYCEDC 경제혁신센터 상무 이사이자 엠파이어스테이트 개발공사 사장 겸 CEO 지명자, 2015.6(SZ, MI)

버네사 골드스타인(Vanessa Goldstein), 유튜브 스페이스 뉴욕 수석 전략가, 2015.4(SZ)

에릭 그리멀먼(Erik Grimmelmann), 뉴욕기술동맹 대표, 2016.1(SZ)

로 굽타(Ro Gupta), 스타트업 카메라 창업자이자 CEO, 2017.7(SZ)

저스틴 헨드릭스(Justin Hendrix), NYC 미디어랩 전무 이사, 2015.8(SZ, MI)

에릭 히포(Eric Hippeau), 레러 히포 벤처스 매니징 파트너, 2016.9(SZ)

앤드루 히티(Andrew Hitti), 스타트업 프리티캣 창업자, 2016.7(SZ)

샤이나 호로위츠(Shaina Horowitz), 도시기술허브 이사, 현 뉴랩 제작 및 프로그램 담당 부사장, 2017. 6, 2019.4(SZ)

파이자 이사(Faiza Issa), NYCEDC 경제혁신센터 기업가 정신 이니셔티브 부문 이사, 2014. 11(SZ)

사친 캠다르(Sachin Kamdar), 스타트업 파슬리 창업자이자 CEO, 2016.7(SZ)

제임스 캐츠(James Katz), NYCEDC 정책 및 계획 부문 수석 참모관, 2015.6(SZ, MI)

앤드루 킴벌(Andrew Kimball), 인더스트리시티 CEO, 전 브루클린 해군부지 개발공사 CEO

(2005~2013), 2015.3(SZ, MI)

앤 커시너(Ann Kirshner), 뉴욕 시립 대학교 총장 주재 전략 파트너십 특별 고문, 2016.4(SZ)

에번 코스(Evan Korth), 뉴욕 대학교 컴퓨터공학 교수, 핵NY 공동 설립자, 2016.2, 2016.4(SZ)

조 랜돌리나(Joe Landolina), 스타트업 크레실론 창업자이자 CEO, 2016.5(SZ)

제시카 로런스(Jessica Lawrence), 전 뉴욕기술밋업 이사(2011~2017), 현 시민회관 상무 이사, 2015.12(MI), 2018.1(SZ)

조슈아 레빈(Joshua Levin), 브루클린 자치구장실 사업 개발 이사, 2016.7(SZ, MI)

애덤 러빈스키(Adam Lubinsky), WXY 스튜디오 상무, 2015.9(SZ, MI), 2019.1(SZ)

질리언 매클로플린(Jillian McLaughlin), NYCEDC 부동산 부문 어시스턴트 부대표, 2018.2(SZ)

셰인 매퀘이드(Shayne McQuade), 스타트업 볼테익 시스템 창업자이자 CEO, 2017.7(SZ)

토머스 몽벨코언(Thomas Montvel-Cohen), 덤보 발전 구역 회장(2006~2018), 2015.10(SZ, MI)

찰리 오도넬(Charlie O'Donnell), 브루클린브리지 벤처스 설립자, 2017.8(SZ)

세스 핀스키(Seth Pinsky), NYCEDC 대표(2008~2013), RXR리얼티 책임 부대표, 2016.8(SZ)

드미트로 포킬코(Dmytro Pokhylko), NYCEDC 경제혁신센터 미디어 및 기술 부문 이사 겸 부대표, 2015.6(SZ, MI)

앤드루 라셰이(Andrew Raciej), 시민회관 설립자이자 CEO, 뉴욕기술밋업 및 뉴욕기술동맹 회장, 2015.12(SZ, MI)

터커 리드(Tucker Reed), 다운타운 브루클린 파트너십 대표(2011~2016), 2015.10(SZ, MI)

프랭크 리말로브스키(Frank Rimalovski), NYU 기업가 연구소 책임 이사, NYU 혁신벤처펀드 매니징 이사, 2016.7(SZ)

리베카 롬봄(Rebekah Rombom), 전 플랫아이언 스쿨 사업 개발 부사장, 현 상무 이사, 2015.11(SZ, MI)

데이비드 S. 로즈(David S. Rose), 거스트 설립자이자 CEO, 2015.3(SZ)

레슬리 슐츠(Leslie Schultz), BRIC 아트 미디어 대표(2005~2018), 2015.1(SZ)

바이런 소럴즈(Byron Sorrells), 스타트업 레몬 창업자, 2015.3(SZ)

더글러스 스타이너(Douglas Steiner), 스타이너 스튜디오 설립자이자 회장, 2015.1(SZ, MI)

스티븐 스트라우스(Steven Strauss), NYCEDC 경제혁신센터 창립 이사, 2015.8(SZ, MI)

에드워드 서머스(Edward Summers), 브루클린 교육 혁신 네트워크(2015~2017) 책임 이사, 2016. 8(SZ, MI)

새미어 세이드(Sameer Syed), 기획사 월가에서 실리콘 앨리까지 설립자, 2017.7(SZ)

소피 와그너(Sophie Wagner, 필명), 스타트업 창업자이자 CEO, 2016.7(SZ)

칼 와이즈브로드(Carl Weisbrod), NYC 도시계획위원회 의장(2014~2017), NYCEDC 설립 대표(1991~1994), 2018.5(SZ)

클레어 웨이즈(Claire Weisz), WXY 스튜디오 대표 대리, 2015.9(SZ, MI)

캐스린 와일드(Kathryn Wylde), 뉴욕시를 위한 파트너십 대표이자 CEO, 2015.9(SZ)

연구 과정의 또 다른 부분은 현장 방문이었다. 나는 인큐베이터와 액셀러레이터에서 열린 밋업, 피칭 행사, 데모데이에 참석했고, 의류 지구와 코넬 공대와 같은 공공장소와 브루클린 육군 터미널, 레드불 스튜디오Red Bull Studios 사무실, 유튜브 스튜디오, 제너럴 어셈블리와 플랫아이언 코딩 스쿨과 같은 일반에 공개되지 않은 공간을 둘러보거나 개별적으로 안내를 받았다. 현장 조사 중 가장 중요한 부분은 맥스가 2015년 10월부터 2016년 6월까지 뉴욕에서 열린 일곱 개의 대중적 해카톤에서 수행한 민족지 참여 관찰이었다(다음 표 참조). 비록 내가 민족지 연구를 지도하긴 했지만, 나와 달리 맥스는 눈에 띄지 않는 관찰자일 정도로 어렸기 때문에 나는 맥스가 행사에 가서 자세하게 기록한 것에 의존했다. 디지털 민족지 학자들은 참가자 간의 상호 작용이나 작업 스타일에 초점을 맞추는 편이지만 우리는 모든 사람들이 해카톤에서 어떻게 행동하는지뿐만 아니라 해카톤 후원자들이 행사의 목표를 어떻게 제시하고, 참가자들이 자신의 동기, 관심사, 보상을 어떻게 해석하는지를 보고 싶었다. 우리는 담론에 특히 신경을 썼고, 맥스와 나는 해카톤(맥스), 이후(우리 모두) 참가자들과 후원자 대표들과 비공식 인터뷰를 진행할 수 있었다. 이 작업은 내 연구 프로토콜에도 정리되어 있다.

맥스와 나는 미국사회학회American Sociological Association의 경제사회학 부문이 주최하는 '신'경제에 관한 소규모 콘퍼런스에서 해카톤 연구를 발표했다. 우리는 이전에 받아들였던 경계를 없애고 모호하게 강압적이면서도 합의적인 사회화의 한 형태로 참가자들의 집단적 활기를 사용한 새로운 개념의 작업 공간과 시간에 관한 중요한 현상에 대한 흥미로운 해석을 제공했다고 생각했다. 그러나 그 발표는 콘퍼런스 청중으로부터 질문조차 받지 못했다. 우리는 망연자실했다. 연구자로서 우리는 무엇이 잘못되었는지 알고 싶었다. 우리의 데이터나 접근법이 동료 사회학자들을 자극하는 데 실패한 건가? 그러나 우리는 계속 버텼고 18개월 후 ≪노동사회학연구Research in the Sociology of Work≫의 편집자인 스티븐 밸러스Steven Vallas의 격려를 받아 동료

해카톤 후원 기업

	이름	참여 인원	날짜	후원 기업
1	허스트 이머시브 핵	100명	2015년 10월	허스트, 에인절핵, Made in NY 미디어센터(IFP)
2	코드 마스터	130명	2015년 11월	마스터카드, 에인절핵
3	티핵	50명	2015년 11월	티누즈
4	브레이크 더 뱅크	150명	2015년 12월	트랜스퍼와이즈
5	퓨처 오브 리스닝	70명	2016년 4월	오더블
6	디스럽트 해카톤	650명	2016년 5월	테크크런치
7	어반 엑스	50명	2016년 5월	미니BMW, HAX퓨처스

리뷰를 받은 「공동 선택 의식으로서의 해카톤: 노동자를 사회화하고 '신경제'에서 혁신을 제도화하는 것Hackathons as Co-Optation Ritual: Socializing Workers and Institutionalizing Innovation in the 'New' Economy」을 학술지에 발표했다.

놀랍게도, 기술 작가인 에브게니 모로조프Evgeny Morozov가 이 연구에 대해 트윗을 남겼고, 이 연구는 몇 주 동안 1000번 이상 다운로드되었다. 학술 연구에서 '바이럴'로 맥스와 나는 우리의 작업이 사람들의 경험과 함께 반향을 일으킨다는 것을 보고 큰 용기를 얻었다.[1]

책을 위해 연구하는 5년 동안, 나는 전 세계 다른 도시의 공유 업무 공간, 인큐베이터, 액셀러레이터 등을 방문하고 그곳의 관리자와 창업자 들과 이야기를 나누며 뉴욕에서 본 것과 비교할 수 있었다. 뉴욕 시립 대학교에서 1년간 펠로십 휴가로 여행할 수 있었던 시간을 준 것과 이러한 경험을 제공해 주었던 친구들, 동료들의 아낌없는 배려에 깊은 감사를 드린다. 상하이의 퉁지 대학교Tongji University 사회학과 중샤오화Zhong Xiaohua 교수는 나를 공유 업무 공간, 메이커 스페이스, 인큐베이터로 데리고 가 쓰촨Sichuan성의 수도인 청두 사이언스 시티Chengdu Science City에 있는 인큐베이터 방문을 주선해 주었다. 뉴스쿨의 박사과정 학생인 푸나Fu Na는 쓰촨 오픈 이노베이션 랩Szechuan Open Innovation Lab과 연결해 주었고, 레일리 리Leilei Li 선전 대학교 미디어스쿨 교수는 또 다른 관심 장소를 방문할 수 있도록 주선했다. 코펜하겐에서는 덴마크 왕립 미술 아카데미Royal Danish Academy of Fine Arts 건축학부 교수인 젠스 크보닝Jens Kvorning은 내 방문을 계획했고, 내가 공유 업무 공간을 둘러보게 해준 훌륭한 동반자였다. 스톡홀름에서는 티그란 하스Tigran Haas 왕립 공과대학교KTH Royal Institute of Technology 도시학 교수와 로사 다넨베르크Rosa Danenberg 박사과정 학생이 공유 업무 공간과 현재 건설 중인 생명과학센터를 방문할 수 있도록 주선해 주었다. 엘사 비반트Elsa Vivant 교수는 나를 마흔느라발레Marne-la-Vallée에 있는 파리 동부 대학교Universite Paris-Est에서 알렉산드르 블랭Alexandre Blein의 우수한 박사학위 논문의 심사위원에 참석하도록 초대해 주었다. 엘사와 알렉산드르는 나를 파리의 공유 업무 공간을 둘러보도록 안내하고, 그곳의 관리자와 창립자 들에게 나를 소개했다. 이 모든 여행들은 매우 흥미롭고 유용했다. 그들은 내가 혁신 복합체가 보편적이라는 것과 내가 뉴욕에서 본 것이 모든 도시에서 일어나고 있는 것과 매우 비슷하다는 것을 이해하도록 도와주었다.

나는 또한 CUNY 대학원 센터의 사회학 박사과정 학생들이자 연구 조교들의 능력과 헌신의 큰 도움을 받았다. 이미 맥스 파파단토나키스에 대해 언급했지만, 나는 특별히 우리의 연구에 대한 그의 헌신과 그가 보여준 영감과 에너지에 대해 감사를 표하고 싶다. 나도 그에게 약간의 영향을 미친 것 같고, 그래서 그는 지금 뉴욕의 기술 인력 형성에 관한 논문을 쓰고 있다. 나는 또한 벤처 투자의 지리적 분포에 대한 데이터를 끊임없이 수집하고 시각적인 표현을 해주고, 기술·금융 엘리트들의 다양한 멤버십을 문서화하는 데 도움을 준 조애나 드레셀Joanna Dressel, 책에서 장소를 찾지 못했던 메이커스페이스를 방문하고, 그렇게 하는 데 필요한 지도를 그린 사바스티안 빌라미자산타마리아Sebastian Villamizar-Santamaria, 그리고 브루클린 수변 공간에 살고 일하는 사람들을 비교한 자료를 수집하고, 내가 참석하지 못한 의류 센터에서 열리는 미래에 관한 미팅에서 기록을 해준 이바나 멜러스Ivana Mellers에게 감사한다. 2017 테크크런치 상하이 해카톤에서 인큐베이터 및 공유 업무 공간 관리자들과 더 많은 인터뷰를 진행하고, 민족지학적 참여 관찰 연구를 수행해 준 투쓰치Tu Siqi에도 감사한다. 마지막으로 당시 브루클린 대학교의 학부생이었던 월터 라이Walter Lai가 해카톤 후원 관련 자료를 수집하고 그 자료를 바탕으로 그래프를 그려준 것에 감사한다. 월터는 화학 전공이었지만, 그의 지적 지평을 넓히기 위해 이 연구에 자원했다.

언제나 그랬듯이, 나는 내 팀에도 감사를 표한다. 모든 장의 작성을 마치자마자 읽고 격려를 해주었던 딸 엘리자베스Elisabeth, 스타트업에 대한 끝없는 수다를 견디는 법을 배운 배우자 리처드Richard, 친구이자 편집자이며 가끔만 아니라고 말해 준 데이브 맥브라이드Dave McBride에게도 말이다.

2018년 5월 어느 날 오후 상하이에서 또 다른 친구이자 동료인 퉁지 대학교 건축학과 류강Liu Gang 교수가 도시 서부의 컬럼비아 서클Columbia Circle에 있는 큰 건설 현장에 함께 하자고 초대했을 때, 혁신 복합체의 비유가 내게 찾아왔다. 현장의 미래 기술 및 창조적 사무실, 레스토랑, 카페, 공공장소 등을 돌아다니며 나는 이러한 유형의 프로젝트를 설명할 용어를 찾느라 고생했다. 문득 '혁신 복합체'라는 생각이 들었다. 이것은 부품 조립 과정에서 뉴욕과 전 세계에서 보았던 많은 다른 기술 및 창조적 공간을 떠올리게 했다. 각각의 공간은 개발자들에 의해 '혁신의 주소'로 낙인찍혔다.

이 책에서 나는 '혁신'이 상상되고, 정상화되며, 일어날 것으로 예상되는 공간에 초점을 맞춘다. 뉴욕의 구조, 제도, 문화와 세계 자본주의의 위기와 위기관리 패러다임, 특히 2008년 경기 침체에 대응해 등장한 것들과 연결한다. 내 접근 방식은 완전하지 않고, 모두를 만족시키지 못할 수도 있다. 그러나 나는 마누엘 카스텔이 '네트워크 사회'에 대한 그의 선견지명이 있는 연구에서 울린 경고를 마음에 새겼다. 1989년에 그는 "중요한 기술적 변혁에 대한 이전의 역사적 설명에서"라고 썼다. "예언은 떠오르는 사회적·공간적 형태와 과정을 이해하기 위한 노력으로 분석을 대신하는 경향이 있다."[2] 나는 예언을 한 적은 없지만 비판적인 사회, 공간 분석의 윤곽을 제시하려고 노력했다. 일을 추진해 나가는 것은 이제 독자와 비평가의 과제다.

결국 이 책은 이중적인 헌신을 담고 있다. 우선 내 인생의 다른 단계에서 나를 키워준 우정, 정직, 열정이 있는 세 여성들의 기억이다. 그들은 메릴 디셀 하킴Merrill Dyshel Hakim, 캐서린 페인 모즐리Katharine Payne Moseley, 프리실라 파크허스트 퍼거슨Priscilla Parkhurst Ferguson이다. 다음은 뉴욕이 의지하는 모든 사람들을 향한 것이다.

주석

서문

1　Accenture Research and Tech:NYC, *Tech Hiring Trends*, https://www.accenture.com/_
　acnmedia/PDF-153/Accenture-Tech-NYC-2021-Wave5-Report-6.pdf#zoom=50, April 2021; Ryan
　Deffenbaugh, "In Race For Talent, Tech Firms Are Offering Better Pay Than Wall Street," https://
　www.crainsnewyork.com/technology/race-talent-tech-firms-are-offering-better-pay-wall-street?
　adobe_mc=MCMID%3D59769378166160902338994700920570907329%7CMCORGID%3D138FF
　F2554E6E7220A4C98C6%2540AdobeOrg%7CTS%3D1621521183&CSAuthResp=1%3A%3A80779
　5%3A23%3A24%3Asuccess%3ACC0C87B4C62EFADC1549F7A6E7F476A4, April 23, 2021; Sarah
　Amandolare, Eli Dvorkin, and Charles Shaviro, *Preparing New Yorkers for the Tech Jobs
　Driving NYC's Pandemic Economy*, https://nycfuture.org/pdf/CUF_Preparing_for_Tech_4-29.
　pdf, May 2021; Jed Kolko, "Tech Hubs Held on to Technology Jobs During Pandemic," https://
　www.hiringlab.org/2021/05/06/tech-hubs-held-on-during-pandemic/, May 6, 2021.

2　City and State NY, *Virtual Digital NY Summit*, May 18, 2021.

3　Rohit T. Aggarwala et al., *Rebooting NYC: An Urban Tech Agenda for the Next Administration,
　Draft for Discussion*, https://cpb-us-w2.wpmucdn.com/sites.coecis.cornell.edu/dist/4/371/files/
　2021/05/Rebooting-NYC-1.pdf, May 2021.

혁신: 사전 경고

1　'허구적' 기대: Jens Beckert, *Imagined Futures: Fictional Expectations and Capitalist Dynamics*
　(Cambridge, MA: Harvard University Press, 2016); Bob Jessop, "Critical Semiotic Analysis and
　Cultural Political Economy," *Critical Discourse Studies* 1, no.2 (2004): 159~174.

2　"NYCEDC and CIV: LAB Launch: The Grid," https://www.nycedc.com/press-release/nycedc-
　and-civlab-launch-grid, February 6, 2019, accessed May 12, 2019.

3　C. Wright Mills, *The Power Elite* (New York: Oxford University Press, 1956).

4　일자리: Enrico Moretti, *The New Geography of Jobs* (New York: Houghton Mifflin Harcourt,
　2012); David H. Autor, "Work of the Past, Work of the Future," Richard. T. Ely Lecture,
　American Economic Association Annual Meeting, Atlanta, https://www.aeaweb.org/webcasts/
　2019/aea-ely-lecture-work-of-the-past-work-of-the-future, January 4, 2019, accessed February
　10, 2019. 혁신: Clayton M. Christensen, *The Innovator's Dilemma* (Boston: Harvard Business
　School Press, 1997); John F. Padgett and Walter W. Powell, *The Emergence of Organizations
　and Markets* (Princeton, NJ: Princeton University Press, 2012). 인재: Richard Florida, *The Rise of
　the Creative Class* (New York: Basic Books, 2002).

5　신경제에 대한 문화적 취향과 스타일의 중요성: Luc Boltanski and Eve Chiapello, *The New Spirit
　of Capitalism*, trans. Gregory Elliott (London: Verso, 2005); Nigel Thrift, "'It's the Romance, Not
　the Finance, That Makes the Business Worth Pursuing': Disclosing a New Market Culture,"

Economy and Society 30, no.4 (2001): 412~432, 또 다른 에세이로는 Thrift, *Knowing Capitalism* (London: Sage, 2005).

6 '혁신 환경'에 대한 벤처 캐피털의 중요성: Manuel Castells, *The Informational City: Information Technology, Economic Restructuring, and the Urban-Regional Process* (Oxford and Cambridge, MA: Basil Blackwell, 1989). 사회적 자본의 중요성: Michael Storper, Thomas Kemeny, Naji Makarem, and Taner Osman, *The Rise and Fall of Urban Economies: Lessons from San Francisco and Los Angeles* (Palo Alto, CA: Stanford University Press, 2015).

7 Mariana Mazzucato, *The Value of Everything: Making and Taking in the Global Economy* (New York: Public Affairs, 2018). 기술 재산이 주택 시장에 넘쳐나는 현상: Richard A. Walker, *Pictures of a Gone City: Tech and the Dark Side of Prosperity in the San Francisco Bay Area* (Oakland, CA: PM Press, 2018).

1 혁신의 상상

1 선출직 공직자의 지지와 홍보: Daniel Geiger, "What New York Can Deliver Amazon," https://www.chicagobusiness.com/article/20171016/NEWS08/171019888/what-new-york-can-deliver-amazon-on-the-headquarters-hunt, October 16, 2017, accessed November 22, 2018; Karen Weise and J. David Goodman, "Before a Deal, Amazon Had to Know: Could Cuomo and De Blasio Get Along?," https://www.nytimes.com/2018/11/13/technology/amazon-hq2-headquarters.html, November 13, 2018, accessed November 13, 2018. 시장의 발언: "#AskTheMayor: Now That the Democrats Are in Control," *The Brian Lehrer Show*, https://www.wnyc.org/story/ask-themayor-now-democrats-are-control/, November 9, 2018, accessed November 10, 2018. 항의: New York Times Editorial Board, "New York's Amazon Deal Is a Bad Bargain," https://www.nytimes.com/2018/11/14/opinion/new-yorks-amazon-deal.html, November 14, 2018, accessed November 14, 2018; J. David Goodman, "Amazon Went to City Hall. Things Got Loud, Quickly," https://www.nytimes.com/2018/12/12/nyregion/amazon-city-council-hearing.html, December 12, 2018, accessed December 12, 2018.

2 Corey Kilgannon, "Declare the Strand Bookstore a City Landmark? No Thanks, the Strand Says," https://www.nytimes.com/2018/12/03/nyregion/strand-bookstorelandmark.html?rref=collecti on%2Fsectioncollection%2Fnyregion&action=click&contentCollection=nyregion&region=strea m&module=stream_nit&version=latest&contentPlacement=4&pgtype=sectionfront, December 3, 2018, accessed December 4, 2018.

3 적어도 영국과 독일에 확립된 산업 지역이 새로운 지역의 영향을 받아 쇠퇴하기 시작한 1990년대 초부터, 특히 미국의 연구자들은 서로 경쟁하고, 협력하는 밀집된 도시와 지역적 집중으로 모이는 다양한 유형의 개인과 기업 들에 의한 시너지 효과를 연구해 왔다. 그들은 새로운 발견과 새로운 작업 방식으로 이어지는 중요한 정보를 공유하고 조작해 왔다. 이러한 유형의 연구의 출현에 대한 흥미로운 기사는 다음을 참조. Fiorenza Belussi and Katia Caldari, "At the Origin of the Industrial District: Alfred Marshall and the Cambridge School," *Cambridge Journal of Economics* 33, no.2 (2009): 335~355. 모델 혁신을 위한 르네상스의 중요성에 대한 연구는 다음을 참조. Frans Johansson, *The Medici Effect: Breakthrough Insights at the Intersection of Ideas, Concepts, and Cultures*

(Boston: Harvard Business School Press, 2004).

4 디트로이트의 자전거, 마차, 짐마차 제조업체에 대해서는 다음을 참조. Jane Jacobs, *The Economy Cities* (New York: Random House, 1969), and Luis Cabral, Zhu Wang, and Daniel Yi Xu, "Competitors, Complementors, Parents and Places: Explaining Regional Agglomeration in the U.S. Auto Industry," *Review of Economic Dynamics* 30 (October 2018): 1~29.

5 실리콘밸리에 대해서는 AnnaLee Saxenian, *Regional Advantage: Culture and Competition in Silicon Valley and Route 128* (Cambridge, MA: Harvard University Press, 1996), 또 다른 관점으로 는 Christophe Lécuyer, *Making Silicon Valley: Innovation and the Growth of High Tech, 1930~1970* (Cambridge, MA: MIT Press, 2005). '여러 개의 얽히고설킨 네트워크에 걸친 파급 효과' 의 과학적 혁신의 중요성을 강조한 John F. Padgett and Walter W. Powell in *The Emergence of Organizations and Markets* (Princeton, NJ: Princeton University Press, 2012). 비록 나와 내 대학 원생들은 대중문화 이미지로 형성된 장소 기반의 '상상'에서 다른 형태의 자본주의의 촉진을 탐구했 지만 Sharon Zukin et al., "From Coney Island to Las Vegas in the Urban Imaginary: Discursive Practices of Growth and Decline," *Urban Affairs Review* 33, no.5 (1998): 625~653, 사회학자 옌스 베케르트와 밥 제솝은 다른 관점에서 다른 형태의 경제적 행동을 형성하는 데 있어 가상의 시나리오 에 의해 수행되는 형성적 역할에 대해 더 넓게 썼다. Jens Beckert, *Imagined Futures: Fictional Expectations and Capitalist Dynamics* (Cambridge, MA: Harvard University Press, 2016); Bob Jessop, "Critical Semiotic Analysis and Cultural Political Economy," *Critical Discourse Studies* 1, no.2 (2004): 159~174.

6 혁신의 상상이 자본주의를 재탄생시켰다는 나의 관찰은 다음 문헌에 의해 발전된 비판적인 문화적 접 근을 반영한다. Luc Boltanski and Eve Chiapello, *The New Spirit of Capitalism*, trans. Gregory Elliott (London: Verso, 2005), and Nigel Thrift, "'It's the Romance, Not the Finance, That Makes the Business Worth Pursuing': Disclosing a New Market Culture," *Economy and Society* 30, no.4 (2001): 412~432, 또 다른 에세이로는 *Knowing Capitalism* (London: SAGE, 2005). 선전: Mary Ann O'Donnell, Winnie Wong, and Jonathan Bach, *Learning From Shenzhen: China's Post-Mao Experiment from Special Zone to Model City* (Chicago: University of Chicago Press, 2017); Wired UK, *Shenzhen: The Silicon Valley of Hardware*, https://www.youtube.com/watch?v= PmShUCcIK_4, July 5, 2016, accessed May 31, 2018; Xiangming Chen and Taylor Lynch Ogan, "China's Emerging Silicon Valley: How and Why Has Shenzhen Become a Global Innovation Centre," http://www.europeanfinancialreview.com/?p=12327, December 22, 2016, accessed June 27, 2017; interview, Vicky Xie, Shenzhen Open Innovation Lab, May 2018. 샌프란시스코 해 안 지역의 특허 취득: Chris Forman, Avi Goldfarb, and Shane Greenstein, "Agglomeration of Invention in the Bay Area: Not Just ICT," *American Economic Review* 106, no.5 (May 2016): 146~151. "혁신이 삶을 바꾼다"는 표지판은 내가 2018년 5월 선전에 머물 당시 목격한 것이다. 코펜 하겐: Philip Bell, "Creating a Culture of Innovation in Copenhagen," https://www.citiesdigest. com/2017/08/15/creating-culture-innovation-copenhagen/, August 15, 2017, both accessed July 13, 2018; "'Europe's Silicon Valley': Denmark Plans Nine New Islands," https://www.the-guardian.com/world/2019/jan/07/europes-silicone-valley-denmark-plans-nine-new-islands-copenhagen, January 7, 2019 and Adam Satariano, "The World's First Ambassador to the Tech

Industry," https://www.nytimes.com/2019/09/03/technology/denmark-tech-ambassador.html, September 3, 2019, both accessed October 6, 2019. '혁신의 거주지'에 대해서는 Doug Henton and Kim Held, "The Dynamics of Silicon Valley: Creative Destruction and the Evolution of the Innovation Habitat," *Social Science Information* 52, no.4 (2013): 539~557.

7   Joseph Schumpeter, *Capitalism, Socialism, and Democracy* (New York: Harper & Brothers, 1942).

8   John Pat Leary, "Innovation and the Neoliberal Idioms of Development," https://www.boundary2.org/2018/08/leary/, August 2, 2018, accessed August 5, 2018. 자본주의적 격동에 대한 것은 아니지만 혁신 담론을 불확실성에 대한 대응으로 보는 유사한 관점으로는 Sebastian Pfotenhauer and Sheila Jasanoff, "Panacea or Diagnosis? Imaginaries of Innovation and the 'MIT Model' in Three Political Cultures," *Social Studies of Science* 47, no.6 (2017): 783~810.

9   Michael Indergaard, *Silicon Alley: The Rise and Fall of a New Media District* (New York: Routledge, 2004); Mark R. Wolfe, "The Wired Loft: Lifestyle Innovation Diffusion and Industrial Networking in the Rise of San Francisco's Multimedia Gulch," *Urban Affairs Review* 34 (1999): 707~728.

10 Interview, Brad Burnham, December 2015.

11 후기 산업 사회를 다룬 방대한 문헌 가운데 영향력 있는 책을 꼽는다면 Daniel Bell, *The Coming of Post-Industrial Society* (New York: Basic Books, 1973).

12 대표적인 사회학적 문헌으로는 Walter W. Powell and Kaisa Snellman, "The Knowledge Economy," *Annual Review of Sociology* 30 (2004): 199~220.

13 통합 디지털 기술, 일의 조직, 정체성과 자아에 대한 새로운 문화적 개념에 대한 개요는 Manuel Castells, *The Information Age: Economy, Society, and Culture*, 3 vols. (Malden, MA: Wiley-Blackwell, 1999).

14 또 다른 시도로는 Richard Florida, *The Rise of the Creative Class* (New York: Basic Books, 2002), and Allen J. Scott, *Social Economy of the Metropolis: Cognitive-Cultural Capitalism and the Global Resurgence of Cities* (Oxford: Oxford University Press, 2008).

15 '새로운' 경제에 대한 이러한 설명은 Boltanski and Chiapello, *The New Spirit of Capitalism*, and Thrift, *Knowing Capitalism*.

16 Peter F. Drucker, *Innovation and Entrepreneurship* (Abingdon, UK, and New York: Routledge, 1985/2015); 허버트 스타인(Herbert Stein)의 드러커 책 서평에서 나온 '유행어', "How to Learn From Your Edsels," *New York Times Book Review*, June 9, 1985, http://www.nytimes.com/1985/06/09/books/how-to-learn-from-your-edsels.html, accessed November 4, 2017.

17 '삼중 나선' 개념은 1990년대 헨리 에츠코위츠의 (공동) 작업에서 비롯되었다. 이를테면 Henry Etzkowitz, "Technology Transfer: The Second Academic Revolution," *Technology Access Report* 6 (1993): 7~9; Henry Etzkowitz and Loet Leydesdorff, "The Triple Helix: University-Industry-Government Relations: A Laboratory for Knowledge-Based Economic Development," *EASST Review* 14 (1995): 14~19; Henry Etzkowitz, "Innovation in Innovation: The Triple Helix of University-Industry-Government Relations," *Social Science Information* 42, no.3 (2003): 293~338.

18 Sharon Zukin, *Loft Living: Culture and Capital in Urban Change*, 3rd ed. (New Brunswick, NJ: Rutgers University Press, 2015).

19 '창조 도시': 찰스 랜드리의 연구는 영국에서 이 아이디어를 홍보하는 데 가장 초기에 큰 영향을 미쳤으며, 리처드 플로리다는 미국에서 이 아이디어를 홍보했다. Charles Landry and Franco Bianchini, *The Creative City* (London: Demos, 1995); Florida, *The Rise of the Creative Class*. '손상된 경제', '혁신 클러스터': Mark Muro and Bruce Katz, *The New "Cluster Moment": How Innovation Clusters Can Foster the Next Economy*, Metropolitan Policy Program, Brookings Institution, September 2010. '클러스터'는 실리콘밸리의 중요성뿐만 아니라 20세기 초 산업 지구의 패러다임(주 3 참조)과 하버드 경영 대학원 교수 마이클 포터의 연구에 직접적으로 대응하고 있다. Michael E. Porter, "Clusters and the New Economics of Competition," https://hbr.org/1998/11/clusters-and-the-new-economics-of-competition, November. December 1998, accessed August 11, 2018.

20 Jonathan Bowles and David Giles, *New Tech City* (New York: Center for an Urban Future, 2012). 스타트업 생태계: Compass, *The Global Startup Ecosystem Ranking 2015*, https://startup-genome.com, July 27, 2015, accessed July 6, 2017; 핀테크: Accenture and Partnership Fund for New York City, *Fintech's Golden Age* (New York: Fintech Innovation Lab, 2016); 기술 일자리: 기술 일자리나 기술 산업에서의 일자리 추산은 모두 약 30만 정도의 다소 다른 결과를 낸다; 고용의 '유연성': Teresa Novellino, "Silicon Alley Beats Wall Street in NYC Job Growth," https://www.bizjournals.com/newyork/news/2016/08/19/silicon-alley-beats-wall-street-in-nyc-job-growth.html, August 19, 2016, accessed July 6, 2017. Also see Michael Mandel, South Mountain Economics, *Building a Digital City: The Growth and Impact of New York City's Tech/Information Sector*, paper prepared for the Bloomberg Technology Summit, New York City, September 30, 2013, and *The New York City Tech Ecosystem: Generating Economic Opportunities for All New Yorkers* (New York: HR&A Advisors, 2014).

21 Jessica Dailey, "Inside Facebook's New Frank Gehry — Designed NYC Offices," https://ny.curbed.com/2014/11/12/10024214/inside-facebooks-new-frank-gehrydesigned-nyc-offices, November 12, 2014, accessed November 15, 2014.

22 Konrad Putzier, "IBM to Take Entire WeWork Building in Landmark Deal," https://therealdeal.com/2017/04/19/ibm-to-take-entire-wework-building-in-landmarkdeal/, April 19, 2017, accessed April 20, 2017.

23 https://www.techspace.com/office-space/new-york/union-square/, n.d., accessed August 16, 2017.

24 스타트업을 대상으로 하는 업무 공간 지원, 통상적인 사무실 임대 계약 지원, 훈련 프로그램 지원이라는 조합은 2010년경 브루클린 해군 부지에서 시작되었지만, 그것은 훨씬 더 큰 공간이며 맨해튼 가운데에 있는 것도 아니다. Ainsley O'Connell, "New York City's Tech Community Is Getting a $250 Million Home Base at Union Square," https://www.fastcompany.com/3066733/fast-cities/new-york-citys-tech-community-is-getting-a-250-million-home-base-at-union-square, December 21, 2016, accessed December 22, 2016; Anthony Ha, "NYC Mayor Bill de Blasio Shows Off Designs for Planned Tech Hub," https://techcrunch.com/2017/02/17/union-square-tech-hub/, February 17, 2017, accessed June 6, 2017; "Mayor de Blasio Unveils New Design and Programs Coming to

Union Square Tech Hub," http://www1.nyc.gov/office-of-the-mayor/news/095-17/mayor-de-blasio-new-design-programs-coming-union-square-tech-hub#/0, February 17, 2017, accessed February 18, 2017.

25 Interview, Steven Strauss, founding managing director, NYCEDC Center for Economic Trans-formation, August 2015, and Seth Pinsky, former president of NYCEDC, August 2016. Richard Perez-Pena, "Alliance Formed Secretly to Win Deal for Campus," http://www.nytimes.com/2011/12/26/education/in-cornell-deal-for-roosevelt-island-campus-an-unlikely-partnership.html, December 25, 2011, accessed August 30, 2017; Sam Gustin, "Cornell NYC Tech: Here's Why a Qualcomm Billionaire Gave $133 Million," http://business.time.com/2013/04/23/cornell-nyc-tech-hub-heres-why-a-qualcomm-billionaire-gave-133-million, April 23, 2013, accessed August 30, 2017; Cara Eisenpress, "Cornell Tech Starts Up," *Crain's New York Business*, June 4, 2017, http://www.crainsnewyork.com/article/20170604/TECHNOLOGY/170609965, accessed June 13, 2017.

26 Ben Fidler, "Near the East River, Plans Emerge for NY's Next Life Science Center," http://www.xconomy.com/new-york/2017/08/21/near-the-east-river-plans-emerge-for-nys-next-life-science-center/#, August 21, 2017, accessed August 28, 2017, and "Have $100M, Looking for Ideas: NYCEDC Begins Search for a NY Bio Campus," https://www.xconomy.com/new-york/2018/01/24/have-100m-looking-for-ideas-nycedc-begins-search-for-a-ny-bio-campus/, January 24, 2018, accessed January 30, 2018; "Governor Cuomo Announces Groundbreaking $650 Million Initiative to Fuel Growth of a World-Class Life Science Cluster in New York," https://www.governor.ny.gov/news/governor-cuomo-announces-groundbreaking-650-million-initiative-fuel-growth-world-class-life, December 12, 2016; "LifeSci NYC," https://www.nycedc.com/program/life-sci-nyc, December 13, 2016; 보스턴 다음으로 지원을 많이 받는 뉴욕: Boston Planning and Development Agency, *National Institutes of Health (2017)* (Boston Planning & Development Agency Research Division, August 2016), http://www.bostonplans.org/getattachment/eaee1f07-44fa-4a2a-8897-fe30fd85ae40, accessed September 6, 2017; "Applied Life Sciences Hub RFEI," https://www.nycedc.com/opportunity/applied-life-sciences-hub-rfei, n.d., accessed January 30, 2018.

27 200개 이상의 도시: Edward Gunts, "A Revealing Look at How Cities Bid for Amazon's New Headquarters," *Architects Newspaper*, https://archpaper.com/2017/10/amazon-city-bids-roundup/, October 27, 2017, accessed November 3, 2017. 아마존은 시 정부와 기밀 유지 협약을 맺으려 했다. 쿠오모: Karen Weise and J. David Goodman, "Amazon Plans to Split HQ2 Between Long Island City, N.Y., and Arlington, Va.," https://www.nytimes.com/2018/11/05/technology/amazon-second-headquarters-split.html, November 5, 2018, accessed October 7, 2019.

28 Douglas Macmillan, Eliot Brown, and Peter Grant, "Google Plans Large New York City Expansion," https://www.wsj.com/articles/google-plans-large-new-york-city-expansion-1541636579, November 7, 2018, accessed November 8, 2018; Mark Maurer, "Disney Picks Up Massive Hudson Square Site for $650M," https://therealdeal.com/2018/07/09/abc-buying-massive-hudson-square-site-for-650m/, July 9, 2018, accessed July 10, 2018; Matthew Flamm, "NYU Partners With Venture Firm

to Make City a Hub for Startups Using Artificial Intelligence," https://www.crainsnewyork.com/article/20160727/TECHNOLOGY/160729899/nyu-partners-with-ff-venture-capital-to-make-city-a-hub-for-startups-using-artificial-intelligence, July 27, 2016, accessed November 9, 2018.

29 혁신 지구: Bruce Katz and Julie Wagner, *The Rise of Innovation Districts: A New Geography of Innovation in America* (Washington, DC: Metropolitan Policy Program, Brookings Institution, May 2014), https://c24215cec6c97b637db6-9c0895f07c3474f6636f95b6bf3db172.ssl.cf1.rackcdn.com/content/metro-innovation-districts/~/media/programs/metro/images/innovation/innovation districts1.pdf, accessed October 27, 2018. 브루클린 기술 트라이앵글: Tucker Reed, *Once Upon a Time in Brooklyn: The Formation of the Brooklyn Tech Triangle* (Brooklyn, NY: Downtown Brooklyn Partnership, 2016); Michael Indergaard and Sharon Zukin, "Growth Machine 2.0? The Brooklyn Tech Triangle as an Imagined Landscape of Innovation," paper presented at the Annual Meeting of the Association of American Geographers, Boston, April 2017. 혁신 해안선: "Dean Katepalli Sreenivasan, Honored by Brooklyn Chamber of Commerce, Focuses on Unity and the Innovation Coastline," http://engineering.nyu.edu/news/2017/07/20/dean-katepalli-sreenivasan-honored-brooklyn-chamber-commerce, July 20, 2017, accessed September 6, 2017.

30 의류 지구: Mariana Alfaro, "Stakeholders Ask NYC to Make Effort to Preserve Garment District Spaces," https://www.wsj.com/articles/stakeholders-ask-nyc-to-make-effort-to-preserve-garment-district-spaces-1503095301, August 18, 2017, accessed August 31, 2017; Rich Bochmann, "De Blasio Administration Puts a Pin in Plan to Rezone Garment District," https://therealdeal.com/2017/08/21/city-puts-a-pin-in-plan-to-rezone-garment-district/, August 21, 2017, accessed August 31, 2017.

31 Ludwig Siegele, "Tech Startups: A Cambrian Moment," http://www.economist.com/news/special-report/21593580-cheap-and-ubiquitous-building-blocks-digital-products-and-services-have-caused, January 28, 2014; Chana R. Schoenberger, "How Well Do You Know the Language of Startups?," http://www.wsj.com/articles/how-well-do-you-know-the-language-of-startups-1479697742, November 20, 2016, accessed November 28, 2016.

32 Natalie Robehmed, "What Is a Startup?," https://www.forbes.com/sites/natalierobehmed/2013/12/16/what-is-a-startup/#4e43aae84044, December 16, 2013, accessed December 14, 2017; 미디어에 등장한 스타트업: Schoenberger, "How Well Do You Know the Language of Startups?"; Paul Graham, "Startup=Growth," http://www.paulgraham.com/growth.html, September 2012, accessed February 23, 2017, emphasis added.

33 Dan Senor and Saul Singer, *Start-Up Nation: The Story of Israel's Economic Miracle* (New York: Twelve/Hachette, 2009); "Fact Sheet: White House Launches 'Startup America' Initiative," https://obamawhitehouse.archives.gov/startup-america-fact-sheet, n.d. [January 2011]; Urban Land Institute, *What's Next? Real Estate in the New Economy* (Washington, DC: Urban Land Institute, 2011); Brad Feld, *Startup Communities: Building an Entrepreneurial Ecosystem in Your City* (Hoboken, NJ: Wiley, 2012).

34 Leigh Buchanan, "American Entrepreneurship Is Actually Vanishing; Here's Why," https://www.inc.com/magazine/201505/leigh-buchanan/the-vanishing-startups-in-decline.html, May

2015, accessed February 25, 2018; Sam Altman, "Lecture 1 — How to Start a Startup," https://www.youtube.com/watch?v=CBYhVcO4WgI, September 23, 2014, accessed February 25, 2018; Nathan Heller, "Cultural Comment: The 'Founder' Generation's Creation Myth," https://www.newyorker.com/business/currency/the-founder-generations-creation-myth, December 9, 2015, accessed February 25, 2018.

35 구글 직원 7000여 명: Greg David and Cara Eisenpress, "Tech Takes Over," http://www.crains-newyork.com/article/20180226/FEATURES/180229939/new-york-is-the-tech-sectors-official-second-city-and-the-boom-is, February 26, 2018, accessed February 26, 2018. #2: Compass, *The Global Startup Ecosystem Ranking 2015.*

36 스타트업 개수: 스타트업 자료를 제공해 준 거스트와 마케팅과 데이터 분석가 데번 이사코(Devon Isakow)와 digital.nyc의 전 편집자 마커스 디너스테인(Marcus Dinnerstein)에게 감사의 뜻을 전한다. 구글: *2016 NYC Tech Ecosystem: HR&A Study Update* (New York: HR&A, October 2017); David and Eisenpress, "Tech Takes Over." 위워크: Rich Bockmann, "These Were Manhattan's 25 Biggest Office Tenants in 2016," https://therealdeal.com/2017/01/25/these-were-manhattans-25-biggest-office-tenants-in-2016/, January 25, 2017, accessed August 9, 2018; Dennis Lynch, "The WeWork Effect," https://therealdeal.com/issues_articles/the-wework-effect/, August 1, 2017, accessed December 16, 2017; Jessi Hempel, "WeWork Is Buying Meetup Amid an Increasingly Disconnected World," https://www.wired.com/story/why-wework-is-buying-meetup/, November 28, 2017, accessed November 28, 2017; Rani Molla and Shirin Gaffary, "WeWork's Massive Growth Has Made It the Second-Biggest Private Office Tenant in Manhattan," https://www.recodenet/2018/3/22/17119012/wework-massive-growth-second-biggest-office-tenant-new-york-city-manhattan-cowork-space-real-estate, March 22, 2018, accessed August 9, 2018. 골드만삭스와 JP모건체이스가 기술 회사라는 것에 대해서는 www.cbinsights.com, August 31, 2017; 골드만삭스 직원: Jonathan Marino, "Goldman Sachs Is a Tech Company," https://www.businessinsider.com/goldman-sachs-has-more-engineers-than-facebook-2015-4, April 12, 2015, accessed August 9, 2018.

37 '현대' 기술을 채택한 도시 엘리트에 의한 19세기 도시들의 유사한 재형성에 대해서는 Miriam R. Levin et al., *Urban Modernity: Cultural Innovation in the Second Industrial Revolution* (Cambridge, MA: MIT Press, 2010).

38 Zukin, *Loft Living.*

39 Sharon Zukin, *Landscapes of Power: From Detroit to Disney World* (Berkeley and Los Angeles: University of California Press, 1991).

40 Sharon Zukin, *The Cultures of Cities* (Oxford and Cambridge, MA: Blackwell, 1995), and *Naked City: The Death and Life of Authentic Urban Spaces* (New York: Oxford University Press, 2010).

41 '포괄적인 기반 시설': Victor Mulas and Mikel Gastelu-Iturri, *Transforming a City Into a Tech Innovation Leader* (Washington, DC: World Bank, 2016).

2   해카톤과 신자본주의 정신

1   '혁신 해안선'이라는 표현은 뉴욕 대학교의 탠던 공대 학장이 사용한 것이다. 뉴욕 대학교는 브루클린

다운타운에 위치해 있지만 브루클린 해군 부지와 이스트강의 브루클린 방향 남쪽에 있는 또 다른 거대한 산업 단지인 인더스트리시티의 디지털 '퓨처' 랩을 관리한다. "Dean Katepalli Sreenivasan, Honored by Brooklyn Chamber of Commerce, Focuses on Unity and the Innovation Coastline," http://engineering.nyu.edu/news/2017/07/20/dean-katepalli-sreenivasan-honored-brooklyn-chamber-commerce, July 20, 2017, accessed September 19, 2017.

2   Made in New York Media Center Website http://nymediacenter.com/about/, and interview with Sabrina Dridje, director of community engagement at the time of the interview and subsequently director of the center, January 2015.

3   Clifford Geertz, *The Interpretation of Cultures* (New York: Basic Books, 1973).

4   Hackathon Participation Agreement, Hearst Immersive Hack, Made in NY Media Center, Brooklyn, NY, October 24~25, 2015.

5   신경제의 문화적·정서적·미적 요소에 대한 유사한 초점에 대해서는 Luc Boltanski and Eve Chiapello, *The New Spirit of Capitalism*, trans. Gregory Elliott (London: Verso, 2005), and Nigel Thrift, "'It's the Romance, Not the Finance, That Makes the Business Worth Pursuing': Disclosing a New Market Culture," *Economy and Society* 30, no.4 (2001): 412~432, 또 다른 에세이로는 *Knowing Capitalism* (London: Sage, 2005).

6   Steven Levy, *Hackers: Heroes of the Computer Revolution* (Sebastopol, CA: O'Reilly Media, 1984/2010).

7   연합 공동체 …… 직업 공동체: John Van Maanen and Stephen R. Barley, "Occupational Communities: Culture and Control in Organizations," *Research in Organizational Behavior* 6 (1984): 287~365.

8   Kathy Sierra, "Build Something Cool in 24 Hours," *Creating Passionate Users*, http://headrush.typepad.com/creating_passionate_users/2005/08/build_something.html, August 25, 2005, accessed November 26, 2017.

9   2장에 나오는 허스트 해카톤과 다른 해카톤에 대한 자세한 관찰과 해카톤 후원 기업 및 참가자 들의 인터뷰는 나의 지도하에 맥스 파파단토나키스(Max Papadantonakis)가 2015년 10월부터 2016년 5월 동안 뉴욕의 일곱 개의 해카톤을 방문해 그들의 조직과 다양한 사전 준비에 대한 광범위한 기록에 따른 것이다. 참가자들은 추첨으로 결정했고, 비공식적으로 인터뷰가 진행되었다. 2장의 대부분은 파파단토나키스의 민족지학적 작업과 그에 대한 우리의 대화, 내 인터뷰에 기초하고 있다. 우리가 이 연구를 진행했던 방법은 이 책의 작가노트와 다음에 설명되어 있다. Sharon Zukin and Max Papadantonakis, "Hackathons as Co-Optation Ritual: Socializing Workers and Institutionalizing Innovation in the 'New' Economy," *Research in the Sociology of Work* 31 (2018): 157~181.

10   이런 무리는 뉴욕의 기술 공동체보다 다소 더 남성적이고 훨씬 아시아적이다. 하지만 이런 구성은 전혀 이상해 보이지 않는다. 최근 조사에 따르면 뉴욕의 모든 기술 분야 직원 중 60%, 컴퓨터 시스템 디자인의 66%가 남성이다. 비슷하게 뉴욕의 기술 분야 직원들 중 62%가 백인(컴퓨터 시스템 분야는 63%), 16%가 아시아인, 11%가 히스패닉, 9%가 아프리카계 미국인이다. Adam Forman, "NYC's Tech Profile," Center for an Urban Future, New York, https://nycfuture.org/data/nycs-tech-profile, August 2015, accessed September 22, 2017.

11   Scott Popma and Scott Allen, "Your Creative, Open Hackathon Is Ripe for Ownership Disputes,"

http://www.wired.com/2013/07/your-friendly-neighborhood-hackathon-might-not-be-so-ope
n-after-all/, July 22, 2013, accessed July 21, 2016; Alan Steele, "Innovation: Who Owns
Hackathon Inventions?," https://hbr.org/2013/06/who-owns-hackathon-inventions, June 11,
2013, accessed September 29, 2017.

12 "MasterCard Crowns Champion in the Inaugural Masters of Code Global Hackathon Series,"
https://newsroom.mastercard.com/press-releases/mastercard-crowns-champion-in-the-inaugu
ral-masters-of-code-global-hackathon-series/, December 9, 2015, accessed September 22, 2017;
수상 팀원 중 한 명의 웹사이트 Gwen Yi, "Going Global: Winning Masters of Code 2015," http://
www.gwenyi.com/masters-of-code-finale/, December 13, 2015, accessed September 22, 2017.

13 민족지학적 기록을 보충해 준 Johann Rodriguez, "Behind the Hearst Immersive Hack: Co-
Presented by Made in NY Media Center by IFP," http://www.hearst.com/newsroom/behind-
the-hearst-immersive-hack-co-presented-by-made-in-ny-media-center-by-ifp, November 4, 2015,
accessed December 2, 2017; http://fakelove.tv/, accessed December 2, 2017.

14 기술 업무 공간에서 '놀이': Andrew Ross, No Collar: The Human Workplace and Its Hidden Costs
(Philadelphia: Temple University Press, 2003); Douglas Rushkoff, Get Back in the Box:
Innovation from the Inside Out (New York: HarperCollins, 2005), especially chapter 4, "The
Play Is the Thing: Following the Fun"; Gideon Kunda, Engineering Culture: Control and
Commitment in a High-Tech Corporation (Philadelphia: Temple University Press, 2006).

15 오라일리 미디어: John Battelle, "When Geeks Go Camping, Ideas Hatch," http://www.cnn.com/
2004/TECH/ptech/01/09/bus2.feat.geek.camp/, January 10, 2004, accessed November 27,
2017. Chad Dickerson, "Hack Day at Yahoo!," https://blog.chaddickerson.com/2005/12/10/
hack-day-at-yahoo/, December 10, 2005, accessed November 3, 2016; Nick Bilton, "Bits: One
on One: Chad Dickerson, C.E.O. of Etsy," New York Times, July 18, 2012, http://bits.blogs.
nytimes.com/2012/07/18/one-on-one-chad-dickerson-ceo-of-etsy/?_r=0, accessed November 3,
2016. 해카톤이 디커슨의 경력에 긍정적인 영향을 미쳤다고 생각하는 것은 흥미롭다. 야후!에서 그의
커리어를 시작한지 1년 만에 그는 네트워크 개발 책임자로 승진했다. 그리고 브루클린으로 옮겨 엣시
의 CTO, CEO가 되었다. 그는 2017년 엣시 이사회에서 해고되었지만 해커 문화를 기업 안으로 들여
온 그의 능력은 업계에서 주목받았을 것이다.

16 Chad Dickerson, "Blown Away (Again) by Hack Day," https://blog.chaddickerson.com/2006/
03/26/blown-away-again-by-hack-day/, March 26, 2006, accessed November 3, 2016.

17 '동의를 제조'한다는 것에 대해서는 Michael Burawoy, Manufacturing Consent: Changes in the
Labor Process Under Monopoly Capitalism (Chicago: University of Chicago Press, 1982); '신뢰
자': Ross, No Collar, '초저가': Dickerson, "Blown Away (Again) by Hack Day"에서 인용.

18 팀 오라일리가 다음을 인용했다. William C. Taylor, "Here's an Idea: Let Everyone Have Ideas,"
New York Times, March 26, 2006; 이건 모두 Dickerson, "Blown Away (Again) by Hack Day"에
서 인용.

19 Chad Dickerson, "Yahoo! Open Hack Day: How It All Came Together," https://blog.chad-
dickerson.com/2006/10/03/yahoo-open-hack-day-how-it-all-came-together/, October 3, 2006,
accessed November 3, 2016.

20 Dickerson, "Yahoo! Open Hack Day: How It All Came Together." '집단적 활력'은 20세기 초 사회 학자 에밀 뒤르켐에 의해 영적 모임에서의 강렬한 감정 고양을 묘사하기 위해 만들어졌다. Emile Durkheim, *The Elementary Forms of Religious Life*, trans. Karen Fields (New York: Free Press, 1995). 버닝맨이 다른 기술 회사에 끼치는 영향에 대해서는 Fred Turner, "Burning Man at Google: A Cultural Infrastructure for New Media Production," *New Media & Society* 11, nos.1~2 (2009): 73~94.

21 Pedram Kayani, "The All-Night Hackathon Is Back!," https://www.facebook.com/notes/facebook-engineering/the-all-night-hackathon-is-back/31942383919/, October 23, 2008, accessed June 28, 2016. 몇 년 후에 마크 저커버그가 같은 이유로 해카톤을 도입한 영상이 페이스북에 올라왔다. https://www.facebook.com/zuck/videos/10103008230962831/, August 2, 2016, accessed January 4, 2017.

22 Interview, Even Korth, February 2016.

23 https://www.kickstarter.com/projects/trevor/hacknyorg-nycs-first-intercollegiate-hackath-0, April 1, 2010, accessed April 18, 2016.

24 이 제목은 페이스북 사내 해카톤을 조직했던 페드람 카야니의 인터뷰 제목이다. David Zax, "Secrets of Facebook's Legendary Hackathons Revealed," https://www.fastcompany.com/3002845/secrets-facebooks-legendary-hackathons-revealed, November 9, 2012, accessed November 28, 2017. '조직의 타성을 타파': Ferry Grijpink, Alan Lau, and Javier Vara, "Demystifying the Hackathon," https://www.mckinsey.com/business-functions/digital-mckinsey/our-insights/demystifying-the-hackathon, October 2015, accessed November 23, 2017. 같은 주장으로는 Douglas Haywood, "The Ethic of the Code: An Ethnography of a 'Humanitarian Hacking' Community," *Journal of Peer Production* 3 (2013): 1~10; Gerard Briscoe and Catherine Mulligan, *Digital Innovation: The Hackathon Phenomenon* (London: Creativeworks London Working Paper 6, 2014, 1~13; Peter Johnson and Pamela Robinson, "Civic Hackathons: Innovation, Procurement, or Civic Engagement?" *Review of Policy Research* 31, no.4 (2014): 349~357; Lilly Irani, "Hackathons and the Making of Entrepreneurial Citizenship," *Science, Technology & Human Values* 40, no.5 (2015): 799~824; Marko Komssi, Danielle Pichlis, Mikko Raatikainen, Klas Kindstom, and Janne Jarvinen, "What Are Hackathons For?" *IEEE Software* 32, no.5 (2015): 60~67; Johan Soderberg and Alessandro Delfanti, "Hacking Hacked! The Life Cycles of Digital Innovation," *Science, Technology & Human Values* 40, no.5 (2015): 793~798; Edgar Gomez Cruz and Helen Thornham, "Staging the Hack(athon), Imagining Innovation: An Ethnographic Approach," *Working Papers of the Communities and Culture Network* 8 (2016), http://2plqyp1e0nbi44cllfr7pbor.wpengine.netdna-cdn.com/files/2013/01/Staging-the-hackathon_Gomez_Thornham.pdf, accessed January 9, 2017; Edgar Gomez Cruz and Helen Thornham, "Hackathons, Data, and Discourse: Convolutions of the Data (Logical)," *Big Data & Society* 3, no.2 (2016): 1~11.

25 5만 4000여 명의 참가자: https://hackathon-workshop.github.io/, n.d., accessed November 28, 2016; 데브포스트: Lizette Chapman, "These Hackathon Hustlers Make Their Living From Corporate Coding Contests," https://www.bloomberg.com/news/features/2017-04-04/these-hackathon-hustlers-make-their-living-from-corporate-coding-contests, April 4, 2017, accessed

December 6, 2017; 에인절핵에 대해서는 Interview, Brian Collins, AngelHack chief marketing officer, February 2016; 현지 '홍보 대사': https://angelhack.com, accessed November 23, 2017.

26 당시 브루클린 대학 2학년생 월터 라이(Walter Lai)의 계산에 따른 것이다. Zukin and Papadantonakis, "Hackathons as Co-Optation Ritual." 월터는 해카톤이 데브포스트, 개리스 가이드(Gary's Guide), NY 해카톤과 같은 특정 웹사이트에서 발표한 수치를 사용했다. 지금은 접속할 수 없는 상태다.

27 CB Insights, *Goldman Sachs Strategy Teardown: Goldman Attacks Lending Club & Prosper, Courts Main Street*, https://www.cbinsights.com/...36d3a-ThursNL_9_28_2017&utm_medium= email&utm_term=0_9dc0513989-a5a8836d3a-88269169#digital, September 28, 2017, accessed September 28, 2017, and *How JPMorgan Is Preparing for the Next Generation of Consumer Banking*, https://www.cbinsights.com/research/jpmorgan-chase-consumer-banking/?utm_source=CB+ Insights+Newsletter&utm_campaign=8adbed60bc-Top_Research_Briefs_08_24_2018&utm_ medium=email&utm_term=0_9dc0513989-8adbed60bc-88269169, August 23, 2018, accessed August 26, 2018.

28 http://nyhackathons.com/, n.d., accessed October 26, 2015.

29 http://www.breakthebankshackathon.com/, n.d., accessed November 23, 2015.

30 창조적인 업무 또는 기술 업무에서의 무급 노동이 경력에 대한 투자라는 생각에 대해서는 Gina Neff, Elizabeth Wissinger, and Sharon Zukin, "Entrepreneurial Labor Among Cultural Producers: 'Cool' Jobs in 'Hot' Industries," *Social Semiotics* 15, no.3 (2005): 307~334, and Gina Neff, *Venture Labor: Work and the Burden of Risk in Innovative Industries* (Cambridge, MA: MIT Press, 2012).

31 Interview, January 2016.

32 '몰입': Mihaly Csikszentmihalyi, *Flow: The Psychology of Optimal Experience* (New York: Harper Collins, 1990).

33 Interview, Lucas, February 2016; Nate, January 2016.

34 Interview, February 2016.

35 Geertz, *Interpretation of Cultures*.

3 밋업: 커뮤니티 레버리지

1 뉴욕기술밋업: 2015년 12월 15일 나는 민족지학적 관찰을 했고, 2015년 11월 23일, 2017년 12월 14일 돈 바버와 인터뷰를 했다.

2 모든 사람들이 '스타트업'과 '기술' 사이의 하락을 좋아하는 것은 아니지만, 일상적인 언어에서 흔히 볼 수 있다. 보다 정확하게 '스타트업'을 정의하려면 1장과 4장을 참조.

3 https://www.meetup.com/ny-tech/, n.d., accessed January 13, 2018.

4 Interview, Dawn Barber, 2015.

5 여성 기술 개발자와 기업가를 격려: Interview with Jessica Lawrence Quinn, December 10, 2015, interview conducted by Michael Indergaard.

6 아이빔에 대한 서술: http://eyebeam.org/, accessed January 4, 2016.

7 https://www.kickstarter.com/projects/artiphon/introducing-the-artiphoninstrument-1, March 3, 2015, accessed August 26, 2018; "The 25 Best Inventions of 2015," http://time.com/4115398/

best-inventions-2015/, November 19, 2015, accessed August 26, 2018.

8   영감과 모델: Brad Feld, *Startup Communities: Building an Entrepreneurial Ecosystem in Your City* (Hoboken, NJ: Wiley, 2012). 벤처 투자가 브래드 펠드는 2006년 콜로라도주 볼더에서 NYTM 을 모델로 한 밋업을 시작하는 것을 묘사한다. NYTM 멤버십: NY Tech Meetup website, December 2015, 지금은 접속할 수 없다. Interviews with Dawn Barber, 2015, and Jessica Lawrence Quinn, 2015. 심사: Interview, Jessica Lawrence Quinn, 2015 and January 2018.

9   NYTM의 기원: Interview, Dawn Barber, 2015; Max Nisen, "INFOGRAPHIC: The Unusual Career Path of Meetup CEO Scott Heiferman," http://www.businessinsider.com/scott-heiferman-startup-career-history-2013-6, June 7, 2013, accessed December 22, 2017. 밋업 펀딩: https://www.crunchbase.com/organization/meetup, accessed December 22, 2017.

10 Interview, Dawn Barber, 2015; Scott Heiferman, "Celebrating Opportunity at the First-Ever Tech Meetup at the White House," http://blog.meetup.com/creating-opportunity/, April 17, 2015, accessed December 29, 2017.

11 더 나은 뉴욕 협회는 그해에 경제발전 부시장과 포스퀘어의 CEO를 포함해 "뉴욕시의 성장하는 기술 분야를 지원하기 위해 일하는 몇몇 뛰어난 공무원, 기업가, 벤처 투자가 들을 기렸다". 바버는 명예를 얻은 옹호자였고, 벤처 투자가는 바버가 멘토라고 부르는 앨런 패트리코프(Alan Patricof)였다. Association for a Better New York, *Annual Report 2012*, http://abny.org/images/downloads/Annual_Reports/annual_report_2012_final.pdf, December 11, 2012, accessed August 27, 2018.

12 Feld, *Startup Communities*. 그는 2010년 초, 밋업의 유용성에 관한 글을 블로그에 쓰고 있었다: Brad Feld, "How to Create a Sustainable Entrepreneurial Community," https://www.pehub.com/2010/10/how-to-create-a-sustainable-entrepreneurial-community/#, October 28, 2010, accessed January 8, 2018. 다음 문헌도 밋업을 추천한다. Victor Mulas, Michael Minges, and Hallie Applebaum, *Boosting Tech Innovation Ecosystems in Cities* (Washington, DC: World Bank, 2015).

13 조직 간 네트워크: AnnaLee Saxenian, *Regional Advantage: Culture and Competition in Silicon Valley and Route 128* (Cambridge, MA: Harvard University Press, 1994).

14 멀리 가지 않는 것을 선호: Interviews with New York-based VCs, 2015~2016.

15 '정책 요점', '전체적으로': Interview, Jessica Lawrence Quinn, 2015.

16 밋업에서 탄토코: From my ethnographic observations, April 11, 2016.

17 Interview, Jessica Lawrence Quinn, 2015.

18 블룸버그의 방문: https://www.youtube.com/watch?v=z6A6R7hI70o, October 12, 2011, accessed July 4, 2017. 블룸버그는 1년 전 뉴욕에서 열린 테크크런치 디스트럽트 컨퍼런스에 깜짝 방문했을 때, 비슷한 청중에게 같은 피칭을 했다. Eliot van Buskirk, "Mayor Bloomberg Touts New York as Next Tech Mecca," https://www.wired.com/2010/05/mayor-bloomberg-touts-new-york-as-next-tech-mecca/, May 25, 2010, accessed July 4, 2017.

19 Peter M. Haas, "Introduction: Epistemic Communities and International Policy Coordination," *International Organization* 46, no.1 (Winter 1992): 1~35; Michael Storper, Thomas Kemeny, Naji Makarem, and Taner Osman, *The Rise and Fall of Urban Economies: Lessons From San Francisco and Los Angeles* (Palo Alto, CA: Stanford University Press, 2015).

20 Interview, Jessica Lawrence Quinn, 2015; *The New York City Tech Ecosystem: Generating Jobs*

for All New Yorkers (New York: HR&A Advisors, 2015); Interview, Dawn Barber, 2015.

21 '삼중 나선'이라는 용어는 헨리 에츠코위츠의 형성 연구를 반영한다. 예를 들어 Henry Etzkowitz, "Innovation in Innovation: The Triple Helix of University-Industry-Government Relations," *Social Science Information* 42 (2003): 293~338, and *The Triple Helix: University-Industry-Government Innovation in Action* (London: Routledge, 2008). 공공·민간·비영리 파트너십의 기원: Perry Davis, ed., *Public-Private Partnerships: Improving Urban Life*, Proceedings of the Academy of Political Science 36, no.2 (New York: Academy of Political Science, 1986); Miriam Greenberg, *Branding New York: How a City in Crisis Was Sold to the World* (New York: Routledge, 2008). 세계경제포럼: Christina Garsten and Adrienne Sorbom, *Discreet Power: How the World Economic Forum Shapes Market Agendas* (Stanford, CA: Stanford University Press, 2018).

22 http://digital.nyc/about, accessed December 29, 2017; interview, David S. Rose, March 2015.

23 다른 문제로는 더블라지오 행정부의 조달 정책, 오픈 데이터 활용, 블룸버그 행정부를 뛰어넘는 이니셔티브 개발 실패 등이 있었다. Miranda Neubauer, "City Tech Approach Gets Mixed Grades Two Years In," https://www.politico.com/states/new-york/city-hall/story/2016/03/city-tech-approach-gets-mixed-grades-two-years-in-099483, March 11, 2016, accessed August 29, 2018.

24 인용 출처는 다음 영상의 인터뷰 참조. Jonathan Shieber, "Fred Wilson and Tim Armstrong Say Policy Matters for New York's Tech Growth," https://techcrunch.com/2016/05/10/fred-wilson-and-tim-armstrong-say-policy-matters-for-new-yorks-tech-growth/, May 10, 2016, accessed September 23, 2016.

25 2015년과 2016년 내내, 더블라지오 행정부와 시의회는 디지털 플랫폼을 사용하는 우버와 같은 카헤일링 서비스를 규제하고, 심지어 방지하는 방법을 연구하고 논의했지만, 특히 외곽의 자치구에서 많은 유권자들이 이 통제에 반대하도록 설득한 회사의 강력한 로비에 직면해 계획이 무기한 보류되었다. 2018년이 되어서야 시장과 시의회는 시의 자동차 산업이 연구되는 동안 새로운 면허를 금지할 수 있는 충분한 대중의 지지를 모았다. 이 시점에서, 더블라지오 행정부는 맨해튼의 교통 혼잡에 대해 증가하는 불만과 허가제 택시 운전자와 우버 운전자 모두가 겪는 심각한 경제적 어려움을 강조했다. 많은 언론이 이 문제를 다루었다. 다음을 비교 참조. Issie Lapowsky, "Uber Wins Its Battle Against NYC's Mayor — For Now," https://www.wired.com/2015/07/uber-wins-battle-nyc-mayor-now/, July 22, 2015, accessed August 26, 2018; Ginia Bellafante, "Big City: Uber and the False Hopes of the Sharing Economy," https://www.nytimes.com/2018/08/09/nyregion/uber-nyc-vote-drivers-ride-sharing.html?login=email&auth=login-email, August 9, 2018, accessed August 9, 2018; Greg Bensinger, "For Uber and Airbnb, New York City Turns Foe," https://www.wsj.com/articles/for-uber-and-airbnb-new-york-city-turns-foe-1533843330, August 9, 2018, accessed August 27, 2018; Shoshana Wodinsky, "In Major Defeat for Uber and Lyft, New York City Votes to Limit Ride-Hailing Cars," https://www.theverge.com/2018/8/8/17661374/uber-lyft-nyc-cap-vote-city-council-new-york-taxi, August 8, 2018, accessed August 26, 2018. 뉴욕은 에어비앤비와도 비슷한 상황에 직면했다. 2016년 뉴욕주 의회에서는 통과되었고, 주지사는 아파트 거주자가 30일 미만의 기간 동안 집을 임대하는 것을 불법으로 규정하는 법안에 서명했다. Alison Griswold, "New York Made It Illegal to Advertise Your Apartment on Airbnb for Less Than 30 Days," https://qz.com/816486/new-york-governor-andrew-cuomo-signed-a-law-making-it-illegal-to-advertise-your-

apartment-on-airbnb-for-less-than-30-days/, October 21, 2016, accessed January 13, 2018. 또한 2016년 시의회는 프리랜서를 임금 체불로부터 보호하는 법을 통과시켰다: https://www1.nyc.gov/site/dca/about/freelance-isnt-free-act.page, accessed January 13, 2018. 비록 이 회사들의 대부분이 뉴욕에서 설립되지는 않았지만, 뉴욕의 벤처 캐피털은 그들의 투자자 중에 있었다.

26 Jonathan Shieber, "A Year After Its Launch, Tech:NYC Has Become a Force in New York Politics," https://techcrunch.com/2017/05/24/a-year-after-its-launch-technyc-has-become-a-force-in-new-york-politics/, May 24, 2017, accessed August 29, 2018.

27 Julie Samuels, "Why We Wrote to President Trump," https://www.technyc.org/posts/2017/1/30/why-we-wrote-,o-president-trump, January 30, 2017, Tech:NYC 웹사이트의 다른 페이지 참조, accessed January 17, 2018.

28 제조업을 옹호하는 사람들은 일반적으로 도시계획부가 제조보다 기술 및 창조적 사무실을 선호하지만, NYCEDC의 일부 프로그램들은 그들의 이익에 더 개방적이라고 믿었다. 그러나 NYCEDC는 '혁신'을 최우선 과제로 꼽았다. Interviews, Leah Archibald, September 2016; Adam Friedman, August 2016; interview with James Patchett, president, NYCEDC, in Ben Max, "What's the Data Point? Episode 26 — $3.2 Billion, with James Patchett," http://www.gothamgazette.com/city/7417-what-s-the-data-point-3-2-billion-with-james-patchett, January 12, 2018, accessed January 17, 2018. 노스브루클린 IBZ와 제안된 혁신 지구에 대해서는 http://www1.nyc.gov/site/planning/plans/north-brooklyn-vision-plan/north-brooklyn-vision-plan.page, September 28, 2016, accessed January 13, 2018. On Industry City, "Draft Scope of Work for an Environmental Impact State-ment for Industry City, 220 36th Street, Brooklyn, New York," https://www1.nyc.gov/assets/planning/download/pdf/applicants/env-review/industry-city/draft-scope.pdf, September 14, 2017; Tanay Warerkar, "Rezoning of Sunset Park's Industry City Complex Is on the Horizon," https://ny.curbed.com/2017/10/23/16524818/industry-city-sunset-park-rezoning, October 23, 2017, accessed January 18, 2018.

29 의류 지구: "City Unveils Garment District Rezoning Plan," http://www.crainsnewyork.com/article/20170323/REAL_ESTATE/170329937/new-york-city-unveils-garment-district-rezoning-plan, March 23, 2017; Rich Bockmann, "De Blasio Administration Puts a Pin in Plan to Rezone Garment District," https://therealdeal.com/2017/08/21/city-puts-a-pin-in-plan-to-rezone-garment-district/, August 21, 2017, accessed January 18, 2018.

30 Section 501(c)6 of the U.S. Internal Revenue Code sets out rules for nonprofit trade organi-zations.

31 Interview, Jessica Lawrence Quinn, 2018.

32 Interview, Erik Grimmelmann, and https://nytech.org/, n.d., accessed January 18, 2018.

33 Interview, Andrew Rasiej, December 2015; https://personaldemocracy.com/about-us and https://andrewrasiej.squarespace.com/bio/, n.d., accessed January 18, 2018; Lawrence Carrel, "Digital Club Network Sees Gold in Archived Music Performances," https://www.wsj.com/articles/SB934920130869063921, September 24, 1999, accessed January 18, 2018; Andrew Rasiej, "What New York's New Mayor Must Do About the Future of Tech in Silicon Alley," https://www.businessinsider.com/new-york-mayor-bill-de-blasio-tech-policy-2013-11, November 18,

2013, accessed August 27, 2018.

34   Interview, Andrew Rasiej; Kristen Meriwether, "In New Civic Tech Hub, A Family Legacy of Community Building Continues," http://www.gothamgazette.com/government/5519-in-new-civic-tech-hub-a-family-legacy-of-community-building-continues, January 19, 2015, accessed January 18, 2018.

35   Interview, Andrew Rasiej; '물리적 공간을 활용': Video on Civic Hall website, https://civichall.org/, n.d., accessed January 19, 2018.

36   https://www.civichalllabs.org/, https://www.civichalllabs.org/nyc-bigapps-2017/, and http://www.bigapps.nyc/, n.d., accessed January 18, 2018.

37   Interview, John Paul Farmer, January 2016.

38   Interview, John Paul Farmer; Chris O'Brien, "O'Brien: Dan'l Lewin Emerges as Influential Advocate for Microsoft in Silicon Valley," https://www.mercurynews.com/2011/01/06/obrien-danl-lewin-emerges-as-influential-advocate-for-microsoft-insilicon-valley/, January 6, 2011, accessed January 18, 2018.

39   Rasiej, "What New York's New Mayor Must Do"; Rich Bockmann, "Co-Working Shop Civic Hall Sheds Flatiron Office Over Rent Dispute With HRC Corporation," https://therealdeal.com/2016/10/17/co-working-shop-civic-hall-sheds-flatiron-office-over-rent-dispute-with-hrc-corporation/, October 17, 2016, accessed January 20, 2018.

40   공간 부족: Hiten Samtani, "Rise of Tech Tenants Changing Office Market," https://therealdeal.com/2013/11/18/rise-of-tech-tenants-changes-office-market/, November 18, 2013, accessed January 24, 2018. '새로운 기술 허브': Maria Torres-Springer, quoted in Daniel Geiger, "P.C. Richard Store by Union Square Will Be Replaced by a Center for the Creative," http://www.crainsnew-york.com/article/20151105/REAL_ESTATE/151109933, November 5, 2015, accessed January 21, 2018.

41   구상: New York City Economic Development Corporation, *124 East 14th Street Requests for Proposals*, https://www.nycedc.com/sites/default/files/files/rfp/qa-documents/124%20E%2014TH%20ST%20RFP%20Info%20Session%20FINAL.pdf, December 18, 2015, accessed January 21, 2018.

42   임대: Interview, Jessica Lawrence Quinn, 2018.

43   직업 훈련에 이미 참여한 비영리단체들은 뉴욕시 컴퓨터과학 교육 재단(프레드 윌슨과 에번 코스의 조직), 퍼 스칼라스, 페드캡(FedCap), 코드 투 워크(Code to Work), 퍼슈트(Pursuit, 이전의 퀸스를 위한 연합)였다. "Mayor de Blasio Unveils New Design and Programs Coming to Union Square Tech Hub," https://www.nycedc.com/press-release/mayor-de-blasio-unveils-new-design-and-programs-coming-union-square-tech-hub, February 17, 2017, accessed January 21, 2018; Anthony Ha, "NYC Mayor Bill de Blasio Shows Off Designs for Planned Tech Hub," https://techcrunch.com/2017/02/17/union-square-tech-hub, February 17, 2017, accessed January 21, 2018.

44   행사 영상에서 인용: "Mayor de Blasio Participates in Discussion With Andrew Rasiej at AppNexus," https://www.youtube.com/watch?v=awxX-AdM8UE, February 17, 2017, accessed

January 21, 2018. 뉴욕 대학교 졸업생: 얼리샤 글렌 부시장은 기자들에게 "하버드에는 훌륭한 학생들이 있지만, 퀸스 칼리지에는 정말 훌륭한 학생들이 있습니다. (현지 학생이) 기술력뿐만 아니라 엣시, 골드만삭스, 페이스북 등 다양한 분야에서 활약할 수 있도록 보장할 수 있다면 그들은 해낼 것입니다". Ainsley O'Connell, "New York City's Tech Community Is Getting a $250 Million Home Base at Union Square," https://www.fastcompany.com/3066733/fast-cities/new-york-citys-tech-community-is-getting-a-250-million-home-base-at-union-square, December 21, 2016, accessed December 22, 2016.

45 Interview, Dawn Barber, 2017.

4 액셀러레이터, 스타트업 그리고 자본의 순환

1 Interview, Chelsea Brownridge, July 2017.

2 '사이드워크 생크추어리': https://hellodogspot.com/, n.d., accessed October 7, 2019.

3 '포스트 인큐베이터, 포스트 액셀러레이터 단계': Interview, Shaina Horowitz, director, Urban Tech Hub at New Lab, June 2017. 뉴랩 경영진은 2019년까지 초기 단계의 스타트업도 모집하고 있었고, 거기서 일하는 기업의 30~40%가 '하드웨어와 결합할 수 있는' 소프트웨어를 만들고 있었다(follow up interview, Shaina Horowitz, April 2019). 뉴랩에 대한 자세한 사항은 6장 참조.

4 1만 개의 스타트업, 100개의 인큐베이터와 투자사: *2016 NYC Tech Ecosystem: HR&A Study Update* (New York: HR&A, October 2017).

5 '유연하고 저렴한 공간': "NYCEDC Launches Urbantech NYC to Support Companies Building Smart and Sustainable Cities," https://www.nycedc.com/press-release/nycedc-launches-urbantech-nyc-support-companies-building-smart-and-sustainable-cities?utm=Press+Release&utm_campaign=b13a7f4a52-EMAIL_CAMPAIGN_2016_11_11&utm_medium=email&utm_term=0_b804b7ba34-b13a7f4a52-104081397, February 16, 2016, accessed February 3, 2018.

6 Interview, Chelsea Brownridge; Shayne McQuade, July 2017. 점프바이크는 거치대가 없는, 배터리로 작동하는 자전거를 위한 하드웨어와 소프트웨어를 만든다. 이 회사는 2억 달러에 우버에 인수되었다. Megan Rose Dickey, "Uber Acquires Bike-Share Startup JUMP," https://techcrunch.com/2018/04/09/uber-acquires-bike-share-startup-jump/, April 9, 2018, accessed September 1, 2018.

7 3억 달러 이상의 투자: Ryan Deffenbaugh, "City's Tech Accelerators Are Turbo-Charging Local Startups," https://www.crainsnewyork.com/features/citys-tech-accelerators-are-turbo-charging-local-startups?utm_source=postup-newsletter&utm_medium=email&utm_campaign=First%20Read%20Tech%20-%20May%2022,%202019&recip_id=11849&list_id=4, May 21, 2019, accessed May 22, 2019.

8 2016년 자료는 Gust, *Global Accelerator Report 2016*, http://gust.com/accelerator_reports/2016/global/, n.d. [July 2017], accessed August 15, 2017. 실리콘밸리, 뉴욕, 보스턴: Ian Hathaway, "Accelerating Growth: Startup Accelerator Programs in the States," Brookings Report, https://www.brookings.edu/research/accelerating-growth-startup-accelerator-programs-in-the-united-states/, February 17, 2016, accessed February 4, 2018. 뉴욕 액셀러레이터: 크런치베이스 웹사이트의 자료. https://www.crunchbase.com/search/principal.investors/8ea8c15cb802d6f4a74eef681e26bcd8645e1faa and https://www.crunchbase.com/search/principal.investors/f5c2b93f9ce315a

4b5e5a2446d79d379b607aa97, n.d., accessed March 7, 2018.

9   '경제적이다': 한 액셀러레이터의 상무는 내게 "돈의 관점에서 보면 기업들과 함께 일하고 지분을 소유하는 데 장벽이 낮다"고 말했다(Interview, August 2016). 액셀러레이터의 역사와 쓰임에 대해서는 다음을 참조. Paul Ingram, Jiao Liu, and Joseph P. Eshun Jr., "Institutional Rivalry and the Entrepreneurial Strategy of Economic Development: Business Incubator Foundings in Three States," *Research in the Sociology of Work* 21 (2010): 127~155; Paul Miller and Kirsten Bound, *The Startup Factories: The Rise of Accelerator Programmes to Support New Technology Ventures* (London: Nesta, 2011); Susan Cohen, "What Do Accelerators Do? Insights From Incubators and Angels," *Innovations: Technology, Governance, Globalization* 8, nos.3~4 (2013): 19~25.

10   Brad Feld cited in Hathaway, "Accelerating Growth: Startup Accelerator Programs in the States." 부채 또는 지분: Geoff Ralston, "A Guide to Seed Fundraising," http://blog.ycombinator.com/how-to-raise-a-seed-round/, January 7, 2016, accessed February 11, 2018. 액셀러레이터의 3분의 2가 돈을 벌지 못한다는 설문 조사: Gust, *Global Accelerator Report 2016*. 10곳 중 9곳: 이것은 여러 벤처 투자자가 내게 말한 것이다. 그것은 또한 상식으로 인용된다. Erin Griffith, "Conventional Wisdom Says 90 Percent of Startups Fail. Data Says Otherwise," http://fortune.com/2017/06/27/startup-advice-data-failure/, June 27, 2017, accessed September 1, 2018. 그러나 그리피스는 케임브리지협회(Cambridge Associates)가 2만 7000개 이상의 벤처 지원 스타트업을 대상으로 한 연구를 인용해 실패율이 2001년 이후 60% 이하에 불과하고, 2000년 닷컴 붕괴에서는 79%의 높은 실패율을 보였음을 대조했다. 그러나 이 연구를 위한 데이터 수집은 2010년에 종료되었다.

11   저임금 인턴: 2017년 6월 테크스타에서 일하며 취업한 핀테크 스타트업의 COO 인터뷰. 뉴욕의 바클리 액셀러레이터의 '테크스타'에서 일하는 정규직 구인 공고는 낮은 연봉과 높은 기대치를 보여주고 있다. "선발되면 6000달러를 받게 될 것입니다. 그것은 기본적으로 여러분이 상상도 할 수 없는 방법으로 여러분의 네트워크를 넓힐 수 있는 기회이며, 미국에서 가장 유망한 몇몇 회사들과 팀을 만날 수 있는 기회입니다. 역사적으로 대부분은 결국 그 회사들 중 한 곳에서 일자리와 지분을 제공받습니다." https://angel.co/techstars-barclays-accelerator/jobs/69141-design-associate, n.d., accessed February 9, 2018.

12   Ethnographic observations, ELab Pitch Day, April 7, 2016.

13   포스트 액셀러레이터 스타트업의 기회가 많을수록 액셀러레이터의 명성은 높아진다. Hathaway, "Accelerating Growth: Startup Accelerator Programs in the States."

14   John Holusha, "Commercial Property/Incubators: Providing a Helping Hand to Internet Start-Ups," *New York Times*, March 5, 2000; Steven Levy, "A Boot Camp for the Next Tech Billionaires," http://www.newsweek.com/boot-camp-next-tech-billionaires-100977, May 20, 2007, accessed July 4, 2017, and "Y Combinator Is Boot Camp for Startups," https://www.wired.com/2011/05/ff_ycombinator/, May 17, 2011, accessed July 4, 2017.

15   '그룹 코칭': Levy, "Y Combinator Is Boot Camp for Startups"; 첫 수료자들의 성공: Levy, "A Boot Camp for the Next Tech Billionaires."

16   Levy, "Y Combinator Is Boot Camp for Startups"; Kirsty Nathoo, "The Y Combinator Deal," https://www.ycombinator.com/deal/, November 2017, accessed February 9, 2018.

17   절반의 실패: Y Combinator, the X Factor of Tech," https://www.economist.com/news/business/

21677636-tech-talent-spotter-has-come-dominate-silicon-valleys-startup-scene-y-combinator-x, November 5, 2015, accessed February 10, 2018. Other data: Steven Levy, "Y Combinator Has Gone Supernova," https://www.wired.com/story/y-combinator-has-gone-supernova/, June 28, 2017, accessed July 4, 2017; Savannah Dowling, "YC Alumni Go Big: The 15 Most Valuable Y Combinator-Backed Startups," https://news.crunchbase.com/news/yc-alumni-go-big-15-valuable-y-combinator-backed-startups/, February 26, 2018, accessed September 2, 2018.

18   Gust, *Global Accelerator Report 2016*에 따르면, 이 무렵 세계 전 지역에서 액셀러레이터 간의 경쟁이 치열해지는 가운데 수직적 전문화와 기업과의 파트너십이 일반적인 솔루션이 되었다.

19   "Invest in Dog Parker [now DogSpot]: Opening Up the City to You and Your Dog," https://wefunder.com/dog.parker, n.d., accessed February 10, 2018; Leena Rao, "WeFunder Raises $500K to Help Unaccredited Investors Put Money Into Startups," https://techcrunch.com/2012/11/28/wefunder-raises-500k-to-help-unaccredited-investors-put-money-into-startups/, November 28, 2012, accessed February 10, 2018; Ryan Lawler, "Y Combinator-Backed WeFunder Launches to Bring Crowdfunding Startups to the Masses," https://techcrunch.com/2013/03/19/wefunder-launch/, March 19, 2013, accessed February 10, 2018.

20   *The Power of Entrepreneur Networks: How New York City Became the Role Model for Other Urban Tech Hubs* (New York: Endeavor Insight and Partnership for New York City, 2014).

21   Interview, "Sophie Wagner," July 2016. 소피는 실명을 밝히지 말아달라고 부탁했다.

22   Interview, Ro Gupta, July 2017.

23   '프로소스드' 또는 '전문적으로 크라우드소싱한'; '좋고, 효율적인': Erin Griffith, "Term Sheet: Meet Carmera, A Startup Using Delivery Fleets to Create 3D Maps of Cities," http://fortune.com/2017/06/05/carmera-maps-funding/, June 5, 2017, accessed July 28, 2017.

24   Interview, Ro Gupta; Meg Miller, "The Race to Map the World in 3D," https://www.fastcodesign.com/90128298/the-race-to-map-the-world-in-3d, June 7, 2017, accessed July 28, 2017; https://www.crunchbase.com/organization/carmera#/entity, n.d., accessed July 28, 2017.

25   Kirsten Korosec, "Carmera, The Mapping Startup for Autonomous Vehicles, Raises $20 Million," https://techcrunch.com/2018/08/23/carmera-the-mapping-startup-for-autonomous-vehicles-raises-20-million/, August 23, 2018, accessed August 24, 2018.

26   Interview, Joe Landolina, May 2016; also see Chris Marcotrigiano, "Joe Landolina | The Inventor," https://nyunews.com/2013/12/12/landolina/, December 12, 2013, accessed June 11, 2019.

27   "Inno/Vention Student Idea Competition: Behind the Scenes," https://engineering.nyu.edu/news/innovention-student-idea-competition-behind-scenes, April 13, 2011, accessed June 11, 2019; "Summer Just Got Hotter: NYU-Poly Students Take Top Prize in Entrepreneurs Challenge," https://engineering.nyu.edu/news/summer-just-got-hotter-nyu-poly-students-take-top-prize-entrepreneurs-challenge, May 3, 2011, accessed June 11, 2019; Stephanie Haven, "NYU Undergrad Invents Gel to Instantly Stop Mass Bleeding," https://www.usatoday.com/story/news/nation/2013/04/02/nyu-student-wound-healing-gel/2046815/, April 2, 2013, accessed June 11, 2019.

28   "(Warning: Blood) Veti-Gel Stops Bleeding Instantly — Video — TechNewsDaily.com," https://www.youtube.com/watch?v=Cif-o4V-2wA, March 10, 2013, accessed June 11, 2019; Joe Landolina,

"This Gel Can Make You Stop Bleeding Instantly," TEDGlobal 2014, https://www.ted.com/talks/joe_landolina_this_gel_can_make_you_stop_bleeding_instantly, October 2014, accessed February 13, 2018; "VetiGel: The Band-Aid of the Future Stops Bleeding Instantly," https://www.youtube.com/watch?v=dJLxRcU9No4, November 18, 2014, accessed May 3, 2016.

29 뉴욕의 스타트업 분야: *2016 NYC Tech Ecosystem: HR&A Study Update.* 여성 창업자: Gene Tiere and Ned Desmond, "Female Founders on an Upward Trend, According to Crunchbase," https://techcrunch.com/2015/05/26/female-founders-on-an-upward-trend-according-to-crunchbase/, May 26, 2015, accessed February 14, 2018. 뉴욕의 여성 창업자들은 또한 샌프란시스코의 여성 창업자들보다 자본 조달에 더 성공적이다. Eliza Haverstock, "VC In NYC: The Women Making It Happen," https://pitchbook.com/news/articles/vc-in-nyc-the-women-making-it-happen, October 8, 2019, accessed October 11, 2019. 아이비리그: Reza Chowdhury, "An Analysis of Funding and Exits for NYC Founders Based on Where They Went to School," http://www.alleywatch.com/2017/02/analysis-nyc-founders-based-went-school/2/, February 7, 2017, accessed February 13, 2017.

30 Interview, Zach Aarons, August 2017.

31 Erin Griffith, "Inside a Startup Accelerator Demo Day: Techstars New York," http://fortune.com/2015/04/17/techstars-nyc-demo-day/, April 17, 2015, accessed April 10, 2016. 액셀러레이터가 직면한 압박에 대한 자세한 정보는 Knowledge Wharton, "Disrupting the Disruptors: Startup Accelerators Feel Pressure to Evolve," http://www.valuewalk.com/2016/07/y-combinator-woes/?all=1, July 28, 2016, accessed February 15, 2018.

32 James Barron, "She Had a Genius Idea: Air-Conditioned Doghouses. Then the City Showed Up," https://www.nytimes.com/2018/08/12/nyregion/brooklyn-dogdoghouse-a…, August 12, 2018, accessed August 13, 2018; Chelsea Brownridge, personal communication, August 2018; James Thorne, "Startup Bets High-Tech Dog Lockers Will Get Shoppers to Leave Pups Outside the Grocery Store," https://www.geekwire.com/2019/doggy-logistics-grocery-store-startup-bets-high-tech-lockers-will-get-shoppers-leave-pups-outside/, June 1, 2019, accessed June 3, 2019.

5 벤처 캐피털 사무실과 자본의 집중

1 대조적으로 1972년에 설립된 실리콘밸리의 세쿼이아 캐피털은 "현재 총 3조 3000억 달러 이상의 공공 시장 가치를 가진 회사의 설립자들과 초기 그리고 모든 성장 단계에서 파트너 관계를 맺고 있다"며 최근 새로운 글로벌 펀드로 80억 달러를 조달할 계획을 발표했다. Sequoia Capital website, https://www.sequoiacap.com/companies/, n.d., accessed March 1, 2018; Julie Zhu and Kane Wu, "Sequoia Capital Plans $8 Billion Global Fund, Eyes China Investors: Sources," https://www.reuters.com/article/us-sequoia-fundraising/sequoia-capital-plans-8-billion-global-fund-eyes-china-investors-sources-idUSKBN1FK0G3, January 31, 2018, accessed March 1, 2018. Interview and ethnographic notes, Brad Burnham, December 2015. 골드만삭스: https://www.crunchbase.crunchbase.com/search/principal.investors, n.d., accessed March 1, 2018. 최고의 헤지 펀드 매니저: Tom Maloney, "The Best-Paid Hedge Fund Managers Made $7.7 Billion in 2018," https://www.bloomberg.com/news/articles/2019-02-15/the-10-best-paid-hedge-fund-managers-made

-7-7-billion-in-2018, February 15, 2019, accessed May 23, 2019. '최고 100대 벤처 캐피털 전문가': "Research Briefs: The Top 100 Venture Capitalists," https://www.cbinsights.com/research/top-venture-capital-partners/?utm_source=CB+Insights+Newsletter&utm_campaign=9778d21c9e-T uesNL_04_17_2018&utm_medium=email&utm_term=0_9dc0513989-9778d21c9e-88269169, April 15, 2018, accessed April 17, 2018; 유니언스퀘어 벤처스의 투자 관리: https://www.usv.com/about, n.d., accessed March 1, 2018.

2 렌딩클럽: 내가 브레드 버넘을 인터뷰하고 돌아온 몇 달 후, 렌딩클럽의 내부고발자는 회사가 공개 규정을 준수하지 않았다고 증권거래위원회에 보고했다. 렌딩클럽의 주가가 폭락했고, 창업 CEO는 사임했다. 그러나 1년 뒤에, 그 CEO는 다른 핀테크 회사를 설립했고, 유니언스퀘어 벤처스는 그의 새로운 회사의 시리즈 A 라운드에 투자했다. Gretchen Morgensen, "A Story Stock Too Skimpy on Details," *New York Times*, May 15, 2016; John Buttrick, "Upgrade," https://www.usv.com/writing/2017/04/upgrade/, April 6, 2017, accessed March 1, 2018.

3 Fred Wilson, "I Got Lucky," http://avc.com/2008/05/i-got-lucky/, May 30, 2008, accessed March 1, 2018; Amy MacMillan Bankson, "What Fred Wilson Learned From Flatiron Partners' Failure," http://mitsloan.mit.edu/newsroom/articles/what-fred-wilson-learned-from-flatiron-partners-failure/, April 14, 2017, accessed March 1, 2018.

4 Interview, Charlie O'Donnell, August 2017.

5 초기 구성원 100명: Leena Rao, "Former First Round Capital VC Charlie O'Donnell Launches New Brooklyn-Based Venture Firm," https://techcrunch.com/2012/01/17/former-first-round-capital-vc-charlie-odonnell-launches-new-brooklyn-based-venture-firm/, January 17, 2012, accessed July 11, 2017.

6 당시 기사에 따르면 "지난 밤 매디슨 스퀘어 공원에서 열린 @쉐이크쉑III 행사에서 기업가 모임 넥스트NY가 뉴욕 기술 공동체 회원들에게 햄버거, 감자튀김, 셰이크 등을 공짜로 대접했다"고 한다. "이 단체는 또 행사 후원자들과 팀을 이뤄 온라인 여론 조사를 통해 선정된 올해의 우수 기업과 기업인에게 커뮤니티 상을 수여했다." Devon Glenn, "nextNY Flips Burgers for NY Tech Scene at Shake Shack in Madison Square Park," http://www.adweek.com/digital/nextny-flips-burgers-for-ny-tech-scene-at-shake-shack-in-madison-square-park/, September 30, 2010, accessed August 9, 2017.

7 "2008 Survey Summary," http://nextny.org/w/page/14386703/2008%20Survey%20Summary, n.d. [January 2009], accessed August 9, 2017.

8 Spencer E. Ante, *Creative Capital: Georges Doriot and the Birth of Venture Capital* (Boston: Harvard Business Press, 2008); Tom Nicholas, *VC: An American History* (Cambridge MA: Harvard University Press, 2019).

9 Ante, *Creative Capital*, pp.108, 135.

10 Ante, *Creative Capital*.

11 Allison Schrager, "Behind the Venture Capital Boom: Public Pensions," https://www.bloomberg.com/news/articles/2014-09-23/are-public-pensions-inflating-a-venture-capital-bubble, September 23, 2014, accessed December 31, 2015.

12 도리오의 실망: Ante, *Creative Capital*; Andrew Beattie, "Georges Doriot and the Birth of Venture

Capital," http://www.investopedia.com/articles/financial-careers/10/georges-doriot-venture-capital. asp#ixzz4ou8e9oup, n.d., accessed August 5, 2017. '금융화': Greta R. Krippner, *Capitalizing on Crisis: The Political Origins of the Rise of Finance* (Cambridge, MA: Harvard University Press, 2012).

13 1998년 ≪하버드 비즈니스 리뷰(Harvard Business Review)≫의 기사에 따르면, 벤처 캐피털은 투자한 스타트업을 '모니터링'하는 데 시간의 25%를 투자하고, 20%는 '인사 담당자'(오늘날의 용어로는 팀원)로 일하며, 약간 더 적은 시간을 '컨설턴트로서 활동'한다. 내가 본 바로는 이 패턴이 오늘날에도 유용하다. Bob Zider, "How Venture Capital Works," https://hbr.org/1998/11/how-venture-capital-works, November/December 1998, accessed September 12, 2017.

14 Zider, "How Venture Capital Works." 낮은 비율의 세금: 이러한 자본 이득은 '이월 이자'로 불린다. 2017년 감세 및 일자리 법의 이월 이자가 계속됨에 따라 '허점'이 된다. Allan Sloan, "A Closer Look: Carried Interest Reform Is a Sham," https://www.propublica.org/article/carried-interest-reform-is-a-sham, December 1, 2017, accessed March 2, 2018. 벤처 투자자가 IPO를 통해 얻는 막대한 수익에 대해서는 다음을 참조. Matt Phillips and Erin Griffith, "In This Tech I.P.O. Wave, Big Investors Grab More of the Gains," https://www.nytimes.com/2019/03/28/business/startups-ipo.html, March 28, 2019, accessed March 29, 2019. '한 세대에서': Margaret O'Mara with Jessia Ma and Ash Ngu, "Lyft's IPO Is Making the Same Circle of Men Rich, Again," https://www.nytimes.com/interactive/2019/03/29/opinion/sunday/lyft-ipo.html, March 29, 2019, accessed March 29, 2019.

15 1000개 이상의 벤처 캐피털 회사와 3000만 달러의 자본금: Data from the National Venture Capital Association in "The New Reality of Venture Capital," http://founderequity.com/the-new-reality-of-venture-capital/, n.d., accessed December 12, 2017.

16 Fred Wilson, "Geography," https://www.usv.com/blog/geography, November 28, 2006, accessed March 6, 2018; Fred Wilson, "del.icio.us," https://www.usv.com/blog/delicious, October 3, 2005, accessed March 10, 2018; Brad Burnham, "A Delicious Eight Months," https://www.usv.com/blog/a-delicious-eight-months, December 9, 2005, accessed March 10, 2018.

17 Jeffrey Bussgang, "When Jack Dorsey Met Fred Wilson, and Other Twitter Tales (Book Excerpt)," https://techcrunch.com/2010/04/27/jack-dorsey-fred-wilson-twitter-book-excerpt/, April 27, 2010, accessed March 6, 2018.

18 가장 많은 투자를 한 회사는 19세기에 설립된 투자회사 골드만삭스이고, 1969년에 상위 15개 기업 중 가장 적은 것은 스프라우트그룹(SproutGroup)이었다. 1990년대에 다른 세 곳이 문을 열었고, 유니언스퀘어 벤처스를 포함한 네 곳이 2000년에서 2005년 사이에 설립되었다. 목록과 정보 출처는 다음을 참조. https://www.crunchbase.com/, accessed March 8, 2018.

19 Interview, Steven Strauss, August 2015.

20 Reports: World Economic Forum in collaboration with IESE Business School, *Global Competitiveness Report 2004/2005*, http://www.ieseinsight.com/casos/study_0035.pdf, accessed March 12, 2018. 세계경제포럼의 영향력에 대해서는 다음을 참조. Christina Garsten and Adrienne Sorbom, *Discreet Power: How the World Economic Forum Shapes Market Agendas* (Stanford, CA: Stanford University Press, 2018). 공공·민간 파트너십의 발전에 대한 다른 관점은 다음을 참조.

Perry Davis, ed., *Public-Private Partnerships: Improving Urban Life* (New York: Academy of Political Science, 1986), and Gregory Squires, ed., *Unequal Partnerships: The Political Economy of Urban Redevelopment in Postwar America* (New Brunswick, NJ: Rutgers University Press, 1989).

21   *City Wide: NYC and the Great Recession*, CUNY-TV, December 14, 2009, https://www.youtube. com/watch?v=T2IsQgAXI68, July 23, 2010, accessed August 7, 2017.

22   New York City Economic Development Corporation, *Media, NYC, 2020*, https://www.nycedc. com/sites/default/files/filemanager/Industries/Media_EmergTech/MediaNYC2020_Report.pdf, n.d. [2011], accessed March 15, 2018; New York City Economic Development Corporation, *Fashion, NYC, 2020*, https://www.nycedc.com/system/files/files/resource/Fashion_study.pdf, n.d. [2012], accessed March 15, 2018; 교육 부문 보고서는 공개되어 있지 않다. 하지만 다음을 참조. "Edutech.NYC.2020," https://www.nycedc.com/blog-entry/edutechnyc2020, March 29, 2012, accessed March 15, 2018. BigApps and Mayor's Technology Council: "Mayor Bloomberg Launches NYC BigApps 3.0 Competition, Announces New Technology Council and Immigration Seminars for Start-Ups," http://www1.nyc.gov/office-of-the-mayor/news/359-11/mayor-bloomberg-launches-nyc-bigapps-3-0-competition-new-technology-council-and#/0, October 11, 2011, accessed March 10, 2018.

23   Interview, Kathryn S. Wylde, September 2015.

24   Interview, Nick Chirls, August 2017; Nathan Heller, "Bay Watched," https://www.newyorker. com/magazine/2013/10/14/bay-watched?reload=true, October 14, 2013, accessed March 10, 2018.

25   벤처 캐피털의 확장: "Private Investment Series: Venture Capital Disrupts Itself: Breaking the Concentration Curse7," http://www.cambridgeassociates.com/wp-content/uploads/2015/11/Venture-Capital-Disrupts-Venture-Capital.pdf, November 2015, accessed March 10, 2018.

26   미국 벤처캐피털협회: Maryam Haque, "NVCA 2017 Yearbook: The Go-To Resource on the Venture Ecosystem," https://nvca.org/blog/nvca-2017-yearbook-go-resource-venture-ecosystem/, March 4, 2017, accessed March 10, 2018. 뉴욕 벤처 캐피털 기업: https://www.crunchbase.com/search/principal.investors/44290f4cb7a4c3752bdbf4a79ab2e5bc7042c519; https://www.crunch-base.com/search/principal.investors/2693b8be8307d079f75f309c2de8b7ff79bc2c32, accessed March 1, 2018. 793개의 벤처 캐피털 회사는 뉴욕시(맨해튼)의 투자자 6175명 중 13%를 차지했고, 브루클린에 있는 아홉 개의 벤처 캐피털 회사는 92명의 등록 투자자 중 10%를 차지했다.

27   John Frankel, Make It in Brooklyn Innovation Summit 2016, September 28, 2016.

28   Fred Wilson, "What Is a Good Venture Return?," http://avc.com/2009/03/what-is-a-good-venture-return/, March 20, 2009, accessed March 10, 2018, and "Splitting the Deal," http://avc.com/category/venture-capital-and-technology/, February 4, 2018, accessed March 10, 2018; CB Insights, "Damn! Union Square Ventures Has Had a Billion-Dollar Exit Every Year for 5 Straight Years," https://www.cbinsights.com/research/union-square-ventures-exits-billion/, April 16, 2015, accessed March 11, 2018.

29   '유기적 지식인': Antonio Gramsci, "The Intellectuals," pp.3~23 in *Selections From the Prison*

Notebooks, trans. and ed. Quintin Hoare and Geoffrey Nowell Smith (New York: International Publishers, 1971); '생각의 선도자': David Sessions, "The Rise of the Thought Leader," *The New Republic*, June 28, 2017, https://newrepublic.com/article/143004/rise-thought-leader-how-superrich-funded-new-class-intellectual, accessed June 30, 2017.

30 '데모데이에 지쳐버렸다': "20 VC 071: Pre-Seed Investing, Why Now Is the Best Time With Nicholas Chirls @ Notation Capital," http://www.thetwentyminutevc.com/nicholaschirls/, September 14, 2015, accessed August 23, 2017.

31 프랭클의 발언: Reddit forum, https://www.reddit.com/r/IAmA/comments/2cww5d/i_am_john_frankel_a_venture_capitalist_at_ff/, August 7, 2014, accessed August 24, 2016.

32 Interview, Eric Hippeau, September 2016.

33 '우리의 포트폴리오': Polina Marinova, "Why One of NYC's Top Venture Capitalists Thinks U.S Investors Are 'Too Conservative,'" http://fortune.com/2018/01/03/eric-hippeau-lerer-hippeau-ventures/, January 3, 2018, accessed March 13, 2018. Firm's website: https://www.lererhippeau.com/, n.d., accessed March 17, 2018. 히포는 또 다른 최근 인터뷰에서 도시에 대한 이러한 약속을 다시 한 번 확인했다. "우리는 지속적인 시드 우선 투자자이자 뉴욕 우선 투자자입니다. 우리는 뉴욕의 열렬한 신봉자입니다." Anthony Ha, "Lerer Hippeau Raises a New $122M Fund, Plus $60M for Follow-On Investments," https://techcrunch.com/2018/05/15/lerer-hippeau-fund-vi/, May 15, 2018, accessed September 11, 2018.

34 2018년 2월 크런치베이스에서 제공한 데이터에 기반한 계산은 2018년 2월과 3월에 나의 우수한 보조 연구원 조애나 드레셸이 수행한 것이다.

35 Jason Rowley, "Crunch Network: Where Venture Capitalists Invest and Why," https://techcrunch.com/2017/11/09/local-loyalty-where-venture-capitalists-invest-and-why/, November 9, 2017, accessed March 8, 2018. Also see Richard Florida, "The Extreme Geographic Inequality of High-Tech Venture Capital," https://www.citylab.com/life/2018/03/the-extreme-geographic-inequality-of-high-tech-venture-capital/552026/, March 27, 2018, accessed March 27, 2018. 수년 전 연구진이 미국 특정 지역, 특히 실리콘밸리에서의 벤처 캐피털과 컴퓨터 스타트업의 집중이 결합된 것에 관해 주의를 환기시켰지만, 이를 체계적으로 추적한 사람은 거의 없었다. Richard Florida and Martin Kenney, "Venture Capital, High Technology and Regional Development," *Regional Studies* 22, 1 (1988): 33-48, and Manuel Castells, *The Informational City: Information Technology, Economic Restructuring, and the Urban-Regional Process* (Cambridge, MA: Basil Blackwell, 1989).

36 Fred Wilson, "Some Thoughts on Geography," http://avc.com/2010/10/some-thoughts-on-geography/, October 26, 2010, accessed March 13, 2018.

37 사회적·지적·금융적 자본의 집중: AnnaLee Saxenian, *Regional Advantage: Culture and Competition in Silicon Valley and Route 128* (Cambridge, MA: Harvard University Press, 1994); Michael Storper, Thomas Kemeny, Naji Makarem, and Taner Osman, *The Rise and Fall of Urban Economies: Lessons From San Francisco and Los Angeles* (Palo Alto, CA: Stanford University Press, 2015).

38 Endeavor Insight, *The Power of Entrepreneur Networks: How New York City Became the Role Model for Other Urban Tech Hubs* (New York: Endeavor Insight and the Partnership for New

York City, 2014), http://www.nyctechmap.com/nycTechReport.pdf, November 12, 2014, accessed November 20, 2014.

39 Interview, Kathryn Wylde.

40 Laura Nahmias, "Amid Silicon Valley Uproar, New York City Eyes an Opening for Its Tech Sector," http://www.politico.com/...lley-uproar-new-york-city-eyes-an-opening-for-its-tech-sector-113863?mc_cid=d4edf21b7c&mc_eid=de226b4f79[8/11/2017, August 10, 2017, accessed August 11, 2017.

41 Annie McDonough, "Tech Industry Group Forms PAC," *City & State First Read Tech*, http://click1.cityandstateny.com/, April 16, 2019, accessed April 16, 2019. 아마존의 HQ2 유치 경쟁에 대해서는 8장 참조.

42 Interview, David S. Rose, March 2015.

43 Interview, Owen Davis, August 2016.

44 2015년 미국 신문편집자협회(American Society of Newspaper Editors)에 의해 수행된 연간 조사는 뉴스룸 고용이 1978년 조사가 시작된 이래 최저점인 3만 2900개의 일자리로 감소했다고 보고했다. 전자 저널리즘과 뉴스 웹사이트의 대량 도입 직전인 1990년에 5만 6900개의 일자리가 최고점에 도달했다. Ken Doctor, "Newsonomics: The Halving of America's Daily Newsrooms," http://www.niemanlab.org/2015/07/newsonomics-the-halving-of-americas-daily-newsrooms/, July 28, 2015, accessed March 20, 2018. 새로운 종류의 일자리가 창출되지만, 전체 뉴스 미디어 일자리는 감소하고 있다. 2016년 협회의 조사는 "현대 뉴스룸의 구조 변화로 일하는 저널리스트의 수를 추정하는 것이 점점 더 비현실적이고 오류가 발생하기 쉽다"는 이유로 뉴스 직업의 수를 추정하는 것을 중단했다. "The ASNE Newsroom Diversity Survey," http://asne.org/diversity-survey-2017, October 10, 2017, accessed March 20, 2018.

45 뉴욕 거주에 필요한 생활비를 감당할 수 없는 상황에 대해서는 다음을 참조. NYU Furman Center, *State of New York City's Housing and Neighborhoods in 2017*, http://furmancenter.org/files/sotc/SOC_2017_Full_2018-08-01.pdf, May 2018, accessed September 12, 2018.

6 수변 공간에서: 브루클린의 '혁신 해안선'

1 '들개 떼': Rebecca Baird-Remba, "Doug Steiner Talks About His Big Navy Yard Plans and Residential Projects," https://commercialobserver.com/2018/01/doug-steiner-talks-about-his-big-navy-yard-plans-and-residential-projects/, January 31, 2018, accessed March 23, 2018. '혁신 해안선': "Dean Katepalli Sreenivasan, Honored by Brooklyn Chamber of Commerce, Focuses on Unity and the Innovation Coastline," http://engineering.nyu.edu/news/2017/07/20/dean-katepalli-sreenivasan-honored-brooklyn-chamber-commerce, July 20, 2017, accessed September 6, 2017. 창 밖 풍경: Interview, Doug Steiner, January 2015.

2 Jonathan Bowles, Eli Dvorkin, Naomi Sharp, and Charles Shaviro, *Brooklyn's Growing Innovation Economy* (New York: Center for an Urban Future, June 2019); 바이스, 옛시: Liz Warren, "Introducing NYC's Top 100 Tech Companies," https://www.builtinnyc.com/2017/11/07/nyc-top-100-tech-companies-2017, November 7, 2017, accessed March 24, 2018.

3 Erin St. John Kelly, "Neighborhood Reports: Fort Green [sid]; Navy Yard, Recommissioned,"

https://www.nytimes.com/1998/07/26/nyregion/neighborhood-reports-fort-green-navy-yard-recommissioned.html, July 26, 1998, accessed March 25, 2018; Peter Applebome, "Episode 1: The Phantom Film Studio; Hopes and Doubts Greet a Plan for Sound Stages at the Brooklyn Navy Yard," https://www.nytimes.com/1999/06/22/movies/episode-1-phantom-film-studio-hopes-doubts-greet-plan-for-sound-stages-brooklyn.html, June 22, 1999, accessed March 25, 2018.

4   Interview, Doug Steiner; Julie Satow, "Commercial Real Estate: A Developer Makes a Shift From Offices in the Suburbs to City Housing," https://www.nytimes.com/2012/07/04/realestate/commercial/steiner-nyc-shifts-from-suburban-offices-to-city-housing.html, July 3, 2012, accessed January 20, 2015.

5   해군 부지: Interview, Thomas Montvel-Cohen, president, DUMBO Improvement District, October 2015. 덤보의 예술가들: Caleb Melby, "Brooklyn Billionaire: How One Man Made a Fortune Rebuilding Dumbo," https://www.forbes.com/sites/calebmelby/2014/01/22/brooklyns-billionaire-how-one-man-made-a-fortune-rebuilding-dumbo-next-up-williamsburg/#40ccf4711f 22, January 22, 2014, accessed March 23, 2018. 문화적으로 멋있는 윌리엄스버그: Sharon Zukin, *Naked City: The Death and Life of Authentic Urban Places* (New York: Oxford University Press, 2010).

6   2005년 용도 변경: 지역 용도 변경은 부유한 주민들의 유입과 수년간 지역 주민들에게 일자리를 제공했던 제조업, 금속 세공, 목공, 경제 활동에 쓰였던 공간이 완전히 없어지는 것을 우려한 많은 장기 거주 주민들과 공동체 단체들에 의해 완강하게 반대되었다. 그러나 블룸버그 행정부는 윌리엄스버그 수변 공간 용도 변경을 국가가 후원하는 센트리피케이션의 중요한 상징으로 만든 공동체의 주장(또한 지역 사회의 197A 계획을 지지했던 저명한 도시 전문가(urbanist) 제인 제이컵스의 편지 역시)을 무시했다. 블룸버그 행정부 12년 동안 대규모 구역 개편에 대한 다수의 출판된 비판들 중에서는 다음을 참조. Tom Angotti, *New York for Sale: Community Planning Confronts Global Real Estate* (Cambridge, MA: MIT Press, 2008), and Alessandro Busà, *The Creative Destruction of New York City: Engineering the City for the Elite* (New York: Oxford University Press, 2017). 부동산 개발업체로서 BNYDC: Pratt Center for Community Development, *Brooklyn Navy Yard: An Analysis of Its Economic Impact and Opportunities for Replication* (Brooklyn, NY: Pratt Center for Community Development, 2013).

7   Andrew Kimball, interview, March 2016; Pratt Center for Community Development, *Brooklyn Navy Yard*. 인더스트리시티는 선셋 공원의 해군 부지에서 남쪽으로 8000m가량 떨어진 수변에 위치한 또 다른 옛 산업 단지이다. 옛 부시 터미널의 일부인 인더스트리시티를 매입한 민간 부동산 개발업자들은 블룸버그 행정부 말기에 킴벌을 CEO로 영입했다.

8   Interview, David Ehrenberg, CEO, Brooklyn Navy Yard Development Corporation, July 2016; Douglas Martin, "A Family Business That Tries to Treat Workers Like Family," https://www.nytimes.com/1997/04/02/nyregion/a-family-business-that-tries-to-treat-workers-like-family.html, April 2, 1997, accessed April 14, 2018; Corinne Ramey, "Sweet'N Low Closes Factory in Brooklyn," https://www.wsj.com/articles/sweetn-low-closes-factory-in-brooklyn-1452285662, January 8, 2016, accessed April 14, 2018.

9   Interview, David Ehrenberg.

10 뉴욕주 영화 제작 세액 공제 프로그램은 대부분의 사업 보조금과 마찬가지로, 너무 적은 일자리에 너무 많은 재정적 지원을 제공한다는 비판을 받아왔지만, 주 의회는 필요할 때 5년마다 경신해 왔다. Glenn Collins, "Plan to Boost Film Industry in New York," http://www.nytimes.com/2004/08/17/nyregion/plan-to-boost-film-industry-in-new-york.html, August 17, 2004, accessed March 20, 2018; Neil de Mause, "New York Is Throwing Money at Film Shoots, But Who Benefits?," https://www.villagevoice.com/2017/10/11/new-york-is-throwing-money-at-film-shoots-but-who-benefits/, October 11, 2017, accessed March 20, 2018; Mark Vilensky, "Tax Breaks for Movies and TV Get Mixed Reviews in New York," https://www.wsj.com/articles/tax-breaks-for-movies-and-tv-get-mixed-reviews-in-new-york-1510781162, November 15, 2017, accessed March 20, 2018. 더그 스타이너는 이에 대해 언급하지 않았지만, 그는 자신의 지역구에 있는 주 의원들을 동원해 오직 그 지역에만 적용되는 세금 공제를 제안함으로써 다른 지역 제작 스튜디오의 소유주들을 화나게 한 것으로 보도되었다. 다른 소유주들은 그들의 주 대표들을 역동원했고, 이것은 더 넓은 프로그램으로 이어졌다. Carl Swanson, "Intelligencer: Lights, Cameras … ," http://nymag.com/nymetro/news/people/columns/intelligencer/9471/, July 12, 2004, accessed April 6, 2018.

11 공공·민간 파트너십은 1960년대 후반과 1970년대 초반부터 뉴욕에서 관광 이니셔티브, 저소득 지역 사회의 주택 개조·보존, 공공 공원 및 거리 관리를 지원하기 위해 사용되었지만, 비영리 부문을 경제 개발에 사용하는 것은 새로운 방향을 잡았다. 초기 역사에 대해서는 다음을 참조. Miriam Greenberg, *Branding New York: How a City in Crisis Was Sold to the World* (New York: Routledge, 2008), and Benjamin Holtzman, *The Long Crisis: New York City and the Path to Neoliberalism* (New York: Oxford University Press, forthcoming).

12 '허구적 기대'가 경제적 행동에 미치는 영향에 대해서는 다음을 참조. Jens Beckert, *Imagined Futures: Fictional Expectations and Capitalist Dynamics* (Cambridge, MA: Harvard University Press, 2016).

13 Pratt Center for Community Development, *Brooklyn Navy Yard.*

14 2009년 이후로 킴벌은 수많은 대담과 인터뷰, 예컨대 다음과 같은 내용을 게재하면서 **제조**의 정의를 확장해야 한다고 주장해 왔다. e.g., Greg David, "Smokestacks Are All But Gone, but the City's Manufacturing Sector Is Very Much Alive," http://www.crainsnewyork.com/article/20151215/ECONOMY/151219912/andrew-kimball-ceo-of-industry-city-says-new-yorks-manufacturing-industry-will-continue-to-grow, December 15, 2015, accessed April 9, 2018.

15 Interview, Andrew Kimball; 회사 역사: Lisa M. Collins, "Why U.S. Troops Depend on This Brooklyn Company's Gear," https://thebridgebk.com/inside-brooklyn-maker-gear-u-s-troops-depend/, August 21, 2017, accessed April 5, 2018; 1000만 달러: "(Re)Construction Underway at Navy Yard's Building," https://www.brownstoner.com/brooklyn-life/reconstruction-underway-at-navy-yards-building-128/, July 2, 2012, accessed April 5, 2018.

16 "Impact Investing," http://www.goldmansachs.com/what-we-do/investing-and-lending/impact-investing/, n.d., accessed April 6, 2018; Imogen Rose-Smith, "An Urban Revival Grows in Brooklyn," https://www.institutionalinvestor.com/article/b14z9tz5gcwfzy/an-urban-revival-grows-in-brooklyn, March 10, 2015, accessed April 14, 2018.

17 https://www.robinhood.org/, n.d., accessed April 14, 2018; Andy Serwer, "The Legend of

Robin Hood," http://archive.fortune.com/magazines/fortune/fortune_archive/2006/09/18/8386204/index.htm, September 8, 2006, accessed April 13, 2018; Monte Burke, "Can Hedge Fund Billionaire Paul Tudor Jones Save America's Public Education System?," https://www.forbes.com/sites/monteburke/2013/11/17/can-hedge-fund-billionaire-paul-tudor-jones-save-americas-public-education-system/#2941ae8d277a, November 17, 2013, accessed April 13, 2018.

18 Shane Dixon Kavanaugh, "Green Card Program a Boon for Development Funding," http://www.crainsnewyork.com/article/20120108/ECONOMY/301089981/green-card-program-a-boon-for-development-funding, January 8, 2012, accessed May 22, 2017. 뉴욕시 EB-5 지역 센터에 따르면 해군 부지에 대한 첫 대출(뉴욕 지역 센터가 처음으로 모금한 대출이기도 함)은 "미국 거주권을 확보하려는 중국, 한국, 베네수엘라, 멕시코, 아르헨티나의 투자자 120명"에게서 나왔다. "Brooklyn Navy Yard Is First Project for NYC Regional Center Program," https://www.enr.com/articles/20589-brooklyn-navy-yard-is-first-project-for-nyc-regional-center-program, August 1, 2010, accessed April 16, 2018.

19 Kriston Capps, "When Harlem Unemployment Pays for Midtown Luxury," https://www.citylab.com/equity/2017/01/how-to-fix-the-broken-eb5-cash-for-visas-immigration-program-trump/511265/, January 31, 2017, accessed April 17, 2018.

20 "EB-5 Immigrant Investor Program," https://www.uscis.gov/eb-5, n.d., accessed February 8, 2018; https://travel.state.gov/content/dam/visas/Statistics/AnnualReports/FY2016AnnualReport/FY16AnnualReport-TableV-Part2.pdf; https://travel.state.gov/content/dam/visas/Statistics/AnnualReports/FY2017AnnualReport/FY17AnnualReport-TableVI-PartII.pdf, both accessed February 8, 2018.

21 "NYCRC [New York City Regional Center] TO PROVIDE FUNDING FOR STEINER STUDIOS," http://nycrc.com/press/16/nycrc-to-provide-funding-for-steiner-studios.html, July 2, 2014, accessed April 6, 2018. '더 적은 에피소드, 더 적은 제작진': de Mause, "New York Is Throwing Money at Film Shoots, But Who Benefits?"

22 "New York City Success Story; Brooklyn Navy Yard: A Green Manufacturing Center," https://esd.ny.gov/regionaloverviews/nyc/nycsuccessstory.html, n.d. [2010].

23 아마도 루스벨트섬의 위치가 맨해튼을 오가는 교통수단과 함께 있어 더욱 매력적으로 다가왔을지도 모른다. 아니면 그 땅을 개발하는 것이 더 쉽고 저렴했을 수도 있다. 아니면 뉴욕주의 공익 법인 루스벨트섬 운영공사(Roosevelt Island Operating Corporation)는 BNYDC와 해군 부지의 산업 구역보다 적은 통제권을 부과할 것이다. "Mayor Bloomberg Announces Initiative to Develop a New Engineering and Applied Sciences Research Campus to Bolster City's Innovation Economy," https://www.nycedc.com/press-release/mayor-bloomberg-announces-initiative-develop-new-engineering-and-applied-sciences, December 16, 2010, accessed April 6, 2018; Daniel Massey, "The Inside Story of Cornell's Tech Campus Win," http://www.crainsnewyork.com/article/20111219/EDUCATION/111219897, December 19, 2011, accessed April 6, 2018.

24 도크랜드: Susan S. Fainstein, *The City Builders: Property Development in New York and London, 1980~2000*, 2nd ed. (Lawrence: University Press of Kansas, 2001). 빌바오: Beatriz Plaza, "On Some Challenges and Conditions for the Guggenheim Museum Bilbao to Be an

Effective Economic Re-Activator," *International Journal of Urban and Regional Research* 32, no.2 (2008): 506~517. 로프트 거주: Sharon Zukin, *Loft Living: Culture and Capital in Urban Change*, 3rd ed. (New Brunswick, NJ: Rutgers University Press, 2014). 뉴미디어 지구: Michael Indergaard, *Silicon Alley: The Rise and Fall of a New Media District* (New York: Routledge, 2004); Mark R. Wolfe, "The Wired Loft: Lifestyle Innovation Diffusion and Industrial Networking in the Rise of San Francisco's Multimedia Gulch," *Urban Affairs Review* 34, no.5 (1999): 707~728. 22@: http://www.22barcelona.com, n.d., accessed April 13, 2018.

25 '창의적 계층': Richard Florida, *The Rise of the Creative Class* (New York: Basic Books, 2002); '성장 기계': John R. Logan and Harvey L. Molotch, *Urban Fortunes* (Berkeley and Los Angeles: University of California Press, 1986).

26 새로운 트렌드: Pete Engardio, "Research Parks for the Knowledge Economy," *Bloomberg Businessweek*, June 1, 2009; 비판적 관점에서는 다음을 참조. Stefan Kratke, *The Creative Capital of Cities: Interactive Knowledge Creation and the Urbanization Economies of Innovation* (Malden, MA, and Chichester, UK: Wiley-Blackwell, 2011).

27 혁신 지구에 대한 이전 이야기는 1장 참조. 브루킹스 연구원: Bruce Katz and Jennifer Bradley, *The Metropolitan Revolution: How Cities and Metros Are Fixing Our Broken Politics and Fragile Economy* (Washington, DC: Brookings Institution, 2013); Bruce Katz and Julie Wagner, *The Rise of Innovation Districts: A New Geography of Innovation in America* (Washington, DC: Metropolitan Policy Program, Brookings Institution, May 2014). '교육과 의학': Rob Gurwitt, "Eds, Meds and Urban Revival," *Governing* 21, no.8 (May 2008): 44~50. 'FIRE and ICE': 2005년 블룸버그 시장이 존 섹스턴에게 뉴욕시의 미래 경제 성장 시나리오를 논의하자고 요청했을 때, 섹스턴은 금융 기반 성장 전략이 충분하지 않다는 것을 보여주기 위해 이 약자를 고안했다. Gabriel Sherman, "The School That Ate New York," http://nymag.com/news/features/69482/, November 14, 2010, accessed April 10, 2018.

28 Mark Muro and Bruce Katz, *The New "Cluster Moment": How Innovation Clusters Can Foster the Next Economy*, Metropolitan Policy Program, The Brookings Institution, September 2010; Katz and Bradley, *The Metropolitan Revolution*. 20만 개의 '혁신 지구': Julie Wagner and Nathan Storring, "So You Think You Have an Innovation District?," https://www.brookings.edu/blog/metropolitan-revolution/2016/03/30/so-you-think-you-have-an-innovation-district/, March 30, 2016, accessed February 21, 2017.

29 Katz and Wagner, *The Rise of Innovation Districts*.

30 사회학 연구자들은 특히 실리콘밸리를 지탱하는 사회·공간의 연결고리인 공간적 근접성, 소셜 네트워크, 협업 관계에 관심이 있었다. AnnaLee Saxenian, *Regional Advantage: Culture and Competition in Silicon Valley and Route 128* (Cambridge, MA: Harvard University Press, 1994); Elizabeth Currid, *The Warhol Economy* (Princeton, NJ: Princeton University Press, 2007); John F. Padgett and Walter W. Powell, *The Emergence of Organizations and Markets* (Princeton, NJ: Princeton University Press, 2012).

31 Jane Jacobs, *The Death and Life of Great American Cities* (New York: Random House, 1961); Jon Gertner, *The Idea Factory: Bell Labs and the Great Age of American Innovation* (New York:

Penguin Press, 2012).

32 Interview, David Ehrenberg.

33 Interview, Shaina Horowitz, June 2017.

34 http://macro-sea.com/ and http://www.theperelman.org/david-belt/, n.d., accessed April 10, 2018.

35 자금은 공적인 정보이지만 자금을 추적하는 것은 쉽지 않다. '합리적인 수준의' 임대료: Interview, Andrew Kimball; 5000만 달러: Interview, Shaina Horowitz; "Impact Investing, Brooklyn Navy Yard, New York City," http://www.goldmansachs.com/what-we-do/investing-and-lending/impact-investing/case-studies/brooklyn-navy-yard.html, n.d., accessed April 17, 2018; Empire State Development Corporation press release, August 22, 2013, https://cdn.esd.ny.gov/newsroom/Data/2013/08222013_ESDBoard.pdf, accessed June 14, 2017; NYCRC New York City Regional Center, http://nycrc.com/, n.d., accessed June 14, 2017; "Partnership Fund Makes Investment in New Lab," http://pfnyc.org/news_press/partnership-fund-invests-in-new-lab/, April 30, 2015, accessed April 6, 2018; "BP Adams Unveils Over $5 Million in Investment for Advancing Economic Development, Job Creation, and Workforce Training Across Brooklyn," https://www.community.solutions/in-the-news/bp-adams-unveils-over-5-million-investment-advancing-economic-development-job-creation, October 23, 2015, accessed June 14, 2017; "New Lab, the Brooklyn Navy Yard," https://regionalcouncils.ny.gov/success-story/new-lab-brooklyn-navy-yard, November 30, 2017, accessed April 17, 2018.

36 "NYCEDC Launches Urbantech NYC to Support Companies Building Smart and Sustainable Cities," https://www.nycedc.com/press-release/nycedc-launches-urbantech-nyc-support-companies-building-smart-and-sustainable-cities, February 16, 2016, accessed April 17, 2018.

37 Shaina Horowitz, personal communication, April 2019.

38 Interview, Tucker Reed, October 2015; '명확한 권한'과 '급성장하는 혁신 경제': Tucker Reed, *Once Upon a Time in Brooklyn: The Formation of the Brooklyn Tech Triangle* (Brooklyn, NY: Downtown Brooklyn Partnership, June 2016).

39 이것은 다운타운 브루클린 재개발의 광범위한 역사를 위한 장소는 아니지만, 브루클린의 도시 계획자들이 '브라운스톤 브루클린'의 주로 백인, 고학력의 문화적 신계층 인구와 풀턴 몰이 비백인, 하층민(저소득의 쇼핑객과 노점상)을 위한 중앙 공공 광장으로서의 매력 사이의 단절에 대해 수십 년 동안 고민해 왔다는 것을 주목해야 한다. 2004년 용도 변경과 함께 부동산 개발업자를 끌어들이기 위해 소매점의 특성을 어떻게 바꿀 것인가에 대한 논의가 집중되었다. 2006년 맨해튼 시립미술학회(Municipal Art Society in Manhattan)에서 열린 풀턴 몰 관련 공개회의에 참석했을 때, 객석에 있던 한 여성이 '인종'이라는 단어를 내뱉자 건축가와 기획자 패널로부터 질책당했다. 그러나 인종과 계급은 다운타운 문제의 핵심이었다. 켈리 앤더슨(Kelly Anderson)의 다큐멘터리 영화 〈나의 브루클린(My Brooklyn)〉(2012)은 이 문제를 다룬 뛰어난 작품이다. http://www.mybrooklynmovie.com/, n.d., accessed April 30, 2018.

40 리드와 몽벨코언 모두 투트리스에서 일했다. 사업 개선 구역은 1970년대에 캐나다에서 시작되었고, 1980년대 초에 뉴욕시를 시작으로 미국으로 옮겨 왔다. 이들은 주 정부 헌장에 따라 운영되는 비영리 단체로 상업가(때로는 주변)의 건물주와 사업주의 과반수 투표에 의해 형성되며, 회원들이 시 정부에

납부하는 작은 부가 재산세를 통해 자금을 조달한다. 이 '추가' 세금은 BID로 반환되며 시설 경비원, 환경 미화원, 특별 행사, 거리의 벤치, 휴일 조명을 위해 사용된다. 1980년대 이후 BID는 공공장소의 개선, 유지, 관리를 다루기 위해 전 세계 지방 정부에 의해 채택되어 왔으며, 오늘날 뉴욕시에는 75개가 있다. 나는 그에 대해 다음 두 책에서 쓴 바 있다. *The Cultures of Cities* (Oxford and Cambridge, MA: Blackwell, 1995) and *Naked City*. 케빈 워드는 국제적 사용 현황에 대해 썼다: Kevin Ward, "Policies in Motion and in Place: The Case of Business Improvement Districts," *Mobile Urbanism: Cities and Policy Making in the Global Age* (Minneapolis: University of Minnesota Press, 2011), pp.71~96.

41   Reed, *Once Upon a Time in Brooklyn*, 18, 37, 39.

42   NYU Polytechnic, *MetroTech — Revitalizing Downtown Brooklyn & NYU-Poly*, https://www.youtube.com/watch?v=ZqnAlEkvYxg, September 30, 2011, accessed October 31, 2015; Patrick McGeehan, "N.Y.U. to Create Research Institute in Brooklyn," https://cityroom.blogs.nytimes.com/2012/04/23/n-y-u-to-create-research-institute-in-brooklyn/?partner=rss&emc=rss, April 23, 2012, accessed April 20, 2018; "Engineering Returns to NYU," https://www.nyu.edu/about/news-publications/news/2014/january/engineering-returns-to-nyu.html, January 30, 2014, accessed April 20, 2018.

43   *Preparing for the Future: A Commercial Development Strategy for New York City* (New York, June 11, 2001).

44   Urbanomics, *The Brooklyn Tech Triangle: Economic Impacts of the Tech and Creative Sectors* (Brooklyn, NY: Brooklyn Navy Yard, Brooklyn Downtown Partnership, Dumbo Improvement District, 2012).

45   Interview, Claire Weisz and Adam Lubinsky, WXY Studios, September 2015.

46   WXY Architecture and Urban Design, *Brooklyn Tech Triangle Strategic Plan* (Brooklyn, NY: Brooklyn Navy Yard, Brooklyn Downtown Partnership, Dumbo Improvement District, 2013).

47   "Brooklyn Navy Yard," video by Monocle Films on Brooklyn Navy Yard's website, https://monocle.com/film/business/brooklyn-navy-yard/, July 6, 2017, accessed April 26, 2018.

48   Zoe Rosenberg, "At the Brooklyn Navy Yard, a Hulking World War II-Era Factory Is Now a 21st-Century Manufacturing Hub," https://ny.curbed.com/2017/11/9/16625400/brooklyn-navy-yard-building-77-russ-daughters, November 9, 2017, accessed April 25, 2018; interview, David Ehrenberg.

49   Interview, David Ehrenberg; Keiko Morris, "A New Office Building for the Brooklyn Navy Yard," https://www.wsj.com/articles/a-new-office-building-for-brooklyn-navy-yard-1436230346, July 6, 2015, accessed April 25, 2018; "Mayor de Blasio and Brooklyn Navy Yard Announce Ground-breaking of Dock 72 Tech and Innovation Hub," http://www1.nyc.gov/office-of-the-mayor/news/429-16/mayor-de-blasio-brooklyn-navy-yard-groundbreaking-dock-72-tech-innovation-hub, May 5, 2016, accessed April 27, 2018; https://www.dock72.com/, n.d., accessed April 25, 2018.

50   경쟁이 치열한 사무실 시장: 3개월 간격으로 출간된 다음의 두 글을 비교 참조. Keiko Morris, "The New Hot Spot for NYC Office Space: Brooklyn," https://www.wsj.com/articles/the-new-hot-

spot-for-nyc-office-space-brooklyn-1486925530?mod=e2tw, February 12, 2017, accessed April 30, 2018; Bloomberg News, "Brooklyn Is Having a Tough Time Luring Office Tenants," http://www.crainsnewyork.com/article/20170504/REAL_ESTATE/170509935/brooklyn-is-having-a-tough-time-luring-office-tenants, May 4, 2017, accessed April 30, 2018. 첫 번째 EB-5 대출(6000만 달러)은 인프라 수리를 위해 지불되었고, 두 대출(1억 4500만 달러)은 스타이너 스튜디오 건설을 위해 쓰였으며, 다른 두 대출(7200만 달러)은 빌딩77을 재건하는 데 쓰였고, 한 대출(1200만 달러)은 뉴랩을 건설하는 데, 일곱 번째 대출(5000만 달러)은 슈퍼마켓과 경공업 개발을 위해 더그 스타이너에게 돌아갔다. EB-5 프로그램에 대한 반대 의견: Kriston Capps, "When Harlem Unemployment Pays for Midtown Luxury," and "Inside EB-5, the Cash-for-Visas Program Luxury Developers Love," https://www.citylab.com/equity/2017/05/kushner-companies-real-estate-and-eb-5-cash-for-visas-reform/525792/, May 9, 2017. 일곱 개의 EB-5 대출: "New York City Regional Center Announces Repayment of $60 Million EB-5 Loan in Its Brooklyn Navy Yard Phase I Offering," http://nycrc.com/press/88/new-york-city-regional-center-announces-repayment-of--60-million-eb-5-loan-in-its-brooklyn-navy-yard-phase-i-offering.html, December 22, 2016, accessed April 25, 2018; David Jeans, "Overselling NYC: Two EB-5 Pioneers Face Investor Backlash," https://therealdeal.com/issues_articles/overselling-nyc-two-eb-5-pioneers-face-investor-backlash/, July 1, 2018, accessed September 14, 2018; Will Parker and David Jeans, "Is EB-5 Coming Apart at the Seams?," https://therealdeal.com/issues_articles/is-eb-5-coming-apart-at-the-seams/, July 1, 2018, accessed October 3, 2018.

51 2019년 신규 벤처 캐피털 펀드인 펄 펀드(Pearl Fund)가 2017년 감세 및 일자리 법이 자본 이득을 세금으로부터 보호하는 것을 돕기 위해 만든 '기회 구역' 연방 프로그램을 통해 사내 기술 스타트업에게 투자를 유도하기 위한 매장을 설립할 계획을 발표하면서 금융 및 부동산 투기 양상이 고조되었다. Aaron Elstein, "New York Investors Are Primed to Capitalize on Hundreds of Opportunity Zones," https://www.crainsnewyork.com/node/684521, March 11, 2019, accessed May 24, 2019. EB-5 대출 상환: "New York City Regional Center Announces Repayment of $65 Million EB-5 Loan in Its Steiner Studios Phase I Offering," http://nycrc.com/press/center-announces-repayment-of--65-million-eb-5-loan-in-its-steiner-studios-phase-i-offering.html, July 24, 2017, accessed April 25, 2018. BNYDC의 성공: Christian Brazil Bautista, "Navy Yard Powers Into New Year," http://rew-online.com/2016/12/28/navy-yard-powers-into-new-year/, December 28, 2016, accessed April 25, 2018; Daniel Geiger, "Big Year for Brooklyn Navy Yard," http://www.crainsnewyork.com/article/20180104/REAL_ESTATE/180109968/big-year-for-brooklyn-navy-yard-it-signed-tenants-at-a-rapid-rate-last-year, January 4, 2018, accessed April 26, 2018.

52 Greg B. Smith, "Developers With Projects Along de Blasio's Planned Brooklyn-Queens Streetcar Route Throw Cash at Mayor's Nonprofit Campaign," http://www.nydailynews.com/news/politics/developers-planned-streetcar-route-donate-de-blasio-article-1.2906024, December 11, 2016, accessed April 27, 2018; David Meyer, "If NYC Builds the Streetcar, It Will Run Right Through Flood Zones," https://nyc.streetsblog.org/2016/02/17/if-nyc-builds-the-streetcar-it-will-run-right-through-flood-zones/, February 17, 2016, accessed April 27, 2018. 2019년에도 BQX는 여전히 청문회와 승인을 통해 터덜터덜 걸어가고 있었다. Caroline Spivack, "BQX Streetcar's Viability Debated

at City Council Hearing," https://ny.curbed.com/2019/5/31/18646280/nyc-brooklyn-queens-streetcar-city-council-hearing, May 31, 2019, accessed October 8, 2019.

53 Interview, Thomas Montvel-Cohen.

54 NYCEDC, *Amazon HQ2 NYC Proposal*, 다음 링크 참조. "New York City Submits Proposal for Amazon's Second Headquarters," https://www.nycedc.com/press-release/new-york-city-sub-mits-proposal-amazon-s-second-headquarters, October 18, 2017, accessed April 26, 2018.

7 파이프라인: 인재, 성과주의 그리고 학문 자본주의

1 Interview, Matthew Brimer, March 2016.

2 연간 2만 3000명의 졸업생 배출: Liz Eggleston, "2017 Coding Bootcamp Market Size Study," https://www.coursereport.com/reports/2017-coding-bootcamp-market-size-research, July 19, 2017; 컴퓨터과학 전공: National Center for Education Statistics, "Table 322.10, Bachelor's Degrees Conferred by Post-Secondary Institutions, by Field of Study, Selected Years, 1970~71 through 2015~16," https://nces.ed.gov/programs/digest/d17/tables/dt17_322.10.asp?current= yes, August 2017, accessed June 8, 2018; 뉴욕시의 22개의 부트 캠프: "NYC Coding Boot Camps: Best of 2019," https://www.switchup.org/rankings/best-bootcamps-nyc, n.d., accessed October 8, 2019; 최다 숫자: Eggleston, "2017 Coding Bootcamp Market Size Study." 일자리의 빠른 증가와 높은 임금: "Computer and Information Technology Occupations," *Occupational Outlook Handbook*, https://www.bls.gov/ooh/computer-and-information-technology/home.htm, April 13, 2018, accessed June 8, 2018; Cade Metz, "A.I. Researchers Are Making More Than $1 Million, Even at a Nonprofit," https://www.nytimes.com/2018/04/19/technology/artificial-intelligence-salaries-openai.html, April 19, 2018, and "Facebook Adds A.I. Labs in Seattle and Pittsburgh, Pressuring Local Universities," https://www.nytimes.com/2018/05/04/technology/facebook-artificial-in-telligence-researchers.html, May 4, 2018, both accessed May 5, 2018; Sissy Cao, "A.I. Buzz Is Causing a Tech Labor Shortage in Both Silicon Valley and New York," http://observer.com/ 2018/05/artificial-intelligence-buzz-tech-labor-shortage/, May 23, 2018, accessed June 15, 2018.

3 심각하게 받아들이지 않음과 보고서: John Tepper Marlin, "NYC as a Potential #1 Global Tech Leader," https://cityeconomist.blogspot.com/2013/07/nyc-as-potential-1-global-tech-leader.html, July 8, 2013, accessed June 12, 2018; New York City Office of the Comptroller, *The NYC Software/IT Industry: How NYC Can Compete More Effectively in Information Technology*, April 1999, http://www.cityeconomist.com/nyeconomybudget/nycsoftwareitjobs99.html, accessed June 12, 2018. 말린은 기술 교육에 관한 일반적인 수동성에 대한 예외는 메트로테크 건설의 주역이기도 했던 브루클린 폴리테크닉 대학교의 총장이었다고 언급한다.

4 Interview, Seth Pinsky, August 2016.

5 Heather Timmons, "New York Isn't the World's Undisputed Financial Capital," https://www.nytimes.com/2006/10/27/business/worldbusiness/27london.html, October 27, 2006, accessed March 17, 2019; Charles E. Schumer and Michael R. Bloomberg, "To Save New York, Learn From London," https://www.wsj.com/articles/SB116234404428809623, November 1, 2006, accessed March 17, 2019.

6   Interview, Steven Strauss, August 2015. 세계경제포럼은 '글로벌 경쟁력'에 대한 연례 보고서를 발간하고 세계 경쟁력 지수에서 각국의 순위를 산출한다. 12번째이면서 현재에는 경제 발전의 마지막 단계는 '혁신'에 기반을 두고 있다. 최초 버전 보고서는 다음 링크를 참조. Michael E. Porter and Klaus Schwab, *The Global Competitiveness Report, 2008~09* (Geneva: World Economic Forum, 2008), http://www3.weforum.org/docs/WEF_GlobalCompetitivenessReport_2008-09.pdf, accessed June 10, 2018.

7   뉴욕기술밋업에서 블룸버그: https://www.youtube.com/watch?v=z6A6R7hI70o, October 12, 2011, accessed July 4, 2017.

8   "Mayor Bloomberg Announces Initiative to Develop a New Engineering and Applied Sciences Research Campus to Bolster City's Innovation Economy," https://www.nycedc.com/press-release/ mayor-bloomberg-announces-initiative-develop-new-engineering-and-applied-sciences, December 16, 2010, accessed June 10, 2018.

9   핀스키는 "블룸버그 시장은 도시의 혁신 경제를 강화하기 위해 새로운 공학 및 응용과학 연구 캠퍼스를 개발하려는 계획을 발표한다"고 인용했다. 다음을 참조. "Applied Sciences NYC," https://www. nycedc.com/project/applied-sciences-nyc, n.d., updated September 12, 2016, accessed June 10, 2018; "Mayor Bloomberg and General Assembly Announce Opening of New Technology and Design Campus," http://www1.nyc.gov/office-of-the-mayor/news/026-11/mayor-bloomberg-general-assembly-opening-new-technology-design-campus, January 24 2011, accessed June 10, 2018; "NYCEDC Announces Five Winners of Take The H.E.L.M., a Competition to Encourage Businesses to Hire and Expand in Lower Manhattan," https://www.nycedc.com/press-release/ nycedc-announces-five-winners-take-helm-competition-encourage-businesses-hire-and, March 15, 2013, accessed November 14, 2018.

10   블룸버그와 더블라지오 행정부 관계자들과의 인터뷰는 CUNY 학생들과 뉴욕의 공립 고등학교를 졸업한 다른 '토박이' 뉴욕 시민들의 상대적인 불이익에 대해 지적했다. 제너럴 어셈블리와 플랫아이언 스쿨의 특별 프로그램 경험에서 파생된 이러한 학생들을 가르치기 위한 모범 사례는 뉴욕시 기술 인재 파이프라인에 설명되어 있다. *Key Practices for Accelerated Tech Training: Attracting and Supporting a Broader Student Body and Improving Job Outcomes for All Graduates* (New York: NYC Small Business Services, n.d. [2017]), http://www.techtalentpipeline.nyc/key-practices, accessed June 10, 2018. '학문 자본주의': Sheila Slaughter and Larry L. Leslie, *Academic Capitalism: Politics, Policies, and the Entrepreneurial University* (Baltimore: Johns Hopkins University Press, 1997); Sheila Slaughter and Gary Rhoades, *Academic Capitalism and the New Economy: Markets, State, and Higher Education* (Baltimore: Johns Hopkins University Press, 2004); Richard Münch, "Academic Capitalism," http://oxfordre.com/politics/view/10.1093/ acrefore/9780190228637.001.0001/acrefore-9780190228637-e-15, May 2016, accessed January 20, 2019.

11   "Michael Crow Leaving Columbia to Become President of Arizona State University," http:// www.columbia.edu/cu/news/02/03/michaelCrow.html, March 29, 2002, accessed June 12, 2018.

12   FIRE and ICE에 대해서는 6장 참조. Gabriel Sherman, "The School That Ate New York," http://

nymag.com/news/features/69482/, November 14, 2010, accessed April 10, 2018; 브루클린 폴리테크닉: Karen W. Arensen, "Some Trustees Challenge Polytechnic-NYU Merger," https://www.nytimes.com/2008/02/06/nyregion/06nyu.html, February 6, 2008, accessed June 12, 2018; 핵NY: interview, Evan Korth, February 2016. '학문 자본주의': 스탠퍼드대의 성공적인 학문 자본주의 역사에 대한 상세한 저널리즘적 견해에 대해서는 다음을 참조. Ken Auletta, "Annals of Higher Education: Get Rich U.," https://www.newyorker.com/magazine/2012/04/30/get-rich-u, April 30, 2012, accessed July 6, 2018.

13   Interview, Frank Rimalovski, July 2016; "Leslie eLab," http://entrepreneur.nyu.edu/resource/leslie-elab/, n.d., accessed June 14, 2018.

14   Interview, Frank Rimalovski; Bart Clareman, "Inside the Mind of a New York VC: Frank Rimalovski of NYU Innovation Venture Fund," http://www.alleywatch.com/2017/03/inside-mind-new-york-vc-frank-rimalovski/, n.d. [March 2017], accessed June 15, 2018.

15   레슬리 eLab에 입학하기 위해 사용한 ID 카드 판독기에서 수집한 자료에 따르면 이용자의 43%가 여성이며 대부분의 학생들은 인문계 학교와 인문학 프로그램에서 왔다고 리말로브스키 교수는 말했다.

16   Notes from public tour of Cornell Tech, July 12, 2018.

17   "블룸버그 시장은 도시의 혁신 경제를 강화하기 위한 새로운 공학 및 응용과학 연구 캠퍼스 개발 계획을 발표한다."

18   2012년 대폭풍 샌디 이후로 도시의 많은 지역들이 그랬듯이 잠재적인 홍수로 인한 심각한 결과에 직면한 두 개의 섬과 수변 공간에 대한 제공에 대한 어떠한 예정도 없었던 것으로 보인다. "Mayor Bloomberg Announces Request for Proposals for New or Expanded Engineering and Applied Sciences Campus in New York City," https://www.nycedc.com/press-release/mayor-bloomberg-announces-request-proposals-new-or-expanded-engineering-and-applied, July 19, 2011, accessed June 15, 2018; "Mayor Bloomberg Announces Next Steps in City's Groundbreaking Economic Development Initiative Seeking a New or Expanded Applied Sciences Campus In New York City," http://www1.nyc.gov/office-of-the-mayor/news/387-11/mayor-bloomberg-next-steps-city-s-groundbreaking-economic-development-initiative, October 31, 2011, accessed June 15, 2018.

19   Ben Popper, "Rumors: Stanford, Cornell and Technion Frontrunner for NYC Engineering Campus," New York Observer, https://observer.com/2011/07/rumors-stanford-cornell-and-technion-front-runner-for-nyc-engineering-campus/, July 15, 2011, accessed June 15, 2018.

20   뉴욕시의 새로운 요구, 스탠퍼드대 입장에 대해서는 다음을 참조. Auletta, "Annals of Higher Education: Get Rich U." 유치 경쟁에 대해서는 다음을 참조. Dan Senor and Saul Singer, Start-Up Nation: The Story of Israel's Economic Miracle (New York: Twelve/Hachette, 2009); Daniel Massey, "The Inside Story of Cornell's Tech Campus Win," http://www.crainsnewyork.com/article/20111219/EDUCATION/111219897, December 19, 2011, accessed June 15, 2018; Richard Pérez-Peña, "Alliance Formed Secretly to Win Deal for Campus," https://www.nytimes.com/2011/12/26/education/in-cornell-deal-for-roosevelt-island-campus-an-unlikely-partnership.html, December 25, 2011, accessed August 8, 2016.

21   코넬의 '기관 연결 활용': 코넬은 2011년 코넬과 테크니온의 회장이 만나 친구가 되었고, 두 기관의 교수들은 네트워크로 연결되었으며, 기관들은 같은 거액의 기부자를 일부 가지고 있었다. 더구나

2009~2010년 코넬 총장은 기술을 강조하는 기업과 대학 간의 경제 파트너십에 관한 뉴욕주 태스크포스의 의장을 맡았고, 2010년 코넬은 뉴욕시 확장을 촉구하는 전략안을 작성했다. 이 모든 것은 코넬이 승리를 거둔 협상 끝에 ≪뉴욕 타임스≫에 보도되었다. Pérez-Peña, "Alliance Formed Secretly to Win Deal for Campus." "Going to be transformative": Richard Pérez-Peña, "Cornell Alumnus Is Behind $350 Million Gift to Build Science School in City," https://www.nytimes.com/2011/12/20/nyregion/cornell-and-technion-israel-chosen-to-build-science-school-in-new-york-city.html?_r=2&emc=na, December 19, 2011, accessed June 15, 2018.

22 학위 프로그램: http://tatainnovationcenter.com/the-story/, n.d., accessed July 6, 2018.

23 '이해 충돌 가능성': Harrison Jacobs, "Inside the Ivy League's New Startup Factory — The Tech Grad School Trying to Mint the Next Generation of Mark Zuckerbergs," http://www.businessinsider.com/inside-cornell-tech-ivy-league-graduate-school-for-tech-and-startups-2018-2, February 20, 2018, accessed June 19, 2018. 그럼에도 불구하고, 기업가적 대학들은 이해 상충을 인정하고 그 것들을 '관리'하려고 노력한다. 예를 들어 컬럼비아 대학교의 책임 있는 연구 행동 강령(RCR)에 있는 이해 상충에 대한 성명서를 참조. "이해 상충이 사라지지 않을 것은 분명하다. 무형의 실질적인 이해 충돌은 항상 존재할 것이다. 재정적 이해 충돌은 필연적으로 더 복잡해지고 개입될 것이다. 이해 상충을 관리, 감소 또는 제거하기 위한 새로운 전략을 고안하는 것은 지속적인 도전이 될 것이다." http://ccnmtl.columbia.edu/projects/rcr/rcr_conflicts/foundation/#sup19ref, n.d., accessed July 12, 2018.

24 코넬 공대 웹사이트 참조. https://tech.cornell.edu, accessed June 19, 2018, including Ron Brachman, "Why I Chose the Jacobs Institute at Cornell Tech," https://tech.cornell.edu/news/why-i-chose-cornell-tech-and-jacobs, May 25, 2016, accessed June 19, 2018. 해외 유학생 비율: information given by guide on public tour of the campus, July 12, 2018. 뉴욕의 이스라엘 스타트업: Haim Handwerker, "New York's 'Silicon Alley' Gets an Israeli Makeover," https://www.haaretz.com/israel-news/business/.premium-new-york-s-silicon-alley-gets-an-israeli-makeover-1.5441628, February 24, 2017, and Viva Sarah Press, "Israeli Data Startups Driving NY Ecosystem," https://www.israel21c.org/israeli-data-startups-driving-ny-ecosystem, June 10, 2017, both accessed June 17, 2018.

25 https://tech.cornell.edu/studio, n.d., accessed June 19, 2018; Cara Eisenpress, "Cornell Tech Starts Up," http://www.crainsnewyork.com/article/20170604/TECHNOLOGY/170609965, June 4, 2017, accessed June 13, 2017.

26 https://tech.cornell.edu/studio, n.d., accessed June 19, 2018; "Gift Establishes Tisch Professorship at Jacobs Technion-Cornell Institute," https://tech.cornell.edu/news/gift-establishes-tisch-professorship-at-jacobs-technion-cornell-institute, June 9, 2016, accessed June 19, 2018; Jacobs, "Inside the Ivy League's New Startup Factory."

27 "Cornell Tech Announces Winners of 2018 Startup Awards," https://tech.cornell.edu/news/cornell-tech-announces-winners-of-2018-startup-awards/, May 21, 2018, accessed July 5, 2018.

28 우루의 초기 투자는 브루클린에 기반한 투자사 노테이션 캐피털이 주도했다. 이 투자사의 공동 창업자는 4장에 등장하는 닉 칠스이다. 우루: https://www.crunchbase.com/organization/uru, n.d., accessed July 6, 2018; "Brunno Attorre," Forbes 30 Under 30, http://www.forbes.com/profile/brunno-

attorre/?list=30under30-marketing-advertising, n.d. [2018], accessed July 5, 2018. 트리거 파이낸스: https://www.crunchbase.com/organization/trigger-finance, n.d., accessed July 5, 2018; Dan Butcher, "I Gave Up a Burgeoning Pop Career to Become a J.P.Morgan Trader, Now I've Started a Fintech Firm," https://news.efinancialcareers.com/us-en/272373/ex-pop-starlet-and-jpmorgan-trader-co-founded-fintech-startup-trigger-finance, January 30, 2017, accessed July 5, 2018.

29   아기 모니터링: Eisenpress, "Cornell Tech Starts Up"; https://www.crunchbase.com/funding_round/nanit-series-b--438ddc70#section-investors, n.d., accessed July 6, 2018.

30   "TCS and Cornell Tech Inaugurate the Tata Innovation Center, Partnership on Campus to Promote Joint Academic and Industry Research," https://www.tcs.com/tcs-cornell-tech-inaugurate-tata-innovation-center, December 4, 2017, accessed July 6, 2018; http://tatainnovationcenter.com/, n.d., accessed July 6, 2018. 4년 전 타타는 뉴욕 마라톤의 주요 후원자 중 하나로 계약을 맺었고, 뉴욕시의 상징적인 행사 중 하나와 회사를 두드러지게 연결했으며 매년 11월 첫 일요일마다 열리는 마라톤을 전후해 전 세계 언론의 주목을 받았다(https://www.tcsnycmarathon.org/nyrr-and-tcs-sign-premier-partnership-and-title-sponsorship-of-new-york-city-marathon, October 2, 2013, accessed November 2, 2018).

31   층별 설계와 그에 대한 설명에 대해서는 다음을 참조. http://www.weissmanfredi.com/project/tata-innovation-center-at-cornell-tech, n.d., accessed July 6, 2018, and http://tatainnovation-center.com/the-building/, n.d., accessed July 6, 2018.

32   Jacobs, "Inside the Ivy League's New Startup Factory"; "Career Outcomes at a Glance," https://tech.cornell.edu/career-management/employment-statistics-professional-programs/; "Employment Statistics: Technical Programs," https://tech.cornell.edu/career-management/employment-statistics-technical-programs/, n.d. [2015-17], accessed July 7, 2018.

33   나는 시 정부 밖의 여러 인터뷰에서 이 말을 들었는데, 긍정적인 의견을 보기 위해서라면 뉴욕에 기반을 둔 이탈리아 언론인이자 벤처 투자가가 쓴 뉴욕의 기술 경제에 관해 자비 출판된 책에서 초기 블룸버그에 대해 쓴 글을 보면 된다. Maria Teresa Cometto and Alessandro Piol, *Tech and the City: The Making of New York's Startup Community* (n.p.: Mirandola Press, 2013).

34   "State of the City Remarks by Mayor De Blasio, as Prepared for Delivery," http://www1.nyc.gov/office-of-the-mayor/news/045-14/state-the-city-remarks-mayor-de-blasio-prepared-delivery#/0, February 10, 2014, accessed February 22, 2018, emphasis added.

35   Interview, Lauren Andersen, February 2018.

36   로런 앤더슨에 따르면 링크드인과 이렇게 일하기 시작한 건 뉴욕이 처음이라고 한다. Data reported in Pablo Chavez, "LinkedIn Economic Graph Research: Helping New Yorkers Connect With the Jobs of Tomorrow [INFOGRAPHIC]," https://blog.linkedin.com/2015/02/12/linkedin-economic-graph-research-helping-new-yorkers-connect-with-the-jobs-of-tomorrow-infographic, February 12, 2015, accessed February 22, 2018.

37   Association for Neighborhood and Housing Development, *Tale of Two Techs*, https://anhd.org/report/pay-gap-tells-tale-two-techs, April 7, 2016, accessed November 9, 2018.

38   뉴욕과 국가적 이니셔티브에 대해서는 다음을 참조. https://csnyc.org/ and https://www.csforall.

org/, n.d., and Megan Smith, "Computer Science for All," https://obamawhitehouse.archives.gov/blog/2016/01/30/computer-science-all, January 30, 2016, all accessed July 10, 2018.

39   ≪US 뉴스 앤드 월드 리포트(U.S. News and World Report)≫에 따르면 소프트웨어 공학 아카데미의 학생은 50%가 히스패닉, 26%가 흑인, 10%가 아시아인, 9%가 백인이라고 한다. 대조적으로 뉴욕 시립 대학교의 수학, 과학, 공학 고등학교의 학생은 35%가 아시아인, 27%가 백인, 22%가 히스패닉, 10%가 흑인이다. 20~30%에 불과한 여학생들 또한 뚜렷한 소수이다. 월슨과 코스: https://www.afsenyc.org/domain/52, n.d., accessed July 10, 2018; 2015~2016년의 인구통계: https://www.usnews.com/education/best-high-schools/new-york/districts/new-york-city-public-schools/academy-for-software-engineering-144655/student-body, n.d., and https://www.usnews.com/education/best-high-schools/new-york/districts/new-york-city-public-schools/high-school-math-science-and-engineering-at-ccny-13145/student-body, n.d., both accessed July 10, 2018. 전통적으로 어렵고 표준화된 시험에서 높은 점수를 얻어야 하는, 종종 방과 후 또는 주말 준비 과정에 참여한 후, 가장 선별적인 공립학교에 다니는 대다수의 학생들은 아시아인들이다. 더블라지오 행정부가 최근 뉴욕 시민들에게 접근하기 위한 제안을 하고 있는 가운데, 이 학교들은 뉴욕의 인구 구성을 더 잘 대변한다. 다음을 참조. Kate Taylor, "Elite Schools Make Few Offers to Black and Latino Students," https://www.nytimes.com/2018/03/07/nyregion/admissions-specialized-high-schools-new-york.html?action=click&module=RelatedCoverage&pgtype=Article&region=Footer, March 7, 2018; Elizabeth A. Harris, "De Blasio Proposes Changes to New York's Elite High Schools," https://www.nytimes.com/2018/06/02/nyregion/de-blasio-new-york-schools.html, June 2, 2018; Elizabeth A. Harris and Winnie Hu, "Asian Groups See Bias in Plan to Diversify New York's Elite Schools," https://www.nytimes.com/2018/06/05/nyregion/carranza-specialized-schools-admission-asians.html, June 5, 2018, all accessed July 10, 2018.

40   연간 졸업생 1000명: "De Blasio Administration Announces New Initiative to Double the Number of Graduates With Tech Bachelor's Degrees from CUNY Colleges by 2022," https://www1.nyc.gov/office-of-the-mayor/news/677-17/de-blasio-administration-new-initiative-double-number-graduates-tech, October 23, 2017, accessed July 7, 2018.

41   CUNY 연계: Interview, Lauren Andersen.

42   이 회사들은 링크드인, 스트리트이지(StreetEasy), EY, 시티그룹, 크레디트 스위스, 엣시, 액넥서스, 아데파(Addepar), 파레포탈(Fareportal), 어뎁티브(Adaptiv), 디스트릴러리(Dstillery), 제트블루(JetBlue), 인포(Infor), 스포티파이, 비메오였다. Interview, Lauren Andersen; "De Blasio Administration Announces New Initiative to Double the Number of Graduates With Tech Bachelor's Degrees From CUNY Colleges by 2022."

43   유니언 스퀘어 기술 허브에 대해서는 제2장 참조.

44   Video viewed in Tanay Warerkar, "Union Square Tech Hub Gets City Planning Approval," https://ny.curbed.com/2018/6/27/17510050/union-square-tech-training-center-city-planning-approval, June 27, 2018, accessed June 28, 2018; demo day at Urban-X, May 4, 2017.

45   ULURP의 모든 과정이 온라인상에서 앞다투어 보도되었다. 간략히 살펴보기 위해서는 다음을 참조. Tanay Warerkar, "Union Square's Tech Hub Gets Crucial Community Support," https://ny.curbed.com/2018/2/9/16695130/union-square-tech-hub-community-board-verdict, February 9,

2018, accessed July 13, 2018, and Ed Litvak, "Community Board 3 Approves Union Square Tech Center Proposal, Calls for Zoning Protections," http://www.thelodownny.com/leslog/2018/02/community-board-3-approves-union-square-tech-center-proposal-calls-for-zoning-protections.html, February 28, 2018, accessed July 11, 2018.

46 주요 부동산 웹사이트에 따르면 27개의 TAMI(기술·광고·미디어·정보) 회사들이 유니언 스퀘어 지역에 법인 사무실을 가지고 있는데, 이는 2만 2500개의 기술직 일자리를 차지하고 있으며, 지난 2년간 20억 달러의 부동산 거래와 관련이 있다. 동시에 유니언 스퀘어 근처의 가장 비싼 신축 주거 콘도는 1650만 달러에 팔렸고, 임대료 상승으로 이 지역의 평균 주거 임대료는 월 3700달러 이상으로 올랐다. 다음을 참조. "Union Square by the Numbers" in Alistair Gardiner, "WATCH: A Number-by-Number Breakdown of Union Square — NYC's 'Silicon Alley,'" https://therealdeal.com/2017/06/07/watch-a-number-by-number-breakdown-of-union-square-nycs-silicon-alley/, June 7, 2017, accessed July 20, 2018. 스트랜드 서점: Corey Kilgannon, "Declare the Strand Bookstore a City Landmark? No Thanks, the Strand Says," https://www.nytimes.com/2018/12/03/ny-region/strand-bookstore-landmark.html?login=email&auth=login-email, December 3, 2018, accessed January 26, 2019.

47 Nicole Brown and Rajvi Desai, "Will Union Square Tech Center Usher in a Development Boom? Concerns Aired Before City Council Committee," https://www.amny.com/news/tech-center-union-square-1.19723924, July 10, 2018, accessed July 11, 2018; Greg David, "Union Square Tech Hubs Pit the Neighborhood Against a Crucial City Priority," http://www.crainsnewyork.com/article/20180716/BLOGS01/180719956/union-square-tech-hubs-pit-neighborhood-against-a-crucial-city, July 16, 2018, accessed July 17, 2018; Amy Plitt, "Union Square Tech Hub Rezoning Gets Approval From City Council Subcommittee," https://ny.curbed.com/2018/7/10/17555104/union-square-new-york-tech-training-rezoning-hearing, August 2, 2018, accessed January 23, 2019; Tanay Warerkar, "Union Square's Tech Training Center Cleared to Move Forward by City Council," https://ny.curbed.com/2018/8/9/17670574/union-square-tech-center-city-council-approval, August 9, 2018, accessed January 23, 2019.

48 William Neuman and J. David Goodman, "De Blasio's Plan to Create 100,000 Jobs: Find 40,000, and Keep Eyes Open," https://www.nytimes.com/2017/06/15/nyregion/bill-de-blasio-job-creation-plan.html?module=inline, June 15, 2017, accessed March 18, 2019.

49 예컨대 마이크로소프트는 기술 허브에 10만 달러의 보조금을 지급하겠다고 발표했지만, 그것이 현금인지 제품이나 서비스인지는 명확하지 않았다. Nicole Brown, "Union Square Tech Center Gets $100,000 Grant From Microsoft," https://www.amny.com/news/tech-center-union-square-1.20226324, August 1, 2018, accessed November 4, 2018.

50 Interview, Matthew Brimer.

51 Lizzy Goodman, "Ace Hotel's Communal Workspace Shows a Winning Hand," https://www.fastcompany.com/1768472/ace-hotels-communal-workspace-shows-winning-hand, August 12, 2011, accessed July 11, 2018.

52 "A.G. Schneiderman Announces $375,000 Settlement With Flatiron Computer Coding School for Operating Without a License and for Its Employment and Salary Claims," https://ag.ny.gov/

press-release/ag-schneiderman-announces-375000-settlement-flatiron-computer-coding-school-operating, October 13, 2017, accessed July 10, 2018.

53 Interview, Rebekah Rombom, November 2015.

54 2015년 50만 달러의 기금을 받은 제너럴 어셈블리의 오퍼튜니티 펀드 펠로십(Opportunity Fund fellowship)은 구글, 마이크로소프트, 캐피털 원(Capital One), 페이팔(PayPal)과 같은 기업 후원과 걸스 후 코드(Girls Who Code)와 블랙 걸스 코드(Black Girls Code)와 같은 비영리단체의 지원을 받았다. 학생들은 웹 개발이나 사용자 경험 디자인에서 몰입형 프로그램에 참여하고, 연봉이 6만 달러 이하인지 확인하거나, 매력적인 재정 상황을 설명하고 "그들의 삶의 상황이 기술과 디자인 산업에 그들의 참여에 어떻게 영향을 미쳤는지에 대한 이야기를 공유하고" 그들의 미래 계획을 논의해야 한다. 펠로십은 자원활동, 멘토링 등 집중적인 과정을 포함한다. https://generalassemb.ly/opportunity-fund, https://generalassemb.ly/blog/opportunity-fund-expands-with-new-partners/, n.d., both accessed April 2, 2016.

55 Liz Eggleston, "Coding Boot Camp Alumni Outcomes and Demographics 2017," https://www.coursereport.com/reports/coding-bootcamp-job-placement-2017, December 19, 2017, accessed June 7, 2018.

56 Steve Lohr, "As Coding Boot Camps Close, the Field Faces a Reality Check," https://www.nytimes.com/2017/08/24/technology/coding-boot-camps-close.html, August 24, 2017, accessed July 20, 2018. 플랫아이언 스쿨: Ruth Reader, "WeWork Is Quickly Expanding the Flatiron School With a New Location in Houston," https://www.fastcompany.com/40553714/wework-is-quickly-expanding-the-flatiron-school-with-a-new-location-in-houston, April 3, 2018, accessed July 11, 2018. 제너럴 어셈블리: Jeremy Kahn, "Staffing Firm Adecco Buys General Assembly for $412.5 Million," https://www.bloomberg.com/news/articles/2018-04-16/staffing-firm-adecco-buys-general-assembly-for-412-5-million, April 16, 2018, accessed July 11, 2018.

57 Klaus Schwab, "The Fourth Industrial Revolution: What It Means, How to Respond," https://www.weforum.org/agenda/2016/01/the-fourth-industrial-revolution-what-it-means-and-how-to-respond/, January 14, 2016, accessed July 11, 2018.

8 '혁신의 주소'

1 Nick Srnicek, *Platform Capitalism* (Cambridge: Polity, 2016); Shoshana Zuboff, *The Age of Surveillance Capitalism: The Fight for a Human Future at the New Frontier of Power* (New York: Public Affairs, 2019).

2 Sebastian Pfotenhauer and Sheila Jasanoff, "Panacea or Diagnosis? Imaginaries of Innovation and the 'MIT Model' in Three Political Cultures," *Social Studies of Science* 47, no.6 (2017): 803.

3 역사적으로 자본주의는 무역 체제를 통해 지역 구조와 세계 구조를 연결하기 위해 신기술을 가장 효과적으로 사용하는 경제 체제였다. 1970년대 사회학자 이매뉴얼 월러스틴은 근대 자본주의와 제국주의를 모두 설명하기 위해 16세기 암스테르담 중심의 자본주의 세계 체제의 틀을 개발했다. 보다 최근에 역사학자 스벤 베커트는 현대 자본주의와 노예제의 상호 관련 발전을 설명하기 위해 세계의 다른 지역에서 면화의 생산과 거래를 조사했다. Immanuel Wallerstein, *The Modern World System: Capitalist Agriculture and the Origins of the European World Economy in the Sixteenth Century*

(New York: Academic Press, 1974); Sven Beckert, *Empire of Cotton: A Global History* (New York: Knopf, 2014).

4 비즈니스 엘리트, 새로운 과학적 아이디어와 기술, 19세기 후반의 도시 기반 시설 사이의 중요한 연결에 대해서는 다음을 참조. Miriam R. Levin et al., *Urban Modernity: Cultural Innovation in the Second Industrial Revolution* (Cambridge, MA: MIT Press, 2010).

5 Interview, Seth Pinsky, August 2016.

6 아마존: 2018년 11월 시애틀에서 멀리 떨어진 곳에 두 개의 '제2본사'를 짓기로 한 회사의 결정을 의미한다. 하나는 퀸스 자치구의 롱아일랜드시티에, 다른 하나는 워싱턴 D.C. 근처의 버지니아주 크리스털시티에 있다. Amy Plitt, "It's Official: Amazon Selects Long Island City for Second North American Headquarters," https://ny.curbed.com/2018/11/5/18064152/amazon-hq2-search-new-york-city-finalist, November 13, 2018, accessed November 24, 2018. 사무실 건물의 표지판: 브루클린 다리 맨해튼 쪽 펄가(Pearl Street) 375번지에 있는 옛 데이터 및 전화 교환 센터 측면에 있는 버라이즌 사인과 로고, 그랜드 센트럴 터미널 뒤편 건물 꼭대기에 있는 메트라이프(MetLife) 사인이 예외다.

7 두 번째로 큰 기술 생태계: Startup Genome, *Global Startup Ecosystem Report 2018*, https://startup-genome.com, April 17, 2018, accessed April 17, 2018.

8 실리콘밸리의 기술 '포화'와 소셜 네트워크: J. A. English-Lueck, *cultures@siliconvalley*, 2nd ed. (Stanford, CA: Stanford University Press, 2017)의 민족지학적 서술 참조. 100만 달러 자금 조달: Interview, "Sophie Wagner," July 2016. 소피는 실명을 밝히지 말아달라고 부탁했다. 뉴욕의 바큇자국이 깊게 패인 거리: 그러나 샌프란시스코 거리는 넘쳐나는 쓰레기통, 인분, 헤로인 바늘, 만성적인 노숙자 인구를 포함한 비슷한 문제로 고통받고 있다. 다음을 참조. Thomas Fuller, "Life on the Dirtiest Block in San Francisco," https://www.nytimes.com/2018/10/08/us/san-francisco-dirtiest-street-london-breed.html, October 8, 2018, accessed October 8, 2018. 다양한 경제: 하지만 샌프란시스코의 경제도 다양하고 금융회사와 부동산 개발업자도 중요하다. 다음을 참조. Richard A. Walker, *Pictures of a Gone City: Tech and the Dark Side of Prosperity in the San Francisco Bay Area* (Oakland, CA: PM Press, 2018).

9 네 개의 콘도: Mike Mishkin, "The Upper West Side Apartments Owned by Jeff Bezos," https://ilovetheupperwestside.com/apartments-owned-by-jeff-bezos/, December 29, 2018, accessed March 11, 2019. 부동산 매매: Nikita Stewart and David Gelles, "The $238 Million Penthouse, and the Hedge Fund Billionaire Who May Rarely Live There," https://www.nytimes.com/2019/01/24/nyregion/238-million-penthouse-sale.html, January 24, 2019, accessed January 25, 2019; "Big Ticket: A Russian Oligarch Transfers $92.3 Million in Manhattan Property," https://www.nytimes.com/2018/10/05/realestate/russian-oligarch-transfers-92-3-million-in-manhattan-property.html?rref=collection%2Fsectioncollection%2Frealestate&action=click&contentCollection=realestate&region=rank&module=package&version=highlights&contentPlacement=2&pgtype=sectionfront, October 5, 2018, accessed October 7, 2018; Christopher Pomorski, "Chinese Multi-millionaires Helped Fuel NYC's Ultra-Luxury Condo Boom. Are They Now About to Make It All Go Bust?," http://nymag.com/intelligencer/2016/02/why-chinese-rich-are-cooling-on-nyc-real-estate.html, February 24, 2016, accessed March 23, 2019. '우리는 가난하다': 포브스가 최근 선정한 미국 400대 부자 명단에 뉴욕을 기반으로 한 벤처 캐피털은 없다. 마찬가지로 (거래 규모별로) 세계

상위 10대 벤처 투자가 중 일곱 명이 실리콘밸리와 샌프란시스코 해안 지역에 기반을 두고 있다. "Editors' Pick: The Definitive Ranking of the Wealthiest Americans," https://www.forbes.com/forbes-400/#32e276097e2f, October 3, 2018, accessed October 19, 2018; *Forbes*, "The Midas List: 2018 Ranking," https://www.forbes.com/midas/list/, n.d., accessed October 19, 2018.

10   "Crain's and Tech:NYC Present the Future of NYC Tech Summit: How Far It Has Come and What's Next for the Industry," https://www.crainsnewyork.com/events-FutureNYC2018, n.d., accessed October 8, 2018. 뉴욕시의 정보 기술 직종은 대부분의 다른 부문보다 높은 급여를 지불하고 일부는 연간 16만 달러 이상을 지불하지만, 16만 달러는 평균이 되기에는 너무 높은 것 같다. 반면 금융 평균 연봉은 50만 달러에 육박한다. 다음을 참조. Office of the New York State Comptroller, "The Technology Sector in New York City," https://www.osc.state.ny.us/osdc/rpt4-2018.pdf, September 8, 2017, accessed October 10, 2018; Vicky Valet, "10 High-Paying Jobs in New York City 2018," https://www.forbes.com/sites/vickyvalet/2018/07/17/10-high-paying-jobs-in-new-york-city-2018/#17057a8e6c48, July 17, 2018, accessed October 10, 2018; and US Bureau of Labor Statistics, "County Employment and Wages in New York City — First Quarter 2018," https://www.bls.gov/regions/new-york-new-jersey/news-release/countyemploymentandwages_newyorkcity.htm, September 17, 2018, accessed October 10, 2018.

11   Pierre Bourdieu, *Distinction: A Social Critique of the Judgement of Taste*, trans. Richard Nice (Cambridge, MA: Harvard University Press, 1984).

12   이러한 종류의 역설적 융합이 잘 포착된 다음 문헌을 참조. Luc Boltanski and Eve Chiapello, *The New Spirit of Capitalism*, trans. Gregory Elliott (London: Verso, 2005), and Nigel Thrift, " 'It's the Romance, Not the Finance, That Makes the Business Worth Pursuing': Disclosing a New Market Culture," *Economy and Society* 30, no.4 (2001): 412~432, and *Knowing Capitalism* (London: SAGE, 2005). 두 책 모두 기업 경영자와 기술 기업가를 위한 비즈니스 문헌을 심층적으로 다루고 있다.

13   Farhad Manjoo, "State of the Art: How Tech Companies Conquered America's Cities," https://www.nytimes.com/2018/06/20/technology/tech-companies-conquered-cities.html, June 20, 2018, accessed June 22, 2018. 샌프란시스코 해안 지역과 시애틀의 거대 기술 기업들의 지역적 힘에 대해서는 다음을 참조. Michael Storper, Thomas Kemeny, Naji Makarem, and Taner Osman, *The Rise and Fall of Urban Economies: Lessons From San Francisco and Los Angeles* (Palo Alto, CA: Stanford University Press, 2015); Alana Semuels, "How Amazon Helped Kill a Seattle Tax on Business," https://www.theatlantic.com/technology/archive/2018/06/how-amazon-helped-kill-a-seattle-tax-on-business/562736/, June 13, 2018, accessed October 17, 2018; Walker, *Pictures of a Gone City Kate Conger*, "In Liberal San Francisco, Tech Leaders Brawl Over Tax Proposal to Aid Homeless," https://www.nytimes.com/2018/10/19/technology/san-francisco-taxes-homeless.html?rref=collection%2Fsectioncollection%2Fbusiness&action=click&contentCollection=business&region=rank&module=package&version=highlights&contentPlacement=2&pgtype=sectionfront, October 19, 2018, accessed October 20, 2018. 기술 회사 및 제품의 진입으로 인한 문제에 대한 보고서는 이미 풍부하다. 다음은 몇 가지 예시다. 교통 체증: Andrew J. Hawkins, "Uber and Lyft Are the 'Biggest Contributors' to San Francisco's Traffic Congestion, Study Says," https://www.theverge.com/2019/5/8/18535627/uber-lyft-sf-traffic-congestion-increase-study, May 8, 2019,

accessed May 30, 2019. 스쿠터 사고: Rachel Becker, "Scooter Injuries Are a Thing, and They're Sending People to the ER," https://www.theverge.com/2019/1/25/18197523/scooter-injuries-bird-lime-la-california-emergency-room-concussion-helmet, January 25, 2019, accessed May 30, 2019. 에어비앤비: Kyle Barron, Edward Kung, and David Proserpio, *The Sharing Economy and Housing Affordability: Evidence From Airbnb*, https://ssrn.com/abstract= 3006832, April 1, 2018, accessed May 30, 2019. 사이드워크 랩: Amanda Coletta, "Quayside, Toronto's Google-Linked Smart City, Draws Opposition Over Privacy, Costs," https://www.washingtonpost.com/world/the_americas/quayside-torontos-google-linked-smart-city-draws-opposition-over-privac y-costs/2019/05/05/e0785500-6d12-11e9-bbe7-1c798fb80536_story.html?utm_term=.e3b02c28 d078, May 7, 2019, accessed May 30, 2019. 일론 머스크가 운행하는 지하철: Geoffrey A. Fowler, "Elon Musk's First Boring Company Tunnel Opens [in Los Angeles], But the Roller-Coaster Ride Has Just Begun," https://www.washingtonpost.com/technology/2018/12/19/elon-musks-boring-company-is-about-open-its-first-tunnel/?utm_term=.32fe57aa879a, December 19, 2018, accessed May 30, 2019; Associated Press, "Vegas Tourism Board Backs $49M Elon Musk Transit System," https://www.washingtonpost.com/national/vegas-tourism-board-backs-49m-elon-musk-transit -system/2019/05/23/9cbd4828-7d72-11e9-b1f3-b233fe5811ef_story.html?utm_term=.5d21a6d4 83e4, May 23, 2019, accessed May 30, 2019. 도미노의 도로 포장: Fredrick Kunkle, "Domino's Is 'Saving Pizza' One Pothole at a Time," https://www.washingtonpost.com/news/tripping/wp/ 2018/06/11/dominos-is-paving-potholes-for-some-tasty-pr/?utm_term=.8e840eaae2f4, June 11, 2018, accessed May 30, 2019.

14   Tomio Geron, "The Twitter Tax and Zendesk: How Tech Companies Affect the City," https://www.forbes.com/sites/tomiogeron/2012/11/05/the-twitter-tax-and-zendesk-how-tech-com-panies-affect-the-city/#27f32d8c3fba, November 5, 2012, accessed March 10, 2019; John Stehlin, "The Post-Industrial 'Shop Floor': Emerging Forms of gentrification in San Francisco's Innovation Economy," *Antipode* 48, no.2 (2016): 474~493.

15   Krista Canellakis, Paul Chasan, and Cassie Hoeprich, *Living Innovation Zones* (San Francisco: Groundplay, 2017), http://groundplaysf.org/wp-content/uploads/LIZ_Manual_v4.pdf, accessed March 10, 2019; Manissa M. Maharawal, "San Francisco's Tech-Led gentrification: Public Space, Protest, and the Urban Commons," in *City Unsilenced: Urban Resistance and Public Space in the Age of Shrinking Democracy*, ed. Jeffrey Hou and Sabine Knierbein (New York and London: Routledge, 2017), pp.30~43. 불완전한 부활: J. K. Dineen, "Street of Dreams," Trisha Thadani, "Winners, Losers, or Both?," and Roland Li, "Symbol of Change," https://projects.sfchronicle. com/2019/mid-market/, May 9, 2019, accessed June 3, 2019.

16   모든 집 구매 가능: Erin Baldassari, "Here's How Many Bay Area Homes Lyft Employees Can Buy With IPO Cash," https://www.mercurynews.com/2019/03/29/heres-how-many-bay-area-homes-lyft-employees-can-buy-with-ipo-cash/, March 30, 2019, accessed March 30, 2019. Also see Walker, *Pictures of a Gone City*; Nellie Bowles, "Thousands of New Millionaires Are About to Eat San Francisco Alive," https://www.nytimes.com/2019/03/07/style/uber-ipo-san-francisco-rich.html, March 7, 2019, accessed March 10, 2019. 기술 관련 젠트리피케이션에 대한 초기 설명에

대해서는 다음을 참조. Rebecca Solnit, *Hollow City: The Siege of San Francisco and the Crisis of American Urbanism* (London and New York: Verso, 2000).

17   Edward Glaeser, *Triumph of the City: How Our Greatest Invention Makes Us Richer, Smarter, Greener, Healthier, and Happier* (New York: Penguin, 2010); interview, Seth Pinsky; *Amazon HQ2 RFP*, https://images-na.ssl-images-amazon.com/images/G/01/Anything/test/images/usa/RFP_3._V516043504_pdf?tag=bisafetynet2-20, September 2017, accessed March 22, 2019.

18   엄청난 수의 미디어 계정 중에서는 다음의 요약 토론을 참조. Richard Florida, "The Hypocrisy of Amazon's HQ2 Process," https://www.citylab.com/equity/2018/05/the-hypocrisy-of-amazons-hq2-process/560072/, May 10, 2018, accessed March 20, 2019; Joseph Parilla, "Amazon HQ2: How Did We Get Here? What Comes Next?," https://www.brookings.edu/research/amazon-hq2-how-did-we-get-here-wha-tcomes-next/, August 28, 2018, accessed March 20, 2019; and Amy Plitt, "Amazon HQ2 and NYC: A Timeline of the Botched Deal," https://ny.curbed.com/2019/2/18/18226681/amazon-hq2-new-york-city-timeline, February 18, 2019, accessed March 20, 2019.

19   Karen Weise, "Amazon Chooses Queens and a Washington Suburb for 'Second Headquarters,'" https://www.nytimes.com/2018/11/12/business/amazon-hq2-cities.html, November 12, 2018, accessed March 19, 2019; Karen Weise and J. David Goodman, "Before a Deal, Amazon Had to Know: Could Cuomo and De Blasio Get Along?," https://www.nytimes.com/2018/11/13/technology/amazon-hq2-headquarters.html?module=inline, November 13, 2018, accessed March 19, 2019; J. David Goodman, "Amazon Pulls Out of Planned New York City Headquarters," https://www.nytimes.com/2019/02/14/nyregion/amazon-hq2-queens.html, February 14, 2019, accessed March 19, 2019.

20   더블라지오: Jonathan Hilburg, "Amazon's New Queens Campus Might Displace 1,500 Affordable Units," https://archpaper.com/2018/11/amazon-long-island-city-queens-hq2-1500-affordable-units/, November 19, 2018, accessed March 19, 2019. 쿠오모: Jillian Jorgensen, "De Blasio and Cuomo Defend Amazon Deal as State Senate Looks to Appoint Critic to Key Board," https://www.ny-dailynews.com/news/politics/ny-pol-deblasio-amazon-cuomo-gianaris-20190205-story.html?mc_cid=fcfdecd81d&mc_eid=de226b4f79, February 5, 2019, accessed February 6, 2019. 기술 공동체: "New York Tech Leaders Urge Amazon to Build HQ2 in NYC" [letter to Jeff Bezos in support of New York's bid], https://www.technyc.org/amazonhq2, October 11, 2017, accessed March 24, 2019; Julie Samuels, "Opinion: The Amazon Deal Was Actually Great for New York," https://nypost.com/2018/11/22/the-amazon-deal-was-actually-great-for-new-york/, November 22, 2018, accessed March 24, 2019.

21   Lily Katz, Patrick Clark, and Katia Porcezanski, "America's Most Expensive Home Sold to Billionaire Ken Griffin," https://www.bloomberg.com/news/articles/2019-01-23/citadel-s-ken-griffin-buys-nyc-penthouse-costliest-u-s-home, January 23, 2019, accessed March 19, 2019; Emma G. Fitzsimmons, "A Sweeping Plan to Fix the Subways Comes With a $19 Billion Price Tag," https://www.nytimes.com/2018/05/22/nyregion/nyc-subway-byford-proposal.html, May 22, 2018, accessed March 24, 2019; Jimmy Tobias, "The Amazon Deal Was Not Brought Down by a

Handful of Politicians," https://www.thenation.com/article/the-amazon-deal-was-not-brought-down-by-a-handful-of-politicians/, February 25, 2019, accessed February 26, 2019.

22 J. David Goodman, "Amazon Went to City Hall. Things Got Loud, Quickly," https://www.nytimes.com/2018/12/12/nyregion/amazon-city-council-hearing.html, December 12, 2018, accessed December 12, 2018, and "Amazon's New York Charm Offensive Includes a Veiled Threat," https://www.nytimes.com/2019/01/30/nyregion/amazon-queens-nyc-council.html, January 30, 2019, accessed March 21, 2019.

23 Annie McDonough, "Amazon Opponents Bring in the Big Guns," https://www.cityandstateny.com/articles/policy/technology/amazon-opponents-bring-big-guns.html, January 8, 2019, accessed March 21, 2019.

24 거래가 포기되기 전과 후에 조사된 적어도 60%의 시와 주 유권자들은 지속적으로 보조금을 지지했다. Jimmy Vielkind, "Majority of New Yorkers Support Amazon Project in Queens, Poll Shows," https://www.wsj.com/articles/majority-of-new-yorkers-support-amazon-project-in-queens-new-poll-shows-11549967400?mc_cid=28df8d0231&mc_eid=de226b4f79, February 12, 2019, accessed February 13, 2019; "New York State Voters Support Amazon-Type Deals 2-1, Quinnipiac University Poll Finds," https://poll.qu.edu/images/polling/ny/ny03202019_noze22.pdf/, March 20, 2019, accessed March 24, 2019.

25 J. David Goodman, "Amazon Has a New Strategy to Sway Skeptics in New York," https://www.nytimes.com/2019/01/29/nyregion/amazon-new-york-long-islandcity.html?module=inline, January 29, 2019, accessed March 21, 2019, and "Amazon's New York Charm Offensive Includes a Veiled Threat."

26 Vivian Wang and Jesse McKinley, "Amazon Wants to Come to New York. This Senator May Stand in the Way," https://www.nytimes.com/2019/02/05/nyregion/michael-gianaris-amazon.html, February 5, 2019, accessed March 21, 2019.

27 Robert McCartney, Jonathan O'Connell, and Patricia Sullivan, "Facing Opposition, Amazon Reconsiders N.Y. Headquarters Site, Two Officials Say," https://www.washingtonpost.com/local/virginia-politics/facing-opposition-amazon-reconsiders-ny-headquarters-site-two-officials-say/2019/02/08/451ffc52-2a19-11e9-b011-d8500644dc98_story.html?utm_term=.377111c6014e, February 8, 2019, accessed March 21, 2019; Robert McCartney and Jonathan O'Connell, "Amazon Drops Plan to Build Headquarters in New York City," https://www.washingtonpost.com/local/trafficandcommuting/amazon-drops-plan-to-build-headquarters-in-new-york-city/2019/02/14/b7457efa-3078-11e9-86ab-5d02109aeb01_story.html?utm_term=.76162c35cf87, February 14, 2019, accessed March 21, 2019.

28 쿠오모와 라셰이: Will Bredderman, "No Shortage of Finger-Pointing in Amazon Debacle," https://www.crainsnewyork.com/politics/no-shortage-fingerpointing-amazon-debacle, February 14, 2019, accessed March 26, 2019; Nolan Hicks, "De Blasio Rips Into AOC's Amazon Opposition: Working People 'Want Jobs,'" https://nypost.com/2019/02/15/de-blasio-rips-into-aocs-amazon-opposition-working-people-want-jobs/, February 15, 2019, accessed March 26, 2019; Fred Wilson, "The Anchor Tenant," https://avc.com/2018/11/the-anchor-tenant/, November

8, 2018, and "The Amazon Backlash," https://avc.com/2019/02/the-amazon-backlash/, February 14, 2019, accessed March 26, 2019.

29 '15만 달러 이상의 급여': Samuels, "The Amazon Deal Was Actually Great for New York." NYCEDC의 추후 시인: Katie Honan and Joshua Jamerson, "Half of Jobs at Amazon's Two New Headquarters Won't Be Tech Positions," https://www.wsj.com/articles/half-of-queens-amazon-jobs-wont-be-tech-positions-1542829226, November 21, 2018, accessed March 13, 2019. 중요한 직업군이 아님: Interview, Lauren Andersen, February 2018.

30 프론티어 일자리: David H. Autor, "Work of the Past, Work of the Future," Richard T. Ely Lecture, American Economic Association Annual Meeting, Atlanta, https://www.aeaweb.org/webcasts/2019/aea-ely-lecture-work-of-the-past-work-of-the-future, January 4, 2019, accessed February 10, 2019. 임시직과 계약직 직원: Daisuke Wakabayashi, "Google's Shadow Work Force: Temps Who Outnumber Full-Time Employees," https://www.nytimes.com/2019/05/28/technology/google-temp-workers.html?searchResultPosition=1, May 28, 2019, accessed May 30, 2019.

31 금융기관이 아님: Interview, Seth Pinsky.

32 예컨대 다음을 참조. Office of the New York City Comptroller, *Venture Capital in New York City's Economy* (New York, April 2019), https://comptroller.nyc.gov/reports/venture-capital-in-new-york-citys-economy/, accessed October 5, 2019.

33 Miguel Helft, "For Buyers of Web Start-Ups, Quest to Corral Young Talent," https://www.nytimes.com/2011/05/18/technology/18talent.html?auth=login-email, May 17, 2011, accessed June 10, 2019; Josh Costine, "Facebook Poisons the Acquisition Well," https://techcrunch.com/2018/09/26/m-and-nay/, September 26, 2018, accessed June 10, 2019; Tim Wu and Stuart A. Thompson, "Opinion: The Roots of Big Tech Run Disturbingly Deep," https://www.nytimes.com/interactive/2019/06/07/opinion/google-facebook-mergers-acquisitions-antitrust.html?searchResultPosition=1, June 7, 2019, accessed June 10, 2019.

34 EB-5: David Jeans, "Overselling NYC: Two EB-5 Pioneers Face Investor Backlash," https://therealdeal.com/issues_articles/overselling-nyc-two-eb-5-pioneers-face-investor-backlash/, July 1, 2018, accessed September 14, 2018; Will Parker and David Jeans, "Is EB-5 Coming Apart at the Seams?," https://therealdeal.com/issues_articles/is-eb-5-coming-apart-at-the-seams/, July 1, 2018, accessed October 3, 2018. 사우디아라비아: David Kocieniewski and Stephanie Baker, "Kushner's Cadre in Talks With Saudi-Backed Soft Bank Fund," https://www.bloomberg.com/news/articles/2018-05-22/kushners-cadre-startup-said-to-seek-saudi-backed-softbank-funds, May 22, 2018, accessed October 26, 2018; Eliot Brown, Dana Mattioli, and Maureen Farrell, "Soft Bank Explores Taking Majority Stake in WeWork," https://www.wsj.com/articles/softbank-discusses-taking-majority-stake-in-wework-1539127641, October 9, 2018, accessed October 26, 2018; Pavel Alpeyev, "Explaining Soft Bank's Close Ties With Saudi Arabia," https://www.bloomberg.com/news/articles/2018-10-21/explaining-softbanks-close-ties-with-saudi-arabia-quicktake, October 21, 2018, accessed October 26, 2018. 중국: Ryan Mac, Rosalind Adams, and Megha Rajagopalan, "US Universities and Retirees Are Funding the Technology Behind China's Surveillance State," https://www.buzzfeednews.com/article/ryanmac/us-money-funding-facial-

recognition-sensetime-megvii?utm_source=pocket-newtab, May 31, 2019, accessed May 31, 2019. 소수의 투자자: Fred Wilson, "Who Are My Investors?," https://avc.com/2018/10/who-are-my-investors/, October 21, 2018, accessed October 25, 2018.

35 전자업계: Louis Hyman, *Temp: How American Work, American Business, and the American Dream Became Temporary* (New York: Viking, 2018).

36 1980년대까지만 해도 마누엘 카스텔은 벤처 캐피털을 중심으로 스타트업이 '혁신적 환경'에 집결한다고 주장했다. Manuel Castells, *The Informational City: Information Technology, Economic Restructuring, and the Urban-Regional Process* (Oxford and Cambridge, MA: Basil Blackwell, 1989).

37 엔지니어링과 마케팅 부문 고용 '분배': Interview, Sachin Kamdar, July 2016.

38 태양광 패널: Interview, Shayne McQuade, July 2017. 아시아로 이전: Tyler Woods, "Makerbot to Shutter Industry City Factory, Move Manufacturing to China," https://technical.ly/brooklyn/2016/04/26/makerbot-shutter-industry-city-factory/, April 26, 2016, accessed November 11, 2018.

39 가장 큰 제조업 분야: Charles Euchner, *Making It Here: The Future of Manufacturing in New York City*, https://nycfuture.org/pdf/Making_It_Here_Report.pdf (New York: Center for an Urban Future, July 2016). 낮은 임금, 장인 스타트업: Jennifer Becker and Caitlin Dourmashkin, *Food + Workforce: Connecting Growth and Good Jobs for NYC's Emerging Specialty Food Manufacturing Sector* (Brooklyn, NY: Evergreen and Pratt Center for Community Development, April 2015), http://evergreenexchange.org/wp-content/uploads/2015/04/Food-Workforce_Connecting-Growth-and-Good-Jobs-for-NYCs-Emerging-Specialty-Food-Manufacturing-Sector.pdf, accessed September 21, 2016.

40 5장 참조. Jason Rowley, "Crunch Network: Where Venture Capitalists Invest and Why," https://techcrunch.com/2017/11/09/local-loyalty-where-venture-capitalists-invest-and-why/, November 9, 2017, accessed March 8, 2018. 실제로 연구자들은 2010년부터 벤처 투자자가 살고 있는 지역 밖의 벤처 캐피털 투자에 대해 알고 있으며, 실리콘밸리, 뉴욕, 보스턴에 벤처 캐피털 사무소와 벤처 캐피털 투자가 지속적으로 집중되어 있음을 문서화했다. 다음을 참조. Henry Chen, Paul Gompers, Anna Kovner, and Josh Lerner, "Buy Local? The Geography of Venture Capital," *Journal of Urban Economics* 67 (2010): 90~102. 베를린: Suzanne Bearne, "Berlin's Startup Scene Is Knuckling Down to Business," https://www.theguardian.com/small-business-network/2015/oct/22/berlins-startup-scene-is-knuckling-down-to-business, October 22, 2015; Tech Open Air, "Open Conversations: An Evening With Union Square Ventures" [Berlin, November 17, 2015], https://www.youtube.com/watch?v=61bRRyR-tco, December 21, 2015, accessed October 27, 2018; interview, Brad Burnham, December 2015.

41 Richard Florida, "The Extreme Geographic Inequality of High-Tech Venture Capital," https://www.citylab.com/life/2018/03/the-extreme-geographic-inequality-of-high-tech-venture-capital/552026/, March 27, 2018, accessed March 27, 2018; Richard Florida and Karen M. King, "Urban Start-Up Districts: Mapping Venture Capital and Start-Up Activity Across ZIP Codes," *Economic Development Quarterly* 32, no.2 (2018): 99~118. 또한 플로리다와 킹의 연구는 좁은 지리적 영역 내에서 특정 종류의 사업에 대한 벤처 캐피털의 전문화와 집중이 증가하고 있음을 보여준다.

42 2016년 미국에서는 "가장 부유한 10%의 가구가 주식 총가치의 84%를 지배했다". Edward N. Wolff, "Household Wealth Trends in the United States, 1962 to 2016: Has Middle Class Wealth Recovered?," NBER Working Paper no. 24085, https://www.nber.org/papers/w24085, November 2017, accessed October 20, 2018.

43 개인적·정치적 이유로 더블라지오는 도시의 기업 및 기술 지도자들과 긴밀한 관계를 맺을 수 없었고, 맺을 의향도 없었다. J. David Goodman, "De Blasio Would Sooner Tax the Rich Than Befriend Them," https://www.nytimes.com/2017/08/16/nyregion/bill-de-blasio-wall-street.html, August 16, 2017, accessed August 16, 2017.

44 사회 민주주의: "Mayor de Blasio Participates in Discussion With Andrew Rasiej at AppNexus," https://www.youtube.com/watch?v=awxX-AdM8UE, February 17, 2017, accessed January 21, 2018.

45 이웃 혁신 연구소: Interview, Sander Dolder, May 2017.

46 Interview, John Paul Farmer, January 2016, and Sander Dolder. 분명히 모든 대도시는 빅데이터의 잠재적 원천이자 '훌륭한 테스트 도시'이다. 다음을 참조. Joy Lo Dico and Samuel Fishwick, "Why London Is the Tech City of the Future," https://www.standard.co.uk/tech/new-tech-to-try-in-london-a3749606.html, January 25, 2018, accessed October 31, 2018.

47 Interview, Steven Strauss, August 2015.

48 Christina Garsten and Adrienne Sorbom, *Discreet Power: How the World Economic Forum Shapes Market Agendas* (Stanford, CA: Stanford University Press, 2018). '허구적 기대': Jens Beckert, *Imagined Futures: Fictional Expectations and Capitalist Dynamics* (Cambridge, MA: Harvard University Press, 2016).

49 Jim O'Grady and Jonathan Bowles, *Building New York City's Innovation Economy* (New York: Center for an Urban Future, September 2009), https://nycfuture.org/research/building-new-york-citys-innovation-economy, accessed July 25, 2016; interview, Evan Korth, February 2016.

50 이는 도시 토지의 구조적 의의와 토지 용도를 변경해 땅의 가치를 높이는 연립의 제도적 의의를 재점 검한 것뿐이다. Allen J. Scott and Michael Storper, "The Nature of Cities: The Scope and Limits of Urban theory," *International Journal of Urban and Regional Research* 39, no. 1 (2015): 1~15; John R. Logan and Harvey L. Molotch, *Urban Fortunes: The Political Economy of Place* (Berkeley and Los Angeles: University of California Press, 1986); Paul L. Knox, "Reflexive Neoliberalism, Urban Design, and Regeneration Machines," in *In the Post-Urban World: Emergent Transformation of Cities and Regions in the Innovative Global Economy*, ed. Tigran Haas and Hans Westlund (London and New York: Routledge, 2018), pp. 82~96.

51 Bruce Katz and Julie Wagner, *The Rise of Innovation Districts: A New Geography of Innovation in America* (Washington DC: Metropolitan Policy Program, Brookings Institution, 2014), https://c24215cec6c97b637db6-9c0895f07c3474f6636f95b6bf3db172.ssl.cf1.rackcdn.com/content/metro-innovation-districts/~/media/programs/metro/images/innovation/innovationdistricts1.pdf, accessed October 27, 2018. 중대한 한계에 대한 간략한 설명은 다음을 참조. Anthony Flint, "Are 'Innovation Districts' Right for Every City?," https://www.citylab.com/life/2016/04/are-innovation-districts-right-for-every-city/480534/, April 29, 2016, accessed October 27, 2018.

52 지리적 전략 부재: Interviews, Carl Weisbrod, May 2018; Seth Pinsky. 점진적 채택: New York City, Department of City Planning, "North Brooklyn Industry and Innovation Plan," https://www1.nyc.gov/site/planning/plans/north-brooklyn-vision-plan/north-brooklyn-vision-plan.page, September 28, 2016, accessed October 26, 2018; revised version, https://www1.nyc.gov/assets/planning/download/pdf/plans-studies/north-brooklyn-vision-plan/north-brooklyn-full-low.pdf, November 19, 2018, accessed March 22, 2019; interview, Leah Archibald, executive director, Evergreen (the association of manufacturers and creative producers that manages the Williamsburg/Greenpoint and North Brooklyn Industrial Business Zones), September 2016. 산업 비즈니스 구역: 일부 제조 구역은 2006년 블룸버그 행정부에 의해 IBZ로 지정되었으며, 이는 어떠한 주거 개발도 허용되지 않을 것을 보장했다. 그 이후 제조업체들의 고민은 늘어갔지만, 블룸버그와 더블라지오 행정부는 모두 제조업체보다 높은 임대료를 지불한 호텔, 나이트클럽, 자가 저장 창고와 같은 애매한 토지 사용의 진입을 막거나 불이익을 주는 데 실패했다. 제조업 일자리 감소와 맞물려 수년간 제조업 토지 구획이 꾸준히 줄었다. "Manufacturing Districts: January 1, 2002 to January 1, 2012," https://www1.nyc.gov/site/planning/zoning/districts-tools/mfg-districts-2002-2012.page, n.d., accessed October 29, 2018. 소호: Sharon Zukin, *Loft Living: Culture and Capital in Urban Change*, 3rd ed. (New Brunswick, NJ: Rutgers University Press, 2015 [1982]). 부동산 이익에 미치는 영향에 대해서는 다음 참조. Greg Schrock and Laura Wolf-Powers, "Opportunities and Risks of Localised Industrial Policy: The Case of 'Maker-Entrepreneurial Ecosystems' in the USA," *Cambridge Journal of Regions, Economy and Society*, rsz014, https://doi.org/10.1093/cjres/rsz014, August 20, 2019, accessed October 5, 2019.

53 Cushman and Wakefield, *Tech Cities 2.0*, http://www.cushmanwakefield.us/en/research-and-insight/2018/tech-cities-2, September 27, 2018, accessed June 2, 2019; JLL, *Innovation Geographies: Global Research, 2019*, https://www.us.jll.com/en/trends-and-insights/research/innovation-geographies-2019, May 15, 2019, accessed June 2, 2019.

54 Caroline Spivack, "Industry City Kicks Off Long-Awaited Rezoning Process," https://ny.curbed.com/2019/3/5/18250597/sunset-park-industry-city-begins-rezoning-process, March 5, 2019, accessed March 13, 2019, and "Industry City Spent Millions Lobbying for Delayed Rezoning," https://ny.curbed.com/2019/3/13/18263517/sunset-park-industry-city-millions-lobbying-delayed-rezoning, March 13, 2019, accessed March 13, 2019; New York State, Empire State Development, "The Opportunity Zone Program in New York State," https://esd.ny.gov/opportunity-zones, n.d., accessed November 5, 2018; Tarry Hum, "Opinion: Supercharging the Gentrification of Sunset Park," http://www.gothamgazette.com/opinion/8043-supercharging-the-gentrification-of-sunset-park, November 3, 2018, accessed November 5, 2018. Also see Steven Bertoni, "An Unlikely Group of Billionaires and Politicians Has Created the Most Unbelievable Tax Break Ever," https://www.forbes.com/sites/forbesdigitalcovers/2018/07/17/an-unlikely-group-of-billionaires-and-politicians-has-created-the-most-unbelievable-tax-breakever/#bc47ce714855, July 18, 2018, accessed November 7, 2018; Peter Grant, "Developers Look to Hit Tax-Break 'Jackpot' in Opportunity Zones," https://www.wsj.com/articles/developers-look-to-hit-tax-break-jackpot-in-opportunity-zones-1540296000, October 23, 2018, accessed November 7, 2018.

55 Abigail Savitch-Lew, "De Blasio Plan for Garment District Spurs Fierce Debate," http://citylimits. org/2017/04/18/de-blasio-plan-for-garment-district-spurs-fierce-debate/, April 18, 2017, accessed July 25, 2017.

56 Diana Budds, "Exclusive: The Brooklyn Navy Yard Is Reinventing Architecture — And Itself," http://nycrc.com/images/uploads/relatednews/20180927_curbed__brooklyn_navy_yards_new_ master_plan_includes_vertical_manufacturing.pdf, September 27, 2018, accessed June 2, 2019.

57 Aaron Elstein, "New York Investors Are Primed to Capitalize on Hundreds of Opportunity Zones," https://crainsnewyork.com, March 11, 2019, accessed May 24, 2019; https://thepearl. fund/, n.d., accessed June 2, 2019. NYCEDC가 소호에 액셀러레이터를 만들고 CUNY-페이스북 석사 학위와 동일한 다차원 사이버 보안 이니셔티브의 일부인 사이버 보안 혁신을 촉진하기 위해 두 개의 이스라엘 벤처 캐피털 회사와 제휴하면서 벤처 캐피털과의 파트너십이 더욱 진전되었다. Danny Crichton and Arman Tabatabai, "NYC Wants to Build a Cyber Army," https://techcrunch.com/ 2018/10/02/nyc-wants-to-build-a-cyber-army/, October 2, 2018, accessed June 4, 2019.

58 Mary Ann O'Donnell, Winnie Wong, and Jonathan Bach, *Learning From Shenzhen: China's Post-Mao Experiment From Special Zone to Model City* (Chicago: University of Chicago Press, 2017); Justin O'Connor and Xin Gu, "Creative Industry Clusters in Shanghai: A Success Story?," *International Journal of Cultural Policy* 20, no.1 (2014): 1~20; Kai-Fu Lee, *AI Superpowers: China, Silicon Valley, and the New World Order* (Boston and New York: Houghton Mifflin Harcourt, 2018).

59 전형적으로: "Chinese Premier Li Keqiang's Speech at Davos 2015," https://www.weforum.org/ agenda/2015/01/chinese-premier-li-keqiangs-speech-at-davos-2015/, January 23, 2015, accessed June 3, 2019; "Chinese Premier Li Keqiang's Speech From #AMNC18," https://www.weforum. org/agenda/2018/09/chinese-premier-li-keqiang-s-speech-at-amnc-2018/, September 20, 2018, accessed June 3, 2019; Lee, *AI Superpowers* ; Fangzhu Zhang and Fulong Wu, "Rethinking the City and Innovation: A Political Economic View From China's Biotech," *Cities* 85 (2019): 50~55.

60 Daniel Geiger, "What New York Can Deliver Amazon," https://www.chicagobusiness.com/ article/20171016/NEWS08/171019888/what-new-york-can-deliver-amazon-on-the-headquarters-hunt, October 16, 2017, accessed November 22, 2018.

작가노트: 방법론과 연구 과정

1 Erin Griffith, "Sociologists Examine Hackathons and See Exploitation,"https://www.wired.com/ story/sociologists-examine-hackathons-and-see-exploitation/, March 20, 2018, accessed November 10, 2018; Elsa Ferreira, "Are Hackathons Just Cons?," http://www.makery.info/en/2018/05/22/ hackathons-piege-a-cons/, May 22, 2018, accessed November 10, 2018; Gregor Honsel, "Hackathons sind Selbstausbeutung," *Technology Review* no. 9 (September 2018): 86.

2 Manuel Castells, *The Informational City: Information Technology, Economic Restructuring, and the Urban-Regional Process* (Oxford and Cambridge, MA: Basil Blackwell, 1989), p.1.

찾아보기

* 인명은 성(last name), 이름(first name)의 순서대로 나열했으며, 쪽수 옆에 〈그림〉, 〈표〉라고 쓰여 있는 것
  은 해당 도표를 가리킨다.

지은이

샤론 주킨(Sharon Zukin)은 컬럼비아 대학교에서 박사학위를 받았고 1982년 『로프트 거주 (Loft Living)』를 발표한 이래 문화와 권력이 도시를 어떻게 바꾸어놓는지를 주제로 연구해 왔다. 브루클린 대학교와 뉴욕 시립 대학교 대학원에서 사회학을 가르치며, 도시의 영혼을 구성하는 마을, 예술, 부동산 개발, 이민자, 문화적 신계층에 대해 이야기하고 글을 쓴다. 2007년 미국사회학회(ASA)가 선정하는 로버트 앤드 헬렌 린드 상을 받았다. 저서로 *Land-scapes of Power: From Detroit to Disney World* (1991, 찰스 라이트 밀스 상 수상), *The Cultures of Cities* (1995), *Point of Purchase: How Shopping Changed American Culture* (2004), *Naked City: The Death and Life Authentic Urban Place* (2010, 제인 제이컵스 도시 커뮤니케이션 상 수상, 한국어판 『무방비 도시』 출간), *Global Cities, Local Streets: Every-day Diversity from New York to Shanghai* (공저, 2016, 한국어판 『글로벌 도시들과 현지 쇼핑거리들』 출간)가 있다.

옮긴이

강민규는 서울대학교 정치학과를 졸업한 후, 같은 학교 환경대학원에서 도시계획학 석사학 위를 받았다. 이후 미국 워싱턴 대학교(University of Washington)에서 도시의 건조 환경과 교통 행태 사이의 관계에 관한 연구로 도시계획학 박사학위를 받았다. 국토연구원에 재직 하는 동안 국토계획, 지역연구 관련 다양한 프로젝트에 참여했다. 현재는 서울시립대학교 도시행정학과 조교수로 재직 중이며, 도시과학빅데이터·AI연구원 빅데이터 연구센터장을 맡고 있다. 국토·도시정책, 도시데이터사이언스 등 매크로와 마이크로 스케일 도시연구를 넘나들며 다양한 학문적 작업을 시도하고 있다.

한울아카데미 2410

혁신 복합체
도시, 기술 그리고 신경제

지은이	샤론 주킨
옮긴이	강민규
기획	국토연구원 도시재생연구센터
펴낸이	김종수
펴낸곳	한울엠플러스(주)
편집책임	조인순
편집	김우영

초판 1쇄 인쇄 2022년 11월 28일
초판 1쇄 발행 2022년 12월 19일

주소	10881 경기도 파주시 광인사길 153 한울시소빌딩 3층
전화	031-955-0655
팩스	031-955-0656
홈페이지	www.hanulmplus.kr
등록	제406-2015-000143호

Printed in Korea.
ISBN 978-89-460-7411-8 93330 (양장)
       978-89-460-8227-4 93330 (무선)